SNC-AP

SISTEMA DE NORMALIZAÇÃO CONTABILÍSTICA PARA AS ADMINISTRAÇÕES PÚBLICAS

VISÃO PRÁTICA DO NORMATIVO

SNC-AP

SISTEMA DE NORMALIZAÇÃO CONTABILÍSTICA PARA AS ADMINISTRAÇÕES PÚBLICAS

VISÃO PRÁTICA DO NORMATIVO

Reimpressão

Célia Custódio
Carla Viana

ALMEDINA

SNC-AP
SISTEMA DE NORMALIZAÇÃO CONTABILÍSTICA PARA AS ADMINISTRAÇÕES PÚBLICAS
VISÃO PRÁTICA DO NORMATIVO

AUTORAS
Célia Custódio
Carla Viana

EDITOR
EDIÇÕES ALMEDINA, S.A.
Rua Fernandes Tomás, nºs 76, 78 e 79
3000-167 Coimbra
Tel.: 239 851 904 · Fax: 239 851 901
www.almedina.net · editora@almedina.net

PAGINAÇÃO
EDIÇÕES ALMEDINA, S.A.

DESIGN DE CAPA
FBA./Ana Simões

IMPRESSÃO E ACABAMENTO
DPS - DIGITAL PRINTING SERVICES, LDA
Novembro, 2021

DEPÓSITO LEGAL
463098/19

ALMEDINA | GRUPOALMEDINA

BIBLIOTECA NACIONAL DE PORTUGAL – CATALOGAÇÃO NA PUBLICAÇÃO

CUSTÓDIO, Célia, e outro

SNC-AP – Sistema de Normalização Contabilística para as Administrações Públicas : visão prática do normativo / Célia Custódio, Carla Viana
ISBN 978-972-40-7948-6

I – VIANA, Carla

CDU 657

ÍNDICE

PREFÁCIO

A obra que tenho a honra de prefaciar é extraordinariamente importante.

Em primeiro lugar, pela temática. O regime contabilístico e orçamental do Estado nunca mereceu a atenção devida por parte da doutrina. À exceção de obras como a de Sousa Franco, nas suas Finanças Públicas e Direito Financeiro, também publicadas pela Almedina, são raras aproximações abrangentes e didáticas relativamente ao universo financeiro do sector público, o que é de estranhar dada a sua posição central em qualquer sistema económico.

Em segundo lugar, pelo conteúdo. A forma como a obra se encontra elaborada permite uma apreensão rápida das temáticas tratadas, atraindo o leitor para o interior do regime, numa dialética permanente entre a densidade dogmática e a visualização gráfica. Mais do que enunciação de normas e regras avulsas, a obra permite-nos visualizar o sistema na sua integralidade, reforçando o conteúdo da exposição.

Em terceiro lugar, pelo desafio. Na sequência da aprovação da Reforma da Lei do Enquadramento do Orçamento do Estado (Lei n.º 151/2015, de 11 de setembro), as finanças públicas portuguesas deverão evoluir sustentadamente para um modelo de *Public Finance Management* (adiante, PFM), onde a dimensão contabilística é largamente ultrapassada pela preocupação gestionária.

Neste quadro, o modelo orçamental deverá ser organizado em redor da Entidade Contabilística Estado, construindo-se, pela primeira vez, o Balanço do Estado, e todas as operações dos diversos subsectores serão agregadas de acordo com as normas internacionais (IPSAS e EPSAS), numa transição semelhante à que ocorreu em 2009, com a introdução do SNC, agora para o sector público denominado de SNC-AP.

O modelo de caixa deverá ser substituído por um modelo de dupla entrada, ou de partidas dobradas, permitindo o controlo efetivo de onde os recursos são provenientes e onde são alocados.

Por outro lado, é essencial construir todo um novo modelo informático de gestão orçamental com a informação em tempo real, permitindo o efetivo acompanhamento da execução orçamental, e se possível, com o desenvolvimento de modelos preditivos que antecipem dificuldades, no sentido do rápido ajustamento das decisões financeiras.

As vantagens deste modelo são claras. Toda a gestão orçamental e financeira do Estado é organizada tomando como base um sistema único de gestão de informação,

que permite analisar em tempo real o efetivo desempenho das diversas entidades do sector público. Porém, e como é relativamente usual no nosso País, a espuma dos dias tende a enevoar a reforma estrutural, tendendo-se a adiar aquilo que é essencial.
Hoje em dia, os desafios que se colocam ao Estado são enormes. Enquanto no passado, a sua existência era incontestável, o mesmo já não acontece hoje. O mercado tem vindo a sofisticar as suas aproximações, e as funções produtivas que se encontravam atribuídas ao sector público já não se encontram garantidas. A privatização, num primeiro momento, e a digitalização, num segundo momento, estão a desafiar os fundamentos básicos fundamentais do poder público, colocando-o à prova todos os dias.
O desafio é evidente. A nova economia parte de um princípio: a eliminação dos intermediários. O Estado é o intermediário por excelência. Neste quadro, o desafio que se lhe depara é evidente: a sua existência como intermediário já não é garantida, devendo assumir um papel positivo e dinâmico na equação produtiva social. Como é que isso se processa? O Estado deve eliminar a sua postura de autoridade, para se tornar um parceiro na criação de valor social. Por outras palavras, deverá evoluir de um modelo de autoridade napoleónica tendencialmente burocrática para um modelo de parceria eficiente produtiva.
A problemática abala os fundamentos mais básicos. Se não vejamos:

i) O que é o Estado hoje? As mudanças económicas estruturais são cada vez mais aceleradas, e as obrigações de serviço público cada vez mais difusas. É essencial que o modelo de autoridade seja substituído por um modelo de parceria – esse é o verdadeiro sentido de uma verdadeira e própria Reforma do Estado. As incapacidades de mercado que anteriormente se verificavam, com a sofisticação tecnológica, deixaram de existir. As estradas podem ser tributadas por utilização por via de localizadores ou digitalizadores de matrículas, os prestadores de serviços de transporte e de alojamento podem deixar de ser regulados na presença de modelos de *feedback* automático. Estes simples exemplos demonstram que conceito de bem público está claramente em crise. Porém, e apesar de tudo, a sociedade está cada vez mais desigual: a iliteracia digital irá acentuar as clivagens sociais, igualmente em velocidades nunca vistas. Ora, a chave para isso é clara: o Estado deve centrar-se na garantia do funcionamento eficiente do mercado, reformando-se permanentemente de forma a ser fornecedor de valor acrescentado aos agentes no mercado e não um qualquer agente de bloqueio por mera inadaptação burocrática e simultaneamente deverá reforçar a sua ação na área que se torna cada vez mais crítica: a garantia do princípio da igualdade, com eliminação das disparidades sociais, económicas e territoriais. A PFM constitui uma iniciativa crítica para a manutenção e desenvolvimento do Estado Social: só com recursos acrescidos se poderá manter a Coesão Social do Estado.

ii) Onde está o Estado? Com a digitalização, o Estado pretende estar em todo o lado, e em lado algum. A digitalização é isso mesmo. Uma ausência física local ao nível instrumental, mais do que compensada por uma presença virtual global e aconchegante. O risco é claro. Se essa digitalização for mal dirigida ou, mal percecionada, o Estado não estará em lado algum, e as pessoas não sentirão o Estado. Movimentos populistas agregados por motivações psicológicas básicas, tais como os sentimentos nacionalistas, ou meramente posições anti-sistema, surgirão em redes sociais por via de comunicações não filtradas, onde rumores afastarão os fatos. Assim, o Estado deverá desenvolver proativamente a sua agenda digital, eliminando os obstáculos administrativos condicionadores da atividade dos particulares e resistindo à tentação de uma demonstração de existência por via da negação de pretensões. A PFM constitui uma iniciativa crítica para a garantia da Integralidade Territorial do Estado: só com recursos acrescidos se poderá manter a Coesão Territorial do Estado.

iii) Quem é o Estado? A desintermediação inerente à transformação digital questiona visceralmente o *status quo* económico. Os intermediários estão a desaparecer a uma velocidade aterradora. Negócios anteriormente florescentes como as agências de viagens, a banca e outros, necessitam de se reinventar para uma lógica relacional *peer to peer*. No futuro, todos nós seremos profissionais independentes com uma clientela potencial de sete biliões (a caminho dos oito). Ora, o Estado é igualmente um intermediário. E, por essa razão, também terá de se reformar. Porém, toda esta situação estrutural faz-nos relembrar algo por vezes esquecido: o Estado somos todos nós. E é nesse pressuposto que toda a Reforma da Administração Pública deve ser realizada. Mais do que serviços públicos ou cidades inteligentes, o que se pretende é Estado de cidadãos inteligentes que exerçam uma cidadania inteligente. A PFM constitui uma iniciativa crítica para a Legitimação do Governo do Estado: só com recursos acrescidos se poderá melhorar a qualidade das Políticas Públicas do Estado.

A existência de um Estado eficiente é essencial, pois só assim se garante o desenvolvimento de uma política social que garanta a eliminação das disparidades e a coesão nacional, territorial e social. Se o Estado não for eficiente, tudo isso será colocado em causa, o que significará a destruição do modelo social tal como o conhecemos.

E como contribui a PFM para este cenário?

É a base de funcionamento deste novo Estado, mais eficiente e equilibrado. E porquê? Porque acentua a vertente gestionária em todos os níveis da administração pública o que obrigará todos os agentes a tomar a melhor decisão em termos financeiros em todos os momentos. O seu alcance é total e compreensivo.

Construindo-se um Balanço do Estado (algo inexistente até à data), ultrapassar-se-á as limitações dos modelos de gestão de caixa, ultrapassando-se a mera gestão de tesouraria, e atingindo-se a verdadeira dimensão gestionária. Atualmente é mais relevante a renda do que o ativo; no longo prazo, tal significa a exaustão do ativo, sem que tal se revele importante até ao momento do desaparecimento da renda. Este estado de coisas é intolerável no século XXI.

A título de mero exemplo, hoje em dia, o bom dirigente público é aquele que gasta precisamente o que lhe foi atribuído em sede orçamental e, que, consiga, no ano seguinte, um reforço da dotação orçamental e mais pessoal. O bom dirigente público do futuro será aquele que cria mais valor para a sociedade pelas suas decisões, que invista quando tiver que investir e que melhore a eficiência dos seus serviços, ou seja, que produza mais unidades de bem-estar para os cidadãos com os recursos que lhe foram atribuídos.

As diferenças são evidentes: enquanto, atualmente, a equação que define o bom decisor financeiro se situa unicamente no modelo de gestão interno à organização pública (nomeadamente a qualidade da sua relação com o governante), no futuro será o seu desempenho relativamente ao cidadão e ao mercado que definirá a bondade da sua atuação.

A PFM, e sua lógica subjacente de *accrual* desenvolvido permitirá ultrapassar as análises limitadas atuais e que destroem qualquer esforço sustentado de otimização do Estado.

Assim, e só a título de exemplo, a lógica de caixa atualmente existente, e que constitui um retrocesso face ao modelo de partidas dobradas adotado pelo Marquês de Pombal, origina:

i) Uma confusão entre despesa pública corrente e investimento (numa lógica de caixa ambas as realidades são similares, uma vez que traduzem exfluxos financeiros, porém com consequências económicas bastante distintas; ora, um corte da na função de investimento será sempre mais fácil do que uma restrição ao nível da despesa corrente, no entanto, ao nível orçamental os resultados são idênticos);

ii) Uma irrelevância das decisões de aumento do valor dos ativos públicos (não geram receita imediata, logo são desprezadas). Assim, as despesas de manutenção ou a realização de investimentos adicionais que propiciem aumentos (ou até mesmo não perdas de valor) são desprezados uma vez que a mais-valia económica não é capturada pela contabilidade de caixa. Assim, se uma floresta pública arder, a perda do ativo é irrelevante em sede orçamental, poupando-se, nos anos seguintes as despesas de manutenção;

iii) Sendo a criação de valor resultado de uma política estrutural de longo prazo, a sua não apreensão implica uma secundarização das decisões estruturais em privilégio de medidas imediatistas (a questão das cativações é o resultado mais palpável ao nível desta temática), propiciando um esquecimento sobre atividades regulatórias gerais essenciais para salvaguardar os ativos públicos (a tragédia do cadastro territorial decorre em larga medida deste fato);

iv) O único elemento de base estrutural observada traduz-se no passivo financeiro. Ora, um exacerbar da importância da dívida pública origina inevitavelmente conclusões limitadas. Numa qualquer lógica empresarial deverá também tomar-se em consideração, para uma qualquer análise fundamentada de solvência, também os passivos não financeiros, ambos ponderados com os ativos financeiros e não financeiros (se uma empresa, ou família, fosse analisada tomando unicamente em consideração o passivo financeiro, a conclusão seria inevitavelmente a da insolvência). Existem bons passivos financeiros e maus passivos financeiros, tudo dependendo da capacidade reprodutiva dos investimentos subjacentes;

v) O desenvolvimento quase exclusivo de uma política orçamental centrada nos ministérios, e por conseguinte, determinada pelos silos orgânicos, o que impede incentivos ao desenvolvimento de políticas transversais;

vi) A responsabilização financeira atual é essencialmente legalista assente em pressupostos eminentemente formais, que ignoram, por completo, os efeitos materiais das políticas desenvolvidas e consequentemente a vertente gestionária assente em indicadores de eficiência e de eficácia.

Por outras palavras, o nosso modelo atual de contabilidade pública, assente na lógica da caixa, traduz-se na utilização de uma tecnologia pré-industrial do início do século XIX numa época de digitalização em pleno século XXI. Os resultados, em termos de competitividade nacional, não podem ser mais devastadores.

A PFM, pela sua própria dinâmica, ultrapassa todas as estas falências. Senão vejamos:

i) O investimento em bens de capital é distinto da despesa corrente; sendo ambos exfluxos financeiros, têm um impacto diametralmente oposto em sede de cadeia de valor. Neste quadro, já não se discutirá se um aumento de capital num banco público constituirá uma despesa orçamental – o que é irrelevante num cenário de necessidade – mas sim qual o incremento de valor para o Estado que essa decisão de investimento significa;

ii) O bom gestor será aquele que incrementar o valor público, e não o que gere bem os meros fluxos de caixa. Assim, o Ministério das Finanças já não terá a liberdade na política de cativações, uma vez que a dotação orçamentada será efetivamente aquela a que o organismo público terá direito, e relativamente à qual terá de prestar contas em sede de criação de valor, quer este seja social, financeiro ou económico;

iii) As decisões estruturais recuperarão a sua importância, desvalorizando-se as medidas imediatistas que não criam valor no longo prazo. Sendo um modelo orçamental por programas, os grilhões orgânicos do Estado quebrar-se-ão, e pela primeira vez, existirá espaço para verdadeiras políticas transversais desenvolvidas da base para o topo e não unicamente assentes numa vontade passageira do governante que o departamento público gere até à próxima rotação política;

iv) Os organismos públicos terão incentivo para o desenvolvimento de uma política económica regulatória criadora de valor, de forma a que os seus ativos sejam valorizados. Por exemplo, um parque natural terá um valor intrínseco, suscetível de contabilização, o que justificará a ação conservacionista dos organismos público de proteção da natureza, e que poderá fundamentar uma contribuição perequativa geral para a sustentação dos encargos inerentes;

v) O equilíbrio financeiro do Estado será analisado em termos compreensivos e sustentados, ultrapassando a análise de um única variável – o passivo financeiro – que corresponde, em Portugal a cerca de 30% do balanço, o que obrigará a uma análise mais profunda e séria do desempenho económico do País;

vi) Poderão ser construídos modelos de autossustentabilidade financeira inteligente, atribuindo-se a competência para a realização da despesa e para a angariação da receita correspondente a uma mesma entidade, o que melhora substancialmente os termos que fundamentam a decisão financeira;
vii) O Ministério das Finanças deixará de ser acusado de intromissão nas políticas sectoriais, limitando-se a controlar os indicadores de mensuração de serviço público. O bom gestor já não será aquele que tem mais orçamento e mais pessoal mas aquele que alcançar um maior volume de utilidades públicas em benefício dos cidadãos. Só com a definição de metas e objetivos de produção de bens e serviços público é que se poderá alcançar uma maior eficiência do Estado;
viii) A responsabilização financeira deixa de ser essencialmente legalista assente em pressupostos eminentemente formais, para passar a ser baseada em indicadores de resultado material, o que acentuará a vertente gestionária traduzida em indicadores de eficiência, de eficácia e de economicidade.

Por outro lado, e em termos formais, o novo modelo tem diversas virtudes:
i) Pressupõe uma uniformização das normas de contabilização nos diversos subsectores com base nas melhores práticas internacionais;
ii) Permite uma análise permanente do desempenho orçamental por via da criação de um sistema de informação com alcance transversal a todo o sector público;
iii) Aumenta a transparência da gestão orçamental o que é um fator crítico para a medição da qualidade da nossa política financeira;
iv) Aumenta a responsabilização da gestão orçamental;
v) melhora a qualidade da informação disponível ao mercado, o que é essencial para afastar quaisquer rumores infundados inerentes aos mercados financeiros, protegendo a nossa dívida pública de interpretações mal fundadas.

As vantagens decorrentes da adoção do modelo de PFM são evidentes. Para além das vantagens concretas decorrentes de um processo que fomenta a eficiência gestionária, existirão vantagens do foro político que se tornarão essenciais num mundo cada vez mais concorrencial.
Assim, quando as opções financeiras são alvo de um maior escrutínio público, suscitando interpretações funcionalizadas em termos desfavoráveis atento o odioso

inerente ao pagamento de impostos (veja-se o caso do movimento dos coletes amarelos em França ou do próprio Brexit), a possibilidade de uma maior transparência das opções financeiras aumentará exponencialmente a legitimidade da tributação. Os cidadãos são cada vez mais exigentes relativamente à perceção do destino dos seus impostos, competindo à administração financeira proporcionar essa informação.
Esta "informação melhorada" é igualmente crítica em modelos de "funcionamento normal". O desenvolvimento de políticas de promoção da coesão social, territorial e intergeracional implicará sempre a correta explanação das mesmas àqueles que as "sustentam". As exigências concorrenciais cada vez mais acutilantes que se colocam à iniciativa privada propiciam uma tensão cada vez mais elevada relativamente a despesas de convergência social. As políticas redistributivas e fomentadoras da igualdade necessitam de uma explanação mais musculada para o seu desenvolvimento, o que só torna possível com o desenvolvimento de novos instrumentos de reporte.
Por outro lado, com a adoção de uma verdadeira "norma" de relato financeiro poderá efetivar-se uma aproximação à "União Orçamental", pilar essencial da União Económica. De fato, e até hoje, todos os países da UEM apresentam as suas contas públicas adotando metodologias diversas, unificadas barbaramente por via de um conjunto de regras estatísticas (modelo Eurostat), que nunca tiveram uma qualquer finalidade de regular as contas públicas.
Mas outras vantagens, mais concretas, são igualmente evidentes.

i) Ao adotar o modelo PFM, Portugal será o primeiro País europeu a introduzir um modelo sofisticado, unanimemente reconhecido como sendo o melhor a nível mundial. A perceção dessa realidade permitirá ao nosso País alcançar naturais vantagens no seu posicionamento, já que quer a Comissão Europeia quer o Eurostat nos anunciam como sendo um *benchmark* em sede de qualidade das Finanças Públicas;
ii) Ao criar um modelo assente nas IPSAS, as finanças públicas portuguesas serão transparentes, reduzindo-se substancialmente o risco de ataques especulativos, inevitáveis num mundo onde a informação é assimétrica e os agentes atuam numa lógica "*bandwagon*". Efetivamente, está nas mãos de Portugal fornecer ao mercado financeiro a informação necessária para que as opções de financiamento sejam realizadas na posse da melhor informação possível. Só assim o nosso País terá acesso a capitais de base estável, reduzindo substancialmente o risco de mercado;
iii) Cruzando o modelo de *reporting* financeiro com um sistema informático robusto e completo, o Ministério das Finanças poderá atuar rapidamente

quanto detetar um qualquer desvio relativamente à previsão orçamental. Na Nova Zelândia, o Ministério das Finanças tem a capacidade de percecionar a realidade da execução no espaço de uma semana. Portugal tem a capacidade de o fazer em tempo real, ao nível de todos os subsectores de governação. A gestão pública deixará de assentar numa gestão por previsão para passar a uma verdadeira gestão de execução. Neste quadro, deixarão ser necessários instrumentos como as "cativações" preventivas, uma vez que todo o desempenho financeiro será acompanhado em tempo real;

iv) Assentando no modelo de Balanço do Estado, a perceção dos ativos nivelará o volume de passivo. Esta "alteração das regras de jogo" permitirá a Portugal fugir um tabuleiro onde dificilmente ganhará no curto prazo. Efetivamente, o foco da qualidade das nossas finanças públicas assentando unicamente no volume da dívida pública, ou seja, no passivo não financeiro, é totalmente redutor da realidade. Os impactos de uma apreciação mais abrangente são evidentes. Se o ativo passar a ser uma preocupação imediata, os efeitos da sua maximização em todos os subsectores terá um impacto direto no aumento do PIB, o que reduzirá ainda mais, a relação da dívida pública. Por outro lado, os passivos não financeiros, que a nível social têm um maior impacto do que os financeiros, entrarão na equação, proporcionando uma melhoria da qualidade das políticas sectoriais. Os encargos com o sistema de Segurança Social, com o Serviço Nacional de Saúde ou com a Educação passarão a ser analisados e tratados na dimensão estrutural, propiciando uma efetiva melhorias das políticas sectoriais;

v) A Reforma do Estado será realizada, não numa perspetiva *top-down*, sempre forçada e limitada, mas na perspetiva virtuosa *bottom-up*, com origem em cada funcionário público. A sua métrica de atuação assentará no número de utilidades de serviço público fornecidas, e não numa simples gestão de tesouraria (ou de falta dela). Os incentivos para a melhoria serão permanentes e transversais, em todos os níveis de gestão pública;

vi) A adoção de modelos de contabilidade analítica propiciados pelas IPSAS e pelo sistema de informação que as sustentam permitirá uma afinação das políticas tributárias, e uma transparência e legitimidade acrescida da atividade pública. Esse efeito permitirá uma melhor aferição da eficiência da despesa pública e uma efetiva e completa justificação da política tributária.

A transição em Portugal é relativamente simples. O SNC-AP não é mais do que uma adaptação do SNC. Ora, o desafio colocado à OCC (à altura denominada ATOC, promovida a OTOC também por causa disso), em 2009, foi extremamente bem sucedido. E as dificuldades eram bem mais significativas. Estava em causa a generalidade das empresas portuguesas numa transição para um modelo ainda não tesado em Portugal. Porém, os contabilistas certificados não hesitaram em abraçar esse desafio e, em poucos anos, e sem qualquer disrupção ou dificuldade de maior, todo o modelo contabilístico em Portugal encontra-se totalmente adaptado às melhores práticas internacionais. Se isso foi possível no sector privado, porque não pode ocorrer também no sector público?

Os profissionais estão formados e o conhecimento técnico é, hoje, abundante.

Portugal pode ser um exemplo de charneira neste campo. Bastará seguir a melhor prática existente - a Nova Zelândia - que há cerca de 20 anos efetuou esta transição. Quais os resultados? De uma denominação depreciativa: a Albânia do Pacífico, passou a ser classificada como triplo A pela generalidade das agências de rating, e simultaneamente, o melhor país classificado em sede de desenvolvimento humano.

Boas contas, no sentido formal e material, são um indicador de desenvolvimento.

A reforma das finanças públicas em Portugal é a verdadeira reforma estrutural.

Neste enquadramento, e com os contributos valiosos como o que é traduzido nesta obra, não existem desculpas para um qualquer atraso na implementação desta reforma estrutural.

Carlos Baptista Lobo
Professor da Faculdade de Direito da Universidade de Lisboa
Partner da EY

INTRODUÇÃO

O Sistema de Normalização Contabilística para as Administrações Públicas (doravante SNC-AP), aprovado através do Decreto-Lei n.º 192/2015, de 11 de setembro, está incluído num pacote de medidas que visam reformar a contabilidade pública em Portugal, sendo outra das leis relevantes para esse objetivo a nova Lei do Enquadramento Orçamental, aprovada pela Lei n.º 151/2015, de 11 de setembro (doravante LEO). Passados 4 anos da sua aprovação, continuam as dificuldades na sua implementação, nomeadamente pela não resposta dos sistemas de informação, inviabilizando, em algumas situações, a prestação de contas de forma atempada e com informação em *full compliance* com as normas de contabilidade pública, bem como pela falta de uma estratégia no desenvolvimento dos processos necessários à sua adequada aplicação. Os sistemas de contabilidade não estão preparados para extrair a informação necessária a reportar, e nos formatos exigidos pelo Tribunal de Contas (TdC) e pela Unidade de Implementação de Lei de Enquadramento Orçamental (UniLeo). Esta adoção envolveria aspetos relacionados com o ajustamento dos processos e procedimentos de trabalho das Administrações Públicas, a reformulação das suas ferramentas informáticas e, consequentemente, a formação dos recursos envolvidos. Não foram, pois, salvaguardados todos estes aspetos.

O próprio TdC, no seu Relatório Intercalar VI (Relatório n.º 13/2019), veio concluir que '*... ao longo deste período de três anos, os avanços ficaram muito aquém do previsto em sede de planeamento, pondo em causa a elaboração das demonstrações orçamentais e financeiras consolidadas, previstas para o OE e a CGE de 2021*'.

O TdC reformulou a sua plataforma eletrónica para efeitos de prestação de contas, cujas orientações foram divulgadas através da Instrução n.º 1/2019, e que se revelou de alguma complexidade na inserção e validação da informação nos formatos exigidos.

No entanto, através da Resolução n.º 7/2018, veio permitir à entidades que, no âmbito da prestação de contas do ano de 2018, se manifestassem sobre qual o referencial contabilístico que iria adotar, mesmo as que já estariam em condições de reportar em SNC-AP, o que veio criar alguns constrangimentos, nomeadamente aos órgãos de fiscalização na emissão dos seus pareceres sobre as contas anuais.

Considerámos assim relevante preparar um manual que apresente, de uma forma muito prática, os processos associados à contabilidade orçamental e financeira,

esquematizando as questões que se mostram de maior complexidade na sua interpretação e aplicação.
Por outro lado, pretende-se que este manual sirva para base de estudo àqueles que pretendam tomar conhecimento dos sistemas contabilísticos da Administração Pública. Para tal, apresentamos exemplos práticos para cada uma das temáticas, evidenciando os registos a efetuar tanto na contabilidade financeira como na contabilidade orçamental, tendo-se criado, ficticiamente, para o efeito, uma entidade pública - Admin_Central - pertencente à Administração Central e que está sujeita à aplicação do SNC-AP. Este Organismo tem como receitas próprias a cobrança de taxas, no âmbito de um contrato de concessão, a prestação de serviços de consultoria e as rendas de alguns dos seus ativos, nomeadamente de um terreno agrícola contíguo ao edifício sede. Recebe também transferências do Orçamento de Estado, por via de solicitação de transferências de fundos (STF), que lhe permite pagar as rendas associadas ao contrato de concessão que assinou no passado para a construção de uma estrada. Assim, parte das STF serve para compensar as despesas correntes associadas à infraestrutura (nomeadamente os juros apurados pelo método do juro efetivo e o serviço de operação da estrada). A outra parte serve para comparticipação do custo de construção do ativo da concessão (a estrada). Para efeitos de simplificação, não considerámos o efeito dos impostos nos exemplos que apresentamos, sendo, no entanto, dada nota adicional sempre que se mostrar relevante o seu tratamento. Não foi, igualmente, considerada a classificação por fonte de financiamentos da receita e da despesa.
Neste exemplo académico, esta entidade transita com um saldo de gerência de N-1 no valor de 8.750 euros, dos quais 5.750 euros resultam do excedente da execução orçamental e o remanescente, 3.000 euros, de operações de tesouraria.
Ao longo do manual fazemos também referência às FAQ's[1] que a Comissão de Normalização Contabilística (CNC[2]) divulgou sobre o SNC-AP, à medida que os temas que essas FAQ's tratam vão sendo apresentados no livro.
Gostaríamos de salientar que as opiniões e conclusões apresentadas no presente manual são da exclusiva responsabilidade das autoras.

---

[1] O texto integral das FAQ's pode ser consultado em http://www.cnc.min-financas.pt/faqs_publico.htm

[2] Comissão de Normalização Contabilística (CNC) tem por missão emitir normas, pareceres e recomendações para o conjunto das entidades inseridas no setor empresarial e setor público, no domínio contabilístico, contribuindo para a harmonização e o desenvolvimento de padrões de alta qualidade da informação e do relato financeiro das entidades que apliquem os Sistemas de Normalização Contabilística em vigor em Portugal.

CAPÍTULO 1

—

O SETOR PÚBLICO EM PORTUGAL

1.1. Enquadramento

Antes de entrarmos na temática associada à contabilidade, consideramos relevante fazer-se o enquadramento sobre em que consiste o Setor Público em Portugal e a que entidades são aplicáveis os referenciais contabilísticos da contabilidade pública, tendo esta, como objetivo, demonstrar como as entidades do Setor Público Administrativo (SPA) aplicam os meios financeiros que lhes são atribuídos.
O Setor Público pode repartir-se da seguinte forma:

FIGURA 1.1: SETOR PÚBLICO

Setor Público

Natureza jurídica e fins estatutários

Setor Público Empresarial (Sector Empresarial do Estado)
Tem uma base de atuação em critérios empresariais. O objetivo principal é a obtenção de lucro

Setor Público Administrativo
Tem uma base de atuação em critérios não empresariais, ou seja, o seu objetivo principal não é a obtenção do lucro, mas sim o cumprimento das competência que estão atribuídas ao Estado, como por exemplo, o exercício da saúde, da educação, da segurança e defesa e a administração da justiça pelos tribunais

Setor Empresarial do Estado (SEE)

De acordo com as informações existentes no site da Direção Geral do Tesouro e Finanças (DGTF), o setor empresarial do estado (SEE) encontra-se integrado no Sector Público Empresarial, cujo regime jurídico foi aprovado pelo Decreto-Lei n.º 133/2013, de 3 de outubro. É constituído pelo conjunto das unidades produtivas do Estado, organizadas e geridas de forma empresarial, integrando as empresas públicas e as empresas participadas.
As empresas públicas são as organizações empresariais constituídas sob a forma de sociedade de responsabilidade limitada nos termos da lei comercial, nas quais o Estado ou outras entidades públicas possam exercer, isolada ou conjuntamente, de forma direta ou indireta, influência dominante. As empresas participadas são as organizações empresariais em que o Estado ou quaisquer outras entidades públicas, de caráter administrativo ou empresarial, detenham uma participação permanente,

de forma direta ou indireta, desde que o conjunto das participações públicas não origine influência dominante.
De acordo com o diploma acima referido, existe uma influência dominante em qualquer uma das situações seguintes:

a) Detenham uma participação superior à maioria do capital;
b) Disponham da maioria dos direitos de voto;
c) Tenham a possibilidade de designar ou destituir a maioria dos membros do órgão de administração ou do órgão de fiscalização; e
d) Disponham de participações qualificadas ou direitos especiais que lhe permitam influenciar de forma determinante os processos decisórios ou as opções estratégicas adotadas pela empresa ou entidade participada.

Consideram-se participações permanentes as que não possuem objetivos exclusivamente financeiros, sem qualquer intenção de influenciar a orientação ou a gestão da empresa por parte das entidades públicas participantes, desde que a respetiva titularidade seja de duração superior a um ano.
O SEE integra atualmente um vasto conjunto de empresas detidas ou participadas pelo Estado, cuja atividade abrange os mais diversos sectores. Para além das participações diretas, o Estado detém um conjunto assinalável de participações indiretas, maioritariamente integradas em grupos económicos ou holdings como a Parpública – Participações Públicas, SGPS, S.A. e a Caixa Geral de Depósitos, S.A..

Setor Público Administrativo

Sousa Franco, 1992, define o Setor Público Administrativo como *"o conjunto de atividades económicas de qualquer natureza exercidas pelas entidades públicas (Estado, Associações e Instituições Públicas), quer assentes na representatividade e na descentralização democrática, quer resultantes da funcionalidade tecnocrática e da desconcentração por eficiência."*
O Setor Público Administrativo subdivide-se nas seguintes administrações:

- Administração Central;
- Administração Local;
- Administração Regional; e
- Segurança Social.

A Administração Central apresenta na sua composição os Serviços Integrados (SI) e os Serviços e Fundos Autónomos (SFA), cuja definição apresentaremos no presente capítulo.

De uma forma esquemática:

FIGURA 1.2: SETOR PÚBLICO ADMINISTRATIVO

Na Administração Central estão integrados os serviços e órgãos cujo objetivo principal é satisfazer as necessidades coletivas. Estes apoiam o desenvolvimento das políticas do Governo, que numa primeira linha é constituído pelos Ministérios.

O objetivo da Administração Local é prosseguir os interesses coletivos próprios da população, num determinado local do território nacional. Nela encontramos os Municípios, as Freguesias, Serviços e Fundos Autónomos da Administração Local e Instituições sem fins lucrativos da Administração Local.

A Administração Regional agrupa os Órgãos dos Governos Regionais, que por sua vez se subdividem em Órgãos do Governo Regional dos Açores e Órgãos do Governo Regional da Madeira, e Serviços e Fundos Autónomos da Administração Regional, que também se subdividem em Serviços e Fundos Autónomos da Administração Regional dos Açores e Serviços e Fundos Autónomos da Administração Regional da Madeira.

A Segurança Social corresponde ao sistema de solidariedade e segurança social, cujos subsistemas estão definidos na sua lei de bases, assim como as suas fontes de financiamento e organismos responsáveis pela sua gestão.

Para além das administrações acima referidas, integram ainda o setor das administrações públicas as entidades que, independentemente da sua natureza e forma, tenham sido incluídas em cada subsetor no âmbito do Sistema Europeu de Contas Nacionais e Regionais, na última lista das entidades que compõem o setor das admi-

nistrações públicas divulgada até 30 de junho, pela autoridade estatística nacional, designadas por Entidades Públicas Reclassificadas (EPR).
Podemos confirmar através do site da Secretaria Geral que as Entidades Públicas Reclassificadas são entidades que, na sua génese jurídica, constituem entidades do setor público empresarial, mas que, por força da Lei de Enquadramento Orçamental e dos critérios definidos no Sistema de Contas Europeu (SEC), são objeto de reclassificação para o âmbito das administrações públicas, sendo as suas contas relevantes para efeitos de apuramento dos agregados das contas públicas.
A Direção Geral do Orçamento (DGO), através da circular onde são emitidas as instruções para preparação do Orçamento do Estado de cada ano, apresenta em anexo as entidades que farão parte do perímetro do orçamento de estado para esse ano, identificando as que são classificadas como EPR.
Isso implica que as EPR, passando a integrar o perímetro das Administrações Públicas, deverão passar a utilizar também a contabilidade orçamental.

FIGURA 1.3: CLASSIFICAÇÃO COMO ENTIDADE DA ADMINISTRAÇÃO PÚBLICA

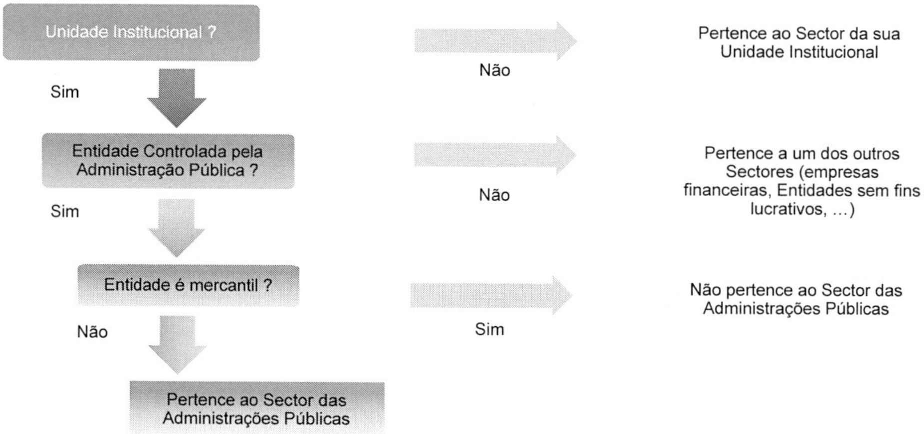

Adaptado de "A nova lei de enquadramento orçamental, Sarmento, Joaquim, Almedina

Esta classificação advém do facto das entidades não cumprirem o critério da mercantilidade. Uma entidade é considerada mercantil se mais de 50% dos custos forem cobertos pelas receitas mercantis. O conceito de receita mercantil baseia-se na receita que está sujeita a um preço economicamente significativo, ou seja, por um preço que influencie as decisões dos produtores e consumidores (ver ponto 6.1.5 no Capítulo 6).

Assim, caso não tenha influência, considera-se que o preço não é economicamente significante. É o exemplo das taxas moderadoras no sector da saúde ou das propinas no setor da educação. Apenas são cobradas para gerar alguma receita ou para moderar o seu consumo, o que não ocorreria caso o serviço fosse gratuito.
Nestas situações, em que os preços não são economicamente significativos, as receitas não são consideradas como mercantis para efeitos do cálculo do rácio dos 50%. Por este motivo é que os hospitais, enquanto Empresas Públicas Empresariais (E.P.E), fazem parte do setor das Administrações Públicas.
Atualmente, para efeitos do cálculo dos 50%, passou a ser considerada a totalidade dos custos já que no anterior Sistema Europeu de Contas (SEC95) só se consideravam os custos operacionais.
As E.P.E são um tipo de empresa pública que reveste a forma de pessoa coletiva de direito público, cuja constituição cabe ao Estado para a prossecução de fins que são da sua responsabilidade.
Esta forma de organização é utilizada quando o Estado pretende prosseguir certos fins de interesse público ou prestar um determinado serviço público, mas com maior autonomia de gestão e de uma forma mais flexível e menos burocrática.
Porém, diferentemente das empresas públicas sob a forma societária, as E.P.E não possuem capital social, mas um capital estatutário integralmente detido pelo Estado, que é inalienável e não transacionável, estando ainda excluídas do regime de insolvência e recuperação de empresas.
Este modelo de entidade pública de gestão privada é o adotado no setor da saúde, revestindo a maioria dos hospitais públicos a natureza de entidade pública empresarial, tendo-se estendido também ao setor das infraestruturas e dos transportes (como por exemplo o Metropolitano de Lisboa, a CP – Comboios de Portugal, a Navegação Aérea de Portugal – NAV Portugal EPE) e ao setor da cultura (como por exemplo o Teatro Nacional D. Maria II).

1.2. A Contabilidade das Entidades Públicas

A entrada de Portugal na Comunidade Económica Europeia (CEE), motivou a necessidade de se efetuarem mudanças no setor público uma vez que passaram a existir cada vez mais exigências em termos do rigor das contas públicas. Assim, tornou-se obrigatório a criação do primeiro plano oficial de contabilidade, a criação do inven-

tário geral do património do Estado e um classificador económico para as receitas e despesas públicas.
Até essa data a contabilidade pública era meramente orçamental, onde a preocupação principal eram as despesas públicas, o cumprimento do orçamento e da lei, por isso baseado num sistema unigráfico e de base de caixa modificado. Assim, foi a partir dos anos 90 que as grandes alterações se fizeram sentir na Contabilidade Pública em Portugal. Começou pela aprovação da Lei das Bases da Contabilidade Pública, pelo Regime Financeiro e Administrativo do Estado (RAFE), pelo desenvolvimento de Planos Oficiais de Contabilidade Pública (e sectoriais) revogados em 2015 para passar a ser utilizado o novo sistema de normalização contabilístico, o SNC-AP.
A evolução da normalização contabilística do setor público assume um papel cada vez mais importante dado que a adoção de normas internacionais pode contribuir para aumentar a qualidade, a transparência da prestação de contas e a *accountability* no setor público.

1.3. Lei das Bases da Contabilidade Pública

O primeiro importante diploma foi publicado a 20 de fevereiro de 1990, com a Lei das Bases da Contabilidade Pública (Lei n.º 8/90, 20 de fevereiro).
Esta Lei constituiu um papel relevante na reformulação de três pontos essenciais para a contabilidade pública em Portugal:

- O regime financeiro;
- O controlo orçamental; e
- A contabilização das receitas e despesa.

O seu objetivo principal foi implementar normas e princípios que os serviços e organismos da Administração Pública tinham de fazer cumprir para que existisse uma maior normalização e harmonia nas contas do setor público.

Regime financeiro

A Lei de Bases passa a definir **dois regimes financeiros**, especificando diferentes autonomias a que os serviços estão sujeitos, havendo por isso o regime geral (em que os serviços estão dotados apenas de autonomia administrativa) e o regime excecional (em que os serviços que integram este regime gozam de autonomia administrativa e financeira).

FIGURA 1.4: LEI DE BASES DA CONTABILIDADE

Lei das Bases da Contabilidade Pública

Regime Geral: Autonomia Administrativa

Os serviços e organismos que integrem o regime geral passam a dispor de autonomia administrativa para realizarem atos de gestão correntes. Assim, os seus dirigentes têm competência para autorizar a realização de despesas e proceder ao respetivo pagamento. São designados por 'Serviços Integrados' e normalmente têm a designação de Direção Geral ou Secretaria Geral.

As receitas destas entidades são geralmente transferências do Orçamento de Estado. Não dispõem de orçamentos próprios. As requisições de fundos (Pedidos de Libertação de Créditos – PLC) são efetuadas mensalmente por conta do duodécimo disponível, para se proceder ao pagamento das despesas do serviço integrado.

Regime Excecional: Autonomia Administrativa e Financeira

Enquadram-se neste regime os serviços e organismos da Administração Pública que têm personalidade jurídica e um património próprio, tendo os seus dirigentes competência para autorização de realização de despesas.

Contudo, para serem integrados neste regime terão que obter receita própria que atinja, pelo menos, dois terços das despesas totais, não entrando para este cálculo as despesas co-financiadas, bem como as que estão previstas na Constituição da República Portuguesa (regime por imposição constitucional).

Neste regime, os dirigentes possuem capacidade para autorizar a realização de despesas e ainda de autorizar o pagamento das mesmas, a partir de contas próprias das entidades.

Em termos resumidos:

TABELA 1.1: RESUMO DAS CARACTERÍSTICAS DOS SI E SFA

Características	Serviços Integrados	Serviços e Fundos Autónomos
Personalidade Jurídica	Não	Sim
Autonomia	Administrativa	Administrativa e Financeira
Competências dos Dirigentes	Gestão Corrente	Administração / Gestão
Receitas	Transferências do Orçamento de Estado	Receitas Próprias Transferências do Orçamento de Estado Transferências da EU
Despesas	Pedidos de Libertação de Créditos (PLC), por duodécimos	Por autorização do Dirigente
Património	Não	Sim
Endividamento	Não permitido	Permitido, com autorização do Ministério das Finanças

Baseado na Lei n.º 8/90 de 20 de fevereiro

O controlo de gestão orçamental

A Lei das Bases veio também impor um maior controlo orçamental pelo que os serviços e organismos da Administração Central passam a estar regularmente sujeitos a um controlo sistemático sucessivo de gestão orçamental. Este controlo inclui a fiscalização da conformidade legal e regularidade financeira das despesas realizadas, centrando-se na análise específica da eficiência e eficácia das despesas efetuadas. O controlo realizado aos serviços incluídos no regime excecional, é efetuado através do controlo sistemático da análise de autorização e pagamento de despesas efetuados pelo dirigente, através da verificação direta da contabilidade dos próprios serviços e organismos, sendo assegurado o julgamento das contas pelo Tribunal de Contas. Estes serviços e organismos dotados de autonomia administrativa e financeira deverão dispor de meios de fiscalização interna tecnicamente independentes dos respetivos órgãos de direção.

Contabilização das Receitas e das Despesas

De acordo com o estabelecido na Lei n.º 8/90, de 20 de fevereiro, o sistema de contabilidade dos serviços e organismos com autonomia administrativa (ou seja, os serviços integrados) é unigráfico, devendo ser organizada uma contabilidade analítica indispensável à avaliação dos resultados da gestão.
Nos serviços e organismos dotados de autonomia administrativa e financeira, o sistema de contabilidade seria digráfico e suportado no Plano Oficial de Contabilidade (POC) (que deverá ler-se atualmente SNC-AP), no plano de contas especialmente aplicável às instituições bancárias ou ainda noutro plano de contas oficial adequado. Os sistemas de contabilidade aplicáveis aos serviços e organismos da Administração Central deverão prever, a par de uma contabilidade de caixa, uma contabilidade de compromissos ou encargos assumidos aquando do ordenamento das despesas.

1.4. Regime Financeiro e Administrativo do Estado

Tal como referido no próprio diploma, o Decreto Lei n.º 155/92, de 28 de julho, veio finalizar a arquitetura legislativa da reforma orçamental e de contabilidade pública, pela qual se estabelece um novo regime de administração financeira do Estado. É um dos diplomas mais relevantes nesta reforma.

Este diploma legal veio definir as normas legais de desenvolvimento do Regime de Administração Financeira do Estado (RAFE) os quais já haviam sido anteriormente abordados pela Lei n.º 8/90, de 20 de fevereiro, para as entidades integradas no regime geral e no regime excecional.

Regime Geral

De acordo com o que já referimos anteriormente, os serviços integrados dispõem apenas de autonomia administrativa, que passa por disporem de créditos inscritos no Orçamento de Estado e os seus dirigentes terem apenas competência para praticarem os atos necessários para a autorização da despesa e seus pagamentos, no âmbito da gestão corrente.
Conforme definido no artigo 4.º §1) do referido diploma, *"a gestão corrente compreende a prática de todos os atos que integram a atividade que os serviços e organismos normalmente desenvolvem para a prossecução das suas atribuições, sem prejuízo dos poderes de direção, supervisão e inspeção do ministro competente"*. Não compreende assim, a aprovação de planos e programas e a assunção de encargos que ultrapassem a sua normal execução (§2) nem os atos de montante ou natureza excecionais, os quais serão anualmente determinados no decreto-lei de execução orçamental (§3).
O Decreto-Lei de Execução Orçamental (DLEO) é que fixará em cada ano os critérios do regime duodecimal, para efeitos da requisição de fundos (PLC).
Quanto aos sistemas da contabilidade e administração, o artigo 9.º define que *"a escrituração da atividade financeira será organizada com base nos seguintes registos:*

a) *Contabilidade de compromissos resultantes das obrigações assumidas;*
b) *Contabilidade de caixa."*

No artigo 16.º, vem referir que deverão desenvolver também uma ***contabilidade analítica de gestão***, como instrumento de gestão.

FIGURA 1.5: REGIME FINANCEIRO E ADMINISTRATIVO DO ESTADO

Regime Financeiro e Administrativo do Estado – Regime geral

Contabilidade de compromissos resultantes das obrigações assumidas

O artigo 10.º define o que se pretende com a contabilidade de compromissos (ou encargos assumidos), a qual consistirá no lançamento das obrigações constituídas, por atividades e com indicação da respetiva rubrica de classificação económica, compreendendo:

- Os montantes, fixados ou escalonados para cada ano, das obrigações decorrentes de lei ou de contrato, como primeiro movimento da gestão do respetivo ano;
- As importâncias resultantes dos encargos assumidos nos anos anteriores e não pagos;
- Os encargos assumidos ao longo da gestão.

Clarifica o n.º 2 do referido artigo que 'no decurso da gestão orçamental, o valor dos encargos que podem ser assumidos será alterado em função dos reforços ou anulações das dotações orçamentais, bem como das variações nos compromissos, devendo efetuar-se o respetivo registo

Contabilidade de caixa

O artigo 15.º, §1. refere que a contabilidade de caixa consiste no registo do montante global dos créditos libertados (PLC) e de todos os pagamentos efetuados por atividades ou projetos e por rubricas orçamentais. No §2 estabelece-se que nenhum pagamento pode ser efetuado sem que tenha sido previamente registado o inerente compromisso

A **contabilidade de compromissos** estabeleceu adicionalmente regras para despesas que ficam sujeitas a um duplo cabimento. Esta situação ocorre quando os serviços dispuserem de receitas consignadas[3], em que os pagamentos a efetuar por conta destas ficam simultaneamente condicionados ao montante global da receita arrecadada e dos créditos inscritos no Orçamento. Ou seja, para além de ter cabimento na rubrica da despesa, tem que igualmente haver a respetiva cobrança da receita associada a esta despesa.

Na **contabilidade de caixa** também ficou definido as regras a aplicar aos pedidos de libertação de créditos (PLC), que mais não são do que os pedidos de recursos para poderem pagar as despesas assumidas. Assim, os serviços solicitarão, mensalmente, à Direção Geral do Orçamento a libertação de créditos por um montante que tenha em consideração o plano de tesouraria.

A libertação de créditos só ocorrerá após o fornecimento de alguns elementos (a remeter no início de cada mês), dos quais se destacam:

a) Balancete da contabilidade de compromissos assumidos até ao final do mês anterior;
b) Balancete da contabilidade de caixa com os pagamentos efetuados até ao final do mês anterior;

[3] Receita consignada – Receita que a título excecional e por determinação legal é afeta a despesas pré-determinadas.

c) Discriminação de todas as alterações orçamentais autorizadas até ao final do mês anterior;
d) Descrição, por rubricas orçamentais, dos pagamentos previstos para o mês, relativos a compromissos já assumidos e a assumir;
e) Indicação do valor do saldo existente entre os créditos libertados e os pagamentos efetuados até ao final do mês anterior;
f) Outros justificativos que venham a ser determinados por diploma regulamentar.

Regime Excecional

Tal como já referimos anteriormente, os serviços e organismos integrados neste regime dispõem de autonomia administrativa e financeira, possuindo assim personalidade jurídica e património próprio.
Assim, ao nível dos sistemas de contabilidade, refere o artigo 45.° que por forma de permitir um controlo orçamental permanente, bem como uma estrita verificação da correspondência entre os valores patrimoniais e contabilísticos, estas entidades deverão utilizar um sistema de contabilidade que se enquadre no Plano Oficial de Contabilidade (que deverá ler-se atualmente SNC-AP).
O património destas entidades autónomas é constituído pelos bens, direitos e obrigações recebidos ou adquiridos para o exercício da sua atividade, podendo administrar e dispor livremente dos bens que integram o seu património, sem sujeição às normas relativas ao domínio privado do Estado (salvo se existirem disposições especiais constantes nas respetivas leis orgânicas de cada organismo) e sendo obrigadas a manter um inventário atualizado de todos os bens patrimoniais.
Estabelece também que estes organismos administram ainda os bens do domínio público do Estado, que estejam afetos às atividades que desenvolvam, devendo manter atualizado o respetivo cadastro.
Se nos serviços incluídos no regime geral, as receitas sejam quase 100% obtidas por via do Orçamento de Estado, nos organismos enquadrados neste regime podem constituir receitas as seguintes tipologias (§ 47):

Receitas Próprias

a) As receitas resultantes da sua atividade específica;
b) O rendimento de bens próprios e bem assim o produto da sua alienação e da constituição de direitos sobre eles;

c) As doações, heranças ou legados que lhes sejam destinados;
d) Quaisquer outros rendimentos que por lei ou contrato lhes devam pertencer.

Outras Receitas

a) Comparticipações, dotações, transferências e subsídios provenientes do Orçamento do Estado, do Orçamento da Segurança Social ou de quaisquer entidades públicas ou privadas, bem como do Orçamento da Comunidade Europeia.

Realização das despesas de aplicação comum a ambos os regimes

Este diploma veio também definir regras para a realização da despesa pública, de forma a garantir uma maior transparência da situação financeira e patrimonial das entidades públicas. Definiu as competências para a autorização da despesa, e passou a obrigar o registo dos contratos celebrados, incluindo o montante global de cada contrato, suas alterações, escalonamento e pagamentos efetuados, obrigando a que nenhuma despesa relativa a contratos possa ser efetuada sem que caiba no seu montante global e respetivo escalonamento anual. Obrigou ainda, pelo seu artigo 25.°, que a assunção de encargos com reflexo em mais de um ano económico ser precedida de portaria conjunta do Ministro das Finanças e do ministro competente.
Com a alteração efetuada em 2011, veio estabelecer as regras de autorização para a celebração de contratos de locação financeira pelos serviço integrado e serviços e fundos autónomos (no seu artigo 31.°-B)
Ao nível da **autorização da despesa**, a mesma fica sujeita à verificação da legalidade, regularidade e à verificação dos princípios da economia, eficiência e eficácia (normalmente designado pelo princípio dos três E's).

FIGURA 1.6: AUTORIZAÇÃO DA DESPESA

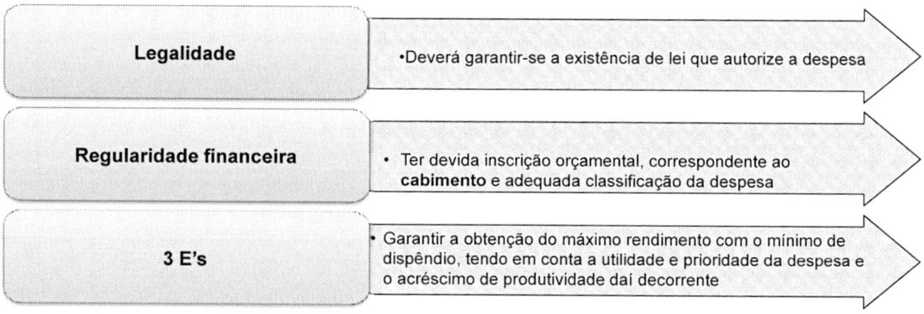

Define como fase da despesa o **processamento**, que se consubstancia na inclusão em suporte normalizado dos encargos legalmente constituídos, de forma que se proceda **à sua liquidação e pagamento**. Esta fase mais não é do que a obtenção da fatura ou documento equivalente que comprove a realização dos serviços / fornecimento de bens.

Após este processamento, o diploma refere que os serviços e organismos determinarão o montante exato da obrigação que nesse momento se constitui, a fim de permitir o respetivo pagamento.

Também para a fase do **pagamento** foram estabelecidas regras, existindo uma primeira etapa relativa à autorização de pagamento (que se consubstancia na emissão de documento onde é possível ao dirigente aprovar formalmente a despesa para pagamento), e posteriormente o pagamento.

De uma forma esquemática, as fases de despesa previstas neste diploma são as seguintes:

FIGURA 1.7: FASES DA DESPESA

Vem igualmente definir procedimentos relacionados com a realização de despesas em conta de fundos de maneio (artigo 32.º), permitindo a constituição de fundos de maneio para a realização de despesas de pequeno montante, em nome dos respetivos responsáveis. Estes fundos de maneio têm que ser repostos para efeitos de prestação de contas.

Com a alteração efetuada em 2011, passou a ser obrigatório que qualquer serviço integrado e serviço e fundo autónomo tenha que verificar se a situação tributária e contributiva de beneficiário do pagamento está regularizada.
Se se verificar que a sua situação tributária e contributiva não está regularizada, a entidade pagadora deverá reter o montante em divida, até ao limite máximo de 25% do valor total do pagamento a efetuar, tendo que proceder ao depósito da verba retida à ordem do órgão de execução fiscal.

1.5. Lei de Enquadramento Orçamental

A Lei de Enquadramento Orçamental (LEO) foi outro dos pilares relevantes na reforma das contas públicas, pois veio definir um conjunto de regras para a organização, apresentação, aprovação, execução, fiscalização e controlo do Orçamento de Estado. A sua primeira publicação foi em 2001 (Lei n.º 91/2001, 20 de agosto), tendo ao longo do tempo a mesma sofrido várias alterações (até 2014 teve 8 alterações legislativas), encontrando-se atualmente em vigor a Lei n.º 151/2015, de 11 de setembro (nova LEO), que também já teve duas alterações associadas à recalendarização de produção integral dos seus efeitos, com a Lei n.º 2/2018, de 29 de janeiro, e a Lei n.º 37/2018, de 7 de agosto.
Das duas recentes alterações, destaca-se:

- A adoção do modelo de programas orçamentais nela estabelecidos se fará apenas no Orçamento do Estado para o ano de 2021;
- Os artigos 3.º (criação da Entidade Contabilística Estado) e 20.º a 76.º (regras orçamentais e processo orçamental) da Lei de Enquadramento Orçamental produzem efeitos a partir de 1 de abril de 2020.

A nova LEO abre caminho a uma nova forma de definir e executar a política macroeconómica e de prestar contas. A mudança resulta nos seguintes aspetos principais:

- Melhor definição e organização de conceitos (princípios, regras, limites, mapas, etc.);
- Criação da Entidade Contabilística Estado (ECE);
- Integração das políticas económicas e orçamentais num processo com duas fases;
- Clarificação do processo de revisão orçamental (da competência da Assembleia da República) e alteração orçamental (da competência do Governo).

Considera ainda os princípios para uma melhor e mais eficaz elaboração, execução e controlo do orçamento, sendo esses princípios os seguintes:

TABELA 1.2: PRINCÍPIOS ORÇAMENTAIS

Princípios	
Unidade e universalidade	O Orçamento do Estado é unitário e compreende todas as receitas e despesas das entidades que compõem o subsetor da administração central e do subsetor da segurança social
Estabilidade orçamental	Consiste numa situação de equilíbrio ou excedente orçamental
Sustentabilidade das finanças públicas	Capacidade de financiar todos os compromissos, assumidos ou a assumir, com respeito pela regra de saldo orçamental estrutural e da dívida pública, conforme estabelecido na presente lei
Solidariedade recíproca	Obriga todos os subsetores, através dos respetivos serviços e entidades, a contribuírem proporcionalmente para o cumprimento do princípio da estabilidade orçamental e para o cumprimento da legislação europeia no domínio da política orçamental e das finanças públicas
Equidade intergeracional	Equidade na distribuição de benefícios e custos entre gerações, de modo a não onerar excessivamente as gerações futuras, salvaguardando as suas legítimas expectativas através de uma distribuição equilibrada dos custos pelos vários orçamentos num quadro plurianual
Anuidade e plurianualidade	O Orçamento do Estado e os orçamentos dos serviços e das entidades que integram o setor das administrações públicas são anuais. Por outro lado, os orçamentos integram programas orçamentais e são enquadrados pela Lei das Grandes Opções em matéria de Planeamento e da Programação Orçamental Plurianual.
Não compensação	Todas as receitas são previstas pela importância integral em que foram avaliadas, sem dedução alguma para encargos de cobrança ou de qualquer outra natureza
Não consignação	Não pode afetar-se o produto de quaisquer receitas à cobertura de determinadas despesas (embora existam algumas exceções)
Especificação	As despesas inscritas nos orçamentos dos serviços e organismos dos subsetores da administração central e da segurança social são estruturadas em programas, por fonte de financiamento, por classificadores orgânico, funcional e económico
Economia, eficiência e eficácia	A economia, a eficiência e a eficácia consistem na: • Utilização do mínimo de recursos que assegurem os adequados padrões de qualidade do serviço público • Promoção do acréscimo de produtividade pelo alcance de resultados semelhantes com menor despesa • Utilização dos recursos mais adequados para atingir o resultado que se pretende alcançar
Transparência orçamental	Disponibilização de informação sobre a implementação e a execução dos programas, objetivos da política orçamental, orçamentos e contas do setor das administrações públicas, por subsetor A informação disponibilizada deve ser fiável, completa, atualizada, compreensível e comparável internacionalmente, de modo a permitir avaliar com precisão a posição financeira do setor das administrações públicas e s custos e benefícios das suas atividades, incluindo as suas consequências económicas e sociais, presentes e futuras

Baseado na Lei n.º 151/2015, de 11 de setembro

Tal como está definido na LEO, as **despesas** inscritas nos orçamentos dos serviços e organismos dos subsetores da administração central e da segurança social são estruturadas da seguinte forma:

FIGURA 1.8: ESTRUTURAÇÃO DAS DESPESAS NO ORÇAMENTO

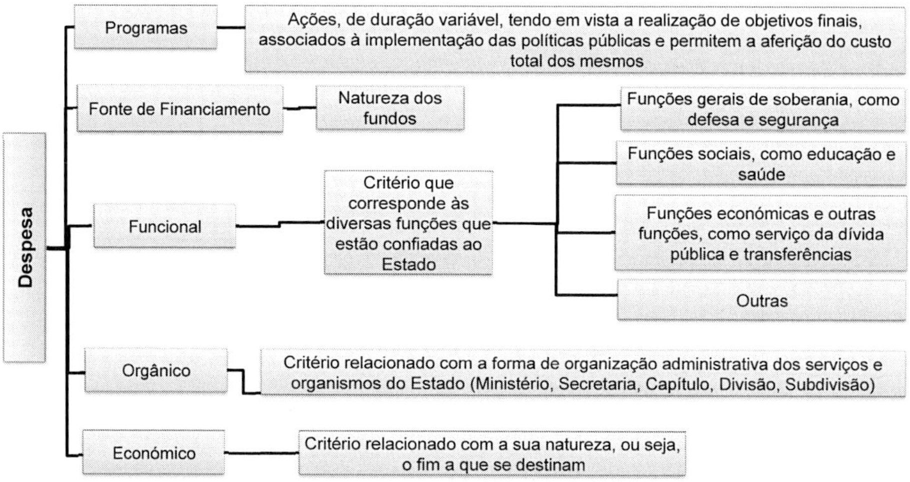

A classificação económica da despesa considerada no classificador económico reparte-se entre operações orçamentais (correntes e de capital) e as extraorçamentais (operações de tesouraria), e decorre do Decreto-Lei n.º 26/2002, de 14 de fevereiro (ainda em vigor).

FIGURA 1.9: CLASSIFICADOR ECONÓMICO: DESPESA

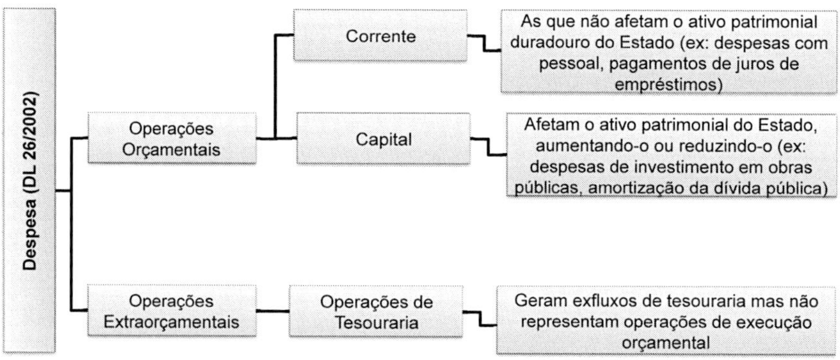

As **receitas** são especificadas por classificador económico e fonte de financiamento.

FIGURA 1.10: CLASSIFICADOR ECONÓMICO: RECEITA

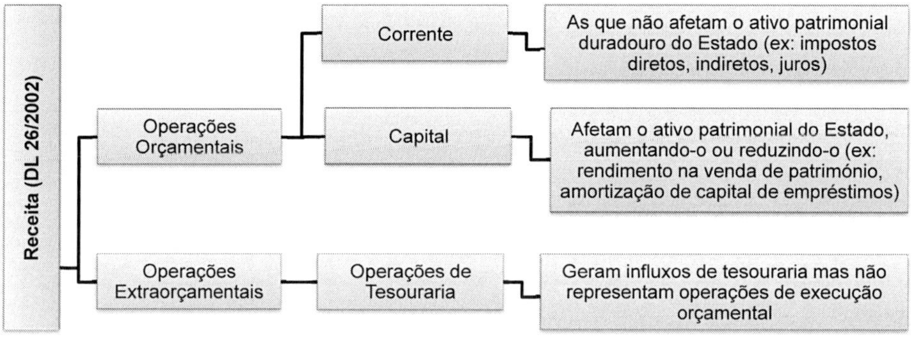

Em termos dos princípios gerais a ter em conta na execução e relato orçamental, ressalvamos:

Despesas

Reforça que nenhuma despesa pode ser autorizada sem que, cumulativamente:

a) O facto gerador da obrigação respeite as normas legais aplicáveis;
b) Disponha de inscrição orçamental no programa e no serviço ou na entidade, tenha cabimento e identifique se os pagamentos se esgotam no ano ou em anos futuros no período previsto para o programa;
c) Satisfaça os requisitos de economia, eficiência e eficácia.

Nenhuma despesa pode ser paga sem que o compromisso e a respetiva programação de pagamentos previstos sejam assegurados pelo orçamento de tesouraria da entidade.

Receitas

Nenhuma receita pode ser liquidada ou cobrada sem que, cumulativamente:

a) Seja legal;
b) Tenha sido objeto de correta inscrição orçamental;
c) Esteja classificada.

A liquidação e a cobrança de receita (fases da receita) podem ser efetuadas para além dos valores previstos na respetiva inscrição orçamental.

No artigo 57.º define-se o que constitui receita própria das entidades que integram o subsetor da administração central. Resultam, assim, do produto das transações provenientes do exercício da atividade mercantil em regime de concorrência, bem como os montantes que correspondam à contraprestação do serviço prestado. São ainda consideradas receitas das entidades as provenientes de doações, heranças ou legados de particulares, bem como quaisquer outras receitas que por lei ou contrato lhes devam pertencer.

O § 4 do referido artigo, define que os serviços utilizam prioritariamente as suas receitas próprias não consignadas por lei a fins específicos para a cobertura das respetivas despesas. Caso seja apurado saldo de gerência gerado pela execução de receitas gerais que não deem cumprimento e esta regra, reverte a favor do Tesouro em montante igual ao da utilização de receitas gerais[4], ou na sua totalidade se o saldo for inferior.

Unidade de tesouraria

A LEO vem reforçar que a gestão da tesouraria do Estado e das entidades que integram o subsetor da administração central tem que obedecer ao princípio da unidade de tesouraria, que consiste na centralização e manutenção dos dinheiros públicos na Tesouraria Central do Estado.

O Decreto Lei n.º 191/99, de 5 de junho vem estabelecer o regime da tesouraria do Estado, o qual visa garantir o suporte jurídico necessário à otimização da gestão global dos fundos públicos, entre os quais os excedentes e disponibilidades de tesouraria tanto dos serviços integrados do Estado, como dos seus serviços e fundos autónomos. A Lei prevê exceções a esta obrigatoriedade, contudo é de salientar que o incumprimento deste princípio faz incorrer os titulares do órgão de direção das entidades em causa em responsabilidade financeira.

Contabilidade, relato, controlo e transparência

A nova LEO está em linha com o novo referencial contabilístico em implementação. Assim, estabelece no artigo 62.º que o Estado e as entidades públicas organizam todas as suas receitas e despesas no subsistema da contabilidade orçamental, todos os seus ativos, passivos, rendimentos e gastos no subsistema da contabilidade financeira, preparando demonstrações orçamentais e financeiras, individuais e consolidadas,

---

[4] Receitas Gerais são as receitas provenientes do Orçamento de Estado.

que proporcionem uma imagem verdadeira e apropriada da execução orçamental, da posição financeira, das alterações na posição financeira, do desempenho e dos fluxos de caixa.

Define que o sistema contabilístico compreende uma contabilidade orçamental, uma contabilidade financeira e uma contabilidade de gestão, nos termos da normalização contabilística em vigor (leia-se o SNC-AP, que já contempla estes 3 subsistemas).

FIGURA 1.11: SUBSISTEMAS CONTABILÍSTICOS

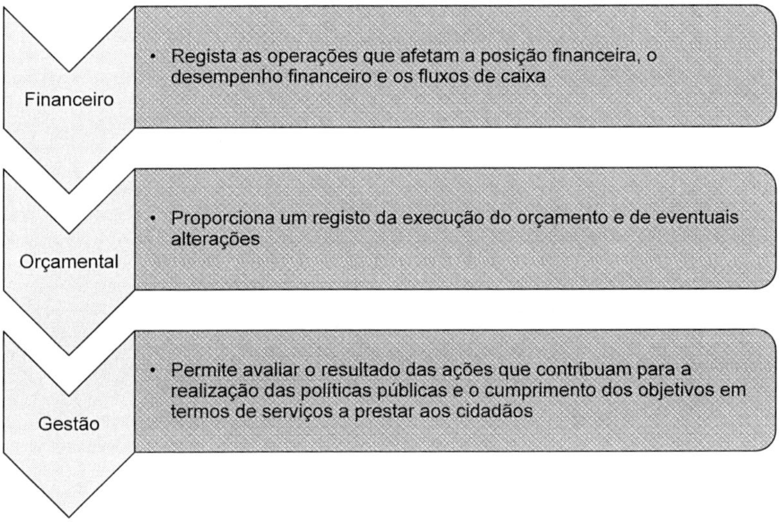

1.6. Normativo Contabilístico – O Plano Oficial de Contabilidade Pública

O Plano Oficial de Contabilidade Pública (POCP) foi aprovado pelo Decreto-Lei n.º 232/97, de 3 de setembro, e marca a reforma da administração financeira e das contas públicas, sendo que *"O objetivo fundamental deste plano passa pela criação de condições para a integração da contabilidade orçamental, patrimonial e analítica numa Contabilidade Pública moderna que constitua um instrumento de apoio aos gestores"* (POCP, ponto 6) e permita, nomeadamente: i) o controlo financeiro pelas diferentes entidades envolvidas e ii) a disponibilização de informação aos diferentes agentes interessados de forma a reforçar a transparência na Administração Pública.

Foi introduzido o método das partidas dobradas como método de registo contabilístico para a administração pública, pretendendo-se um aumento da quantidade e qualidade de informação contabilística, através da harmonização dos procedimentos contabilísticos, permitindo também a comparabilidade da informação.
A consolidação de contas públicas era outro dos objetivos pretendidos, com a intenção de conciliar, numa única contabilidade pública, os sistemas de contabilidade orçamental, patrimonial e analítica.
O POCP veio, assim, estabelecer princípios contabilísticos a que os serviços e organismos do estado estavam obrigados a cumprir para que a informação obtida corresponda a uma imagem verdadeira e apropriada da situação financeira, dos resultados e da execução orçamental das entidades da administração pública.

FIGURA 1.12: PRINCÍPIOS CONTABILÍSTICOS

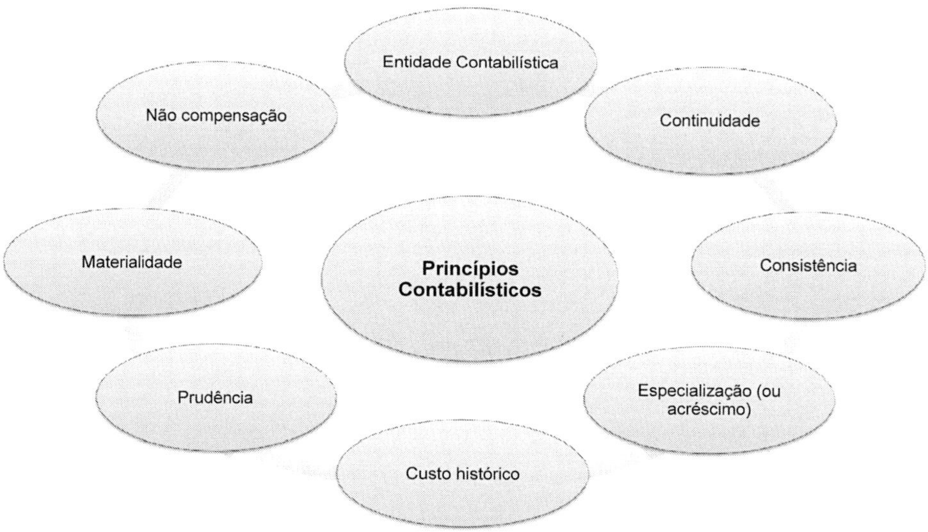

Definiu, também, critérios de valorimetria específicos para alguns ativos e passivos das entidades e serviços públicos (bens de imobilizado, existências, dívidas de e a terceiros bem como das disponibilidades).

FIGURA 1.13: CRITÉRIOS DE VALORIMETRIA

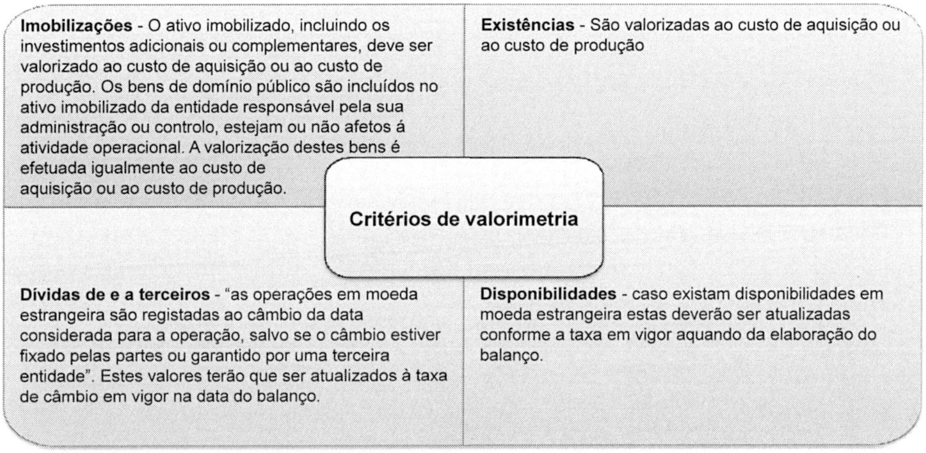

Foram, também, criados novos modelos das demonstrações financeiras, que, na maioria, derivam dos previstos pelo POC sofrendo apenas alterações de adaptabilidade ao setor público.

Após a publicação do POCP, foram aprovados e publicados quatro planos de contas sectoriais, conforme figura abaixo:

FIGURA 1.14: POCP E PLANOS SECTORIAIS

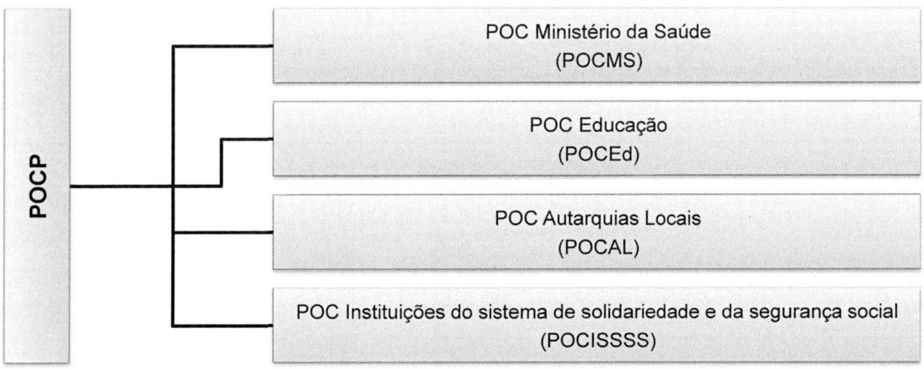

Foram estes os diplomas que vigoraram até à prestação de contas do ano de 2017 para a Administração Central (POCP, POCMS, POCEd). Está previsto que a Administração Local (POCAL) só em 2020 fará a transição para SNC-AP, e a Segurança Social em 2021.

1.7. O novo Normativo Contabilístico – Sistema de Normalização Contabilística para a Administração Pública

Verificou-se, contudo, que o POCP divergia significativamente das normas internacionais de contabilidade para o sector público - *International Public Sector Accounting Standards* (IPSAS) - que foram adquirindo aceitação e reconhecimento ao nível internacional. Face à crise instalada na Europa no início de 2010, a União Europeia (UE) começou a exigir dos Estados Membros a elaboração de normas de contabilidade que facilitassem a consolidação de contas, um aumento da transparência, maior *accountability* e a convergência ao nível estatístico.

Nasce, assim, o novo sistema contabilístico para as administrações públicas em Portugal, aprovado pelo Decreto-Lei n.º 192/2015, de 11 de setembro com aplicação a todos os serviços e organismos da administração central, regional e local que não tenham natureza, forma e designação de empresa, ao subsetor da segurança social, e às entidades públicas reclassificadas (EPR).

> A FAQ n.º 34 que trata da aplicação do SNC-AP às EPR's, esclarece que, em regra, o SNC-AP aplica-se às EPR nos termos do artigo 3.º, n.ºs 1 e 2 do Decreto-Lei n.º 192/2015, de 11 de setembro. No entanto, o n.º 3 do artigo 3.º do Decreto-Lei acima referido, na redação dada pelo artigo 164.º do Decreto-Lei n.º 33/2018, de 15 de maio, (decreto-lei que estabelece as normas de execução do orçamento de estado para 2018), clarifica que, de acordo com o disposto no artigo 26.º do referido diploma, o subsistema da contabilidade financeira do SNC-AP não se aplica às EPR supervisionadas pela Autoridade de Seguros e Fundos de Pensões, pelo Banco de Portugal e pela Comissão do Mercado de Valores Mobiliários, sem prejuízo do cumprimento das disposições relativas ao Plano de Contas Central do Ministério das Finanças e à contabilidade orçamental, prevista na NCP 26 – Contabilidade e Relato Orçamental.
>
> Assim, no caso de uma EPR aplicar as IFRS sem decorrer da supervisão das entidades acima identificadas, mas porque integra um grupo económico que aplica as IFRS nas contas consolidadas, poderá continuar a aplicar as IFRS na contabilidade financeira, sem prejuízo do envio de informação nos termos previstos no referido artigo 26.º.

Este novo diploma dá mais um importante passo na implementação do regime do acréscimo na contabilidade, articulando-o com a atual base de caixa modificada, estabelecendo os fundamentos de um orçamento do estado em regime de acréscimo. Prevê a elaboração de demonstrações orçamentais e financeiras, de forma individual e consolidada, com o objetivo de alinhar a contabilidade pública com a contabilidade nacional. Dá um importante enfoque no relato financeiro e orçamental, prevalecendo a transparência da informação (*accountability*).

O SNC-AP inclui os subsistemas de contabilidade orçamental, contabilidade financeira e contabilidade de gestão, contemplando, em particular:

FIGURA 1.15: SNC-AP

Com a Portaria n.º 218/2016, de 9 de agosto, definiu-se um regime simplificado para dois grupos de entidades públicas:

- As Pequenas Entidades; e
- As Microentidades.

A portaria define como Pequenas Entidades as que apresentem nas duas últimas prestações de contas um montante global de despesa orçamental paga superior a 1.000.000 euros e inferior ou igual a 5.000.000 euros. Como Microentidades, são enquadradas as entidades que apresentem nas duas últimas prestações de contas um montante global de despesa orçamental paga inferior ou igual a 1.000.000 euros.

Tendo em conta estes limites, os instrumentos contabilísticos obrigatórios em cada um dos regimes contabilísticos são os seguintes:

TABELA 1.3: REGIMES CONTABILÍSTICOS DO SNC-AP

Despesa global paga nas últimas prestações de contas	Regime contabilístico	Instrumentos contabilísticos a aplicar
<= 1.000.000 €	Simplificado – Microentidades (Portaria n.º 218/2016)	• NCP 26 – Contabilidade Orçamental • Divulgação do inventário do seu património
5.000.000 € < Despesa < 1.000.000 €	Simplificado – Pequenas Entidades (Portaria n.º 218/2016)	• NCP das Pequenas Entidades • NCP 26 – Contabilidade Orçamental • NCP 27 – Contabilidade de Gestão • Plano de Contas Multidimensional
> 5.000.000 €	Regime Geral (DL n.º 192/2015)	• Estrutura Concetual • 25 NCP do subsistema da contabilidade financeira • 1 NCP do subsistema da contabilidade orçamental • 1 NCP do subsistema da contabilidade de gestão • Plano de Contas Multidimensional

Contudo, tanto as Microentidades como as Pequenas Entidades têm possibilidade de optar pelo regime geral. No entanto, caso uma Pequena Entidade seja consolidante no processo de consolidação de contas e tenha participadas que utilizem o regime geral, então a Pequena Entidade tem que obrigatoriamente optar pelo regime geral. Se a entidade consolidante for uma Microentidade, então terá que optar ou pelo regime geral ou pelo regime das pequenas entidades consoante os regimes utilizados pelas suas participadas.

> Sobre esta temática a FAQ n.º 19 vem trazer esclarecimentos sobre a aplicação dos limites previstos no Regime Simplificado do SNC-AP. Esta FAQ esclarece que os valores a considerar são anuais e a observação dos limites tem que se verificar durante dois anos consecutivos. Assim, considera-se uma Pequena Entidade aquela que durante dois anos consecutivos registou um montante global anual de despesa orçamental paga superior a 1 milhão e inferior a 5 milhões de euros e uma Microentidade aquela que durante dois anos consecutivos registou um montante global anual de despesa orçamental paga inferior a 1 milhão de euros.

Este diploma vem revogar a seguinte legislação:

- POCP => Decreto-Lei n.º 232/97, de 3 de setembro;
- POCAL => Decreto-Lei n.º 54-A/99, de 22 de fevereiro, alterado pela Lei n.º 162/99, de 14 de setembro, pelos Decretos-Leis n.ºs 315/2000, de 2 de dezembro e 84-A/2002, de 5 de abril, e pela Lei n.º 60-A/2005, de 30 de dezembro, **com exceção dos pontos 2.9, 3.3 e 8.3.1**, relativos, respetivamente, ao controlo interno, às regras previsionais e às modificações do orçamento;
- POCISSSS => Decreto-Lei n.º 12/2002, de 25 de janeiro;

- CIBE => Portaria n.º 671/2000, publicada na 2.ª série do Diário da República, de 17 de abril;
- POC – Educação => Portaria n.º 794/2000, de 20 de setembro;
- POC – Ministério da Saúde => Portaria n.º 898/2000, de 28 de setembro;
- Consolidação de Contas => Portaria n.º 474/2010, publicada na 2.ª série do Diário da República, de 1 de julho.

Refere ainda que todas as remissões e referências ao Plano Oficial de Contabilidade Pública e aos planos setoriais, aprovados pelos diplomas referidos no número anterior, consideram-se feitas ao SNC-AP.

1.8. Outros diplomas relevantes

1.8.1. Lei dos Compromissos e dos Pagamentos em Atraso

A legislação associada a esta temática foi preparada no âmbito do cumprimento das metas orçamentais do Programa de Assistência Económica e Financeira (PAEF), celebrado com a União Europeia (UE), o Fundo Monetário Internacional (FMI) e o Banco Central Europeu (BCE).
O objetivo foi garantir que da execução orçamental não se verifique uma acumulação de dívidas a terceiros e os seus pagamentos não ocorram após as datas dos respetivos vencimentos.

FIGURA 1.16: LEI DOS COMPROMISSOS E DOS PAGAMENTOS EM ATRASO

Lei dos Compromissos e dos Pagamentos em Atraso (LCPA)

LCPA
Lei n.º 8/2012, de 21 de fevereiro
(alterada pelas Leis n.ºs 20/2012, de 14 de maio, 64/2012, de 20 de dezembro, 66-B/2012, de 31 de dezembro, e 22/2015, de 17 de março)

Regulamentação da LCPA
Decreto-Lei n.º 127/2012, de 21 de junho alterado pelas Leis n.ºs 64/2012 de 20 de dezembro e 66-B/2012, de 31 de dezembro e pelo Decreto-lei n.º 99/2015, de 2 de junho.

Estes diplomas vêm clarificar e definir diversos conceitos e regras relevantes nesta temática:

FIGURA 1.17: CONCEITOS DA LCPA

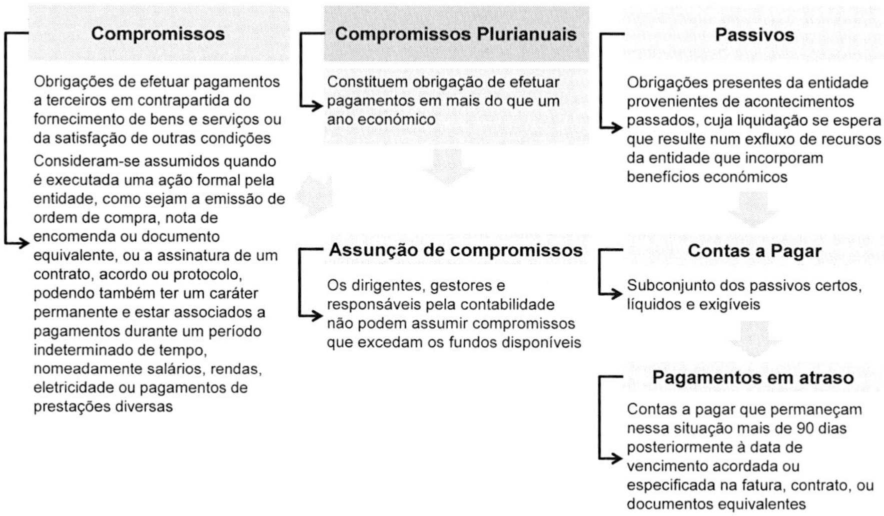

Assim, é relevante entender a diferença existente nos conceitos de Passivo, Contas a pagar e dívida já em atraso.

Utilizando uma ilustração constante no Manual de implementação da LCPA, elaborado pela DGO, apresenta-se de seguida as diferenças entre esses conceitos:

FIGURA 1.18: PASSIVOS VS CONTAS A PAGAR

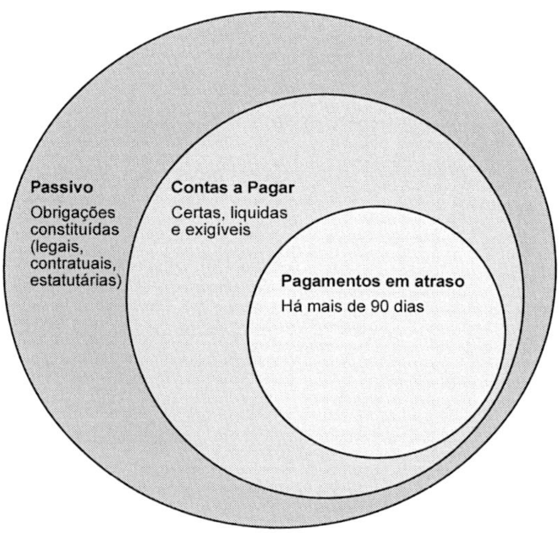

Este diploma veio definir as seguintes regras:

- Só é possível comprometer despesa se a entidade tiver fundos disponíveis (tesouraria);
- Definida uma janela temporal de três meses para a determinação dos fundos disponíveis (tesouraria), com possibilidade de antecipar fundos disponíveis;
- O fornecedor tem que ter conhecimento do registo interno do compromisso (por regra a fatura ou documento equivalente do fornecedor tem que identificar o número do compromisso);
- Obrigatoriedade dos sistemas de contabilidade de suporte à execução do orçamento terem de emitir um número de compromisso válido e sequencial que é refletido na ordem de compra, nota de encomenda ou documento equivalente, **e sem o qual** o contrato ou a obrigação subjacente em causa são, para todos os efeitos, **nulos;**
- Implica que só pode haver pagamento de faturas se existir o respetivo compromisso;
- Não é permitido existirem pagamentos em atraso superiores a 90 dias (contas a pagar cujo prazo de vencimento já foi excedido em mais de 90 dias);
- Foram definidas penalizações para os infratores: multas e retenção de transferências públicas.

Os fundos disponíveis são as verbas disponíveis a muito curto prazo e incluem, quando aplicável, e desde que não tenham sido comprometidos ou gastos:

a) A dotação corrigida líquida de cativos, relativa aos três meses seguintes;
b) As transferências ou subsídios com origem no Orçamento do Estado, relativos aos três meses seguintes;
c) A receita efetiva própria que tenha sido cobrada, incluindo a receita de ativos e passivos financeiros, ou recebida como adiantamento;
d) A previsão da receita efetiva própria a cobrar nos três meses seguintes, incluindo a previsão de receita de ativos e passivos;
e) O produto de empréstimos contraídos nos termos da lei;
f) As transferências ainda não efetuadas decorrentes de programas e projetos do Quadro de Referência Estratégica Nacional (QREN) e de outros programas estruturais, cujas faturas se encontrem liquidadas e devidamente certificadas ou validadas;
g) Estas transferências correspondem a pedidos de pagamentos que tenham sido submetidos nas plataformas eletrónicas dos respetivos programas, desde

que a entidade beneficiária não tenha tido, nos últimos seis meses, uma taxa de correção dos pedidos de pagamento submetidos igual ou superior a 10% (n.º 2 do artigo 5.º do Decreto-Lei n.º 127/2012);

h) Outros montantes autorizados nos termos do artigo 4.º da LCPA.

Por "três meses seguintes" entende-se o mês de reporte e os dois meses que se lhe seguem, uma vez que os Fundos Disponíveis são determinados no início de cada mês.

A dotação corrigida referida na alínea a) tem que ter em conta:

- Os compromissos no âmbito dos contratos com duração limitada ao ano civil, independentemente da sua forma e natureza jurídica, os quais terão que ser efetuados pelo seu valor integral aquando da outorga do respetivo contrato, emissão da ordem de compra, nota de encomenda ou documento equivalente, e
- Os compromissos associados aos contratos que independentemente da sua duração, o montante a pagar não é possível determinar no momento da celebração do contrato, nomeadamente, por depender dos consumos a efetuar pela entidade adjudicante. Neste caso a assunção do compromisso é efetuada pelo valor estimado de encargos relativos ao período temporal de apuramento dos fundos disponíveis.

Assim, de uma forma resumida:

FIGURA 1.19: ASSUNÇÃO DE COMPROMISSOS – LCPA

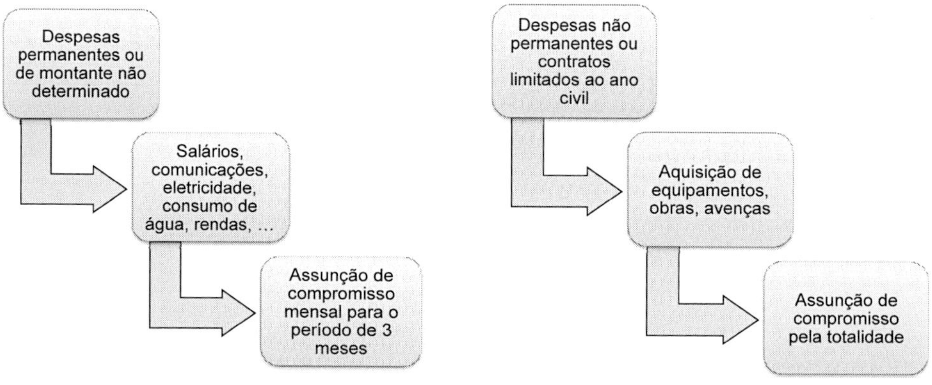

1.8.2. Código da Contratação Pública

O Código da Contratação Pública (CCP), publicado através do Decreto-Lei n.º 18/2008, de 29 de janeiro, alterado e republicado pelo Decreto-Lei n.º 111-B/2017, de 31 de agosto (retificado pelas declarações de retificação n.º 36-A/2017, de 30 de outubro e n.º 42/2017, de 30 de novembro), veio estabelecer a disciplina aplicável à contratação pública e o regime substantivo dos contratos públicos que revistam a natureza de contrato administrativo. Regula duas grandes matérias: i) a formação e ii) a execução de contratos públicos.

O CCP consagra os seguintes tipos de procedimentos para a contratação:

a) Ajuste direto;
b) Consulta prévia;
c) Concurso público;
d) Concurso limitado por prévia qualificação;
e) Procedimento de negociação;
f) Diálogo concorrencial;
g) Concurso por Conceção;
h) Parceria para a Inovação;
i) Concurso de Ideias;
j) Procedimento para formação de acordo quadro;
k) Sistema de aquisição dinâmico.

Em termos práticos, e com maior impacto nos organismos obrigados ao cumprimento deste diploma, salienta-se a divisão do anterior ajuste direto em dois procedimentos: i) consulta prévia e o ii) ajuste direto.

Assim, a consulta prévia consiste no procedimento no qual a entidade adjudicante convida diretamente pelo menos três entidades à sua escolha a apresentar proposta, podendo com elas negociar os aspetos da execução do contrato a celebrar.

Nos termos dos artigos 19.º n.º 1 alínea c), 20.º n.º 1 alínea c) e 21.º n.º 1 alínea b), a consulta prévia passa a estar prevista para as aquisições de bens e serviços até 75.000 euros, para as empreitadas de obras públicas até 150.000 euros e para os demais contratos (que não configurem contratos de concessão de obras públicas ou de concessão de serviços públicos, ou contratos de sociedade), quando o valor do contrato seja inferior a 100.000 euros.

Com as alterações ao regime do ajuste direto, foram reduzidos os limiares do ajuste direto com convite a uma só entidade, limitando-se esse procedimento aos contratos

de aquisições de bens e serviços de valor inferior a 20.000 euros, contratos de empreitadas de obras públicas de valor inferior a 30.000 euros e demais contratos (que não configurem contratos de concessão de obras públicas, ou de concessão de serviços públicos, ou contratos de sociedade), de valor inferior a 50.000 euros.
Esta é, sem dúvida, uma alteração significativa, cujo objetivo é gerar maior concorrência e transparência, visto implicar uma descida drástica do número de contratos celebrados por ajuste direto, face ao anterior diploma, principalmente no caso das empreitadas de obras públicas, em virtude de a grande maioria desses contratos passar agora a ter que observar o procedimento da consulta prévia a pelo menos três entidades.
Outro aspeto relevante consiste no facto das empreitadas de obras públicas, cujo preço contratual não seja superior a 10.000 euros, passam a poder ser objeto de ajuste direto simplificado. Para os serviços, esse patamar está fixado nos 5.000 euros.
Este diploma veio prever a possibilidade de se fazerem consultas preliminares ao mercado. O artigo 35.º-A possibilita a formalidade da consulta preliminar, que se consubstancia no procedimento da entidade adjudicante poder realizar consultas informais ao mercado, designadamente através da solicitação de informações ou pareceres de peritos, autoridades independentes ou agentes económicos, que possam ser utilizados no planeamento da contratação, antes da abertura de um procedimento de formação de contrato.

1.9. Contabilidade Nacional vs Contabilidade Pública

A contabilidade pública tem como objetivo a preparação de informação para a prestação de contas, o controlo da legalidade e regularidade e disponibilização de informação para a tomada de decisões.
Tal como já referimos anteriormente, a contabilidade pública em Portugal caracteriza-se por ser essencialmente orçamental, estruturada num sistema de base de caixa (pagamentos e recebimentos), utilizando o método unigráfico. Por isso, as obrigações e os direitos eram reconhecidos apenas quando se verificava a entrada e saída de valores monetários.
Com a publicação do POCP e dos Planos setoriais introduziu-se o método das partidas dobradas como método de registo contabilístico para a administração pública.
No entanto, os Estados-Membros da União Europeia estão obrigados a preparar as suas contas nacionais com base no Sistema Europeu de Contas Nacionais e

Regionais (SEC 2010). A existência de um sistema conceptual, de aplicação obrigatória em todos os Estados-Membros, tornou-se fundamental para garantir que os resultados estatísticos são compilados de forma consistente, comparável, fiável e atualizada.

Este sistema estabelece uma metodologia para a produção de dados de contas nacionais na União Europeia. Tal como referido no Regulamento n.º 549/2013, do Parlamento Europeu e do Conselho, no Capítulo 1, §1.1, o SEC é um quadro contabilístico, compatível a nível internacional, que descreve de forma sistemática e pormenorizada o total de uma economia (isto é, uma região, um país ou um grupo de países), as suas componentes e as suas relações com outras economias na sua totalidade. Neste âmbito são efetuados diversos reportes de dados à Comissão Europeia para efeitos estatísticos (EUROSTAT).

Desta forma, surge a contabilidade nacional, cujo objetivo é o registo dos fluxos dos bens e serviços e das operações financeiras e de distribuição, que permita uma análise (através da medição) da situação económica de um país.

As Contas Nacionais visam, assim, representar de forma exaustiva e sintética a economia, constituindo um instrumento crucial para a análise económica e para a formulação de políticas públicas.

As principais diferenças entre a contabilidade pública e a contabilidade nacional estão associadas ao momento do reconhecimento das operações. A contabilidade pública é assente no regime de caixa, ou seja, recebimentos e pagamentos (o saldo do desempenho orçamental resulta da diferença entre os recebimentos de receita e os pagamentos de despesa). Já a contabilidade nacional é assente num regime definido como de "caixa ajustado", uma vez que já configura operações relevadas na base do acréscimo, independentemente do seu pagamento ou recebimento. É um sistema assente no compromisso.

1.10. O SNC-AP: características (regime geral e regimes simplificados)

1.10.1. Convergência das normas internacionais

Tal como já referimos, o SNC-AP é convergente com as IPSAS, emitidas pelo IPSASB, organização que integra 18 membros e procura desenvolver normas e orientações ao nível do setor público.

As NCP foram desenvolvidas tendo por base o SNC empresarial, tendo-se efetuado as adaptações consideradas relevantes para a sua aplicabilidade ao sector público, incorporando as especificidades das IPSAS.
Na figura abaixo procuramos evidenciar a ligação das NCP às IFRS e às IPSAS.

FIGURA 1.20: O SNC-AP E A SUA RELAÇÃO COM AS IPSAS E AS NCRF

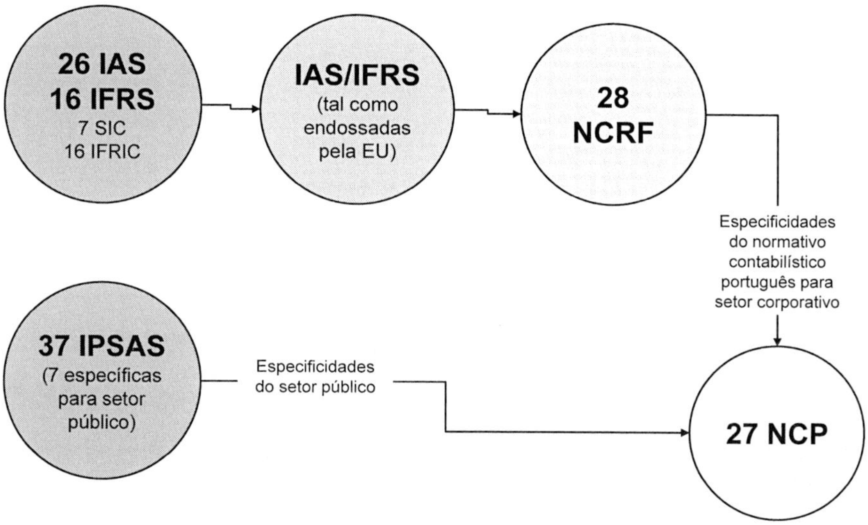

O IPSASB tem como objetivo aumentar a qualidade e transparência do relato financeiro do sector público através dos seguintes mecanismos:

FIGURA 1.21: OBJETIVOS DO IPSASB

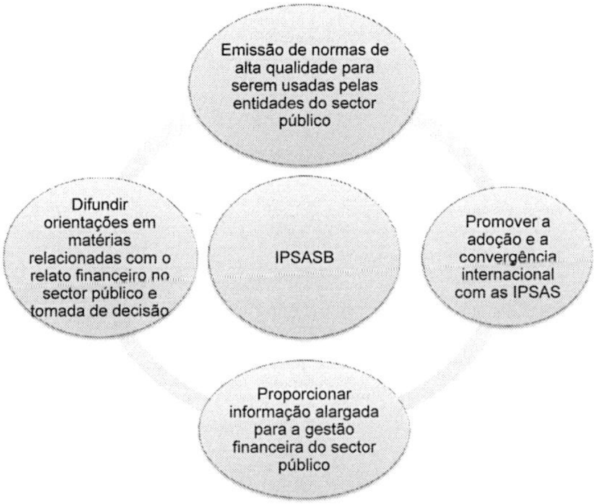

Fonte: www.ifac.org/public-sector

Existem atualmente 37 IPSAS em vigor, sendo que algumas foram preparadas com base nas IFRS, considerando-se aspetos particulares aplicáveis ao setor público, e outras preparadas especificamente sobre matérias particulares do setor público. As IPSAS específicas do setor público tratam as seguintes matérias:

FIGURA 1.22: IPSAS ESPECÍFICAS DO SETOR PÚBLICO

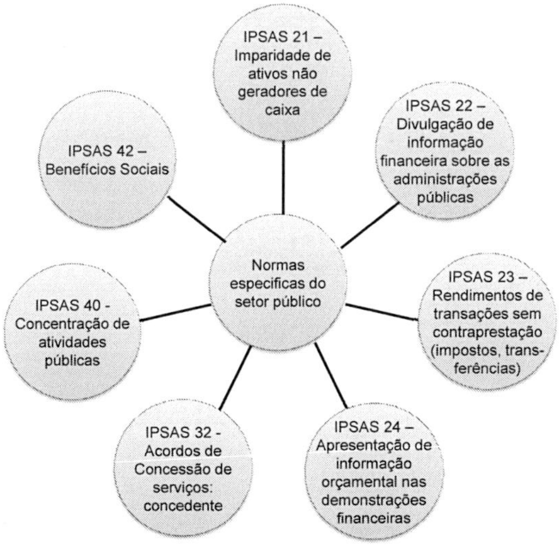

Fonte: www.ifac.org/public-sector

As IPSAS que não têm associada qualquer NCP são as seguintes:

FIGURA 1.23: IPSAS SEM NCP ASSOCIADAS

IPSAS 10 – Relato financeiro em economias hiperinflacionárias	
IPSAS 22 – Divulgação de informação financeira sobre as administrações públicas	Entidades têm que dar cumprimento à legislação comunitária sobre contabilidade nacional – SEC 2010
IPSAS 24 – Apresentação de informação orçamental nas demonstrações financeiras	No SNC-AP existe a NCP 26
IPSAS 33 – adoção das IPSAS pela primeira vez	Existem artigos específicos sobre esta matéria no DL n.º 192/2015, de 11 de setembro
IPSAS 40 – Concentração de atividades públicas	
IPSAS 41 – Benefícios Sociais	De aplicação no âmbito da ação social (nomeadamente Segurança Social)

No entanto, dadas as adversidades económicas dos últimos tempos na Europa, tem-se vindo a desenvolver trabalhos para a harmonização dos sistemas de orçamento e de contabilidade do setor público na União Europeia (UE), visto parecer claro que as IPSAS não podem facilmente ser aplicadas nos Estados-Membros da UE, tal como estão atualmente.

No seguimento desta ideia estão em desenvolvimento as "*European Public Sector Accounting Standards* (EPSAS)", também preparadas na base de acréscimo.

As 27 normas contempladas no SNC-AP, com indicação das IPSAS correspondentes, são as seguintes:

TABELA 1.4: NCP VS IPSAS

NCP	IPSAS
NCP 1 – Estrutura e conteúdo das demonstrações financeiras	IPSAS 1 IPSAS 2 IPSAS 38
NCP 2 – Políticas contabilística, alterações em estimativas contabilísticas e erros	IPSAS 3
NCP 3 – Ativos Intangíveis	IPSAS 31
NCP 4 – Acordos de concessão de serviços: Concedente	IPSAS 32
NCP 5 – Ativos fixos tangíveis	IPSAS 17
NCP 6 – Locações	IPSAS 13
NCP 7 – Custos de empréstimos obtidos	IPSAS 5
NCP 8 – Propriedades de investimento	IPSAS 16
NCP 9 – Imparidade de ativos	IPSAS 21 IPSAS 26
NCP 10 – Inventários	IPSAS 12
NCP 11 – Agricultura	IPSAS 27
NCP 12 – Contratos de Construção	IPSAS 11
NCP 13 – Rendimentos de transações com contraprestação	IPSAS 9
NCP 14 – Rendimentos de transações sem contraprestação	IPSAS 23
NCP 15 – Provisões, passivos contingentes e ativos contingentes	IPSAS 19
NCP 16 – Efeitos de alteração em taxas de câmbio	IPSAS 4
NCP 17 – Acontecimentos após a data de balanço	IPSAS 14
NCP 18 – Instrumentos financeiros	IPSAS 28 IPSAS 29 IPSAS 30 IPSAS 41
NCP 19 – Benefícios dos empregados	IPSAS 39
NCP 20 – Divulgações de partes relacionadas	IPSAS 20
NCP 21 – Demonstrações financeiras separadas	IPSAS 34
NCP 22 – Demonstrações financeiras consolidadas	IPSAS 35
NCP 23 – Investimentos em associadas e empreendimentos conjuntos	IPSAS 36
NCP 24 – Acordos conjuntos	IPSAS 37
NCP 25 – Relato por segmentos	IPSAS 18
NCP 26 – Contabilidade e relato orçamental	
NCP 27 – Contabilidade de gestão	

Tal como já referimos, existe um regime simplificado para as entidades classificadas como pequenas entidades e microentidades.

Sempre que o SNC-AP não contemplar o tratamento contabilístico de uma determinada transação aplicam-se subsidiariamente pela seguinte ordem (Art.º 13.º do Decreto-Lei 192/2015, de 11 de setembro):

FIGURA 1.24: INTEGRAÇÃO DE LACUNAS

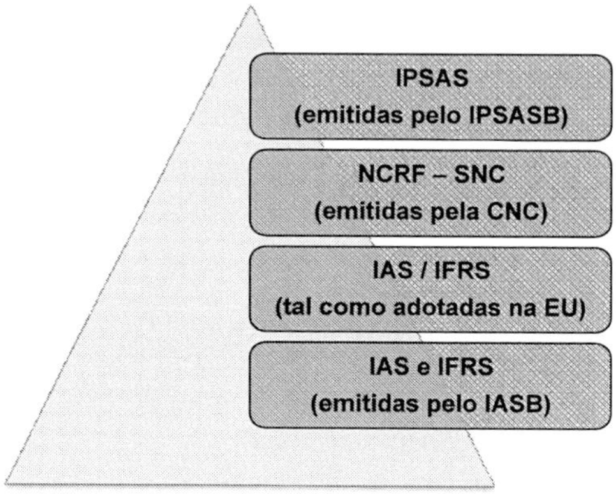

1.10.2. Finalidade e estrutura do SNC-AP

O SNC-AP apresenta como objetivo proporcionar informação das entidades públicas que seja útil para os utilizadores do relato financeiro, bem como para efeitos de responsabilização pela prestação de contas e para a tomada de decisões.
As suas finalidades passam por:

FIGURA 1.25: FINALIDADES DO SNC-AP

O SNC-AP apresenta a seguinte estrutura:

FIGURA 1.26: ESTRUTURA DO SNC-AP

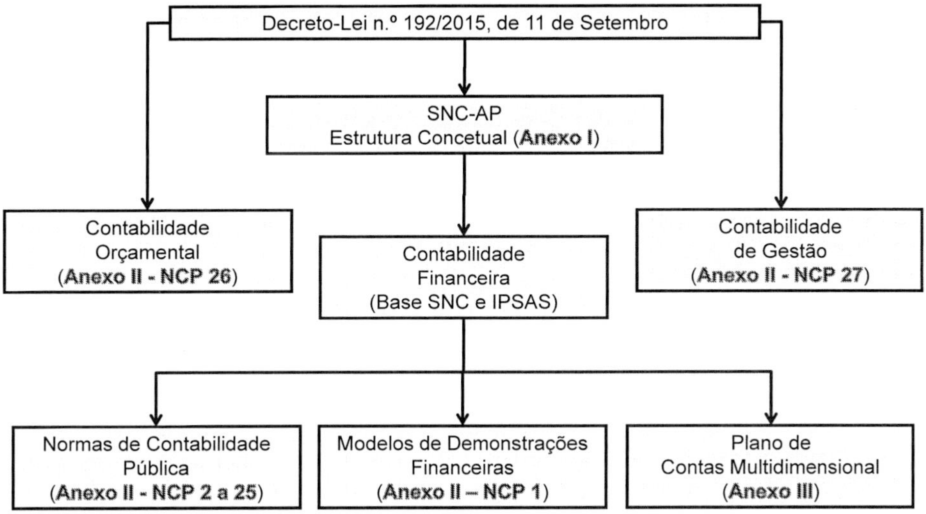

O SNC-AP tem por base a Estrutura Concetual ("EC") que define os conceitos que devem estar presentes na preparação das demonstrações financeiras. Pelo esquema acima apresentado, entende-se que a EC é aplicável às NCP relativas à contabilidade financeira, da NCP 1 à NCP 25. A EC incorpora princípios básicos associados à preparação do relato financeiro. Por ser uma estrutura generalista, sempre que os princípios definidos nas NCP contrariem o disposto na EC, prevalecem os requisitos das NCP.

A EC tem em consideração as particularidades do Setor Público que a seguir se discriminam:

TABELA 1.5: PARTICULARIDADES DO SETOR PÚBLICO

Características das entidades do Sector Público	
Transações sem contraprestação	São transações em que uma entidade entrega um bem a outra entidade sem receber nada em troca, ou recebe um bem de outra entidade sem dar nada em troca
Orçamento de Estado e a Execução Orçamental	O orçamento inclui as receitas e as despesas do Estado sendo a base da política fiscal e a base das autorizações para despesas. O Parlamento e outros órgãos controlam os atos de gestão do Governo através da execução orçamental
Natureza e longevidade dos programas no setor público	Muitos dos programas do Setor Público são de longo prazo e a capacidade de fazer face aos compromissos depende de impostos e contribuições futuras. No entanto, estes compromissos e impostos futuros não cumprem os requisitos para serem considerados como passivos e ativos Assim as demonstrações financeiras de uma entidade pública não incluem toda a informação que os leitores precisam sobre os programas de longo prazo. Consequentemente, a informação financeira prospetiva sobre a sustentabilidade das entidades públicas é de extrema relevância para a responsabilização pela prestação de contas e tomada de decisões
Natureza dos ativos e passivos das entidades públicas	Os ativos detidos têm por objetivo permitir a prestação de serviços públicos. Estes ativos são muito especializados (ex.: estradas), o que pode gerar problemas na sua mensuração por haver falta de um mercado ativo. Outros ativos apenas contribuem para a cultura e para a história nacional e não são, de uma forma geral, para vender. Por outro lado, o Governo tem poderes sobre recursos naturais (ex.: reservas minerais, recursos pesqueiros, florestais, entre outros) cujo seu uso é licenciado a terceiros e dos quais obtém royalties e impostos O Governo assume passivos na prestação de serviços, alguns deles com origem em transações sem contraprestação, os quais estão relacionados com programas que atribuem benefícios sociais
O papel regulador das administrações públicas	O Estado tem um papel regulador e o objetivo desta regulação é a salvaguarda do interesse público. Esta regulação faz-se de acordo com processos legais, pelo que podem ser necessários certos julgamentos profissionais para determinar se tais regulações criam direitos e obrigações às entidades do setor público que tenham que ser registados como ativos e/ou passivos
Relação com o relato estatístico	A informação financeira preparada na ótica das contas nacionais ("informação estatística") tem como objetivo de análise macroeconómica e a tomada de decisões. Esta informação estatística é preparada de acordo com o SEC o qual tem as seguintes caraterísticas: • A informação é preparada na base do acréscimo • Apresentam os ativos, passivos, rendimentos e gastos das administrações públicas • Apresentam informação sobre fluxos de caixa

1.10.3. Características qualitativas da informação financeira

As características qualitativas da informação financeira são aquelas que tornam a informação útil. Estas características devem aplicar-se a toda a informação financeira e não financeira, incluindo informação histórica e prospetiva. São elas:

FIGURA 1.27: CARACTERÍSTICAS QUALITATIVAS DA INFORMAÇÃO FINANCEIRA

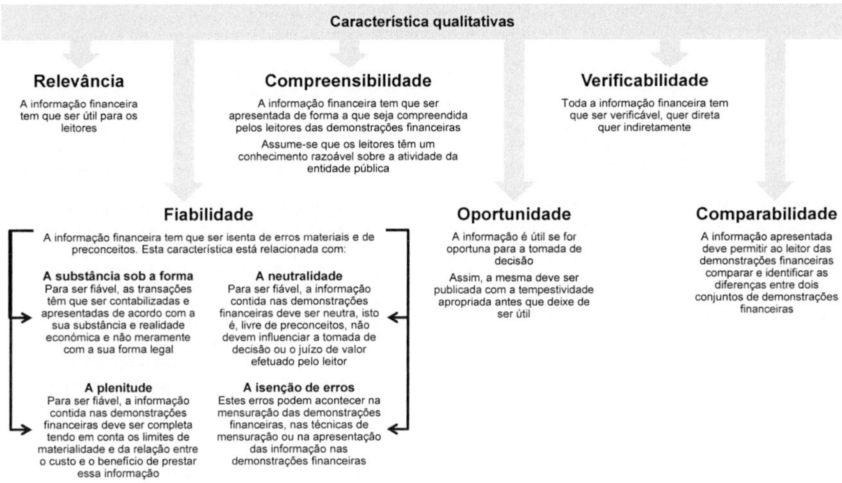

1.10.4. Regras na preparação da informação financeira

A NCP 1 apresenta outras considerações a ter em conta na preparação das demonstrações financeiras, as quais se apresentam na figura seguinte:

FIGURA 1.28: REGRAS NA PREPARAÇÃO DAS DEMONSTRAÇÕES FINANCEIRAS

1.10.5. Elementos das demonstrações financeiras

Os elementos que compõem as demonstrações financeiras são os seguintes:

FIGURA 1.29: ELEMENTOS DAS DEMONSTRAÇÕES FINANCEIRAS

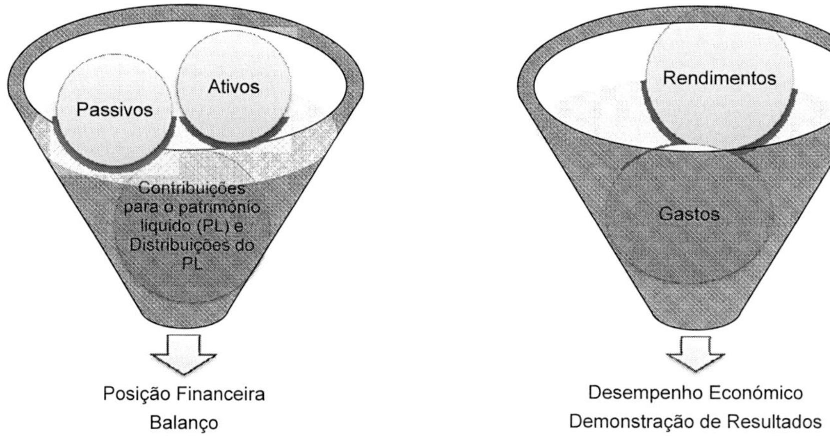

Ativo

É um **recurso** presentemente **controlado** pela entidade pública como resultado de um **evento passado**.

TABELA 1.6: CONCEITO DE ATIVO

Recurso	Controlo	Evento passado
Item que contém em si a capacidade de proporcionar: • Um influxo de potencial de serviço, ou seja, a capacidade de ser usado na prossecução dos objetivos; ou • Benefícios económicos futuros, ou seja, aumento de influxos e/ou redução de exfluxos.	Considerar-se que existe quando: • Tem a propriedade legal; • Tem acesso ao mesmo ou a capacidade de restringir o acesso de outros; • Existem meios para garantir que é usado para atingir os objetivos; • Existe um direito (legal ou outro) ao potencial de serviço ou aos benefícios económicos futuros.	Pode ser uma transação ou um evento: • Compra, troca ou produção, sendo assim fácil de identificar o evento; • Uma transação sem troca, como o exercício de poderes soberanos, sendo neste caso o momento em que o poder é exercido.

Passivo

É uma **obrigação presente** originada num **evento passado** que gera uma **saída de recursos**.

TABELA 1.7: CONCEITO DE PASSIVO

Obrigação presente	Evento passado	Saída de recursos
É uma obrigação vinculativa (a entidade deu sinais de assumir certas responsabilidades e criou expetativas válidas), de caráter legal ou outro, relativamente à qual a entidade pública tem pouca ou nenhuma probabilidade de evitar a saída de recursos. A obrigação é sempre com um terceiro e não com a própria entidade pública.	A complexidade dos programas e atividades do setor público torna difícil identificar quando surge a obrigação: • Quando acordo surge de forma legal (contrato), é fácil identificar; Caso contrário há que determinar o momento em que a entidade pública tem pouca ou nenhuma probabilidade de evitar a saída de recursos.	Um passivo tem de geral uma saída de recursos para ser liquidado. Uma obrigação que pode ser satisfeita sem saída de recursos não é um passivo.

Rendimentos e gastos

TABELA 1.8: CONCEITOS DE RENDIMENTOS E GASTOS

Rendimentos	Gastos
Aumentos no património líquido que não sejam os resultantes de contribuições para o património líquido.	Reduções no património líquido que não sejam os resultantes de distribuições do património líquido

Aumentos e diminuições do património líquido

TABELA 1.9: CONCEITO DE CONTRIBUIÇÕES PARA O PL E DISTRIBUIÇÕES DO PL

Contribuições para o património líquido	Distribuições do património líquido
São influxos de recursos, efetuados por entidades externas na sua condição de proprietários, que estabelecem ou reforçam o seu interesse no património líquido dessa entidade pública.	São exfluxos de recursos, entregues a entidades externas na sua condição de proprietários, que extinguem ou reduzem o seu interesse no património líquido dessa entidade pública

1.10.6. Reconhecimento/desreconhecimento dos elementos das demonstrações financeiras

O normativo define o *reconhecimento* como um processo de incorporar, nas demonstrações financeiras, um determinado item que cumpre determinadas condições.

TABELA 1.10: CONDIÇÕES PARA O RECONHECIMENTO

Cumpre a definição prevista de elemento (um dos abaixo enumerados)		Pode ser mensurado com fiabilidade (de acordo com os critérios previstos na EC)
• Ativos • Passivos • Rendimentos • Gastos • Contribuições para o património líquido • Distribuições do património líquido	→	Atribuir ao item um valor implica: • Escolher a base de mensuração adequada • Determinar se essa mensuração é relevante e fiável • A incerteza na mensuração leva ao uso de estimativas

Define de igual forma os critérios para o *desreconhecimento* de itens das demonstrações financeiras. O desreconhecimento consiste no processo de avaliação sobre a ocorrência de alterações que, no momento do relato, justifiquem a remoção de um item das demonstrações financeiras. As divulgações são úteis para explicar o porquê de determinado item não estar reconhecido nas demonstrações financeiras, ou porque não cumpre a definição de elemento, ou porque não pode ser mensurado com fiabilidade.

1.10.7. Mensuração dos elementos das demonstrações financeiras

A mensuração é o processo de determinar como devem ser apuradas as quantias pelas os elementos devem ser reconhecidos nas demonstrações financeiras.

A estrutura concetual prevê como bases para definir os critérios para mensuração de ativos e passivos:

FIGURA 1.30: CRITÉRIOS DE MENSURAÇÃO

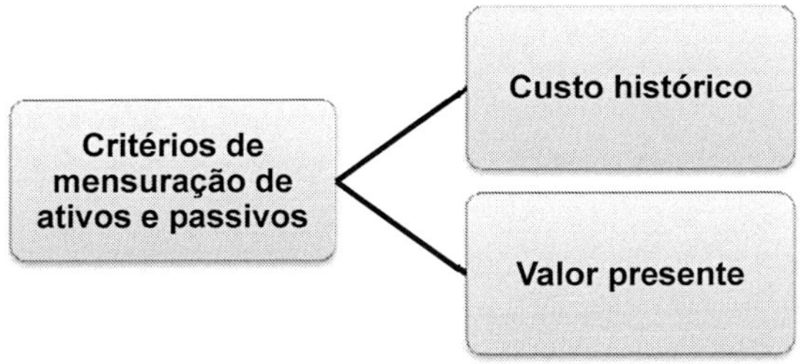

Estas bases de mensuração podem utilizar:

FIGURA 1.31: BASES DE MENSURAÇÃO

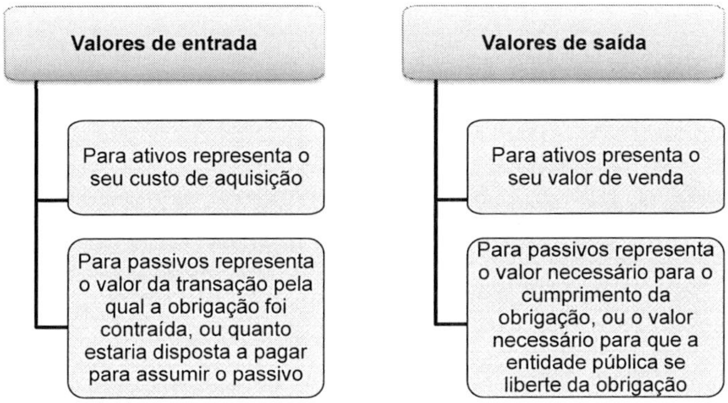

As técnicas de mensuração podem utilizar dados observáveis ou não observáveis. Os dados observáveis são aqueles que decorrem de mercados ativos, abertos e organizados e representam a forma mais fidedigna a mensuração face aos dados não observáveis.

A aplicação dos critérios e das bases de mensuração a **ativos** está evidenciada de seguida.

TABELA 1.11: BASES DE MENSURAÇÃO DE ATIVOS

Base de mensuração dos ativos	Entrada ou saída?	Observável ou não?	Específico à entidade pública?
Custo histórico	Entrada	Sim	Não
Valor presente			
Valor de mercado			
Com mercado ativo	Entrada = saída	Sim	Não
Sem mercado ativo	Saída	Depende da técnica de valorização	Não
Custo de reposição	Entrada	Sim	Sim
Valor realizável (ou de liquidação)	Saída	Sim	Sim
Valor de uso	Saída	Não	Sim

A aplicação dos critérios e das bases de mensuração a **passivos** está evidenciada de seguida.

TABELA 1.12: BASES DE MENSURAÇÃO DE PASSIVOS

Base de mensuração dos passivos	Entrada ou saída?	Observável ou não?	Específico à entidade pública?
Custo histórico	Entrada	Sim	Não
Valor presente			
Custo de cumprimento	Entrada	Sim, geralmente	Sim
Valor de mercado			
Com mercado ativo	Entrada = saída	Sim	Não
Sem mercado ativo	Saída	Depende da técnica de valorização	Depende da técnica de valorização
Custo de libertação	Entrada	Sim	Sim
Preço de assunção	Saída	Não	Sim

1.11. O Plano de Contas Multidimensional

O Plano de Contas Multidimensional (PCM) assegura a classificação, registo e relato das transações e acontecimentos de uma forma normalizada, sistemática e consistente, permitindo:

- Prestação de informação sobre a natureza das receitas e despesas públicas para efeitos de relato da execução face às estimativas constantes no orçamento, bem como apoio à avaliação do desempenho orçamental;

- Elaboração de demonstrações financeiras de finalidade geral, através do subsistema de contabilidade financeira;
- Elaboração do cadastro dos bens e direitos dos organismos e cálculo das respetivas depreciações e amortizações;
- Apoio à elaboração do relatório de gestão que acompanha as contas individuais e consolidadas;
- Apoio à preparação das contas nacionais (agregados estatísticos).

O PCM é constituído por:

- Quadro síntese de contas das Classes 1 a 8 destinadas a registar transações e acontecimentos na contabilidade financeira e que podem também servir para classificar as operações por natureza na contabilidade orçamental;
- Lista codificada de contas (Código de Contas) das Classes 1 a 8;
- Quadro de correspondência entre as rubricas orçamentais e as contas do PCM, caso estas venham a ser adotadas na contabilidade orçamental para classificar as operações por natureza;
- Quadro de correspondência entre as contas do PCM e as principais contas do SEC;
- Classificador de entidades (Classificador complementar 1);
- Classificador de bens e direitos para efeito de cadastro e respetivas vidas úteis (Classificador complementar 2).

O classificador complementar 2, que veio substituir o Cadastro e inventário dos bens do Estado (CIBE – Portaria n.º 671/2000), estabelece a tipologia de bens e direitos, para efeitos de cadastro e cálculo das depreciações e amortizações. Indica ainda que elementos informativos as fichas de cadastro dos ativos objeto de inventariação devem conter.

> A FAQ n.º 23 vem trazer esclarecimentos sobre a criação de novas contas no Plano de Contas Multidimensional (PCM) do SNC-AP. Esta FAQ esclarece que o plano de contas do SNC-AP, constante no Anexo III do Decreto-Lei n.º 192/2015, de 11 de setembro, constitui o referencial de normalização para a elaboração da Conta Geral do Estado e para os sucessivos níveis de consolidação de contas das entidades públicas. Desta forma, a criação de novas contas só pode ser feita pela CNC.

De referir que o Decreto-Lei n.º 84/2019, de 28 de junho volta a estabelecer que compete à CNC, mediante parecer da DGO, a atualização permanente do PCM, nomeadamente através da criação de novas contas, bem como assegurar, no respetivo sítio na Internet, a versão atualizada do PCM.

1.12. O Relato em SNC-AP

A estrutura e conteúdo das demonstrações financeiras está definida na NCP 1 para as demonstrações financeiras e na NCP 26 para as demonstrações orçamentais (individuais e consolidadas). Relativamente à informação de gestão, a NCP 27 dá orientações para a sua preparação, não contemplando modelos de apresentação, uma vez que será definida pela entidade que relata a forma como pretende relatar essa informação. No entanto, elenca já um conjunto de informação de gestão a divulgar para os setores da educação, saúde e autarquias locais (ver Capítulo 18 do presente manual).
No subsistema da contabilidade financeira, um conjunto completo de demonstrações financeiras individuais ou consolidadas compreende:

FIGURA 1.32: DEMONSTRAÇÕES FINANCEIRAS

As demonstrações financeiras devem permitir uma análise comparativa com respeito ao período anterior para todas as quantias relatadas. A informação comparativa deve ser incluída na informação narrativa e descritiva a constar em notas às demonstrações financeiras quando for relevante para a compreensão das demonstrações financeiras do período corrente.

Ao nível do balanço, os ativos e passivos terão que ser apresentados como correntes ou não correntes. As condições (não cumulativas) para a classificação dos ativos são as seguintes:

FIGURA 1.33: CLASSIFICAÇÃO DE ATIVOS

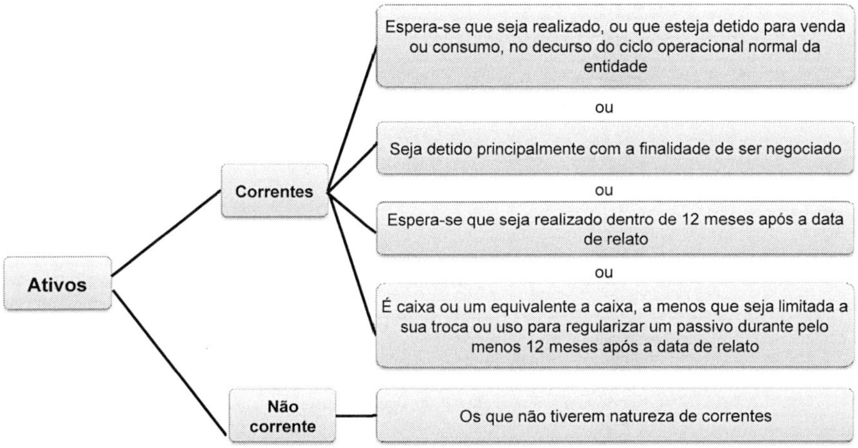

As condições (não cumulativas) para a classificação dos passivos são as seguintes:

FIGURA 1.34: CLASSIFICAÇÃO DE PASSIVOS

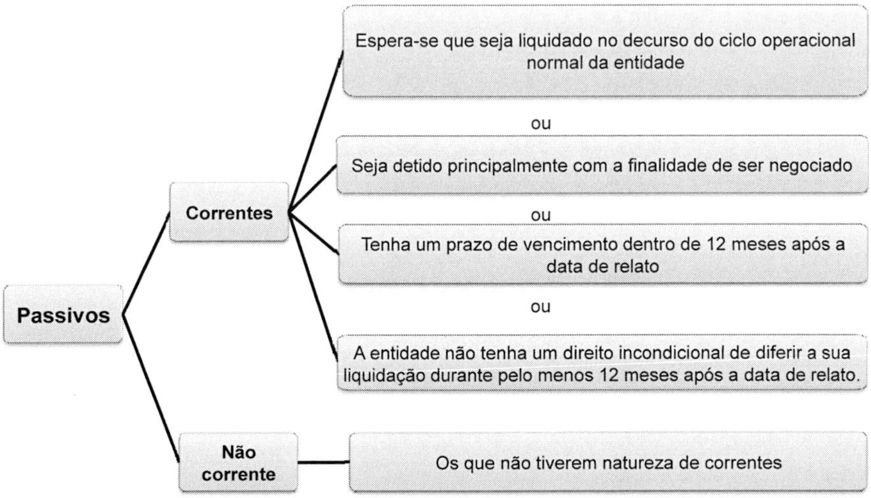

Na demonstração dos fluxos de caixa há que classificar os fluxos nas seguintes atividades:

FIGURA 1.35: CLASSIFICAÇÃO DOS FLUXOS DE CAIXA

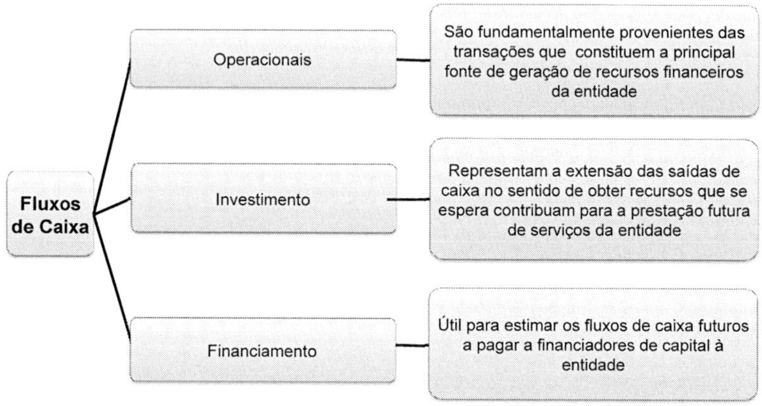

A estrutura das notas explicativas (anexo) às demonstrações financeiras está contemplada na NCP 1, constituindo informação adicional à apresentada nas respetivas demonstrações. A numeração é a que está fixada na norma, tendo que ser mantida mesmo que existam notas não aplicáveis.

Quanto às demonstrações orçamentais, a NCP 26 define as seguintes:

FIGURA 1.36: DEMONSTRAÇÕES ORÇAMENTAIS

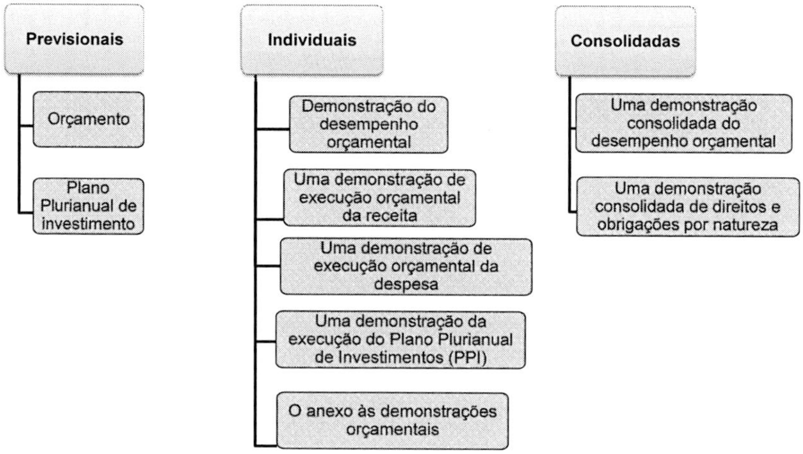

Estas demonstrações têm como finalidade proporcionar informação sobre o orçamento inicial, as alterações orçamentais e a execução da receita e da despesa de uma entidade, bem como sobre o seu desempenho orçamental, refletido nos pagamentos e recebimentos efetuados.

Tal como no subsistema da contabilidade financeira, também o subsistema da contabilidade orçamental prevê um anexo específico, o qual inclui informação sobre:

- Alterações orçamentais da receita;
- Alterações orçamentais da despesa;
- Alterações ao plano plurianual de investimentos;
- Operações de tesouraria;
- Contratação Administrativa:
  - o Situação dos contratos;
  - o Adjudicações por tipo de procedimento (relacionado com o Código dos contratos públicos);
- Transferências e Subsídios:
  - o Transferências e Subsídios - despesa;
  - o Transferências e Subsídios - receita;
- Outras divulgações.

1.13. O SISTEMA DE CONTROLO INTERNO

Não poderíamos deixar de dar nota do estabelecido no artigo 9.º do Decreto Lei n.º 192/2015, de 11 de setembro. O diploma estabelece que as Entidades Públicas devem adotar um plano de organização, que defina as políticas, os métodos e os procedimentos de controlo, bem como outros métodos e procedimentos que contribuam para assegurar o desenvolvimento das atividades de forma ordenada e eficiente.

FIGURA 1.37: OBJETIVOS DO SISTEMA DE CONTROLO INTERNO

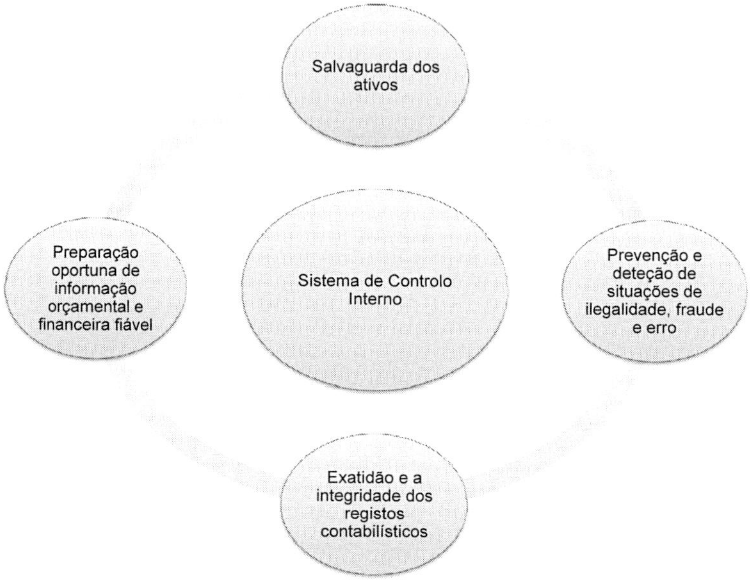

Assim, o sistema de controlo interno deve garantir:

a) A salvaguarda da legalidade e da regularidade da elaboração, execução e modificação dos documentos previsionais, da elaboração das demonstrações orçamentais e financeiras e do sistema contabilístico como um todo;
b) O cumprimento das deliberações dos órgãos e das decisões dos respetivos titulares;
c) A salvaguarda do património;
d) A aprovação e o controlo de documentos;
e) A exatidão e a integridade dos registos contabilísticos, bem como a garantia da fiabilidade da informação produzida;
f) O incremento da eficiência das operações;
g) A adequada utilização dos fundos e o cumprimento dos limites legais à assunção de encargos;
h) O controlo das aplicações e do ambiente informático;
i) O registo oportuno das operações pela quantia correta, em sistemas de informação apropriados e no período contabilístico a que respeitam, de acordo com as decisões de gestão e no respeito pelas normas legais aplicáveis;
j) Uma adequada gestão de riscos.

Matérias como a adequada segregação de funções (garantir que funções e processos estão divididos entre pessoas diferentes), procedimentos de autorização e aprovação adequados, reconciliações periódicas de informação, controlos físicos aos ativos, são procedimentos que deverão estar desenhados e documentados em manuais de procedimentos, a serem aplicados em toda a organização. Posteriormente, deverão ser estabelecidas atividades de monitorização, para avaliar o seu funcionamento e cumprimentos.

A própria LEO, no seu artigo 52.º, estabelece a obrigatoriedade da segregação de funções nas operações de execução do orçamento das receitas e das despesas, nas suas diversas fases, ou seja, liquidação e cobrança para as receitas autorização de pagamento e pagamento para as despesas.

CAPÍTULO 2

—

O ORÇAMENTO E A EXECUÇÃO ORÇAMENTAL

A contabilidade orçamental tem tratamento específico na NCP 26 – Contabilidade e Relato Orçamental, a qual vem definir os conceitos, regras e modelos de demonstrações orçamentais, componentes principais do relato orçamental de uma entidade pública ou de um perímetro de consolidação.
A contabilidade orçamental permite aos organismos controlar as dotações orçamentais aprovadas pelos órgãos legislativos competentes (orçamento inicial), através do controlo da execução orçamental de receita e despesa (efetuado na Classe Zero).
Os lançamentos nas contas orçamentais são efetuados ao **custo**, sendo as verbas sempre reconhecidas pelo seu **valor nominal**. Isto implica que caso existam factos patrimoniais que originem a determinação do valor descontado ou do custo amortizado (por exemplo), por aplicação das NCP do subsistema da contabilidade financeira, o mesmo não tem reflexo na contabilidade orçamental, sendo de considerar o valor nominal.

2.1. Classificadores Orçamentais

De acordo com o estabelecido na NCP 26, as transações orçamentais são classificadas mediante classificadores orçamentais. Como referimos anteriormente, a LEO define como um dos princípios orçamentais a especificação que estabelece que a despesa tem que ser estruturada por programa, fonte de financiamento, e por classificadores orgânico, funcional e económico e a receita por classificador económico e fonte de financiamento.
Esta classificação é importante para permitir analisar o desempenho da entidade, alocar de forma eficiente os recursos disponíveis, assegurar o cumprimento dos limites orçamentais aprovados pelos órgãos competentes e controlar a respetiva gestão corrente do orçamento.
Assim, estes classificadores orçamentais são utilizados nos movimentos contabilísticos relacionados com o reconhecimento e mensuração das transações e outros acontecimentos inerentes à contabilidade orçamental.

2.1.1. O classificador económico

O Decreto-Lei n.º 26/2002, de 14 de fevereiro (ainda em vigor, cuja última atualização se verificou no Decreto Lei n.º 33/2018, de 15 de maio) permitiu a uniformização dos requisitos contabilísticos necessários a uma correta gestão dos recursos financeiros públicos.

Tal como já referimos anteriormente, as despesas e receitas públicas estão classificadas em correntes e capital.

As receitas públicas estão desagregadas por:

- Capítulos,
- Grupos e
- Artigos.

Os capítulos encontram-se detalhados da seguinte forma:

TABELA 2.1: CAPÍTULOS DA RECEITA PÚBLICA

Capítulo	Designação
	Receitas correntes
01.00.00	Impostos diretos
02.00.00	Impostos indiretos
03.00.00	Contribuições para a Segurança Social, Caixa Geral de Aposentações e Assistência na Doença aos Servidores do Estado
04.00.00	Taxas, multas e outras penalidades
05.00.00	Rendimentos da propriedade
06.00.00	Transferências correntes
07.00.00	Venda de bens e serviços correntes
08.00.00	Outras receitas correntes
	Receitas de capital
09.00.00	Venda de bens de investimento
10.00.00	Transferências de capital
11.00.00	Ativos financeiros
12.00.00	Passivos financeiros
13.00.00	Outras receitas de capital
	Outras Receitas
14.00.00	Recursos próprios comunitários[5]
15.00.00	Reposições não abatidas nos pagamentos
16.00.00	Saldo da Gerência anterior
	Outras Operações com impactos nos recebimentos
17.00.00	Operações extraorçamentais

[5] Capítulo específico do orçamento do Ministério das Finanças.

Quanto à despesa, também é classificada em despesa corrente e despesa de capital, e deverá ser entendido como integrado por três níveis de componentes:

- Agrupamentos;
- Subagrupamentos;
- Rubricas.

Os agrupamentos detalham-se da seguinte forma:

TABELA 2.2: AGRUPAMENTOS DA DESPESA PÚBLICA

Agrupamento	Designação
	Despesas correntes
01.00.00	Despesas com o pessoal
02.00.00	Aquisição de bens e serviços
03.00.00	Juros e outros encargos
04.00.00	Transferências correntes
05.00.00	Subsídios
06.00.00	Outras despesas correntes
	Despesas de capital
07.00.00	Aquisição de bens de capital
08.00.00	Transferências de capital
09.00.00	Ativos financeiros
10.00.00	Passivos financeiros
11.00.00	Outras despesas de capital
	Outras Operações com impactos nos pagamentos
12.00.00	Operações extraorçamentais

Conforme mencionado anteriormente, cada agrupamento divide-se em subagrupamentos, distribuindo-se, cada um destes, por rubricas económicas.

Assim, e a título de exemplo, no agrupamento 02 – Aquisição de bens e serviços um dos subagrupamentos é a 02.01.00 – Aquisição de bens, que posteriormente se divide em rubricas orçamentais, como por exemplo a 02.01.01 – Matérias-primas e subsidiárias.

De salientar que se encontra a nota no site da UniLEO (https://www.unileo.gov.pt/unileo/informacoes) que "*Nos termos da nova Lei de Enquadramento Orçamental (LEO), irão ser publicados os novos classificadores orçamentais, nomeadamente o económico e o funcional. Estes novos classificadores apenas irão ser aplicados a partir da entrada em vigor da nova LEO".*

2.1.2. Classificador da receita e despesa no SNC-AP

O PCM considera a seguinte estrutura para as rubricas orçamentais, sendo estas a considerar para a preparação das demonstrações orçamentais definidas na NCP 26:

TABELA 2.3: RUBRICAS ORÇAMENTAIS – RECEITAS

Rubricas	Designação
R1 – Receita Fiscal	Receita Fiscal
R11	Impostos diretos
R12	Impostos indiretos
R2	Contribuições para a segurança social, Caixa Geral de Aposentações e Assistência na Doença aos Servidores do Estado
R3	Taxas, multas e outras penalidades
R4	Rendimentos da propriedade
R5	Transferências correntes
R51	Administração Pública
R511	Administração Central – Estado
R512	Administração Central – Outras Entidades
R513	Segurança Social
R514	Administração Regional
R515	Administração Local
R52	Exterior – UE
R53	Outras
R6	Venda de bens e serviços
R7	Outras receitas correntes
R8	Venda de bens de investimento
R9	Transferências de capital
R91	Administrações Públicas
R911	Administração Central – Estado
R912	Administração Central – Outras
R913	Segurança Social
R914	Administração Regional

Rubricas	Designação
R915	Administração Local
R92	Exterior – UE
R93	Outras
R10	Outras receitas de capital
R11	Reposições não abatidas nos pagamentos
R12	Receita em ativos financeiros
R13	Receita em passivos financeiros

TABELA 2.4: RUBRICAS ORÇAMENTAIS – DESPESA

Rubricas	Designação
D1	Despesas com Pessoal
D11	Remunerações certas e permanentes
D12	Abonos variáveis e eventuais
D13	Segurança Social
D2	Aquisição de bens e serviços
D3	Juros e outros encargos
D4	Transferências correntes
D41	Administração Pública
D411	Administração Central – Estado
D412	Administração Central – Outras Entidades
D413	Segurança Social
D414	Administração Regional
D415	Administração Local
D42	Instituições sem fins lucrativos
D43	Famílias
D44	Outras
D5	Subsídios
D6	Outras despesas correntes
D7	Investimento
D8	Transferências de capital
D81	Administração Pública
D811	Administração Central – Estado
D812	Administração Central – Outras Entidades
D813	Segurança Social

Rubricas	Designação
D814	Administração Regional
D815	Administração Local
D82	Instituições sem fins lucrativos
D83	Famílias
D84	Outras
D9	Outras despesas de capital
D10	Despesas com ativos financeiros
D11	Despesas com passivos financeiros

Para efeitos de preparação da informação para a prestação de contas ao TdC, é este o classificador a ser considerado na elaboração dos mapas orçamentais.

2.1.3. A Classe Zero

A Classe Zero está definida por forma a ser possível obter informação sobre a gestão orçamental e a execução orçamental da receita e da despesa.

FIGURA 2.1: CLASSE ZERO – OPERAÇÕES ORÇAMENTAIS DO EXERCÍCIO

Orçamento do exercício => Classe Zero

01 Receitas do período corrente
- 011 Previsões iniciais
- 012 Previsões corrigidas
- 013 Alterações Orçamentais
  - 0131 Reforços
  - 0132 Anulações
  - 0133 Créditos especiais
- 014 Previsões por liquidar
- 015 Liquidações
- 016 Liquidações anuladas
- 017 Recebimentos
- 018 Reembolsos e Restituições

02 Despesas do período corrente
- 021 Dotações iniciais
- 022 Dotações corrigidas
- 023 Modificações orçamentais
  - 0231 Reforços
  - 0232 Anulações
  - 0233 Créditos especiais
  - 0234 Dotações retidas
- 024 Dotações disponíveis
- 025 Cabimentos
- 026 Compromissos
- 027 Obrigações
- 028 Pagamentos
- 029 Reposições abatidas aos pagamentos

Assim, a informação sobre a gestão orçamental é obtida através do reconhecimento do orçamento inicial e das posteriores alterações orçamentais (Receita: contas 011, 012 e 013 // Despesa: contas 021, 022 e 023). Nos termos da NCP 26, alterações orçamentais consubstanciam-se em *"instrumentos de gestão orçamental que permite a adequação do orçamento à execução orçamental ocorrendo a despesas inadiáveis, não previsíveis ou insuficientemente dotadas, ou receitas imprevistas"*.

A execução orçamental reflete as operações do exercício da despesa (contas 024, 025, 026, 027, 028 e 029) e da receita (contas 014, 015, 016, 017 e 018).

Tal como já referimos, existem ainda operações efetuadas pelas entidades da administração pública que embora resultem em influxos ou exfluxos de caixa, não se consubstanciam em operações que tenham reflexo na sua execução orçamental. São designadas por **operações de tesouraria** (OT's), ou operações extraorçamentais, cujas contas da Classe Zero a considerar no seu reconhecimento são as seguintes:

FIGURA 2.2: CLASSE ZERO – OPERAÇÕES DE TESOURARIA

Operações de tesouraria

07 Operações de tesouraria - recebimentos
- 071 Recebimentos por operações de tesouraria
  - 0711 Intermediação de fundos
  - 0712 Cobrança de receita por conta de outrem
  - 0713 Constituição e reforços de cauções e garantias
  - 0714 Cobrança de recursos próprios comunitários
  - 0715 Receção de receitas próprias - duplo cabimento
  - 0716 Retenções – Transição SNC-AP
  - ....
  - 0719 Outras receitas de operações de tesouraria

079 Conta refletida
- 0791 Recebimentos por OT's

07 Operações de tesouraria - pagamentos
- 072 Pagamentos por operações de tesouraria
  - 0721 Intermediação de fundos
  - 0722 Entrega de receita cobrada por conta de outrem
  - 0723 Devolução de cauções e garantias
  - 0724 Entrega de recursos próprios comunitários
  - 0725 Entrega de Receitas Próprias – duplo cabimento
  - 0726 Retenções – Transição para o SNC-AP
  - ...
  - 0729 Outras despesas de operações de tesouraria

079 Conta refletida
- 0792 Pagamentos por OT's

Os exemplos mais comuns de operações de tesouraria em termos de reconhecimento são os seguintes:

- Cauções e garantias de terceiros em dinheiro;
- Garantias em dinheiro;

- Cobrança de receitas por conta de outra entidade (agentes do estado) e a respetiva entrega;
- Entidades gestora de programas com recursos comunitários.

Neste novo referencial quer os direitos (receita) quer as responsabilidades (despesa - compromissos e obrigações) **para anos futuros** têm reflexo na contabilidade orçamental.
As contas da Classe Zero a movimentar, quer na receita quer na despesa, são as seguintes:

FIGURA 2.3: CLASSE ZERO – OPERAÇÕES DE ANOS FUTUROS

Operações orçamentais – anos futuros

03 Receita a receber em períodos futuros

- 031 Orçamento
  - 0311 Período (n+1)
  - 0312 Período (n+2)
  - 0313 Período (n+3)
  - 0314 Período (n+4)
  - 0315 Períodos seguintes
- 032 Liquidações
  - 0321 Período (n+1)
  - 0322 Período (n+2)
  - 0323 Período (n+3)
  - 0324 Período (n+4)
  - 0325 Períodos seguintes

04 Despesas a pagar em períodos futuros

- 041 Orçamento
  - 0411 Período (n+1)
  - 0412 Período (n+2)
  - 0413 Período (n+3)
  - 0414 Período (n+4)
  - 0415 Períodos seguintes
- 042 Compromissos assumidos
  - 0421 Período (n+1)
  - 0422 Período (n+2)
  - 0423 Período (n+3)
  - 0424 Período (n+4)
  - 0425 Períodos seguintes
- 043 Compromissos com obrigação
  - 0431 Período (n+1)
  - 0432 Período (n+2)
  - 0433 Período (n+3)
  - 0434 Período (n+4)
  - 0435 Períodos seguintes
- 044 Obrigações
  - 0441 Período (n+1)
  - 0442 Período (n+2)
  - 0443 Período (n+3)
  - 0444 Período (n+4)
  - 0445 Períodos seguintes

Existe ainda na Classe Zero a conta 09 - Responsabilidades Contingentes e Contas de Controlo a qual se destina ao reconhecimento de **passivos contingentes** (em articulação com a NCP 15 - Provisões, passivos contingentes e ativos contingentes), assim como à gestão e controlo de cauções não pecuniárias e garantias que as entidades obtêm, normalmente associadas a contratos com prestadores de bens e serviços.

FIGURA 2.4: CLASSE ZERO – CONTAS DE CONTROLO

Responsabilidades contingentes e contas de controlo

09 Responsabilidades contingentes e contas de controlo

091 Responsabilidades contingentes

0911 Processos judiciais em curso

0912 Processos expropriativos

0913 Contratos onerosos

0914 Acidentes no trabalho e doenças profissionais

0915 Matérias ambientais

0916 Garantias concedidas

......

0919 Outos passivos contingentes

092 Cauções não pecuniárias e garantias obtidas

093 Contas de controlo

....

099 Conta refletida

0991 Responsabilidades contingentes

0992 Cauções não pecuniárias e garantias obtidas

0993 Contas de controlo

O valor dos passivos contingentes é reconhecido (a crédito) por contrapartida da conta refletida.

Tal como existe na contabilidade financeira a conta 88 para efeitos de apuramento de resultados (classe 8), também a Classe Zero utiliza a conta 08 para efeito de **apuramento do desempenho orçamental** (resultante da diferença entre recebimentos e pagamentos, do ano de anos anteriores, que decorrem da execução orçamental).

FIGURA 2.5: CLASSE ZERO – ENCERRAMENTO DA CONTABILIDADE ORÇAMENTAL

08 - Encerramento da contabilidade orçamental

081 Encerramento do orçamento

082 Desempenho orçamental

2.2 Orçamento inicial

Anualmente cada organismo vê aprovado o seu orçamento o qual reflete as previsões de receita e as dotações de despesa que pretende executar no período, face a um plano de atividades também previamente aprovado.

Para apoio na elaboração do orçamento, todos os anos a Direção Geral do Orçamento (DGO) emite instruções (através de circulares), onde apresenta orientações aos organismos para a preparação do orçamento para o ano seguinte.

Assim, o **orçamento inicial** (orçamento inicialmente aprovado para o período contabilístico) faz refletir:

FIGURA 2.6: ORÇAMENTO INICIAL

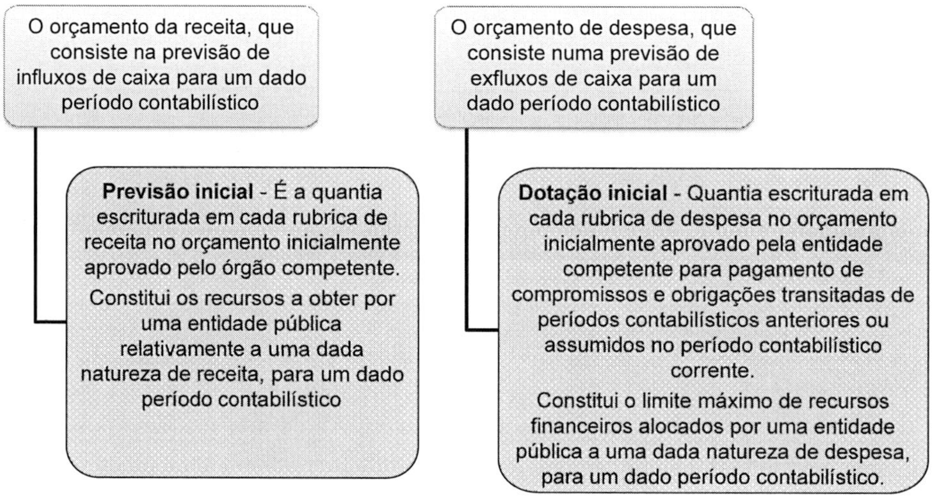

No entanto, durante a execução orçamental pode verificar-se a necessidade de se fazerem alterações às previsões de receita e às dotações de despesa inicialmente aprovadas. Estas alterações designam-se de alterações orçamentais.

Assim, o orçamento executado em cada período contabilístico pode resultar do orçamento inicial ajustado de todas as alterações orçamentais que decorrem ao longo do ano => orçamento corrigido.

FIGURA 2.7: ORÇAMENTO CORRIGIDO

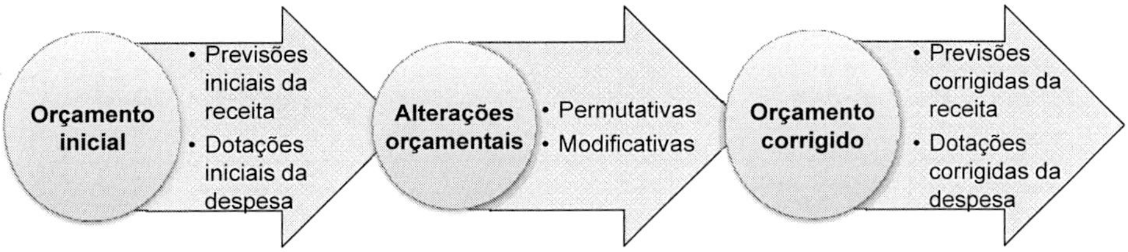

A definição de uma alteração orçamental permutativa e modificativa está evidenciada na tabela 2.6 no ponto 2.2.2.

Sobre esta temática, encontra-se ainda em vigor o Decreto-Lei n.º 71/95, de 15 de abril, onde se definem as regras gerais a que devem obedecer as alterações orçamentais da competência do Governo.

2.2.1. Reconhecimento do orçamento inicial

Os montantes de previsões da receita só são reconhecidos após a aprovação do orçamento e na data de início do período a que o mesmo respeita. Caso não exista aprovação do orçamento, serão considerados os montantes que sejam estabelecidos por normativos legais a publicar nessas datas.

Para registo do orçamento inicial aprovado, para as receitas e despesas, são as seguintes as contas da Classe Zero a utilizar:

FIGURA 2.8: CONTAS CLASSE ZERO PARA ORÇAMENTO INICIAL

Orçamento do exercício => Classe Zero

01 Receitas do período corrente
- 011 Previsões iniciais
- 012 Previsões corrigidas
- 014 Previsões por liquidar

02 Despesas do período corrente
- 021 Dotações iniciais
- 022 Dotações corrigidas
- 024 Dotações disponíveis

Os lançamentos nas contas específicas são os seguintes:

Receita

TABELA 2.5: LANÇAMENTOS ORÇAMENTO INICIAL DA RECEITA

Descrição	Débito	Crédito
1 – Carregamento da previsão inicial da receita	011	012
2 – Transferência do orçamento para previsões a liquidar (em simultâneo com o lançamento 1)	014	011

Estes lançamentos são efetuados por cada rubrica do classificador económico da receita (DL 26/2002).

Despesa

TABELA 2.6: LANÇAMENTOS ORÇAMENTO INICIAL DA DESPESA

Descrição	Débito	Crédito
1 – Carregamento da dotação inicial da despesa	022	021
2 – Transferência do orçamento para dotações disponíveis (em simultâneo com o lançamento 1)	021	024

Estes lançamentos são efetuados por cada rubrica do classificador económico da despesa (DL 26/2002).

Exemplo 2.1

A Admin_Central é um serviço e fundo autónomo pertencente à Administração Central e está sujeita à aplicação do SNC-AP. Esta entidade tem como receitas próprias a cobrança de taxas, no âmbito de um contrato de concessão para construção e operação de uma estrada, a prestação de serviços de consultoria e rendas de alguns ativos, nomeadamente de um terreno agrícola contiguo ao edifício sede. Recebe também transferências do Orçamento de Estado para fazer face às responsabilidades com o pagamento das rendas associadas ao contrato de concessão. Estas transferências têm duas componentes: uma para compensar o gasto com os juros embutidos no valor da renda a pagar ao concessionário e a outra parte para compensar o valor do investimento, sendo, por esse facto, reconhecido no património líquido, e reconhecido em rendimentos pelo período de vida útil do ativo.

Em anos anteriores obteve autorização para a contratualização de um empréstimo de médio e longo prazo, sendo as condições praticadas as de mercado. Para financiar os seus investimentos em incorpóreos, prevê o recebimento de um subsídio ao investimento no âmbito da melhoria dos sistemas digitais atribuído por uma entidade exterior.

Em N-1, tendo por base o plano de atividades definido para o ano N, e considerando as orientações constantes na circular que a DGO emitiu com as orientações para a preparação do orçamento do ano N, a Admin_Central apresentou o seguinte orçamento:

Rubrica	Económica	Designação	Período
		Receitas correntes	
R3	04.01.21	Taxas, multas e outras penalidades – portagens	1 550 000
R6	07.01.99	Venda de bens – outros	90 000
R6	07.02.01	Venda de bens e serviços – estudos, pareceres e consultoria	25 000
R6	07.02.99	Serviços – outros	650 000
R6	07.03.99	Rendas – outros	5 500
		Receitas de capital	
R9.1.1.1	10.03.01	Administração Central – Estado	11 700 000
R9.2	10.09.01	Exterior – UE – instituições	35 000
R12	11.08.01	Ações e outras participações – sociedades	30 000
R11	15.01.01	Reposição não abatidas nos pagamentos	15 000
		Total das receitas	**14 100 500**
		Despesas correntes	
D1.1	01.01.04	Despesas com pessoal – CIT	500 000
D1.3	01.03.05	Despesas com pessoal – Segurança Social	90 000
D2	02.01.21	Aquisição de bens e serviços – outros bens	398 000
D2	02.02.08	Locação de outros bens	50 000
D2	02.02.14	Aquisição de bens e serviços – estudos e pareceres	5 000
D2	02.02.21	Utilização de Infraestruturas	1 225 000
D3	03.03.05	Juros de locação financeira – material de transporte	2 500
D3	03.06.01	Outros encargos financeiros	50 000
		Despesas de capital	
D7	07.01.08	Investimentos – software informático	10 000
D7	07.01.09	Investimentos – equipamento administrativo	300 000
D7	07.01.13	Investimentos incorpóreos	20 000
D7	07.02.05	Locação financeira – material de transporte	12 000
D7	07.03.03	Outras construções e infraestruturas	10 938 000
D11	10.06.03	Empréstimos médio / longo prazo – bancos	500 000
		Total das despesas	**14 100 500**

O orçamento foi aprovado pelo Órgão competente, pelo que se deverá efetuar no início do ano N o seu reconhecimento no subsistema da contabilidade orçamental, como segue:

Receita

Db / Cr	Conta	Classificador económico	C.O.	Descritivo	Valor
D	011	04.01.21	R3	Aprovação do orçamento da receita - Previsões Iniciais	1.550.000
D	011	07.03.99	R6	Aprovação do orçamento da receita - Previsões Iniciais	5.500
D	011	07.01.99	R6	Aprovação do orçamento da receita - Previsões Iniciais	90.000
D	011	07.02.01	R6	Aprovação do orçamento da receita - Previsões Iniciais	25.000
D	011	07.02.99	R6	Aprovação do orçamento da receita - Previsões Iniciais	650.000
D	011	10.03.01	R9.1.1	Aprovação do orçamento da receita - Previsões Iniciais	11.700.000
D	011	10.09.01	R8	Aprovação do orçamento da receita - Previsões Iniciais	35.000
D	011	11.08.01	R12	Aprovação do orçamento da receita - Previsões Iniciais	30.000
D	011	15.01.01	R11	Aprovação do orçamento da receita - Previsões Iniciais	15.000
C	012	04.01.21	R3	Aprovação do orçamento da receita - Previsões Corrigidas	(1.550.000)
C	012	07.03.99	R6	Aprovação do orçamento da receita - Previsões Corrigidas	(5.500)
C	012	07.01.99	R6	Aprovação do orçamento da receita - Previsões Corrigidas	(90.000)
C	012	07.02.01	R6	Aprovação do orçamento da receita - Previsões Corrigidas	(25.000)
C	012	07.02.99	R6	Aprovação do orçamento da receita - Previsões Corrigidas	(650.000)
C	012	10.03.01	R9.1.1	Aprovação do orçamento da receita - Previsões Corrigidas	(11.700.000)
C	012	10.09.01	R8	Aprovação do orçamento da receita - Previsões Corrigidas	(35.000)
C	012	11.08.01	R12	Aprovação do orçamento da receita - Previsões Corrigidas	(30.000)
C	012	15.01.01	R11	Aprovação do orçamento da receita - Previsões Corrigidas	(15.000)
D	014	04.01.21	R3	Transferência do orçamento para Previsões por liquidar	1.550.000
D	014	07.03.99	R6	Transferência do orçamento para Previsões por liquidar	5.500
D	014	07.01.99	R6	Transferência do orçamento para Previsões por liquidar	90.000
D	014	07.02.01	R6	Transferência do orçamento para Previsões por liquidar	25.000
D	014	07.02.99	R6	Transferência do orçamento para Previsões por liquidar	650.000
D	014	10.03.01	R9.1.1	Transferência do orçamento para Previsões por liquidar	11.700.000
D	014	10.09.01	R8	Transferência do orçamento para Previsões por liquidar	35.000
D	014	11.08.01	R12	Transferência do orçamento para Previsões por liquidar	30.000
D	014	15.01.01	R11	Transferência do orçamento para Previsões por liquidar	15.000
C	011	04.01.21	R3	Transferência do orçamento para Previsões por liquidar	(1.550.000)
C	011	07.03.99	R6	Transferência do orçamento para Previsões por liquidar	(5.500)
C	011	07.01.99	R6	Transferência do orçamento para Previsões por liquidar	(90.000)
C	011	07.02.01	R6	Transferência do orçamento para Previsões por liquidar	(25.000)
C	011	07.02.99	R6	Transferência do orçamento para Previsões por liquidar	(650.000)
C	011	10.03.01	R9.1.1	Transferência do orçamento para Previsões por liquidar	(11.700.000)
C	011	10.09.01	R8	Transferência do orçamento para Previsões por liquidar	(35.000)
C	011	11.08.01	R12	Transferência do orçamento para Previsões por liquidar	(30.000)
C	011	15.01.01	R11	Transferência do orçamento para Previsões por liquidar	(15.000)

Despesa

Db / Cr	Conta	Classificador económico	C.O.	Descritivo	Valor
D	022	01.01.04	D1.1	Aprovação do orçamento da despesa - Dotações Corrigidas	500.000
D	022	01.03.05	D1.3	Aprovação do orçamento da despesa - Dotações Corrigidas	90.000
D	022	02.01.21	D2	Aprovação do orçamento da despesa - Dotações Corrigidas	398.000
D	022	02.02.08	D2	Aprovação do orçamento da despesa - Dotações Corrigidas	50.000
D	022	02.02.14	D2	Aprovação do orçamento da despesa - Dotações Corrigidas	5.000
D	022	02.02.21	D2	Aprovação do orçamento da despesa - Dotações Corrigidas	1.225.000
D	022	03.03.05	D3	Aprovação do orçamento da despesa - Dotações Corrigidas	2.500
D	022	03.06.01	D3	Aprovação do orçamento da despesa - Dotações Corrigidas	50.000
D	022	07.01.08	D7	Aprovação do orçamento da despesa - Dotações Corrigidas	10.000
D	022	07.01.09	D7	Aprovação do orçamento da despesa - Dotações Corrigidas	300.000
D	022	07.01.13	D7	Aprovação do orçamento da despesa - Dotações Corrigidas	20.000
D	022	07.02.05	D7	Aprovação do orçamento da despesa - Dotações Corrigidas	12.000
D	022	07.03.03	D7	Aprovação do orçamento da despesa - Dotações Corrigidas	10.938.000
D	022	10.06.03	D11	Aprovação do orçamento da despesa - Dotações Corrigidas	500.000
C	021	01.01.04	D1.1	Aprovação do orçamento da despesa - Dotações Iniciais	(500.000)
C	021	01.03.05	D1.3	Aprovação do orçamento da despesa - Dotações Iniciais	(90.000)
C	021	02.01.21	D2	Aprovação do orçamento da despesa - Dotações Iniciais	(398.000)
C	021	02.02.08	D2	Aprovação do orçamento da despesa - Dotações Iniciais	(50.000)
C	021	02.02.14	D2	Aprovação do orçamento da despesa - Dotações Iniciais	(5.000)
C	021	02.02.21	D2	Aprovação do orçamento da despesa - Dotações Iniciais	(1.225.000)
C	021	03.03.05	D3	Aprovação do orçamento da despesa - Dotações Iniciais	(2.500)
C	021	03.06.01	D3	Aprovação do orçamento da despesa - Dotações Iniciais	(50.000)
C	021	07.01.08	D7	Aprovação do orçamento da despesa - Dotações Iniciais	(10.000)
C	021	07.01.09	D7	Aprovação do orçamento da despesa - Dotações Iniciais	(300.000)
C	021	07.01.13	D7	Aprovação do orçamento da despesa - Dotações Iniciais	(20.000)
C	021	07.02.05	D7	Aprovação do orçamento da despesa - Dotações Iniciais	(12.000)
C	021	07.03.03	D7	Aprovação do orçamento da despesa - Dotações Iniciais	(10.938.000)
C	021	10.06.03	D11	Aprovação do orçamento da despesa - Dotações Iniciais	(500.000)
D	021	01.01.04	D1.1	Transferência do orçamento para Dotações Disponíveis	500.000
D	021	01.03.05	D1.3	Transferência do orçamento para Dotações Disponíveis	90.000
D	021	02.01.21	D2	Transferência do orçamento para Dotações Disponíveis	398.000
D	021	02.02.08	D2	Transferência do orçamento para Dotações Disponíveis	50.000
D	021	02.02.14	D2	Transferência do orçamento para Dotações Disponíveis	5.000
D	021	02.02.21	D2	Transferência do orçamento para Dotações Disponíveis	1.225.000
D	021	03.03.05	D3	Transferência do orçamento para Dotações Disponíveis	2.500
D	021	03.06.01	D3	Transferência do orçamento para Dotações Disponíveis	50.000
D	021	07.01.08	D7	Transferência do orçamento para Dotações Disponíveis	10.000
D	021	07.01.09	D7	Transferência do orçamento para Dotações Disponíveis	300.000
D	021	07.01.13	D7	Transferência do orçamento para Dotações Disponíveis	20.000
D	021	07.02.05	D7	Transferência do orçamento para Dotações Disponíveis	12.000
D	021	07.03.03	D7	Transferência do orçamento para Dotações Disponíveis	10.938.000
D	021	10.06.03	D11	Transferência do orçamento para Dotações Disponíveis	500.000
C	024	01.01.04	D1.1	Transferência do orçamento para Dotações Disponíveis	(500.000)
C	024	01.03.05	D1.3	Transferência do orçamento para Dotações Disponíveis	(90.000)
C	024	02.01.21	D2	Transferência do orçamento para Dotações Disponíveis	(398.000)
C	024	02.02.08	D2	Transferência do orçamento para Dotações Disponíveis	(50.000)
C	024	02.02.14	D2	Transferência do orçamento para Dotações Disponíveis	(5.000)
C	024	02.02.21	D2	Transferência do orçamento para Dotações Disponíveis	(1.225.000)
C	024	03.03.05	D3	Transferência do orçamento para Dotações Disponíveis	(2.500)
C	024	03.06.01	D3	Transferência do orçamento para Dotações Disponíveis	(50.000)
C	024	07.01.08	D7	Transferência do orçamento para Dotações Disponíveis	(10.000)
C	024	07.01.09	D7	Transferência do orçamento para Dotações Disponíveis	(300.000)
C	024	07.01.13	D7	Transferência do orçamento para Dotações Disponíveis	(20.000)
C	024	07.02.05	D7	Transferência do orçamento para Dotações Disponíveis	(12.000)
C	024	07.03.03	D7	Transferência do orçamento para Dotações Disponíveis	(10.938.000)
C	024	10.06.03	D11	Transferência do orçamento para Dotações Disponíveis	(500.000)

Estes lançamentos não têm impacto no subsistema da contabilidade financeira.

2.2.2. Alterações orçamentais

As alterações orçamentais são instrumentos de gestão orçamental que permitem a adequação do orçamento inicialmente aprovado as necessidades de execução orçamental, por despesas inadiáveis, não previsíveis ou insuficientemente dotadas, ou por receitas imprevistas.
Qualquer alteração orçamental só pode ser registadas na contabilidade orçamental após a devida autorização pelos responsáveis com competências para tal.
De acordo com a NCP 26, as alterações orçamentais são classificadas da seguinte forma:

FIGURA 2.9: ALTERAÇÕES ORÇAMENTAIS

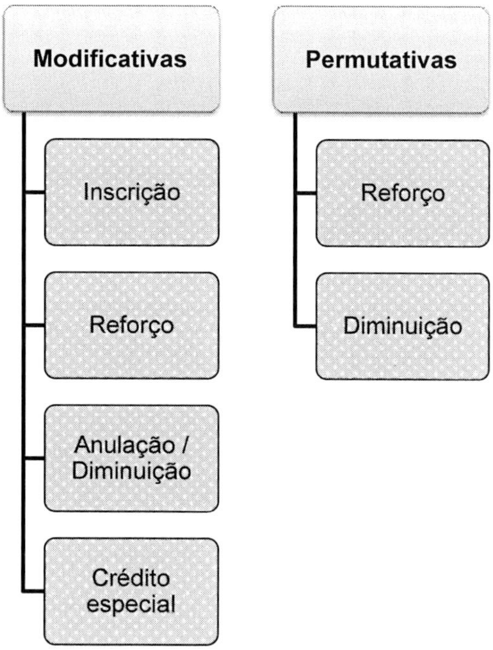

Os conceitos associados às alterações orçamentais encontram-se descritos no quadro abaixo:

TABELA 2.7: CONCEITOS – ALTERAÇÕES ORÇAMENTAIS

Alteração orçamental	Descrição
Modificativa	É aquela que procede à inscrição de uma nova natureza de receita ou de despesa ou da qual resulta o aumento do montante global de receita, de despesa ou de ambas, face ao orçamento que esteja em vigor.
Permutativa	É aquela que procede à alteração da composição do orçamento de receita ou de despesa da entidade, mantendo constante o seu montante global.
De inscrição ou reforço	Corresponde à integração de uma natureza de receita ou despesa não prevista no orçamento ou o incremento de uma previsão de receita ou dotação de despesa.
De anulação ou diminuição	Corresponde à extinção de uma natureza de receita ou despesa prevista no orçamento que não terá execução orçamental ou a redução de uma previsão de receita ou dotação de despesa.
Por crédito especial	Corresponde a um incremento do orçamento de despesa com compensação no aumento da receita cobrada.

O exemplo mais comum associado a um crédito especial é a aplicação do saldo de gerência que transita do ano anterior que, após autorização pela respetiva entidade competente, é integrado na execução orçamental reforçando o orçamento inicial da receita (uma vez que não está contemplado este valor) por incremento do orçamento da despesa (sempre considerando as respetivas rubricas do classificador económico).

As contas da Classe Zero a utilizar nos registos contabilísticos são as seguintes:

FIGURA 2.10: CONTAS CLASSE ZERO PARA ALTERAÇÕES ORÇAMENTAIS

Orçamento do exercício => Classe Zero

01 Receitas do período corrente
- 012 Previsões corrigidas
- 013 Alterações orçamentais
  - 0131 Reforços
    - 01311 Reforços em previsões corrigidas
    - 01312 Reforços em previsões por liquidar
  - 0132 Anulações
    - 01321 Anulações em previsões corrigidas
    - 01322 Anulações em previsões por liquidar
  - 0133 Créditos especiais
    - 01331 Créditos especiais em previsões corrigidas
    - 01332 Créditos especiais em previsões por liquidar
- 014 Previsões por liquidar

02 Despesas do período corrente
- 022 Dotações corrigidas
- 023 Modificações orçamentais
  - 0231 Reforços
    - 02311 Reforços em dotações corrigidas
    - 02312 Reforços em dotações disponíveis
  - 0232 Anulações
    - 02321 Anulações em dotações corrigidas
    - 02322 Anulações em dotações disponíveis
  - 0233 Créditos especiais
    - 02331 Créditos especiais em dotações corrigidas
    - 02332 Créditos especiais em dotações disponíveis
  - 0234 Dotações retidas
    - 02341 Cativos
    - 02342 Descativos
- 024 Dotações disponíveis

Em termos de reconhecimento contabilístico, os lançamentos a efetuar são os discriminados de seguida.

2.2.2.1. Alterações Orçamentais – Receita

Inscrição / reforço

TABELA 2.8: RECEITA: ALTERAÇÃO ORÇAMENTAL – INSCRIÇÃO / REFORÇO

Descrição	Débito	Crédito
1 – Reforço em previsões corrigidas	01311	012
2 – Reforço das previsões por liquidar (em simultâneo com o lançamento 1)	014	01312

Estes lançamentos são efetuados por cada rubrica do classificador económico da receita (DL 26/2002).

Anulação / diminuição

TABELA 2.9: RECEITA: ALTERAÇÃO ORÇAMENTAL - ANULAÇÃO / DIMINUIÇÃO

Descrição	Débito	Crédito
1 - Anulação em previsões corrigidas	012	01321
2 - Anulação em previsões por liquidar (em simultâneo com o lançamento 1)	01322	014

Estes lançamentos são efetuados por cada rubrica do classificador económico da receita (DL 26/2002).

Crédito especial

Corresponde a um incremento do orçamento de despesa com compensação no aumento da receita cobrada (alteração orçamental modificativa).

TABELA 2.10: RECEITA: ALTERAÇÃO ORÇAMENTAL - CRÉDITO ESPECIAL

Descrição	Débito	Crédito
1 - Reforçar previsões corrigidas	01331	012
2 - Reforço em previsões por liquidar (em simultâneo com o lançamento 1)	014	01332

Estes lançamentos são efetuados por cada rubrica do classificador económico da receita (DL 26/2002).

Relativamente à questão associada ao facto da taxa de execução da receita poder ser superior a 100% (decorrente da LEO), e a norma 26 referir que quando a receita é superior ao orçamento se deverá fazer uma alteração orçamental, a CNC, através da FAQ n.º 22 vem clarificar que o estabelecido na norma 26 "*pretende evitar a existência de execuções acima de 100% em determinadas receitas, quando existam outras com execução baixa, devendo nesse caso serem efetuadas alterações orçamentais permutativas, mas poderá acontecer, quando o orçamento da receita está globalmente acima dos 100%, que não seja possível fazer essas alterações*". Acrescenta que caso se verifique um reforço da despesa em que a mesma seja efetuada por contrapartida de um excesso de receita já arrecadado, se deverá reconhecer um crédito especial.

2.2.2.2. Alterações orçamentais – Despesa

Inscrição / reforço

TABELA 2.11: DESPESA: ALTERAÇÃO ORÇAMENTAL – INSCRIÇÃO / REFORÇO

Descrição	Débito	Crédito
1 – Reforço em dotações corrigidas	022	02311
2 – Reforço das dotações disponíveis (em simultâneo com o lançamento 1)	02312	024

Estes lançamentos são efetuados por cada rubrica do classificador económico da despesa (DL 26/2002).

Anulação / diminuição

TABELA 2.12: DESPESA: ALTERAÇÃO ORÇAMENTAL – ANULAÇÃO / DIMINUIÇÃO

Descrição	Débito	Crédito
1 – Anulação em dotações corrigidas	02321	022
2 – Anulação das dotações disponíveis (em simultâneo com o lançamento 1)	024	02322

Estes lançamentos são efetuados por cada rubrica do classificador económico da despesa (DL 26/2002).

Crédito especial

TABELA 2.13: DESPESA: ALTERAÇÃO ORÇAMENTAL – CRÉDITO ESPECIAL

Descrição	Débito	Crédito
1 – Reforço em dotações corrigidas	022	02331
2 – Reforço das dotações disponíveis (em simultâneo com o lançamento 1)	02332	024

Estes lançamentos são efetuados por cada rubrica do classificador económico da despesa (DL 26/2002).

Apresentamos de seguida alguns exemplos práticos sobre esta matéria:

Exemplo 2.2

Verificou-se que não foi considerado no plano de atividades, e consequentemente no orçamento inicial, a formação necessária aos técnicos da entidade, no âmbito do desenvolvimento do novo Website. Para regularizar esta situação foi reduzida a verba orçamentada na rubrica 02.01.21 – Aquisição de bens e serviços – outros bens, para inscrição da rubrica 02.02.15 – Despesas com serviços – formação, no valor de 2.000 euros. Esta alteração orçamental foi objeto de aprovação prévia por parte dos responsáveis com competências para o efeito, atendendo aos normativos legais vigentes.

Estamos perante uma alteração orçamental modificativa, uma vez que se irá inscrever uma rubrica económica que não estava prevista no orçamento inicial.

Os lançamentos a efetuar no subsistema da contabilidade orçamental são os seguintes:

Db / Cr	Conta	Classificador económico	C.O.	Descritivo	Valor
D	022	02.02.15	D2	Inscrição de verba no orçamento - alteração orçamental modificativa	2.000
C	02311	02.02.15	D2	Inscrição de verba no orçamento - alteração orçamental modificativa	(2.000)
D	02312	02.02.15	D2	Inscrição de verba no orçamento - alteração orçamental modificativa	2.000
C	024	02.02.15	D2	Inscrição de verba no orçamento - alteração orçamental modificativa	(2.000)
D	02321	02.01.21	D2	Redução de verba no orçamento - alteração orçamental modificativa	2.000
C	022	02.01.21	D2	Redução de verba no orçamento - alteração orçamental modificativa	(2.000)
D	024	02.01.21	D2	Redução de verba no orçamento - alteração orçamental modificativa	2.000
C	02322	02.01.21	D2	Redução de verba no orçamento - alteração orçamental modificativa	(2.000)

De referir que a própria NCP 26 refere que caso exista engano no registo da alteração orçamental, deverá proceder-se ao estorno do lançamento para correção e não por via de nova alteração orçamental.

Estes lançamentos não têm impacto no subsistema da contabilidade financeira.

Exemplo 2.3

Por outro lado, identificou-se que a dotação disponível para a rubrica associada aos custos do Website – Investimento em Incorpóreos (07.01.13) era insuficiente, pelo que se mostrou necessário efetuar um reforço dessa rubrica mediante uma alteração orçamental. Reduziu-se a rubrica de Investimentos – Software Informático (07.01.08) para aumento da rubrica 07.01.13, no valor de 5.000 euros.

Nesta situação, uma vez que se trata de uma transferência de verbas entre rubricas já previstas no orçamento, estamos perante uma alteração orçamental permutativa, cujo reconhecimento é idêntico ao exemplo anterior:

Db / Cr	Conta	Classificador económico	C.O.	Descritivo	Valor
D	022	07.01.13	D7	Inscrição de verba no orçamento - alteração orçamental permutativa	5.000
C	02311	07.01.13	D7	Inscrição de verba no orçamento - alteração orçamental permutativa	(5.000)
D	02312	07.01.13	D7	Inscrição de verba no orçamento - alteração orçamental permutativa	5.000
C	024	07.01.13	D7	Inscrição de verba no orçamento - alteração orçamental permutativa	(5.000)
D	02321	07.01.08	D7	Redução de verba no orçamento - alteração orçamental permutativa	5.000
C	022	07.01.08	D7	Redução de verba no orçamento - alteração orçamental permutativa	(5.000)
D	024	07.01.08	D7	Redução de verba no orçamento - alteração orçamental permutativa	5.000
C	02322	07.01.08	D7	Redução de verba no orçamento - alteração orçamental permutativa	(5.000)

Estes lançamentos não têm impacto no subsistema da contabilidade financeira.
De referir que a própria NCP 26 refere que caso exista engano no registo da alteração orçamental, deverá proceder-se ao estorno do lançamento para correção e não por via de nova alteração orçamental.

Exemplo 2.4

Foi, ainda, solicitada autorização para a integração e aplicação em despesa do saldo orçamental da gerência anterior (SGA), no valor de 5.750 euros. Esta autorização foi concedida[6], sendo aumentada a rubrica 02.02.14 – Aquisição de serviços – estudos e pareceres.
Tratando-se de um valor que vai aumentar a receita global do orçamento que foi inicialmente aprovado, estamos perante uma alteração orçamental modificativa, por crédito especial uma vez que irá aumentar também as dotações da despesa.
Assim, em termos de registos contabilísticos, tem-se:

Db / Cr	Conta	Classificador económico	C.O.	Descritivo	Valor
D	01331	16.01.01	R14	Crédito especial receita - SGA	5.750
C	012	16.01.01	R14	Crédito especial receita - SGA	(5.750)
D	014	16.01.01	R14	Crédito especial receita - SGA	5.750
C	01332	16.01.01	R14	Crédito especial receita - SGA	(5.750)
D	022	02.02.14	D2	Crédito especial despesa - SGA	5.750
C	02331	02.02.14	D2	Crédito especial despesa - SGA	(5.750)
D	02332	02.02.14	D2	Crédito especial despesa - SGA	5.750
C	024	02.02.14	D2	Crédito especial despesa - SGA	(5.750)

Adicionalmente, e de forma a que este valor integre o valor da receita cobrada no ano, ter-se-á de proceder à liquidação e cobrança deste montante, nos termos do que se apresenta na tabela 2.16, abaixo:

[6] A natureza da entidade pública pode ter impactos no tratamento do saldo de gerência, relativos aos procedimentos necessários para a sua autorização e aplicação. Por exemplo, as entidades do ensino superior têm um regime diferenciado, como a Administração Local. No exemplo assumimos a aplicação associada a uma entidade no regime geral.

Db / Cr	Conta	Classificador económico	C.O.	Descritivo	Valor
D	0152	16.01.01	R14	Liquidação do SGA	5.750
C	014	16.01.01	R14	Liquidação do SGA	(5.750)
D	0171	16.01.01	R14	Cobrança do SGA	5.750
C	0153	16.01.01	R14	Cobrança do SGA	(5.750)

Estes lançamentos não têm impacto no subsistema da contabilidade financeira, uma vez que o saldo de gerência está refletido nos saldos de disponibilidades.

De referir que o saldo de gerência global (orçamental + operações de tesouraria) totaliza 8.750 euros (ver balanço apresentado no ponto 18.8 do Capítulo 18), pelo que se assume que a diferença para o saldo orçamental sejam montantes afetos a operações de tesouraria.

2.2.2.3. Alterações orçamentais – Relato

A NCP 26 estabelece demonstrações específicas para as alterações orçamentais da receita e da despesa.

Será, assim, possível dar a conhecer as previsões e dotações iniciais da receita e da despesa, as alterações a essas previsões e dotações iniciais (por reforço / inscrição, anulação / diminuição ou crédito especial) para apuramento das previsões e dotações corrigidas. São estas que são transpostas para as demonstrações da execução orçamental da receita e da despesa.

FIGURA 2.11: ALTERAÇÕES ORÇAMENTAIS DA RECEITA E DESPESA

Os modelos das demonstrações das alterações orçamentais são apresentados de seguida.

FIGURA 2.12: DEMONSTRAÇÃO DAS ALTERAÇÕES ORÇAMENTAIS DA RECEITA

<table>
<tr><th rowspan="3">Rubricas</th><th rowspan="3">Tipo</th><th rowspan="3">Descrição</th><th colspan="6">Receita</th><th rowspan="3">Observações</th></tr>
<tr><th rowspan="2">Previsões iniciais</th><th colspan="3">Alterações orçamentais</th><th rowspan="2">Previsões corrigidas</th></tr>
<tr><th>Inscrições / reforços</th><th>Diminuições / anulações</th><th>Créditos especiais</th></tr>
<tr><td>(1)</td><td>(2)</td><td>(3)</td><td>(4)</td><td>(5)</td><td>(6)</td><td>(7)</td><td>(8)=(4)+(5)-(6)+(7)</td><td>(9)</td></tr>
<tr><td></td><td></td><td></td><td></td><td></td><td></td><td></td><td></td><td></td></tr>
<tr><td>Total</td><td></td><td></td><td></td><td></td><td></td><td></td><td></td><td></td></tr>
</table>

Legenda:
(1) Rubricas: rubricas de receita normalizadas pelo SNC-AP
(2) Tipo: (P) Alteração permutativa / (M) Alteração modificativa
(3) Descrição da rubrica da receita
(4) Previsões iniciais: débito da conta 011 – Previsões iniciais
(5) Inscrições/reforços: saldo devedor da conta 01311 – Reforços em previsões corrigidas
(6) Diminuições/anulações: saldo credor da conta 01321 – Anulações em previsões corrigidas
(7) Créditos especiais: saldo devedor da conta 01331 – Créditos especiais em previsões corrigidas
(8) Previsões corrigidas: saldo credor da conta 012 – Previsões corrigidas ou através da fórmula indicada
(9) Eventuais esclarecimentos ou notas

FIGURA 2.13: DEMONSTRAÇÃO DAS ALTERAÇÕES ORÇAMENTAIS DA DESPESA

<table>
<tr><th rowspan="3">Rubricas</th><th rowspan="3">Tipo</th><th rowspan="3">Descrição</th><th colspan="6">Despesa</th><th rowspan="3">Observações</th></tr>
<tr><th rowspan="2">Dotações iniciais</th><th colspan="3">Alterações orçamentais</th><th rowspan="2">Dotações corrigidas</th></tr>
<tr><th>Inscrições / reforços</th><th>Diminuições / anulações</th><th>Créditos especiais</th></tr>
<tr><td>(1)</td><td>(2)</td><td>(3)</td><td>(4)</td><td>(5)</td><td>(6)</td><td>(7)</td><td>(8)=(4)+(5)-(6)+(7)</td><td>(9)</td></tr>
<tr><td></td><td></td><td></td><td></td><td></td><td></td><td></td><td></td><td></td></tr>
<tr><td>Total</td><td></td><td></td><td></td><td></td><td></td><td></td><td></td><td></td></tr>
</table>

Legenda:
(1) Rubricas: rubricas de despesa normalizadas pelo SNC-AP
(2) Tipo: (P) Alteração permutativa / (M) Alteração modificativa
(3) Descrição da rubrica da despesa
(4) Dotações iniciais: crédito da conta 021 – Dotações iniciais
(5) Inscrições/reforços: saldo credor da conta 02311 – Reforços em dotações corrigidas
(6) Diminuições/anulações: saldo devedor da conta 02321 – Anulações em dotações corrigidas
(7) Créditos especiais: saldo credor da conta 02331 – Créditos especiais em dotações corrigidas
(8) Dotações corrigidas: saldo devedor da conta 022 – Dotações corrigidas ou através da fórmula indicada
(9) Eventuais esclarecimentos ou notas

2.3 Execução orçamental

Durante o ano os organismos vão registando as suas operações, com o respetivo reflexo no orçamento. Segundo a LEO, os princípios implícitos na execução do orçamento da receita e da despesa são os seguintes:

FIGURA 2.14: PRINCÍPIOS GERAIS DA RECEITA E DA DESPESA

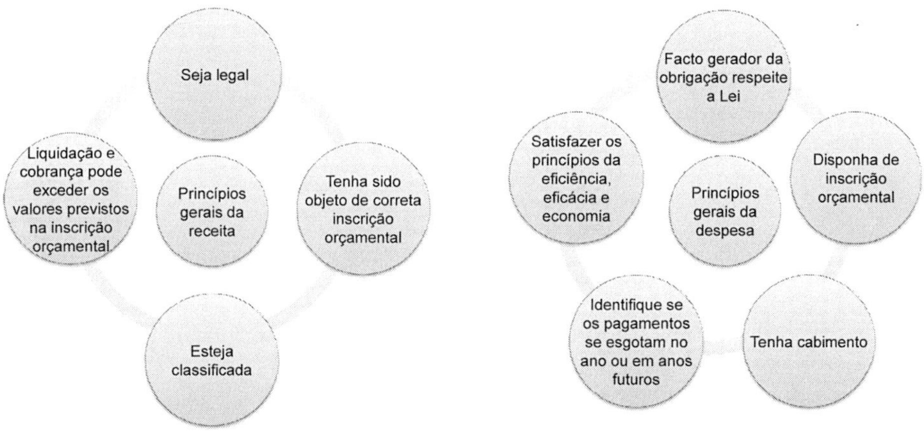

O SNC-AP, na NCP 26, vem estabelecer definir as seguintes fases de execução orçamental para a receita e despesa.

FIGURA 2.15: FASES DA EXECUÇÃO ORÇAMENTAL DA RECEITA

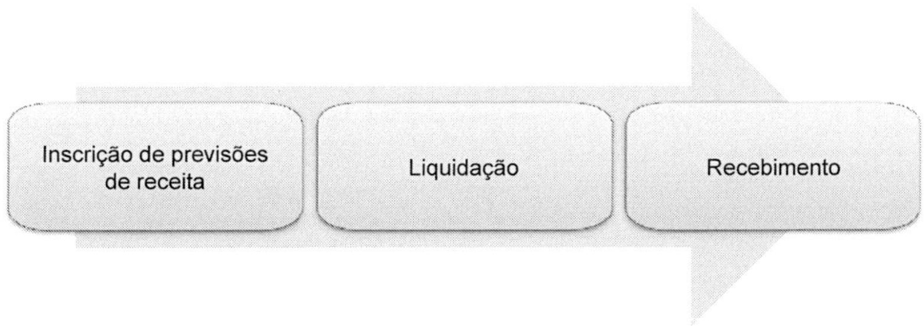

Podem ocorrer situações em que seja necessário corrigir as liquidações (anulações) ou das liquidações e dos recebimentos, no caso de existirem reembolsos e restituições.

A fase da liquidação corresponde ao direito que se constitui em contas a receber do qual se espera influxos de caixa futuros. A fase do recebimento é também muitas vezes indicada como cobrança, que corresponde aos influxos de caixa.

FIGURA 2.16: FASES DA EXECUÇÃO ORÇAMENTAL DA DESPESA

Podem existir reposições abatidas aos pagamentos (também identificadas por RAP's) que corrigem todas as fases da despesa até ao respetivo cabimento.

O **cabimento** corresponde à reserva de dotação disponível para o processo de despesa que se pretende realizar. O seu registo tem suporte num documento interno, pelo montante dos encargos prováveis, e visa assegurar a existência de dotação para a assunção do compromisso, fundamentando a autorização da despesa.

Um **compromisso** é a assunção perante terceiros da responsabilidade por um possível passivo, em contrapartida do fornecimento de bens e serviços ou da satisfação de outras condições, implicando alocação de dotação orçamental, independentemente do pagamento. Os compromissos consideram-se assumidos quando é executada uma ação formal pela entidade, como seja a emissão de ordem de compra, nota de encomenda ou documento equivalente, ou a assinatura de um contrato, acordo ou protocolo (em linha com o estabelecido na LCPA, já anteriormente abordada).

Os compromissos podem assumir 3 classificações, as quais têm impactos na determinação dos fundos disponíveis (conforme a LCPA já anteriormente abordada):

FIGURA 2.17: TIPOS DE COMPROMISSOS

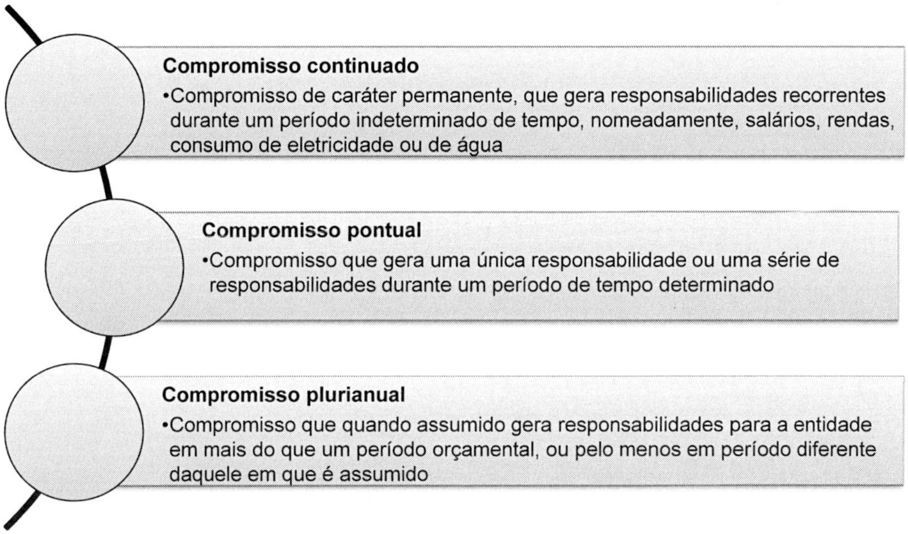

A **Obrigação** orçamental é um compromisso orçamental que se constitui em contas a pagar.

No entanto, o processo normal para a realização da despesa pública apresenta algumas etapas que são meramente administrativas, sem que tenham impactos ao nível dos subsistemas da contabilidade orçamental e financeira.

Assim, um processo para a realização de uma despesa pública passa pelos seguintes atos:

FIGURA 2.18: PROCESSO DA DESPESA PÚBLICA

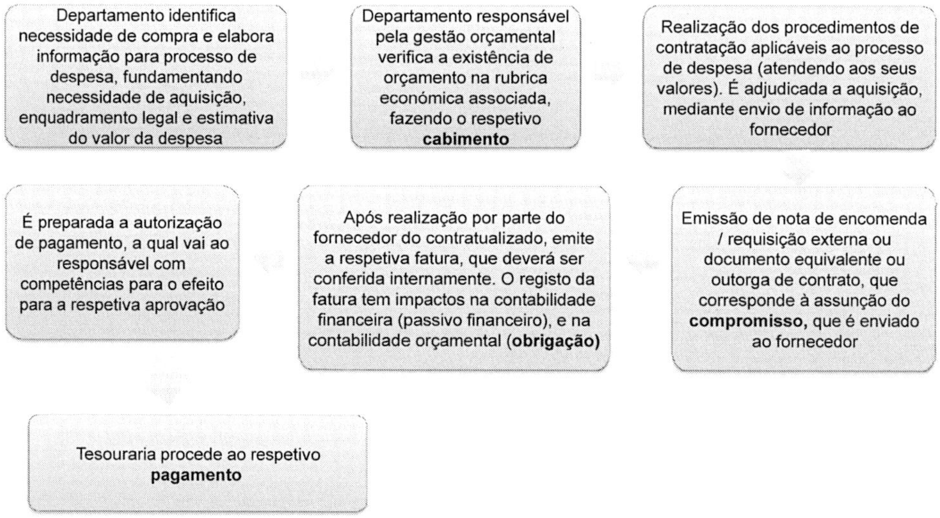

Assim, assinalamos no quadro seguinte quais têm impactos nos subsistemas da contabilidade financeira, na orçamental, em ambos e sem qualquer impacto.

TABELA 2.14: PROCESSO DA DESPESA PÚBLICA

	Impactos			
		Subsistemas contabilísticos		
Etapas	Administrativo	Orçamental	Financeiro	Gestão
Elaboração de documento identificando a necessidade da compra de bens / serviços	4			
Registo do cabimento	4	4		
Processo de contratação (escolha de procedimento de contratação, autorização do procedimento e da despesa, realização da consulta ao mercado, análise de propostas, escolha de fornecedor e preparação de relatório final com proposta de adjudicação)	4			
Envio da Nota de Encomenda / Requisição Externa / Contrato	4	4		
Recebimento da Fatura dos serviços prestados / bens adquiridos e respetiva conferência (visto por responsável) para reconhecimento da obrigação		4	4	4 (se for gasto)
Emissão de autorização de pagamento e respetiva autorização	4			
Pagamento		4	4	

Ainda a referir as regras que a NCP 26 define para a execução da despesa:

FIGURA 2.19: REGRAS DE EXECUÇÃO DA DESPESA PÚBLICA

De seguida iremos abordar cada uma das fases acima identificadas, quer para a receita quer para a despesa, e os respetivos reflexos no subsistema da contabilidade orçamental.

2.3.1. Execução orçamental da receita

As contas da Classe Zero que são utilizadas na escrituração das fases da receita são as seguintes:

FIGURA 2.20: CLASSE ZERO – EXECUÇÃO DA RECEITA

01 Receita do período corrente

.....

- **014 Previsões por liquidar**
- **015 Liquidações**
  - 0151 Liquidações transitadas
  - 0152 Liquidações emitidas
  - 0153 Liquidações recebidas
  - 0154 Liquidações a transitar
- **016 Liquidações anuladas**
  - 0161 Liquidações transitadas anuladas
  - 0162 Liquidações emitidas anuladas
  - 0163 Previsões por liquidar anuladas
- **017 Recebimentos**
  - 0171 Recebimentos do período
  - 0172 Recebimentos por períodos findos
- **018 Reembolsos e restituições**
  - 0181 Reembolsos e restituições emitidos
  - 0182 Reembolsos e restituições pagos
  - 0183 Reembolsos e restituições transitados
  - 0184 Reembolsos e restituições a transitar

03 Receita a receber em períodos futuros

- **031 Orçamento**
  - 0311 Orçamento n+1
  - 0312 Orçamento n+2
  - 0313 Orçamento n+3
  - 0314 Orçamento n+4
  - 0315 Orçamento anos seguintes
- **032 Liquidações**
  - 0321 Liquidações n+1
  - 0322 Liquidações n+2
  - 0323 Liquidações n+3
  - 0324 Liquidações n+4
  - 0325 Liquidações anos seguintes

2.3.1.1. Operações orçamentais

As operações associadas à execução orçamental da receita são as seguintes:

Liquidações transitadas do ano anterior

Ocorrem quando são constituídos direitos a receber em N-1 (emissão de liquidação) e o seu recebimento não ocorre nesse ano, transitando para o ano N. Na abertura do orçamento no novo ano económico é necessário efetuar o seguinte lançamento:

TABELA 2.15: RECEITA – LIQUIDAÇÕES TRANSITADAS DE N-1 PARA N

Descrição	Débito	Crédito
Liquidações transitadas de N-1	0151	014

Estes lançamentos são efetuados por cada rubrica do classificador económico da receita (DL 26/2002).

Exemplo 2.5

Conforme se pode verificar no Balanço apresentado no ponto 18.6 do Capítulo 18, transitam em conta de clientes valores a receber do ano N-1 no valor de 50.000 euros (líquidos de imparidades), sabendo-se que existem mais 4.750 euros de contas a receber que têm imparidade a 100%. Em janeiro de N o movimento no subsistema da contabilidade orçamental a efetuar é o seguinte:

Db / Cr	Conta	Classificador económico	C.O.	Descritivo	Valor
D	0151	07.02.99	R6	Registo das liquidações transitadas	54.750
C	014	07.02.99	R6	Registo das liquidações transitadas	(54.750)

Assim, caso existam saldos em contas a receber (ativos financeiros - contas de clientes) que transitam de N-1 para N, no subsistema da contabilidade orçamental terá que fazer refletir essas liquidações transitadas no orçamento de N para que as mesmas sejam objeto de cobrança.

Liquidações emitidas no próprio ano

Neste caso, reconhecem-se as liquidações que são emitidas no próprio exercício.

TABELA 2.16: RECEITA – LIQUIDAÇÕES EMITIDAS NO PERÍODO (N)

Descrição	Débito	Crédito
Liquidações emitidas no período	0152	014

Estes lançamentos são efetuados por cada rubrica do classificador económico da receita (DL 26/2002).

Liquidações com incidência em anos futuros

No caso de estarmos perante receita que decorra de um contrato plurianual, no subsistema da contabilidade financeira dá origem ao registo em contas a receber pela sua totalidade (ativo financeiro), mas no subsistema da contabilidade orçamental teremos receita a cobrar em anos futuros, reconhecida nas contas 03 – Receitas a receber em períodos futuros.

TABELA 2.17: RECEITA – LIQUIDAÇÕES COM INCIDÊNCIA EM ANOS FUTUROS

Descrição	Débito	Crédito
Liquidação de receita N+1	0321	0311
Liquidação de receita N+2	0322	0312
Liquidação de receita N+3	0323	0313
Liquidação de receita N+4	0324	0314
Liquidação de receita períodos seguintes	0325	0315

Estes lançamentos são efetuados por cada rubrica do classificador económico da receita (DL 26/2002).

A FAQ n.º 3 vem trazer esclarecimentos sobre uma questão associada à emissão de documentos cujas datas previstas de recebimento sejam anos futuros à data de lançamento. Clarifica a FAQ que *"As liquidações com incidência em períodos futuros têm que ter correspondência no ativo da entidade, reconhecido na contabilidade financeira como ativos financeiros (contas a receber), pelo que devem estar enquadradas em contratos (ainda que implícitos) que, podendo ser assumidos no período corrente, preveem direitos a receber e recebimentos em períodos futuros, de acordo com datas de vencimento contratualizadas para exercícios futuros."*

Assim, se uma entidade emite uma nota de liquidação em que existem recebimentos estabelecidos para períodos futuros, dando o exemplo das propinas no ensino superior, esses recebimentos dos períodos futuros terão que ser reconhecidos na contabilidade orçamental nas contas 03 – Receita de períodos futuros. Na contabilidade financeira, uma vez estaremos perante um ativo financeiro, será constituído um ativo (conta a receber) no balanço.

Se no final do ano, as prestações cujo recebimento estava previsto no período e este não ocorreu, terão o tratamento de uma liquidação a transitar, não se configurando como receitas de períodos futuros.

Ainda sobre a execução da receita, a FAQ n.º 20 divulga orientações sobre a recuperabilidade de valores a receber através de acordos de pagamento a prestações. A FAQ esclarece que *"Se o acordo implicar o recebimento a mais de 12 meses, deverá anular em parte as liquidações transitadas, pois já não serão liquidações do ano e deverá registar também receita de períodos futuros, nomeadamente na conta 032, já que deixará de ter apenas um ativo corrente e passará a ter também um ativo não corrente no valor que seja para receber a mais de um ano."*

Anulação de Liquidações emitidas

Pode acontecer que a liquidação seja emitida por um valor excessivo (por lapso ou por posterior devolução de bens / serviços). Duas situações podem ocorrer:

- A liquidação emitida associada ainda não foi cobrada;
- A liquidação emitida associada já foi cobrada.

Na primeira situação, como não houve ainda o recebimento, há apenas que corrigir a liquidação (em parte ou no seu todo) pela respetiva anulação de liquidação. Para proceder e este reconhecimento, há que apurar qual o ano da emissão da liquidação.

Se a **anulação ocorrer no ano em que a liquidação foi emitida**, os lançamentos a efetuar são os seguintes:

TABELA 2.18: RECEITA – ANULAÇÃO DE LIQUIDAÇÕES EMITIDAS NO PERÍODO CORRENTE

Descrição	Débito	Crédito
Anulação da liquidação	0162	0152
Reposição das previsões por liquidar	014	0163

Estes lançamentos são efetuados por cada rubrica do classificador económico da receita (DL 26/2002).

O segundo lançamento consiste na "devolução" de valor para liquidação futura – na conta 014 – Previsões por liquidar.

Se a **anulação ocorrer em ano posterior ao ano em que a liquidação foi emitida**, os lançamentos a efetuar são os seguintes:

TABELA 2.19: RECEITA – ANULAÇÃO DE LIQUIDAÇÕES EMITIDAS EM ANOS ANTERIORES

Descrição	Débito	Crédito
Anulação da liquidação	0161	0151
Reposição das previsões por liquidar	014	0163

Estes lançamentos são efetuados por cada rubrica do classificador económico da receita (DL 26/2002).

Caso a liquidação associada à anulação já tenha sido recebida, então terá que ser efetuada uma restituição, cujos movimentos estão apresentados nas tabelas 2.22, 2.23 e 2.24, abaixo.

As liquidações de receita devem ser reconhecidas quando se constitui o direito nas contas a receber e se venham a obter influxos de caixa futuros. Assim, há um reconhecimento paralelo entre a contabilidade financeira e a contabilidade orçamental.

As anulações de liquidações devem ser reconhecidas quando é emitida a nota de crédito (ou documento equivalente).

Recebimento

Para efeitos de reconhecimento do recebimento (influxo de caixa), tem que se aferir se se trata de cobrança de liquidações emitidas no próprio ano ou em anos anteriores, uma vez que as contas da Classe Zero são diferentes.

Quando estamos perante recebimento de liquidações emitidas em anos anteriores, ou seja, liquidações transitadas, o reconhecimento é efetuado numa conta designada por 0172 – *Recebimento de períodos findos.*

Recebimento de liquidações transitadas

TABELA 2.20: RECEBIMENTO – LIQUIDAÇÕES TRANSITADAS

Descrição	Débito	Crédito
Recebimento de liquidações emitidas em anos anteriores	0172	0153

Estes lançamentos são efetuados por cada rubrica do classificador económico da receita (DL 26/2002).

Se retomarmos o Exemplo 2.5 acima, quando ocorrer a cobrança das liquidações transitadas de N-1, considerando os saldos sem imparidade (existe um saldo de 1.200 euros que se reconheceu imparidade no final do ano N), o registo a efetuar é o seguinte:

Db / Cr	Conta	Classificador económico	C.O.	Descritivo	Valor
D	0172	07.02.99	R6	Pelo recebimento das liquidações transitadas	48.800
C	0153	07.02.99	R6	Pelo recebimento das liquidações transitadas	(48.800)

Sendo que na contabilidade financeira teríamos o seguinte lançamento:

Db / Cr	Conta	Classificador económico	C.O.	Descritivo	Valor
D	1221			Recebimento de clientes de N-1	48.800
C	211			Recebimento de clientes de N-1	(48.800)

Recebimento de liquidações emitidas no período

Quando estamos perante recebimento de liquidações emitidas no período, o reconhecimento é efetuado numa conta designada por *0171 – Recebimento do período.*

TABELA 2.21: RECEBIMENTO – LIQUIDAÇÕES EMITIDAS NO PERÍODO

Descrição	Débito	Crédito
Recebimento de liquidações emitidas no próprio ano	0171	0153

Estes lançamentos são efetuados por cada rubrica do classificador económico da receita (DL 26/2002).

NOTAS:
Como facilitador para a compreensão da movimentação da Classe Zero, a conta 017 – Recebimentos, movimenta-se a débito pelos influxos de caixa, tal como as contas de disponibilidades no subsistema da contabilidade financeira.

O recebimento deve ser reconhecido quando ocorre o influxo de caixa, podendo ser uma entrada em espécie no património da entidade. A FAQ n.º 16, trouxe uma orientação relacionada com o reflexo na execução orçamental da receita associado a um recebimento em espécie, ou seja, ser recebido um bem como dação em pagamento. Atendendo ao estabelecido no conceito de recebimento contemplado na NCP 26, consideram-se influxos de caixa ou entradas em espécie no património da entidade, devendo neste último caso a entidade reconhecer um influxo de caixa pela regularização da dívida e, simultaneamente, um exfluxo de caixa no valor da dívida pela aquisição virtual do bem. Portanto, no caso do bem recebido como dação em pagamento, orçamentalmente deverá registar o recebimento do montante em dívida, como se o tivesse efetivamente arrecadado e também uma despesa, pelo mesmo valor, com a aquisição do bem que foi recebido.

Reembolsos e restituições

Tal como referimos no ponto das anulações de liquidações, quando a anulação ocorre após o recebimento da respetiva liquidação (ou seja, há uma cobrança de receita em excesso pois a fatura já foi paga pelo devedor e posteriormente procede-se à anulação parcial ou total da mesma) então terá de se fazer uma restituição (devolução de fluxos de caixa). O exemplo mais comum é a cobrança de receita em excesso. No caso da Administração Tributária e Aduaneira, pode assumir a designação de reembolso, atendendo à situação em concreto.
Assim, para além dos registos apresentados nas tabelas 2.18 e 2.19, acima, terão que se efetuar os seguintes movimentos contabilísticos:

TABELA 2.22: RESTITUIÇÃO – EMISSÃO DE NOTA DE CRÉDITO

Descrição	Débito	Crédito
Pela emissão da restituição	0153	0181

Estes lançamentos são efetuados por cada rubrica do classificador económico da receita (DL 26/2002).

Para o registo do exfluxo de caixa, é necessário identificar se se trata de uma restituição de receita cobrada no próprio período ou de receita cobrada em períodos anteriores, uma vez que a conta a movimentar a crédito é diferente.

O lançamento a efetuar no caso de a receita ter sido cobrada no período é o seguinte:

TABELA 2.23: RESTITUIÇÃO – EXFLUXO DE CAIXA (RECEITA COBRADA NO PERÍODO)

Descrição	Débito	Crédito
Pelo exfluxo de caixa	0182	0171

Estes lançamentos são efetuados por cada rubrica do classificador económico da receita (DL 26/2002).

Se a receita tiver sido cobrada em períodos anteriores, o reconhecimento a efetuar é o seguinte:

TABELA 2.24: RESTITUIÇÃO – EXFLUXO DE CAIXA (RECEITA COBRADA EM PERÍODOS ANTERIORES)

Descrição	Débito	Crédito
Pelo exfluxo de caixa	0182	0172

Estes lançamentos são efetuados por cada rubrica do classificador económico da receita (DL 26/2002).

Os reembolsos e restituições associadas à receita fiscal devem ser reconhecidos com a emissão da respetiva nota de liquidação (com reembolso) e no caso das restituições pela emissão da nota de crédito.

De referir que a restituição é sempre reconhecida como um abate à receita. O Decreto-Lei n.º 85/2016, de 21 de dezembro, altera o regime dos reembolsos / restituições, referindo que se ocorrerem reembolsos / restituições em anos posteriores à liquidação / cobrança, poderá originar uma receita cobrada negativa no ano em que ocorrer o pagamento do reembolso. O artigo 35.º refere que *"As restituições ou reembolsos serão processados por abate à receita, sendo os respetivos procedimentos definidos por instruções da Direção-Geral do Orçamento"*.

Esta situação está considerada na FAQ n.º 9 a qual refere que *"...os mesmos são sempre tratados por abate à receita e não através da despesa. No caso de pagamento no ano N de reembolsos ou restituições de receita liquidada e cobrada no ano N-1, debitar-se-á a conta 0182 – Reembolsos e restituições pagos pelo pagamento do reembolso ou da restituição, previamente emitidos, por contrapartida da conta 0172 – Recebimentos de períodos findos."*

Pelo acima exposto, podemos então ter uma classificação económica da receita com receita líquida negativa.

2.3.1.2. Relato da execução orçamental de receita

O modelo da demonstração de execução orçamental da receita é o que consta abaixo:

FIGURA 2.21: DEMONSTRAÇÃO DE EXECUÇÃO ORÇAMENTAL DA RECEITA

Rubrica	Previsão corrigida	Receita por cobrar de períodos anteriores	Receitas Liquidadas	Liquidações anuladas	Receita cobrada Bruta	Reembolsos e restituições		Receita cobrada liquida			Receitas por cobrar no final do período
						Emitidos	Pagos	Períodos anteriores	Período corrente	Total	
	'(1)	'(2)	'(3)	'(4)	'(5)	'(6)	'(7)	'(8)	'(9)	'(10) = (5) - (7)	'(11)
Contas classe zero	012	0151 / 0161	0152 / 0162	0161 / 0162	0171/ 0172 / 182	0181	0182	0172	0171		0154
Total											

Foram colocadas as contas da Classe Zero a ter em conta em cada uma das colunas, tendo que se atender à natureza devedora ou credora de cada uma delas.

Assim, por cada uma das colunas:

(1) Saldo da conta 012 – previsões corrigidas

(2) Saldo da conta 0151 – liquidações transitadas + saldo da conta 0161 – liquidações transitadas anuladas

(3) Saldo da conta 052 – liquidações emitidas + saldo da conta 0162 – liquidações emitidas anuladas

(4) Saldo da conta 0161 – liquidações transitadas anuladas + saldo da conta 0162 – liquidações emitidas anuladas

(5) Saldo da conta 0171 – recebimentos do período + saldo da conta 0172 – recebimentos de períodos findos + saldo da conta 0182 – reembolsos e restituições pagas

(6) Saldo da conta 0181 – reembolsos e restituições emitidas

(7) Saldo da conta 0182 – reembolsos e restituições pagos

(8) Saldo da conta 0172 – recebimentos de períodos findos

(9) Saldo da conta 0171 – recebimentos do período

(10) Corresponde à receita cobrada bruto, líquida das reembolsos e restituições pagos

(11) Saldo da conta 0154 – liquidações transitadas

> Uma vez que o saldo que transita da gerência anterior é reconhecido como uma liquidação emitida e recebida na execução orçamental da receita (mediante uma prévia alteração orçamental modificativa, por crédito especial), a FAQ n.º 12 esclarece qual o tratamento posterior na demonstração do desempenho orçamental, uma vez que essa demonstração apresenta o referido saldo como transitado do ano anterior e posteriormente os recebimentos do período (quer de liquidações emitidas no ano quer transitadas de anos anteriores).
>
> Assim, clarifica que *"2O movimento de liquidação e cobrança do saldo de gerência não deve ser refletido na demonstração de desempenho orçamental ao nível dos recebimentos. No layout deste mapa está contemplado um campo próprio para o saldo de gerência anterior. No entanto, o mesmo deve constar na demonstração de execução orçamental da receita, nos termos do modelo definido pela NCP 26."*

2.3.2. Execução orçamental da despesa

As contas da Classe Zero que são utilizadas na escrituração das fases da despesa são as seguintes:

FIGURA 2.22: CLASSE ZERO – EXECUÇÃO DA DESPESA

02 Despesa do período corrente
- .....
- **024 Dotações disponíveis**
- **025 Cabimentos**
  - 0251 Cabimentos registados
  - 0252 Cabimentos com compromisso
- **026 Compromissos**
  - 0261 Compromissos assumidos
  - 0262 Compromissos com obrigação
  - 0263 Compromissos a transitar
- **027 Obrigações**
  - 0271 Obrigações processadas
  - 0272 Obrigações pagas
  - 0273 Obrigações a transitar
- **028 Pagamentos**
  - 0281 Pagamentos do período
  - 0282 Pagamentos de períodos findos
- **029 reposições abatidas nos pagamentos**
  - 0291 RAP emitida
  - 0292 RAP recebida

04 Despesa a pagar em períodos futuros
- **041 Orçamento**
  - 0411 Período n+1
  - 0412 Período n+2
  - 0413 Período n+3
  - 0414 Período n+4
  - 0415 Períodos seguintes
- **042 Compromissos assumidos**
  - 0421 Período n+1
  - 0422 Período n+2
  - 0423 Período n+3
  - 0424 Período n+4
  - 0425 Períodos seguintes
- **043 Compromissos com obrigação**
  - 0431 Período n+1
  - 0432 Período n+2
  - 0433 Período n+3
  - 0434 Período n+4
  - 0435 Períodos seguintes
- **044 Obrigações**
  - 0441 Período n+1
  - 0442 Período n+2
  - 0443 Período n+3
  - 0444 Período n+4
  - 0445 Períodos seguintes

2.3.2.1. Operações orçamentais

As operações associadas à execução orçamental da despesa são as seguintes:

Cabimento

Consiste na reserva de dotação disponível para o respetivo processo de despesa. As contas a movimentar são as seguintes:

TABELA 2.25: CABIMENTO

Descrição	Débito	Crédito
Reserva de dotação disponível para o processo da despesa	024	0251

Estes lançamentos são efetuados por cada rubrica do classificador económico da despesa (DL 26/2002).

Uma vez que a conta 024 - Dotações disponíveis, recebe a crédito o valor do orçamento inicial da receita, e respetivos reforços, com o cabimento a conta é debitada por forma a reduzir o valor do orçamento disponível para realizar despesa.

Compromisso

Tem como suporte uma nota de encomenda / requisição externa / assinatura de contrato, consubstanciando-se numa responsabilidade perante terceiros, mas não num passivo. As contas a movimentar são as seguintes:

TABELA 2.26: COMPROMISSO

Descrição	Débito	Crédito
Assunção de compromisso perante terceiros	0252	0261

Estes lançamentos são efetuados por cada rubrica do classificador económico da despesa (DL 26/2002).

Atendendo a que no momento do compromisso poderá já estar a assumir-se responsabilidades para anos futuros, como é o caso dos contratos plurianuais (p.e. locações financeiras e operacionais). Nesse caso, ter-se-á que fazer o respetivo registo nas contas 04 - Despesa a pagar em períodos futuros / 042 - Compromissos assumidos.

TABELA 2.27: COMPROMISSOS PARA ANOS FUTUROS

Descrição	Débito	Crédito
Registo do compromisso (n+1)	0411	0421
Registo do compromisso (n+2)	0412	0422
Registo do compromisso (n+3)	0413	0423
Registo do compromisso (n+4)	0414	0424
Registo do compromisso (n+5)	0415	0425

Estes lançamentos são efetuados por cada rubrica do classificador económico da despesa (DL 26/2002).

Obrigação

Tem como suporte uma fatura / contrato assinado, consubstanciando-se numa obrigação a pagar, que no subsistema da contabilidade financeira se assume como um passivo (contas a pagar).

TABELA 2.28: OBRIGAÇÃO

Descrição	Débito	Crédito
Obrigação a pagar a terceiros	0262	0271

Estes lançamentos são efetuados por cada rubrica do classificador económico da despesa (DL 26/2002).

Caso se verifique que a obrigação não é paga no período, ela transita para o ano seguinte, existindo para esse efeito a conta 0274 – Obrigações transitadas, cujo reconhecimento está apresentado na tabela 2.38, abaixo.
No entanto, no início do ano, há que fazer refletir essas obrigações transitadas para o novo orçamento, reconhecendo-se o processo do cabimento à obrigação. As contas a movimentar são as seguintes:

TABELA 2.29: OBRIGAÇÕES TRANSITADAS

Descrição	Débito	Crédito
Cabimento das obrigações transitadas de N-1 para N	024	0251
Compromisso das obrigações transitadas de N-1 para N	0252	0261
Obrigações transitadas de N-1 para N	0262	0271

Estes lançamentos são efetuados por cada rubrica do classificador económico da despesa (DL 26/2002).

Exemplo 2.6

Conforme se pode verificar no Balanço apresentado no ponto 18.6 do Capítulo 18, transitam saldos de fornecedores do ano N-1 no valor de 45.000 euros, os quais constituem obrigações e que serão pagos no ano N. Assim, em janeiro de N o movimento no subsistema da contabilidade orçamental a efetuar é o seguinte:

Db / Cr	Conta	Classificador económico	C.O.	Descritivo	Valor
D	024	02.01.21	D2	Pelo cabimento	45.000
C	0251	02.01.21	D2	Pelo cabimento	(45.000)
D	0252	02.01.21	D2	Pelo compromisso	45.000
C	0261	02.01.21	D2	Pelo compromisso	(45.000)
D	0262	02.01.21	D2	Pela obrigação	45.000
C	0271	02.01.21	D2	Pela obrigação	(45.000)

Na contabilidade financeira não existe reflexo contabilístico.

A FAQ n.º 27 clarifica que o momento em que uma fatura deve ser registada como obrigação orçamental (contas a pagar), que *"Nos termos da alínea c) do número 1 do artigo 5.º do Decreto-Lei n.º 62/2013, de 10 de maio, o prazo máximo do processo de aceitação ou verificação (receção e conferência) para determinar a conformidade dos bens ou dos serviços não pode, em regra, exceder 30 dias a contar da data da receção dos mesmos. Assim, com o recebimento e conferência da fatura, dentro do prazo atrás citado, deverá debitar-se a conta 0262 – compromissos com obrigação e creditar-se a conta 0271 – Obrigações processadas. Na contabilidade financeira, a conferência da fatura origina a sua transferência para a conta corrente do fornecedor".*

Se tivermos perante um contrato plurianual (por exemplo, um contrato de locação financeira ou um outro financiamento) que já originou um passivo no subsistema da contabilidade financeira, teremos que proceder ao respetivo reconhecimento das obrigações para anos futuros.

As contas a movimentar são as seguintes:

TABELA 2.30: OBRIGAÇÕES PARA ANOS FUTUROS

Descrição	Débito	Crédito
Registo da obrigação (n+1)	0431	0441
Registo da obrigação (n+2)	0432	0442
Registo da obrigação (n+3)	0433	0443
Registo da obrigação (n+4)	0434	0444
Registo da obrigação (n+5	0435	0445

Estes lançamentos são efetuados por cada rubrica do classificador económico da despesa (DL 26/2002).

A FAQ n.º 10 trouxe esclarecimentos relativos ao âmbito de utilização da conta 04 – Despesa de períodos futuros, na qual clarifica que *"As contas 041 e 042 são movimentadas por todos os compromissos assumidos com incidência em anos futuros. As obrigações em períodos futuros, ou seja, contas a pagar reconhecidas no período corrente no subsistema de contabilidade financeira, mas com efeitos de tesouraria futuros, ao nível da contabilidade orçamental, são registadas nas contas 043-Compromissos com obrigação e 044-Obrigações, sendo que previamente terá que ser reconhecido nas contas 041-Orçamento e 042-Compromissos assumidos, os valores dos compromissos respetivos".*

Conclui-se que para se reconhecer uma obrigação de anos futuros a entidade deverá reconhecer em primeiro lugar compromissos de períodos futuros (débito da conta 041 por contrapartida da 042) e de seguida as obrigações de períodos futuros (débito da 043 por contrapartida da conta 044).

Ainda sobre esta temática, e associada a uma questão relacionada com o reconhecimento de faturas cuja data de vencimento é já de anos futuros, a FAQ n.º 3 veio clarificar que quando uma entidade recebe uma fatura ou documento equivalente no final do ano N, com data de emissão desse momento (final do ano N) mas com data de vencimento no ano N+1, deve lançar a despesa no momento da sua receção (com data de lançamento coincidente com a data de emissão), tratando-se, assim, de uma dívida a terceiros assumida no ano N e escriturada nesse ano, não se consubstanciando numa dívida assumida em "N+1". No final do ano integrará o saldo da conta 0273 Obrigações a transitar.

Portanto, clarifica que *"a fatura de dezembro, emitida por terceiros nos termos legais, é compromisso e obrigação do ano, que segundo a data de vencimento poderá ser paga no ano seguinte. As obrigações de períodos futuros exigem que seja reconhecida a totalidade do passivo na contabilidade financeira, para que o subsistema da contabilidade orçamental proporcione o escalonamento plurianual dos pagamentos. No momento do reconhecimento, o total do passivo no subsistema da contabilidade financeira deve ser igual ao total das obrigações (do período acrescido de períodos futuros) no subsistema da contabilidade orçamental, caso, por exemplo, de empréstimos contraídos, locações financeiras, acordos de pagamento e operações análogas. Em suma, dir-se-á que a conta 027-Obrigações apresentará apenas as obrigações de curto prazo. As obrigações de médio e longo prazo deverão estar refletidas na conta 044-Despesa de períodos futuros--Obrigações".*

Pagamento

A última fase do processo da despesa é o pagamento, ou seja, o exfluxo de caixa. Este movimento é para ser efetuado em simultâneo com o subsistema da contabilidade financeira.

No entanto, para efeitos de execução orçamental da despesa, releva ser um pagamento referente a obrigações do período corrente ou transitadas de anos anteriores. Assim, se se tratar de pagamento de obrigação gerada no período corrente, as contas da Classe Zero a movimentar são as seguintes:

TABELA 2.31: PAGAMENTOS DO PERÍODO

Descrição	Débito	Crédito
Pagamentos do período	0272	0281

Estes lançamentos são efetuados por cada rubrica do classificador económico da despesa (DL 26/2002).

Se for pagamento de obrigações transitadas de anos anteriores, o movimento é o seguinte:

TABELA 2.32: PAGAMENTOS DE PERÍODOS FINDOS

Descrição	Débito	Crédito
Pagamentos de anos findos	0272	0282

Estes lançamentos são efetuados por cada rubrica do classificador económico da despesa (DL 26/2002).

Se voltarmos ao Exemplo 2.6, acima, quando se efetuar o pagamento das obrigações que transitava do ano anterior, no valor de 45.000 euros, o registo a efetuar será o seguinte:

Db / Cr	Conta	Classificador económico	C.O.	Descritivo	Valor
D	0272	02.01.21	D2	Pelo pagamento das obrigações transitadas	45.000
C	0282	02.01.21	D2	Pelo pagamento das obrigações transitadas	(45.000)

Na contabilidade financeira, o registo será o seguinte:

Db / Cr	Conta	Classificador económico	C.O.	Descritivo	Valor
D	221			Pagamento a fornecedores	45.000
C	1221			Pagamento a fornecedores	(45.000)

Nas situações em que ocorram **pagamentos efetuados em excesso** ou de **forma indevida** pelos organismos públicos a um terceiro, seja ele de natureza pública ou privada, ter-se-á que desenvolver um pedido de "**Reposição**" da verba.

Para tal, dever-se-á emitir uma nota de débito, para que de seguida ocorra o respetivo influxo de caixa. Nesta conformidade, duas situações podem ocorrer, mediante o influxo de caixa ocorra ou não no ano em que o pagamento indevido foi efetuado:

FIGURA 2.23: REPOSIÇÕES

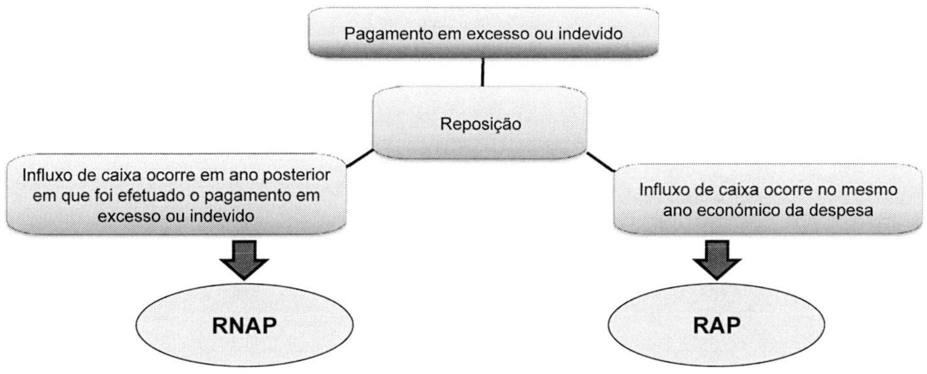

Assim, se o influxo de caixa ocorrer no mesmo período em que ocorreu o exfluxo (pagamento), estamos perante uma Reposição Abatida aos Pagamentos (RAP), sendo a sua contabilização como uma correção à despesa paga.

Se a devolução do respetivo valor for num período contabilístico posterior àquele em que foi efetuado o pagamento (indevido ou em excesso) por parte da entidade pública, estamos perante uma Reposição não abatida aos pagamentos" (RNAP), cuja contabilização é efetuada como uma receita do período, uma vez que já não é possível corrigir o pagamento associado.

De ressalvar que no subsistema da contabilidade orçamental o reconhecimento do documento de suporte a esta reposição apenas ocorrer quando existe o influxo de caixa, sendo, contudo, reconhecido no subsistema da contabilidade financeira assim que emitido.

Ou seja, aquando da emissão da nota de débito (ou recebimento de uma nota de crédito), no subsistema da contabilidade financeira é reconhecido um direito sobre o terceiro. Contudo, no subsistema da contabilidade orçamental, tal registo ocorre apenas quando se der o influxo de caixa, pois só nesse momento se conseguirá classificar a reposição como RAP ou RNAP.

Reposição abatida aos pagamentos (RAP)

Neste caso, ter-se-á que reconhecer a nota de débito e posteriormente regularizar a obrigação, o compromisso e o cabimento uma vez que é "reposto" valor da despesa, devolvendo verba à conta 024 – Dotações disponíveis para nova despesa orçamental.

TABELA 2.33: REPOSIÇÕES ABATIDAS AOS PAGAMENTOS

Descrição	Débito	Crédito
Registo da emissão da nota de debito da reposição (também pode ocorrer ser o fornecedor a emitir uma nota de crédito)	0291	0272
Pelo registo do recebimento	0281 / 0282	0292
Redução da obrigação processada	0271	0262
Redução do compromisso assumido	0261	0252
Redução do cabimento	0251	024

Estes lançamentos são efetuados por cada rubrica do classificador económico da despesa (DL 26/2002).

Reposição não abatida aos pagamentos (RNAP)

Reconhece-se como uma liquidação de receita do período.

TABELA 2.34: REPOSIÇÕES NÃO ABATIDAS AOS PAGAMENTOS

Descrição	Débito	Crédito
Liquidação do período	0152	014

Classificador económico das RNAP (DL 26/2002).

A FAQ n.º 32 trouxe algumas orientações sobre questões que foram colocadas pelos organismos, esclarecendo que o reconhecimento de notas de crédito relativas a faturas pagas no ano anterior, a Comissão esclarece que *"As notas de crédito relativas a faturas pagas que transitem para o ano seguinte, consistem em reposições não abatidas aos pagamentos (RNAP), uma vez que ocorreram pagamentos indevidos ou excessivos em N-1 e a cobrança da respetiva reposição teve lugar apenas em N, ou seja, em período contabilístico posterior ao do pagamento que pretende corrigir. Assim, nos termos da NCP 26, o respetivo influxo será considerado como receita cobrada."*

Mais esclarece que caso se verifique uma compensação desta nota de crédito numa outra fatura do fornecedor, *"...no momento do pagamento dessa fatura deve reconhecer-se, simultaneamente, um recebimento pelo valor da RNAP e um pagamento pelo valor bruto da fatura, ocorrendo um exfluxo de caixa pela diferença."*

Por forma a exemplificar esta situação, vejamos o exemplo em que no ano N-1 foi paga uma fatura relativa à aquisição de bens, no valor de 1.000 euros. Posteriormente ao pagamento, verificou-se que parte dos bens não estavam em condições, tendo-se devolvido ao fornecedor os bens e este emitiu uma nota de crédito. Caso o fornecedor regularizasse a nota de crédito ainda em N, reconheceríamos uma RAP, sendo a mesma reconhecida no subsistema da contabilidade financeira e orçamental.
Se o fornecedor não procedesse à regularização da nota de crédito em N mas sim em N+1, então no subsistema da contabilidade orçamental, no ano N não seria reconhecido qualquer movimento e em N+1 reconhecer-se-ia uma RNAP. No subsistema da contabilidade financeira esta nota de crédito, mesmo que recebida em N+1, teria que ser refletida nos registos contabilísticos.

Cativos / descativos

Como forma de controlar as dotações disponíveis para executar despesa, têm surgido recorrentemente cativações em determinadas rubricas da despesa. A NCP 26 define cativos como *o montante da dotação orçamental indisponível para a realização de processos de despesa.*

Desta forma, o reconhecimento de cativos não afeta o valor das dotações corrigidas (resultante do orçamento inicial e das alterações orçamentais), mas sim das dotações disponíveis para a realização da despesa. A sua descativação carece de autorização do Ministro das Finanças.

Os registos contabilísticos implícitos a esta operação são os seguintes:

TABELA 2.35: DESPESA: CATIVOS / DESCATIVOS

Descrição	Débito	Crédito
Cativação	024	02341
Descativação	02342	024

Estes lançamentos são efetuados por cada rubrica do classificador económico da despesa (DL 26/2002).

Exemplo 2.7

A Lei do Orçamento de Estado aprovado para o exercício estabelece uma cativação de 12,5% das dotações iniciais na rubrica de 02.02.14 – Estudos, pareceres, projetos e consultoria.

Db / Cr	Conta	Classificador económico	C.O.	Descritivo	Valor
D	024	02.02.14	D2	Cativação de 12,5%	625
C	02341	02.02.14	D2	Cativação de 12,5%	(625)

Não se considerou para efeitos de cativos o reforço que esta rubrica orçamental sofreu com a integração do saldo de gerência, uma vez que refere ser sobre o valor das dotações iniciais. Contudo, poderia ter que se apurar a cativação sobre as dotações corrigidas, caso existissem orientações por parte do Ministério das Finanças para se proceder dessa forma.

Na eventualidade de ser solicitada autorização ao Ministério das Finanças para descativação de verbas e a mesma seja aprovada, far-se-ia o lançamento identificado na tabela 2.35, acima.

2.3.2.2. Relato da execução orçamental da despesa

O modelo da demonstração de execução orçamental da despesa é o que consta abaixo:

FIGURA 2.24: DEMONSTRAÇÃO DE EXECUÇÃO ORÇAMENTAL DA DESPESA

Rubrica	Descrição	Despesa por pagar de períodos anteriores (1)	Dotações corrigidas (2)	Cativos / Descativos (3)	Compromissos (4)	Obrigações (5)	Despesas pagas liquidas de reposições			Compromissos a transitar (9) = (4) - (5)	Obrigações por pagar (10) = (5) - (8)
							Período anterior (6)	Período corrente (7)	Total (8) = (6) + (7)		
	Classe zero	0273	022	02341 / 02342	0261	0271	0282	0281		0263	0273

Foram colocadas as contas da Classe Zero a ter em conta em cada uma das colunas, tendo que se atender à natureza devedora ou credora de cada uma delas.

Assim, por cada uma das colunas:

(1) Saldo da conta 0273 - obrigações a transitar
(2) Saldo da conta 022 - dotações corrigidas
(3) Cativos - saldo da conta 02341 - Cativos // Descativos - saldo da conta 02342 - descativos
(4) Saldo da conta 0261 - compromissos assumidos
(5) Saldo da conta 0271 - obrigações processadas
(6) Saldo da conta 0282 - pagamentos de anos findos
(7) Saldo da conta 0281 - pagamentos do período
(8) Despesa paga total (0281 + 0282)
(9) Saldo resultante do valor dos compromissos (coluna 4) reduzido das obrigações (coluna 5)
(10) Saldo resultante das obrigações (coluna 5) deduzido do valor pago (coluna 8)

2.3.3. Operações de tesouraria (extraorçamentais)

Tal como está estabelecido na NCP 26, as operações de tesouraria são as que geram influxos ou exfluxos de caixa (movimentam a tesouraria) mas não representam operações de execução orçamental. Exemplos mais comuns são as cauções (dadas e recebidas), as garantias, as cobranças de receitas por conta de outrem.

2.3.3.1. Operações do período

As operações mais frequentes são as seguintes:

Recebimentos por operações de tesouraria

As contas a movimentar são as seguintes:

TABELA 2.36: RECEBIMENTOS POR OPERAÇÕES DE TESOURARIA

Descrição	Débito	Crédito
Constituição / reforço cauções e garantias / cobrança por conta de outrem	017X	0791

Estes lançamentos são efetuados na rubrica do classificador económico das OT's (DL 26/2002).

Pagamento por operações de tesouraria

As contas a movimentar são as seguintes:

TABELA 2.37: PAGAMENTOS POR OPERAÇÕES DE TESOURARIA

Descrição	Débito	Crédito
Devolução de cauções e garantias / entrega de receita cobrada por conta de outrem / ...	0792	072X

Estes lançamentos são efetuados na rubrica do classificador económico das OT's (DL 26/2002).

Sobre este tema, a FAQ n.º 29 vem trazer esclarecimentos aplicáveis numa situação que ocorre com alguma frequência, a qual consiste em organismos que cobram receita por conta de outros, ou que cobram receitas em que uma parte é do organismo (receitas próprias) e outra parte é para devolver a uma outra entidade. Esclarece que "*...na contabilização orçamental e financeira do documento de receita que deva ser repartida por diversos destinatários deve ter em linha de conta o prescrito nas NCP 26 Contabilidade e Relato Orçamental para a contabilização orçamental e NCP 13 Rendimentos de Transações com contraprestação (§11) e NCP 14 Rendimentos de Transações sem contraprestação (§10) para a contabilização financeira.*"[7]

Em termos de tratamento na contabilidade orçamental, as receitas cobradas para entregar a outras entidades são classificadas como operações de tesouraria, pois geram influxos de caixa (movimentam a tesouraria) mas não representam operações de execução orçamental da receita. As receitas cobradas do próprio organismo são consideradas receitas próprias, cujo tratamento se consubstancia numa liquidação de receita.

Assim, esclarece que "*...na contabilização orçamental do documento de receita dever-se-ão utilizar contas de liquidações emitidas (conta 0152 por contrapartida da 014) apenas na componente orçamental própria (a receita que seja da própria entidade), e aquando do recebimento, simultaneamente a respetiva conta de recebimentos (conta 017 pela 0153) pela parte orçamental própria e a conta de operações de tesouraria apropriada (conta 071 pela 0791) pela componente a repartir.*

[7] Matérias que serão abordadas nos capítulos seguintes deste manual.

2.3.3.2. Relato das operações de tesouraria

De acordo com a NCP 26, no Anexo às demonstrações orçamentais deverá figurar o mapa com a informação sobre os recebimentos e os pagamentos de operações de tesouraria ocorridas no período, apurando-se o montante que transita para N+1, e que faz parte do saldo de gerência.

FIGURA 2.25: OPERAÇÕES DE TESOURARIA

Código das contas	Designação	Saldo inicial	Recebimentos	Pagamentos	Saldo Final
	Total				

2.3.4. O encerramento do ano e a abertura do ano seguinte

De acordo com a NCP 26, para efeitos do encerramento do subsistema da contabilidade orçamental, uma entidade deverá obedecer à seguinte sequencia de procedimentos:

FIGURA 2.26: PROCEDIMENTOS DE ENCERRAMENTO CONTABILIDADE ORÇAMENTAL

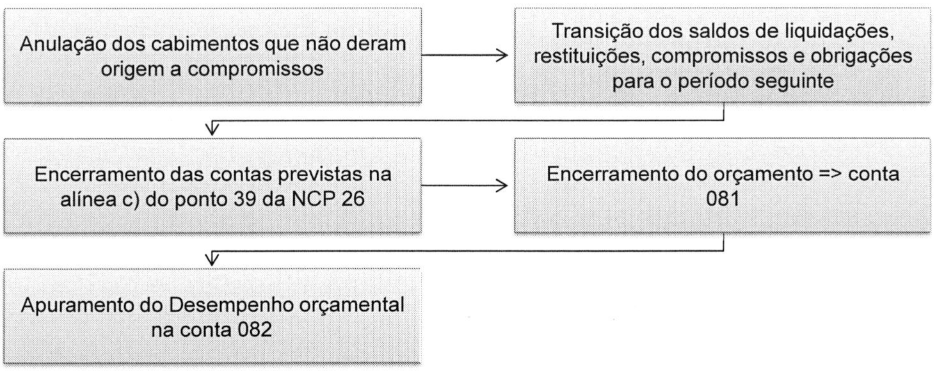

Anulação de cabimentos que não deram origem a compromissos

As contas a movimentar são as seguintes:

TABELA 2.38: ANULAÇÃO DE CABIMENTOS

Descrição	Débito	Crédito
Anulação de cabimentos que não deram origem a compromissos	0251	024

Estes lançamentos são efetuados por cada rubrica do classificador económico da despesa (DL 26/2002).

Compromissos não convertidos em obrigações => compromisso a transitar

As contas a movimentar são as seguintes:

TABELA 2.39: COMPROMISSOS A TRANSITAR

Descrição	Débito	Crédito
Compromissos a transitar	0261	0263

Estes lançamentos são efetuados por cada rubrica do classificador económico da despesa (DL 26/2002).

No âmbito da abertura do orçamento do ano seguinte, dará origem a novos cabimentos e compromissos.

Obrigações não pagas => obrigações a transitar

As contas a movimentar são as seguintes:

TABELA 2.40: OBRIGAÇÕES A TRANSITAR

Descrição	Débito	Crédito
Obrigações a transitar	0271	0273

Estes lançamentos são efetuados por cada rubrica do classificador económico da despesa (DL 26/2002).

No âmbito da abertura do orçamento do ano seguinte, dará origem a novos cabimentos, compromissos e obrigações.

Exemplo 2.8

Conforme se pode verificar no Balanço apresentado no ponto 18.6 do Capítulo 18, transitam saldos de fornecedores de investimento para o ano N+1 no valor de 145.400 euros (125.400 do exemplo 3.1 e 20.000 do exemplo 3.2), os quais serão pagos no ano N+1. Assim, em dezembro de N o movimento no subsistema da contabilidade orçamental a efetuar é o seguinte:

Db / Cr	Conta	Classificador económico	C.O.	Descritivo	Valor
D	0271	07.01.09	D7	Pelas obrigações a transitar	125.400
C	0273	07.01.09	D7	Pelas obrigações a transitar	(125.400)
D	0271	07.01.09	D7	Pelas obrigações a transitar	20.000
C	0273	07.01.09	D7	Pelas obrigações a transitar	(20.000)

Liquidações não recebidas

Caso existam liquidações, quer emitidas em anos anteriores, quer emitidas no ano, e não cobradas, as contas a movimentar são as seguintes:

TABELA 2.41: LIQUIDAÇÕES A TRANSITAR

Descrição	Débito	Crédito
Liquidações não recebidas de períodos anteriores	0154	0151
Liquidações não recebidas do período	0154	0152

Estes lançamentos são efetuados por cada rubrica do classificador económico da despesa (DL 26/2002).

No âmbito da abertura do orçamento do ano seguinte, dará origem ao reconhecimento de liquidações transitadas.

Exemplo 2.9

No final do ano N ficará por cobrar um saldo de clientes no valor de 1.200 euros, embora com imparidade a 100% (e por isso não apresentar saldo no balanço – ver capítulo 18), sendo necessário efetuar o seguinte movimento na contabilidade orçamental:

Db / Cr	Conta	Classificador económico	C.O.	Descritivo	Valor
D	0154	07.02.99	R6	Pelo reconhecimento das liquidações a transitar	1.200
C	0151	07.02.99	R6	Pelo reconhecimento das liquidações a transitar	(1.200)

Restituições emitidas e não pagas

As contas a movimentar são as seguintes:

TABELA 2.42: RESTITUIÇÕES A TRANSITAR

Descrição	Débito	Crédito
Reembolsos e restituições emitidos e não pagos	0181	0184

Estes lançamentos são efetuados por cada rubrica do classificador económico da despesa (DL 26/2002).

No ano seguinte, no âmbito da abertura da contabilidade orçamental, a conta "0183 Reembolsos e restituições transitados" é movimentada a crédito por contrapartida da conta "0153 Liquidações recebidas". O pagamento da restituição executar-se-á da forma prevista na NCP 26.

Sobre esta matéria a FAQ n.º 33 trouxe alguns esclarecimentos relacionados com a forma de tratamento na contabilidade orçamental, no âmbito do encerramento da Classe Zero, dos reembolsos e restituições que tenham sido emitidos por um montante superior ao pago.

A FAQ esclarece que "*.... o montante de reembolsos e restituições emitidos, que à data de relato, não tenha sido objeto de pagamento, deve dar origem, no processo de encerramento da contabilidade orçamental, ao crédito da conta "0184 Reembolsos e restituições a transitar" por contrapartida da conta "0181 Reembolsos e restituições emitidos". Depois deste lançamento executado, o qual será integrado na alínea b) do número 39 da NCP 26, a conta "0181 Reembolsos e restituições emitidos" e a conta "0182 Reembolsos e restituições pagos" terão saldos iguais, sendo possível saldar uma por contrapartida da outra, em cumprimento da alínea c) do número 39 da NCP 26. No ano seguinte, no âmbito da abertura da contabilidade orçamental, a conta "0183 Reembolsos e restituições transitados" é movimentada a crédito por contrapartida da conta "0153 Liquidações recebidas". O pagamento da restituição executar-se-á da forma prevista na NCP 26.*"

Saldo de Operações de Tesouraria

Relacionado com o processo de encerramento das operações de tesouraria, a FAQ n.º 6 esclarece a questão relacionada com os saldos da conta 07 – Operações de Tesouraria. Assim, esclarece que "*O saldo das operações de tesouraria é apurado na "Demonstração de desempenho orçamental". No final do ano debita-se a 072-Pagamentos por operações de tesouraria por contrapartida da 071-Recebimentos por operações de tesouraria e o saldo da 071-Recebimentos por operações de tesouraria corresponderá ao valor do saldo das operações de tesouraria. Este saldo constituirá o saldo de abertura das operações de tesouraria do ano seguinte*".

Encerramento conforme alínea c) do ponto 39 da NCP 26

As contas a movimentar são as seguintes:

TABELA 2.43: ENCERRAMENTO ENTRE CONTAS

Descrição	Débito	Crédito
Contas que se saldem entre si		
Receita		
• Reforços	01312	01311
• Anulações	01321	01322
• Créditos Especiais	01332	01331
• Liquidações – períodos findos	0153	0151
• Liquidações – período corrente	0153	0152
• Liquidações anuladas – períodos findos	0163	0161
• Liquidações anuladas – período corrente	0163	0162
• Reembolsos e Restituições	0181	0182
Despesa		
• Reforços	02311	02312
• Anulações	02322	02321
• Créditos Especiais	02331	02332
• Dotações Retidas (não descativadas)	02341	024
• Dotações retidas (descativadas)	02341	02342
• Cabimentos	0251	0252
• Compromissos	0261	0262
• Obrigações	0271	0272
• RAP's	0292	0291

Estes lançamentos são efetuados por cada rubrica do classificador económico da despesa (DL 26/2002).

Quanto às contas 03 – Receita a receber em períodos futuros e 04 – Despesa a pagar em períodos futuros são saldadas através de lançamento inverso ao efetuado.

Na abertura do ano seguinte, as quantias reconhecidas em N+1 darão origem a lançamentos nas respetivas contas da execução orçamental (receita e despesa), e as verbas de N+2, N+3, ..., são antecipadas 1 período.

Encerramento conforme alínea d) do ponto 39 da NCP 26

De seguida, apura-se o valor na 081 – Encerramento do exercício, saldando-se as contas 012 – Previsões corrigidas, 014 – Previsões por liquidar, 022 – Dotações corrigidas e 024 – Dotações disponíveis.

O saldo desta conta caduca com o ano.

As contas a movimentar são as seguintes:

TABELA 2.44: APURAMENTO 081 – ENCERRAMENTO DO ORÇAMENTO

Descrição	Débito	Crédito
Receitas		
Saldar conta de Previsões corrigidas	012	081
Saldar conta de Previsões por liquidar	081	014
Despesas		
Saldar conta de dotações corrigidas	081	022
Saldar conta de dotações disponíveis	024	081

Estes lançamentos são efetuados por cada rubrica do classificador económico da receita e da despesa (DL 26/2002).

No âmbito do processo de encerramento, a FAQ n.º 5 trouxe esclarecimentos relativos ao tratamento do saldo da conta 081 – Encerramento do Orçamento. A CNC veio esclarecer que a conta 081-Encerramento do orçamento é movimentada por contrapartida das contas 012 Previsões corrigidas, 014 Previsões por liquidar, 022 Dotações corrigidas e 024 Dotações disponíveis, as quais ficarão saldadas. O saldo que é apurado na conta 081 Encerramento do orçamento caduca com o ano, uma vez que o orçamento é anual, não transitando, desta forma, para o período contabilístico seguinte os saldos de dotações orçamentais, pelo que o saldo da conta 081 Encerramento do orçamento também não deverá transitar.

De seguida, faz-se o apuramento do desempenho orçamental do período (conta 0821 – Desempenho orçamental do período), que terá que apresentar saldo nulo ou devedor (excedente orçamental), através dos saldos das contas 017 – Recebimentos e 028 – Pagamentos.

TABELA 2.45: APURAMENTO 0821 – DESEMPENHO ORÇAMENTAL DO EXERCÍCIO

Descrição	Débito	Crédito
Recebimentos		
Saldar conta de Recebimentos do Período	0821	0171
Saldar conta de Recebimento de períodos findos	0821	0172
Pagamentos		
Saldar conta de Pagamentos do período	0281	0821
Saldar conta de Pagamentos de períodos findos	0282	0821

Estes lançamentos são efetuados por cada rubrica do classificador económico da receita e da despesa (DL 26/2002).

CAPÍTULO 3

—

ATIVOS FIXOS TANGÍVEIS

Os ativos fixos tangíveis são apresentados no balanço como ativos não correntes. Correspondem a ativos caracterizados por terem substância física, que são detidos para uso na produção ou fornecimento de bens ou serviços, para aluguer a terceiros, ou para fins administrativos, e relativamente aos quais se espera que sejam usados durante mais de um período de relato.

A principal norma do SNC-AP de referência para este tipo de ativos é a NCP 5 — Ativos Fixos Tangíveis, a qual é aplicável a todos os ativos desta natureza, quer de domínio público, quer de domínio privado, incluindo:

- Equipamento militar;
- Infraestruturas;
- Bens do património histórico; e
- Ativos relacionados com contratos de concessão.

No entanto, outras normas são também referência para este tipo de ativos, nomeadamente:

- NCP 4 — Acordos de Concessão de Serviços: Concedente, que refere os princípios de mensuração e reconhecimento inicial dos ativos fixos tangíveis incluídos em contratos de concessão;
- NCP 6 — Locações, que determina quais os ativos relacionados com contratos de locação que devem ser contabilizados no balanço de uma entidade;
- NCP 7 - Custos de Empréstimos Obtidos, que define quais os ativos que são elegíveis para a capitalização de juros do financiamento incorrido por uma entidade para a aquisição do ativo;
- NCP 9 — Imparidade de Ativos, que estabelece os princípios para determinar se um ativo poderá estar em imparidade, como é que essa imparidade é calculada e reconhecida;
- NCP 15 - Provisões, Passivos Contingentes e Ativos Contingentes, que determina como devem ser apuradas as provisões, especificamente no que respeita aquelas relacionadas com ativos fixos tangíveis e que acrescem ao valor de custo destes;
- NCP 16 - Efeitos de Alterações em Taxas de Câmbio, que orienta a forma de apuramento das diferenças cambiais no caso de ativos fixos tangíveis adquiridos em moeda diferente da moeda funcional da entidade.

Neste capítulo iremos analisar em mais detalhe:

- O reconhecimento inicial de um ativo fixo tangível;
- A mensuração subsequente destes ativos;

- Como devem ser capitalizados os custos de financiamento;
- Quais as especificidades relacionadas com ativos fixos tangíveis adquiridos por recurso a locações financeiras.

3.1. Reconhecimento inicial

Um ativo fixo tangível só deve ser reconhecido se, e apenas se:

- For provável que fluirão para a entidade benefícios económicos futuros ou potencial de serviço associados ao bem; e
- O custo ou o justo valor do bem puder ser mensurado com fiabilidade.

No reconhecimento inicial de um ativo fixo tangível, existem certos custos que são elegíveis para capitalização e outros que devem ser reconhecidos como custo quando incorridos. Subsequentemente, uma entidade pode incorrer em custos adicionais que devem igualmente ser incluídos no custo de aquisição.
Assim, o custo de aquisição de um ativo fixo tangível pode incluir custos incorridos inicialmente com a aquisição do ativo, e custos incorridos subsequentemente, conforme analisado de seguida.

> No que respeita ao reconhecimento inicial de um ativo fixo tangível na data de transição para o SNC-AP, a FAQ n.º 25, aprovada pelo CNCP em 27 de dezembro de 2017, refere que na data de transição para o SNC-AP, as entidades públicas podem reverter depreciações acumuladas de bens que se encontrem totalmente depreciados, e que estejam em funcionamento, por contrapartida da conta 564 Ajustamentos de transição para o SNC-AP.
>
> Tal é permitido nas seguintes condições:
>
> - A revisão da vida útil deve ser baseada nos critérios previstos no parágrafo 51 da NCP 5, isto é:
>   - A utilização esperada do ativo, que é avaliada por referência à capacidade ou à produção física esperadas para esse ativo;
>   - O desgaste físico esperado;
>   - A obsolescência técnica e comercial resultante de alterações ou melhoramentos na produção, ou de alterações na procura do mercado para os produtos ou serviços produzidos pelo ativo;
>   - Os limites de natureza legal ou outra sobre o uso do ativo;
> - A vida útil adicional em circunstância alguma pode exceder quer a vida útil inicial do bem prevista no CIBE, quer a prevista no Classificador Complementar 2;
> - A reversão das depreciações acumuladas não pode exceder 50% da quantia escriturada bruta inicial do bem;
> - A obrigatoriedade das fichas de cadastro serem ajustadas com base na nova vida útil.

3.1.1. Componentes do custo inicial de aquisição

O custo inicial de um ativo fixo tangível inclui:

- O seu preço de compra, incluindo os direitos de importação e os impostos de compra não reembolsáveis, após dedução dos descontos e abatimentos;
- Quaisquer custos diretamente atribuíveis para colocar o ativo na localização e condição necessárias para o mesmo ser capaz de funcionar da forma pretendida;
- A estimativa inicial dos custos de desmantelamento e remoção do item e de restauro do local onde o mesmo está localizado, em cuja obrigação uma entidade incorre quando o item é adquirido ou como consequência de ter usado o item durante um determinado período para finalidades diferentes da produção de inventários durante esse período.

Chama-se a atenção para o seguinte esclarecimento por parte da Comissão de Normalização Contabilística.

> No que respeita aos impostos de compra não reembolsáveis, a FAQ n.º 15 esclarece que apesar de os impostos não dedutíveis integrarem o custo de um bem do ativo fixo tangível, esta opção não pode ser transposta para o reconhecimento das despesas por natureza na contabilidade orçamental, devendo neste caso seguir o disposto na Circular, Série A, n.º 1345, da Direção-Geral do Orçamento.

A figura abaixo exemplifica custos iniciais que devem ser reconhecidos, e os que não devem ser reconhecidos, no custo de aquisição de um bem.

FIGURA 3.1: CUSTO INICIAL DE AQUISIÇÃO DE UM ATIVO FIXO TANGÍVEL

Custo inicial de um ativo fixo tangível

Inclui:

- Custos de benefícios dos empregados
- Custos de preparação do local
- Custos de entrega e manuseamento iniciais
- Custos de instalação e montagem
- Custos para testar o funcionamento adequado
- Honorários profissionais

Não inclui:

- Custos de abertura de novas instalações
- Custos de introdução de um novo produto ou serviço
- Custos de condução do negócio numa nova localização ou com uma nova classe de clientes
- Custos de administração e outros custos gerais

Exemplo 3.1

A Admin_Central comprou em Janeiro do ano N uma máquina de apoio à sua atividade operacional, tendo verificado todos os formalismos legais necessários à realização da despesa. Os custos relacionados com a aquisição foram os seguintes:

a) Valor de compra da máquina: 125.000 euros
b) Comissão para a um intermediário: 100 euros
c) Transporte do equipamento: 150 euros
d) Custo relativo às horas incorridas por um empregado para montar a máquina: 500 euros
e) Honorários pagos a um técnico especializado para afinação da máquina: 150 euros
f) Estudo realizado por uma entidade externa para escolha da melhor máquina (relação preço / qualidade): 200 euros
g) Estudo interno de viabilidade económica da máquina (horas do gestor financeiro): 100 euros
h) Custos de formação do pessoal que irá usar a máquina: 900 euros

A vida útil estimada da máquina são 10 anos (valor residual nulo).
Esta máquina foi instalada num espaço público, pelo que daqui a 5 anos, quando a mesma for retirada do espaço, será necessário limpar o local. O custo estimado do valor a pagar pelo desmantelamento e limpeza é de 1.500 euros.

Determinação do valor de compra:

As rubricas mencionadas nas alíneas f), g) e h) não são custos diretamente relacionados com a compra. Como tal, não são incluídos no valor de compra.
O custo relativo à alínea d), por não ter sido adquirido a uma entidade externa (este gasto está incluído no processamento salarial cujo tratamento contabilístico está descrito no Exemplo 15.1 no Capítulo 15), não dá origem a um passivo mas sim a um rendimento (trabalhos para a própria entidade).
O custo relacionado com a alínea g) não dá lugar a qualquer movimento contabilístico, já que o custo com o funcionário já está reconhecido. O Custo relacionado com a alínea f) e h), porque foram pagos a entidades externas, e devem ser registadas como gastos do período N (tendo sido pagos a pronto).
Valor de compra = 125.000 (a) + 100 (b) + 150 (c) + 500 (d) + 150 (e) = 125.900 euros

A este valor, acresce a provisão para desmantelamento e limpeza no montante de 1.175 euros (ver o cálculo deste valor no Exemplo 3.3 abaixo).

No subsistema financeiro, os movimentos contabilísticos a efetuar no ano N são os seguintes:

Db / Cr	Conta	Classificador económico	C.O.	Descritivo	Valor
D	4339			Aquisição de uma máquina - preço de compra	125.900
C	27112			Aquisição de uma máquina - preço de compra	(125.400)
C	741			Reconhecimento dos trabalhos para a própria entidade	(500)
D	4339			Reconhecimento inicial da provisão para desmantelamento	1.175
C	298			Reconhecimento inicial da provisão para desmantelamento	(1.175)
D	632208			Reconhecimento dos custos com formação	900
C	1221			Pagamento dos custos com formação	(900)
D	6911			Reconhecimento do efeito temporal sobre a provisão (ano N)	59
C	298			Reconhecimento do efeito temporal sobre a provisão (ano N)	(59)
D	62211			Reconhecimento dos custos com estudo externo	200
C	1221			Reconhecimento dos custos com estudo externo	(200)

No subsistema orçamental, os movimentos contabilísticos a efetuar são os seguintes:

Db / Cr	Conta	Classificador económico	C.O.	Descritivo	Valor
D	024	07.01.09	D7	Cabimento - aquisição de uma máquina - preço de compra	125.400
C	0251	07.01.09	D7	Cabimento - aquisição de uma máquina - preço de compra	(125.400)
D	0252	07.01.09	D7	Compromisso - aquisição de uma máquina - preço de compra	125.400
C	0261	07.01.09	D7	Compromisso - aquisição de uma máquina - preço de compra	(125.400)
D	0262	07.01.09	D7	Obrigação - aquisição de uma máquina - preço de compra	125.400
C	0271	07.01.09	D7	Obrigação - aquisição de uma máquina - preço de compra	(125.400)
D	024	02.02.14	D2	Cabimento - estudo entidade externa	200
C	0251	02.02.14	D2	Cabimento - estudo entidade externa	(200)
D	0252	02.02.14	D2	Compromisso - estudo entidade externa	200
C	0261	02.02.14	D2	Compromisso - estudo entidade externa	(200)
D	0262	02.02.14	D2	Obrigação - estudo entidade externa	200
C	0271	02.02.14	D2	Obrigação - estudo entidade externa	(200)
D	0272	02.02.14	D2	Pagamento - estudo entidade externa	200
C	0281	02.02.14	D2	Pagamento - estudo entidade externa	(200)
D	024	02.02.15	D2	Cabimento - formação do pessoal por entidade externa	900
C	0251	02.02.15	D2	Cabimento - formação do pessoal por entidade externa	(900)
D	0252	02.02.15	D2	Compromisso - formação do pessoal por entidade externa	900
C	0261	02.02.15	D2	Compromisso - formação do pessoal por entidade externa	(900)
D	0262	02.02.15	D2	Obrigação - formação do pessoal por entidade externa	900
C	0271	02.02.15	D2	Obrigação - formação do pessoal por entidade externa	(900)
D	0272	02.02.15	D2	Pagamento - formação do pessoal por entidade externa	900
C	0281	02.02.15	D2	Pagamento - formação do pessoal por entidade externa	(900)

Em termos do subsistema da contabilidade orçamental, as operações consideradas nas alíneas d) e g) tiveram o respetivo reconhecimento aquando do processamento salarial.

O valor associado à provisão reconhecida na contabilidade financeira relativa aos custos de desmantelamento, não tem reflexo em contas de execução da despesa na contabilidade orçamental. Contudo, estão criadas contas específicas para fazer refletir os passivos contingentes, que nos termos da NCP 26 são para fazer refletir operações que pela sua natureza são suscetíveis de gerarem responsabilidades para a entidade (ver Figura 2.4).

3.1.2. Custos subsequentes (substituição de partes do ativo | peças sobressalentes)

Conforme referido no ponto 3.1, o custo de aquisição de um ativo fixo tangível pode incluir igualmente custos incorridos subsequentemente à aquisição.
A figura abaixo exemplifica custos incorridos subsequentemente à aquisição do bem, discriminando os que devem ser reconhecidos como custo de aquisição e os que devem ser reconhecidos como gastos do período.

FIGURA 3.2: CUSTOS INCORRIDOS SUBSEQUENTEMENTE À AQUISIÇÃO DE UM ATIVO FIXO TANGÍVEL

Custo subsequente de um ativo fixo tangível

Inclui:

- Peças sobressalentes consideradas críticas para o funcionamento do ativo, que se esperam que sejam usadas por mais do que um ano
- Equipamentos de substituição, que se esperam que sejam usadas por mais do que um ano
- Peças sobressalentes e equipamentos que só podem ser usados em conexão com o ativo fixo tangível

Não inclui:

- Outras peças sobressalentes
- Equipamentos de serviço
- Custos com operações que ocorrem em ligação com a construção ou desenvolvimento de um item do ativo fixo tangível mas que não são necessárias para colocar esse item na localização e condição necessárias para que funcione da forma pretendida (estas operações podem ocorrer antes ou durante as atividades de construção ou desenvolvimento)
- Rendimentos obtidos através do uso de um local de construção até a construção ter início, não são consideradas operações inerentes para colocar um item na localização e condição necessárias para que funcione da forma pretendida, pelo que o rendimento e os respetivos gastos destas operações são reconhecidos nos resultados

Exemplo 3.2

Conforme referido no Exemplo 3.1, a Admin_Central comprou em Janeiro do ano N uma máquina de apoio à sua atividade operacional. Por uma situação infortuna, uma das peças essenciais ao seu funcionamento teve de ser substituída em junho. A Admin_Central efetuou uma reclamação junto da companhia seguradora, a qual ainda não se pronunciou sobre se irá ou não cobrir esta perda.
Após várias consultas ao mercado, a peça foi adquirida ao mesmo fornecedor por 20.000 euros (que corresponde ao valor da peça que sofreu o infortuno).
Entre janeiro e junho a peça antiga foi depreciada durante 6 meses, pelo que atualmente tem associado um valor líquido contabilístico de 19.000 euros, conforme detalhe abaixo (sendo a vida útil de 10 anos, tal corresponde a 120 meses de vida útil total).

Valor contabilístico líquido em junho = [20.000 – (20.000 x 6 meses / 120 meses)] = 19.000 euros

Esta peça não é uma componente que deva ser reconhecida separadamente da máquina porque é parte integrante dela e como tal tem a mesma vida útil da máquina. No entanto, com a entrada em funcionamento da nova peça, é necessário reconhecer a nova peça e desreconhecer a antiga.

No subsistema financeiro, os movimentos contabilísticos a efetuar no ano N são os seguintes:

Db / Cr	Conta	Classificador económico	C.O.	Descritivo	Valor
D	6873			Abate do valor contabilístico da peça antiga	19.000
C	4339			Abate do valor contabilístico da peça antiga - valor de custo	(20.000)
D	4383			Abate do valor contabilístico da peça antiga - amortização acumulada	1.000
D	4339			Reconhecimento do custo de aquisição da nova peça	20.000
C	27112			Reconhecimento do custo de aquisição da nova peça	(20.000)

No subsistema orçamental, os movimentos contabilísticos a efetuar são os seguintes:

Db / Cr	Conta	Classificador económico	C.O.	Descritivo	Valor
D	024	07.01.09	D7	Cabimento - aquisição de peça para máquina	20.000
C	0251	07.01.09	D7	Cabimento - aquisição de peça para máquina	(20.000)
D	0252	07.01.09	D7	Compromisso - aquisição de peça para máquina	20.000
C	0261	07.01.09	D7	Compromisso - aquisição de peça para máquina	(20.000)
D	0262	07.01.09	D7	Obrigação - aquisição de peça para máquina	20.000
C	0271	07.01.09	D7	Obrigação - aquisição de peça para máquina	(20.000)

A nova peça passa a ser subsequentemente amortizada pelos 9 anos e meio de vida útil remanescente da máquina.

O reembolso que se espera que a companhia de seguros venha a efetuar, não pode ainda ser reconhecido como um ativo já que o mesmo ainda não cumpre a definição de ativo, isto é, a entidade ainda não o controla. Só no momento em que a companhia de seguros se pronunciar favoravelmente, poderá ser reconhecido ativo e o respetivo rendimento (este rendimento não deve ser deduzido ao custo reconhecido com o abate). Desta forma, também na contabilidade orçamental não é de efetuar qualquer registo.

3.1.3. Custos de desmantelamento

A compra de um ativo fixo tangível pode ter associada uma obrigação de desmantelamento. Estes custos de desmantelamento podem ser custos de remover o bem e/ou custos de restaurar o local em que o bem está localizado.

Estes custos devem ser acrescidos ao custo de aquisição do ativo conforme previsto na NCP 15 — Provisões, Passivos Contingentes e Ativos Contingentes. De acordo com esta norma, os custos de desmantelamento devem ser mensurados pelo seu valor atual e têm como contrapartida o reconhecimento de uma provisão para desmantelamento.

Exemplo 3.3

O Exemplo 3.1 acima inclui o exemplo de um custo de desmantelamento. O valor do custo de desmantelamento é apurado como segue:

a) Valor a pagar daqui a 5 anos: 1.500 euros

b) Taxa de desconto: 5% (exemplificativa)

c) Valor atual = $[1.500 / (1 + 5\%)^5]$ = 1.175 euros

O valor que deve ser acrescido ao valor da provisão lançada no passivo em cada ano, por contrapartida de resultados financeiros de cada período, está evidenciado na tabela abaixo:

	Provisão no início (1)	Efeito temporal (2) = (1) x 5%	Provisão no final (1) + (2)
Efeito temporal ano N	**1.175**	**59**	**1.234**
Efeito temporal ano N+1	1.234	62	1.296
Efeito temporal ano N+2	1.296	65	1.361
Efeito temporal ano N+3	1.361	68	1.429
Efeito temporal ano N+4	1.429	71	1.500

Os movimentos no Subsistema da contabilidade financeira estão apresentados no Exemplo 3.1.

No subsistema orçamental, este acontecimento não tem qualquer impacto.

3.1.4. Diferimento do pagamento

Quando o pagamento do passivo que surge na sequência da compra de um ativo fixo tangível é diferido no tempo, quer esse passivo quer o ativo correspondente são reconhecidos pelo seu valor atual.

Exemplo 3.4

A Admin_Central comprou em janeiro do ano N um equipamento administrativo cujo pagamento foi diferido para dezembro de N+2 no âmbito de uma campanha especial. O respetivo valor de compra foram 87.000 euros e a vida útil estimada é de 7 anos. O valor atual do equipamento é determinado como segue:

a) Valor a pagar daqui a 3 anos: 87.000 euros

b) Taxa de desconto: 5% (exemplificativa)

c) Valor presente = $[87.000 / (1 + 5\%)^3]$ = 75.154 euros

No momento inicial, o ativo e o passivo são reconhecidos ao mesmo valor, isto é, 75.154 euros. O valor do ativo não é subsequentemente afetado pelo efeito temporal do dinheiro. Já o passivo sim, vai sendo ajustado anualmente pelo efeito temporal do dinheiro, como segue:

	Valor inicial do passivo (1)	Efeito temporal (2) = (1) x 5%	Valor final do passivo (1) + (2)
Efeito temporal ano N	75.154	**3.758**	78.912
Efeito temporal ano N+1	78.912	3.946	82.857
Efeito temporal ano N+2	82.857	4.143	87.000

No subsistema financeiro, os movimentos contabilísticos a efetuar no ano N são os seguintes:

Db / Cr	Conta	Classificador económico	C.O.	Descritivo	Valor
D	4353			Aquisição de um equipamento - valor atual	75.154
C	2711			Aquisição de um equipamento - valor atual	(75.154)
D	6911			Reconhecimento do efeito temporal sobre o passivo (ano N)	3.758
C	2711			Reconhecimento do efeito temporal sobre o passivo (ano N)	(3.758)

No subsistema orçamental, há que reconhecer compromissos e obrigações para anos futuros já que no ano N não haverão exfluxos de caixa. Os movimentos contabilísticos a efetuar são os seguintes:

Db / Cr	Conta	Classificador económico	C.O.	Descritivo	Valor
D	0412	07.01.09	D7	Compromisso - anos futuros	87.000
C	0422	07.01.09	D7	Compromisso - anos futuros	(87.000)
D	0432	07.01.09	D7	Obrigação - anos futuros	87.000
C	0442	07.01.09	D7	Obrigação - anos futuros	(87.000)

Tal como já referido, na contabilidade orçamental o reconhecimento é efetuado pelo valor nominal não descontado.

3.1.5. Troca de ativos

Quando ocorre a troca de um ativo fixo tangível (ativo não monetário) por outro, o custo do ativo fixo tangível adquirido deve ser o seu justo valor, exceto:

- Se a transação com contraprestação não tiver substância comercial;

  Uma transação tem substância comercial se:

  - A configuração (risco, momento e quantia) dos fluxos de caixa do ativo recebido diferir da configuração do ativo transferido

    ou

  - O valor específico das operações afetadas pela transação alterar em consequência da troca

    e

  - A diferença entre os dois valores acima for significativa relativamente ao justo valor dos ativos trocados

  Quando a transação não tem substância comercial, o custo do ativo adquirido deve ser igual à quantia escriturada do ativo cedido

- Se o justo valor do ativo recebido e o justo valor do ativo cedido não possam ser mensurados com fiabilidade;

  Nesta situação, o custo do ativo adquirido deve ser igual à quantia escriturada do ativo cedido

- Se ambos puderem ser fiavelmente mensurados e o justo valor do ativo adquirido não for claramente mais evidente.

  Nesta situação, o custo do ativo adquirido deve ser igual ao justo valor do ativo cedido

Exemplo 3.5

Em março do ano N a Admin_Central chegou a um acordo com outra entidade pública, e efetuou uma troca de uma fotocopiadora por outra que lhe permite efetuar copias a cores. A fotocopiadora cedida apresentava, na data da troca, um valor contabilístico líquido de 1.500 euros (valor bruto 3.500 euros; depreciação acumulada de 2.000 euros). O valor de mercado da fotocopiadora que recebeu é de 1.800 euros. Após avaliação da transação quanto à sua substância comercial, conclui-se que a transação em causa não tem substância comercial. Consequentemente, a fotocopiadora recebida deverá ser reconhecida pelo valor contabilístico da fotocopiadora cedida, isto é, por 1.500 euros, tendo sido atribuída uma vida útil remanescente de 2 anos.

No subsistema financeiro, os movimentos contabilísticos a efetuar no ano N são os seguintes:

Db / Cr	Conta	Classificador económico	C.O.	Descritivo	Valor
D	4352			Registo da fotocopiadora recebida	1.500
C	4352			Abate do valor contabilístico da fotocopiadora cedida - valor de custo	(3.500)
D	4385			Abate do valor contabilístico da fotocopiadora cedida - amortização acumulada	2.000

No subsistema orçamental, este acontecimento não tem qualquer impacto.

3.1.6. Custo de aquisição numa transação sem contraprestação

Quando um bem é adquirido numa transação sem contraprestação, o custo de aquisição deve ser determinado como segue:

- Caso se trate de um imóvel – o custo corresponde ao valor patrimonial tributário (VPT);
- No caso de outros ativos tangíveis – custo corresponde ao custo do valor recebido ou, na falta deste, ao respetivo valor de mercado.

Exemplo 3.6

A Admin_Central recebeu em abril do ano N, por doação, dois computadores avaliados em 3.500 euros. Trata-se de uma transação sem contraprestação em que o bem doado deve ser avaliado ao justo valor.

No subsistema financeiro, os movimentos contabilísticos a efetuar no ano N são os seguintes:

Db / Cr	Conta	Classificador económico	C.O.	Descritivo	Valor
D	4351			Reconhecimento dos dois computadores	3.500
C	5942			Reconhecimento do rédito numa transação sem contraprestação	(3.500)

No subsistema orçamental, este acontecimento não tem qualquer impacto.

No que respeita ao reconhecimento de um ativo fixo tangível numa transferência sem contraprestação, a FAQ n.º 30 esclarece que se uma transferência for a título temporário, quer a entidade cedente, quer a entidade recetora deverão utilizar a conta 597 para o desreconhecimento e reconhecimento dos ativos em causa, respetivamente.

Já se for uma transferência a título permanente a conta a utilizar por parte da entidade recetora será a 594 e da parte da entidade cedente deverá ser utilizada a conta 68822.

Tratando-se de duas entidades do grupo público (Administrações Públicas) e, como tal, sujeitas ao previsto na NCP 22, nos termos da alínea c) do parágrafo 23 será necessário eliminar as transações intragrupo. Assim sendo, tomando em consideração que a NCP 5 impõe restrições à revalorização de ativos e que a NCP 22 pressupõe a eliminação das transações intragrupo, considera-se que nas transações sem contraprestação entre entidades do grupo público a entidade cedente deverá desreconhecer os ativos pelas quantias escrituradas na sua contabilidade e a entidade recetora deverá reconhecê-los pelas quantias escrituradas (líquidas) que constavam na contabilidade da entidade cedente, evitando assim quer a possibilidade deste mecanismo ser utilizado para contornar as restrições à revalorização de ativos, quer os custos associados à eliminação das operações intra grupo para elaboração das contas consolidadas.

Caso a entidade cedente não tenha contabilidade financeira então a entidade recetora deverá reconhecer os ativos pelo VPT, no caso dos imóveis, ou pelo justo valor à data de aquisição, para os restantes ativos.

3.2. Mensuração subsequente

Na mensuração subsequente dos ativos fixos tangíveis, é possível optar pelo modelo do custo ou pelo modelo da revalorização.
Cada classe de ativos deve ser mensurada subsequentemente usando o mesmo modelo.

3.2.1. Modelo do custo

De acordo com o modelo do custo, os ativos fixos tangíveis são subsequentemente mensurados líquidos das depreciações acumuladas e, caso aplicável, líquidos de qualquer perda de imparidade acumulada.

3.2.2. Modelo da revalorização

O modelo da revalorização só pode ser aplicado em determinadas situações:

- Os critérios e parâmetros serão definidos em dispositivo legal adequado;
- O valor do ativo por este critério será o seu valor revalorizado menos a depreciação subsequente acumulada;
- Toda a classe de ativos deve ser revalorizada.

A forma de contabilização de uma revalorização é a seguinte:

- Movimenta-se a conta de reservas de revalorização se o valor do bem aumenta, exceto se reverter uma redução anterior da reserva de revalorização (nesta situação movimenta-se resultados);
- Movimenta-se uma conta de resultados se o valor do bem diminui, exceto se reverter uma revalorização anteriormente reconhecida (nesta situação movimenta-se a reserva de revalorização).

Exemplo 3.7

O Governo autorizou uma revalorização dos edifícios, mediante dispositivo legal adequado. Assim, Admin_Central procedeu no ano N à revalorização de todos os seus edifícios.

Um dos edifícios detidos pela Admin_Central está situado em Almada. Este edifício foi adquirido há 11 anos pela quantia de 1.650.000 euros. Foi-lhe atribuída uma vida útil de 50 anos e 25% do valor de aquisição foi atribuído ao terreno, ou seja, 412.500 euros, pelo que a quantia depreciável do edifício apurada na altura da compra foi de 1.237.500 euros.

Este edifício já tem 11 anos de depreciações acumuladas, pelo que o seu valor contabilístico no final do ano N é de 965.250 euros = [1.237.500 - (1.237.500 / 50 x 11)].

Os dados da revalorização foram os seguintes:

a) Justo valor determinado a 31 de dezembro: 1.930.000 euros (dos quais, 25% é justo valor do terreno)
b) Valor da reserva de revalorização atribuída ao terreno = [1.930.000 x 25% - 1.650.000 x 25%] = 70.000 euros
c) Valor da reserva de revalorização atribuída ao edifício = [1.930.000 x 75% - 965.250] = 482.500 euros

A depreciação futura passará a ser a seguinte:

a) Nova quantia depreciável do edifício: [1.930.000 x 75%] = 1.447.500 euros
b) Vida útil remanescente: [50 - 11] = 39 anos
c) Depreciação anual: [1.447.500 - (1.447.500 / 39)] = 37.115 euros (antes da revalorização a depreciação anual era de 24.750 euros = [1.237.500 - (1.237.500 / 50)]

De acordo com a NCP 5, no caso de uma revalorização de terrenos e edifícios, o valor da depreciação acumulada deve ser eliminado contra a quantia escriturada bruta do ativo, sendo a quantia líquida reexpressa para a quantia revalorizada do ativo. Assim, o valor da depreciação acumulada de 272.250 (1.237.500 / 50 x 11) é anulado por contrapartida do valor bruto do edifício.

No subsistema financeiro, os movimentos contabilísticos a efetuar no ano N são os seguintes:

Db / Cr	Conta	Classificador económico	C.O.	Descritivo	Valor
D	4382			Anulação da depreciação acumulada contra o valor bruto do edifício	272.250
C	4323			Anulação da depreciação acumulada contra o valor bruto do edifício	(272.250)
D	4313			Acréscimo ao valor do terreno	70.000
D	4323			Acréscimo ao valor do edifício	482.250
C	5811			Reserva de revalorização do ano N	(552.250)

No subsistema orçamental, este acontecimento não tem qualquer impacto.

3.3 Depreciações

Cada componente de um ativo fixo tangível que tenha um custo de aquisição significativo em relação ao custo total do bem deve ser depreciada separadamente.
A depreciação irá incidir sobre a quantia depreciável do ativo e deverá ser imputada sistematicamente ao longo da vida útil do ativo.

TABELA 3.1: QUANTIA DEPRECIÁVEL E VIDA ÚTIL DE UM ATIVO FIXO TANGÍVEL

Quantia depreciável	Vida útil
• A quantia depreciável de um ativo é calculada após a dedução do seu valor residual • SNC-AP preconiza que o valor residual de um ativo fixo tangível é geralmente insignificante e, por isso, imaterial no cálculo da quantia depreciável	A vida útil é determinada tendo em conta: • Utilização esperada do ativo, que é avaliada por referência à capacidade ou à produção física esperada • Desgaste físico esperado (número de turnos, programa de reparações e manutenções e o cuidado e manutenção do ativo) • Obsolescência técnica e comercial • Limites de natureza legal ou outra sobre o uso do ativo

A depreciação deve ser iniciada logo que o bem fique disponível para uso (isto é, quando estiver no local e nas condições necessárias para ser capaz de operar da forma pretendida pelo órgão de gestão), independentemente de a entidade o colocar ou não em uso.
O método deve refletir o padrão pelo qual se espera que os benefícios económicos futuros ou potencial de serviço sejam consumidos pela entidade. Existe três métodos possíveis:

- Método das quotas constantes;
- Método das quotas degressivas;
- Método das unidades de produção.

O SNC-AP preconiza que o método mais adequado às Administrações Públicas é o método das quotas constantes.

Exemplo ***3.8***

Com base nos Exemplos 3.1 a 3.7 apresentados neste capítulo, iremos efetuar o registo contabilístico das depreciações inerentes em cada um dos exemplos.
No Exemplo 3.1, e tendo em conta os factos dos Exemplos 3.2 e 3.3, o valor da depreciação a reconhecer foi determinado como segue:

a) Valor de aquisição = [125.900 + 1.175] = 127.075 euros
b) Depreciação até junho do ano N = [127.075 x 6 meses / 120 meses] = 6.354 euros
c) Em junho, com substituição de peça: desreconhecer depreciação acumulada da peça a junho = 1.000 euros
d) Depreciação julho a dezembro do ano N = (1) [(127.075 - 20.000) x 6 meses / 120 meses] = 5.354 euros + (2) [20.000 x 6 meses / 114 meses] = 1.053 euros
e) 114 meses é a vida útil remanescente desde junho do ano N

Assim o total da depreciação exercício do ano N = 6.354 + 5.354 + 1.053 = <u>12.760 euros</u>
No Exemplo 3.4 o valor da depreciação a reconhecer foi determinado como segue:

a) Valor de aquisição: 75.154 euros
b) Depreciação = [75.154 x 12 meses / 84 meses) = <u>10.736 euros</u>

No Exemplo 3.5 o valor da depreciação a reconhecer foi determinado como segue:

a) Valor de aquisição: 1.500 euros
b) Depreciação = [1.500 x 10 meses / 24 meses) = <u>625 euros</u>
c) São apenas considerados 10 meses de depreciação porque o bem entrou na entidade em março

No Exemplo 3.6 o valor da depreciação a reconhecer foi determinado como segue:

a) Valor de aquisição: 3.500 euros
b) Depreciação = [3.500 x 9 meses / 24 meses) = <u>1.313 euros</u>
c) São apenas considerados 9 meses de depreciação porque o bem entrou na entidade em abril

No Exemplo 3.7, e assumindo que a reavaliação ocorreu no final do mês de dezembro pelo que a novo valor depreciável é considerado a partir de janeiro de N+1, o valor da depreciação a reconhecer foi determinado como segue:

a) Valor de aquisição do edifício: 1.237.000 euros
b) Depreciação = [1.237.000 x 12 meses / 600 meses) = 24.750 euros
c) Nova depreciação anual a partir de janeiro de N+1 = [1.447.500 x 12 meses / 468 meses) = 37.115 euros
d) 468 meses é a vida útil remanescente desde janeiro do ano N+1

No subsistema financeiro, os movimentos contabilísticos a efetuar no ano N são os seguintes (o eventual efeito dos impostos diferidos foi ignorado neste exemplo assumindo-se que a entidade está isenta de IRC):

Db / Cr	Conta	Classificador económico	C.O.	Descritivo	Valor
D	6423			Depreciação do exercício da máquina	12.760
C	4383			Depreciação do exercício da máquina	(12.760)
D	6425			Depreciação do exercício do equipamento	10.736
C	4385			Depreciação do exercício do equipamento	(10.736)
D	6425			Depreciação do exercício da fotocopiadora	625
C	4385			Depreciação do exercício da fotocopiadora	(625)
D	6425			Depreciação do exercício dos computadores	1.313
C	4385			Depreciação do exercício dos computadores	(1.313)
D	6422			Depreciação do edifício	24.750
C	4382			Depreciação do edifício	(24.750)

No subsistema orçamental, este acontecimento não tem qualquer impacto.

3.4. Imparidades

3.4.1. Determinação da perda por imparidade

A determinação de uma perda por imparidade varia se o ativo em causa é um ativo gerador de caixa ou não.

TABELA 3.2: ATIVOS GERADORES E NÃO GERADORES DE CAIXA

Ativo não gerador de caixa	Ativo gerador de caixa
Está em imparidade quando a quantia escriturada do ativo excede a quantia recuperável do serviço que presta	Está em imparidade quando a quantia escriturada do ativo excede a sua quantia recuperável
A imparidade reflete uma diminuição na utilidade desse ativo para a entidade que o controla	A imparidade reflete uma diminuição nos benefícios económicos futuros ou no potencial de serviço incorporado nesse ativo para a entidade que o controla

Ativo <u>não</u> gerador de caixa	Ativo gerador de caixa
Exemplo: Uma entidade tem um armazém construído para fins militares que deixou de usar. Dada a natureza especializada das instalações e da sua localização não é provável que esse ativo possa ser locado ou vendido. Assim, a entidade não é capaz de gerar fluxos de caixa com esse ativo e este é visto como estando em imparidade	Exemplo: Uma entidade municipal tem um parque de estacionamento que atualmente está utilizado em apenas 25% da sua capacidade. O parque é detido para fins comerciais e o órgão de gestão estima que gera uma taxa económica de retorno quando a utilização atinge 75%. Assim, a redução na utilização não é acompanhada por um aumento significativo nas cobranças do parque e o ativo é visto como estando em imparidade

Se existirem indícios de imparidade a entidade deve testar o ativo quanto à imparidade; caso contrário o teste de imparidade não é obrigatório.

Há, no entanto, uma exceção para um ativo intangível ainda não disponível para uso. A capacidade de um ativo intangível gerar benefícios económicos futuros ou potencial de serviço suficientes para recuperar a sua quantia escriturada está geralmente sujeita a maior incerteza antes do ativo estar disponível para uso do que depois. Assim, deve ser efetuado um teste de imparidade pelo menos anualmente.

Ativos não geradores de caixa

Um ativo não gerador de caixa está em imparidade quando a sua quantia escriturada excede a quantia recuperável do serviço que presta.

A figura abaixo evidencia como é determinada a quantia recuperável do serviço prestado por um ativo não gerador de caixa.

FIGURA 3.3: MENSURAÇÃO DA QUANTIA RECUPERÁVEL DO SERVIÇO

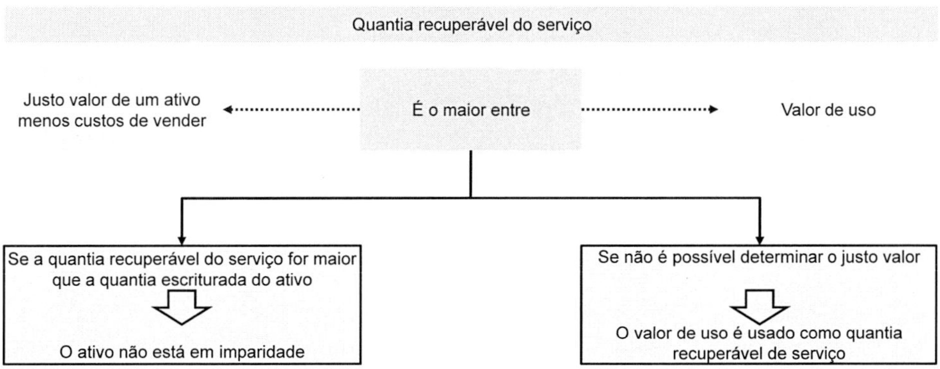

Sendo a quantia recuperável do serviço prestado determinada pelo maior valor entre o justo valor menos os custos de vender e o valor de uso importa saber como são determinados estes valores.
A figura abaixo evidencia qual a melhor evidência do justo valor menos os custos de vender.

FIGURA 3.4: MELHOR EVIDÊNCIA DO JUSTO VALOR MENOS OS CUSTOS DE VENDER

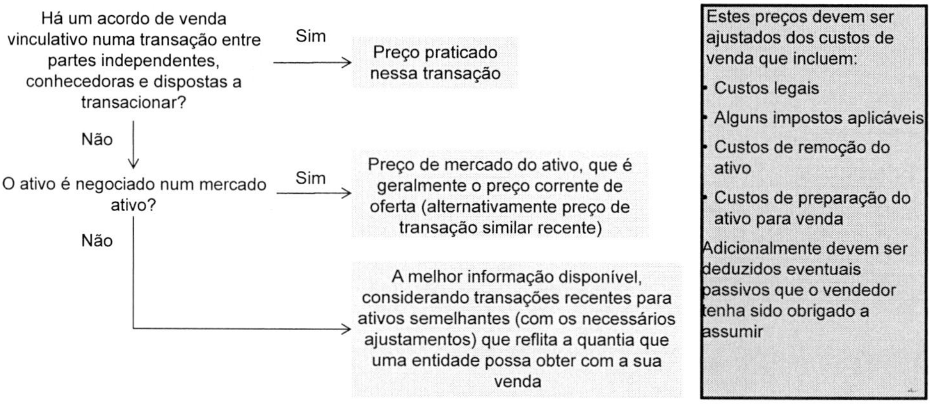

Já o valor de uso de um ativo não gerador de caixa é o valor presente do potencial de serviço remanescente do ativo. O valor presente do potencial de serviço pode ser determinado por três abordagens distintas:

- Abordagem pelo custo de reposição depreciado

  O custo de substituição depreciado é mensurado como o custo de reprodução ou de substituição do ativo, dos dois o mais baixo, menos a depreciação acumulada calculada na base desse custo, para refletir o potencial de serviço já consumido ou extinto, determinados numa base otimizada.

- Abordagem pelo custo de restauro

  É a diferença entre o custo estimado de restauro e o custo de substituição depreciado (que é o custo de reprodução ou de substituição depreciado do ativo, dos dois o mais baixo).

- Abordagem pelas unidades de serviço

  É determinado reduzindo o custo corrente do potencial de serviço remanescente do ativo antes da imparidade. O custo corrente para substituir o potencial de serviço remanescente do ativo antes da imparidade é geralmente determinado como o custo de reprodução ou de substituição depreciado do ativo antes da imparidade, dos dois o mais baixo.

A figura abaixo evidencia como são aplicadas as três abordagens a certos tipos de imparidade identificadas.

FIGURA 3.5: APLICAÇÃO DAS ABORDAGENS PARA A DETERMINAÇÃO DO VALOR PRESENTE DO POTENCIAL DE SERVIÇO

Abordagens / Imparidades identificadas por:	Custo de reposição depreciado	Custo de restauro	Unidades de serviço
Alterações no ambiente tecnológico, na legislação ou na política governamental	✓		✓
Alteração de longo prazo na dimensão ou forma de uso, incluindo as identificadas por cessação ou quase cessação da procura	✓		✓
Dano físico	✓	✓	

EXEMPLO 3.9

A Admin_Central tem um equipamento de transporte que foi comprado com o objetivo de prestar o serviço de transporte de doentes nas suas deslocações, por exemplo, a consultas no centro de saúde da zona. O equipamento foi adquirido em janeiro de N-2 pelo valor de 45.000 euros e apresenta, em dezembro de N, uma depreciação acumulada de 22.500 euros, ao qual foi atribuída uma vida útil de 6 anos.

Trata-se de um ativo não gerador de caixa cujo potencial de serviço tem habitualmente um valor superior ao justo valor do ativo e ao valor contabilístico líquido do mesmo, pelo que o ativo não costuma apresentar indícios de imparidade. O valor do potencial de serviço em dezembro do ano N foi estimado em 29.500 euros. Este valor foi determinado pela abordagem das "unidades de serviço", estimando o custo de repor o serviço pelo remanescente da vida útil do ativo).

Em dezembro do ano N, o centro de saúde da zona foi encerrado, tendo os utentes de se deslocar a um outro centro de saúde que fica a 80 km de distância. Devido ao acréscimo de custos que se estima que este acontecimento irá provocar, foi decido que o transporte de doentes passa a acontecer apenas em dois dias por semana, por forma a otimizar as deslocações (transportando mais pessoas em cada viagem e efetuando menos viagens).

Em dezembro do ano N o justo valor da viatura determinado com base no valor de venda de usados é de 19.500 euros. Com a alteração do uso descrita acima, estimou-se um decréscimo no valor do potencial de 45%. Assim, o valor revisto estimado do potencial de serviço é agora de 16.225 euros. O edifício apresenta assim uma perda por imparidade determinada como segue:

Perda por imparidade = [22.500 – maior entre 19.500 euros (justo valor) e 16.225 euros (valor de uso)] = 3.000 euros.

A partir de janeiro do ano N+1, o valor depreciável do bem é de 42.000 euros (45.000 – 3.000), pelo que o valor da depreciação anual passa a ser de 6.600 euros = [(42.000 – 22.500) / 36 meses x 12 meses].

No subsistema financeiro, os movimentos contabilísticos a efetuar para o registo da imparidade no ano N são os seguintes:

Db / Cr	Conta	Classificador económico	C.O.	Descritivo	Valor
D	655			Registo de imparidade em equipamento de transporte	3.000
C	4394			Registo de imparidade em equipamento de transporte	(3.000)

No subsistema orçamental, este acontecimento não tem qualquer impacto.

ATIVOS GERADORES DE CAIXA

Um ativo gerador de caixa está em imparidade quando a sua quantia escriturada excede a sua quantia recuperável. A figura abaixo evidencia como é determinada a quantia recuperável do ativo.

FIGURA 3.6: MENSURAÇÃO DA QUANTIA RECUPERÁVEL DO ATIVO

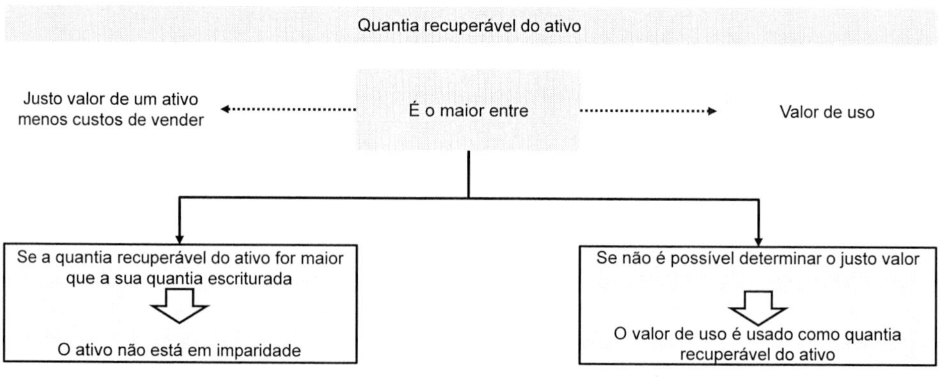

Sendo a quantia recuperável do serviço prestado determinada pelo maior valor entre o justo valor menos os custos de vender e o valor de uso, importa saber como são determinados estes valores.

A melhor evidência do justo valor menos os custos de vender está já descrita acima na Figura 3.4 relativa ao serviço prestado por um ativo não gerador de caixa.

Já o valor de uso de um ativo gerador de caixa é o valor presente dos fluxos de caixa futuro que a entidade espera obter do ativo. Para além da estimativa dos fluxos de caixa, o valor de uso de um ativo deve ainda refletir os elementos seguintes:

- As expetativas acerca de possíveis variações na quantia ou momento desses fluxos de caixa futuros;
- O valor temporal do dinheiro, representado pela taxa de juro corrente sem risco de mercado;
- O preço de suportar a incerteza inerente ao ativo; e
- Outros fatores, tais como falta de liquidez que os participantes do mercado reflitam no preço dos fluxos de caixa futuros que a entidade espera obter do ativo.

A estimação do valor de uso de um ativo envolve os seguintes passos:

- Estimar os influxos e exfluxos de caixa futuros que a entidade espera obter do uso continuado do ativo e da sua alienação final; e
- Aplicar a taxa de desconto apropriada a esses fluxos de caixa futuros.

Exemplo 3.10

A Admin_Central tem uma máquina que se encontra alugada a uma outra entidade pública, num contrato a 3 anos, com uma renda mensal de 450 euros, que não é a atualizada anualmente.

O cálculo do valor de uso desta máquina, em dezembro do ano N é determinado como segue (usando uma taxa de desconto de 5%):

$$\text{a) Valor de uso} = \frac{(450 \times 12)}{(1 + 5\%)^{\wedge 1}} + \frac{(450 \times 12)}{(1 + 5\%)^{\wedge 2}} + \frac{(450 \times 12)}{(1 + 5\%)^{\wedge 3}} = 14.706 \text{ euros}$$

É este valor que deve ser comparado com o justo valor da máquina. O maior deles deverá depois ser comparado com o valor contabilístico líquido da máquina para determinar se a mesma está em imparidade.

Na situação em concreto, esta máquina apresenta um valor líquido contabilístico em dezembro N de 14.900 euros. O justo valor da máquina determinado em referência à mesma data, é de 15.100 euros. Assim:

- Compara-se o maior entre o valor de uso (14.706) e o justo valor (15.100), logo vamos comparar 15.100 euros com
- O valor contabilístico = 14.900

Conclui-se, portanto, que não há imparidade a registar já que 15.100 (justo valor) > 14.900 (valor contabilístico).
Caso o valor futuro da renda seja alterado (diminuído), o valor de uso da máquina deve ser revisto por forma a avaliar se tal alteração teve algum impacto em termos de imparidade do ativo. Da mesma foram, anualmente deve ser apurado o justo valor sempre que existam indícios de que o mesmo possa ser inferior.

3.4.2. Reconhecimento e mensuração de perda por imparidade

Uma perda por imparidade que deve ser reconhecida imediatamente nos resultados. Quando a quantia estimada de uma perda por imparidade for maior do que a quantia escriturada do ativo:

- A quantia escriturada do ativo deve ser reduzida para zero;
- Deve ser reconhecido um passivo se, e apenas se, isso for exigido por uma outra NCP (exemplo: uma entidade pode precisar de fazer uma provisão para custos de desmantelamento).

O encargo da depreciação deve ser ajustado em períodos futuros em função da quantia escriturada revista do ativo.
O registo da imparidade segue o descrito no Exemplo 3.9 anteriormente apresentado.

3.4.3. Reconhecimento de uma reversão de uma perda por imparidade

Subsequentemente é necessário avaliar, em cada data de relato, se existe qualquer indício de que uma perda por imparidade reconhecida em períodos anteriores possa ter diminuído ou que essa imparidade tenha deixado de existir.
A reversão de uma perda por imparidade é reconhecida imediatamente em resultados. No entanto, a quantia escriturada acrescida de um ativo que seja atribuível a uma reversão de uma perda por imparidade, não deve exceder a quantia escriturada que teria sido determinada (líquida de depreciação) se não tivesse sido reconhecida perda por imparidade no ativo em períodos anteriores.

Exemplo 3.11

A Admin_Central reconheceu, em dezembro de N-1, uma imparidade numa máquina (ativo gerador de caixa) no valor de 5.000 euros. Em dezembro de N o valor de uso da máquina foi revisto em alta, e a imparidade deixou de existir, tendo a entidade procedido à reversão da imparidade anteriormente reconhecida.

Os dados relevantes para apurar os movimentos contabilísticos a realizar são os seguintes:

a) A máquina foi adquirida em janeiro de N-2 por 34.000 euros, e foi-lhe atribuída uma vida útil de 7 anos (84 meses)

b) No final de dezembro de N-1 a depreciação acumulada = [34.000 x 24 meses / 84 meses] = 9.714 euros, pelo que em N-2 e em N-1 a depreciação do exercício (antes da imparidade) foi de 4.857 euros

c) Em dezembro de N-1 foi registada imparidade de 5.000 euros

d) A depreciação aplicada no ano N foi de [(34.000 - 9.714 - 5.000) x 12 meses / (84 -24 meses)] = 3.857 euros

e) O valor líquido do bem em dezembro de N, antes da reversão da imparidade = [34.000 - 9.714 - 5.000 - 3.857] = 15.429 euros

f) O valor líquido que o bem teria caso a depreciação não tivesse sido reconhecida em dezembro de N-1 seria de [34.000 - 4.857 x 3] = 19.429 euros

g) Se o valor da imparidade (5.000 euros) for totalmente revertido, o ativo fica com um valor líquido de [15.429 + 5.000] = 20.429 euros, que é superior aos 19.429 euros

h) O valor máximo de reversão a reconhecer é assim de 4.000 euros = [19.429 - 15.429]

No subsistema financeiro, os movimentos contabilísticos a efetuar no ano N são os seguintes:

Db / Cr	Conta	Classificador económico	C.O.	Descritivo	Valor
D	4393			Registo da reversão por imparidade (ganho)	4.000
C	7625			Registo da reversão por imparidade (abate do valor total)	(4.000)
D	4393			Transferência do saldo na conta de imparidade para depreciação acumulada	1.000
C	4383			Transferência do saldo na conta de imparidade para depreciação acumulada	(1.000)

No subsistema orçamental, este acontecimento não tem qualquer impacto.

3.5 Custos de empréstimos obtidos

O SNC-AP obriga a que os custos incorridos com empréstimos que sejam diretamente atribuíveis à aquisição, construção ou produção de um ativo que se qualifica, sejam capitalizados como parte do custo do ativo correspondente.
O montante de custos a capitalizar deve ser deduzido de qualquer rendimento obtido por investimento temporário dos fundos obtidos com esses empréstimos.
A capitalização dos custos de empréstimos obtidos deve começar quando:

- As despesas com o ativo estejam a ser efetuadas;
- Os custos de empréstimos obtidos estejam a ser suportados; e
- As atividades necessárias com vista a preparar o ativo para o uso pretendido ou venda estejam em curso.

A capitalização deve ser suspensa quando o desenvolvimento do ativo estiver interrompido por períodos extensos, devendo durante esses períodos ser registados como gastos.
A capitalização dos custos deve cessar quando todas as atividades necessárias para preparar o ativo que se qualifica estão substancialmente concluídas.

3.6 Locações

Uma entidade pode ser parte num contrato de locação de um ativo fixo tangível.
O Capítulo 7 contém as orientações para a determinação se esse contrato de locação tem as características de uma locação financeira (sendo o respetivo ativo reconhecido no balanço da entidade) ou de uma locação operacional (neste caso o ativo não é reconhecido).
Se o contrato de locação é classificado como financeiro, o ativo fixo tangível é reconhecido no balanço seguindo as orientações descritas neste capítulo.

3.7 Ativos de concessão

Os ativos relacionados com contratos de construção podem ter várias naturezas, mas a grande maioria das situações correspondem às denominadas infraestruturas. Embora não exista definição universalmente aceite de infraestruturas, estes ativos apresentam usualmente algumas ou todas as seguintes características:

- Fazem parte de um sistema ou rede;
- São de natureza especializada e não têm usos alternativos;
- São inamovíveis; e
- Podem estar sujeitos a restrições na alienação.

As infraestruturas satisfazem a definição de ativos fixos tangíveis e devem ser reconhecidas no balanço seguindo as orientações descritas neste capítulo.
Incluem-se entre os exemplos de infraestruturas as redes de estradas, os sistemas de esgotos, os sistemas de abastecimento de água e energia e as redes de telecomunicações.
Este tipo de contratos / ativos estão tratados em mais pormenor no Capítulo 6.

3.8. Imóveis de domínio público

Relativamente aos imóveis de domínio público, a FAQ n.º 37 esclarece que o regime jurídico da gestão dos bens imóveis do domínio privado do Estado e dos institutos públicos encontra-se consubstanciado no Decreto-Lei n.º 280/2007, de 7 de agosto e subsequentes alterações (Lei n.º 55-A/2010, de 31 de Dezembro, Lei n.º 64-B/2011, de 30 de Dezembro, Lei n.º 66-B/2012, de 31 de Dezembro, DL n.º 36/2013, de 11 de Março, Lei n.º 83-C/2013, de 31 de Dezembro e Lei n.º 82-B/2014, de 31 de Dezembro) que prevê que o espaço ocupado nos bens imóveis do Estado deva ser avaliado e sujeito a contrapartida, podendo a mesma assumir ou não a forma de compensação financeira a pagar pelo serviço ou organismo utilizador.

Cabe à DGTF a gestão dos bens imóveis do domínio privado do Estado (art.º 13.º) que inclui, entre outros, (ii) apresentar a registo os factos jurídicos a ele sujeitos (ficando os respetivos preparos e despesas a cargo das entidades afetatárias) (ii) participar aos serviços de finanças competentes a identificação e a morada das entidades afetatárias relativamente aos imóveis do Estado, as quais devem constar das matrizes prediais, para efeitos de imputação dos respetivos encargos tributários (art.º 45.º), não obstante a existência de um "controlo" que no âmbito deste diploma corresponde ao garante de uma organização e à atualização periódica de elementos informativos relativos à natureza, ao valor e à utilização dos bens imóveis (art.º 12.º) a todas as entidades das Administrações públicas (incluindo setor empresarial do Estado, autarquias locais e Regiões Autónomas).

O diploma é claro ao indicar que no caso dos bens de domínio público a titularidade "pertence ao Estado, às Regiões Autónomas e às autarquias locais e abrange poderes de uso, administração, tutela, defesa e disposição" (art.º 15.º), permitindo-se a estes titulares (1) a reserva sobre os mesmos em termos de utilização prevalecendo esta reserva sobre qualquer outro direito de utilização prévio (art.º 22.º) ou (2) a cedência de utilização privativa através de licença ou concessão (art.º 27.º), não obstante a possibilidade de utilização comum por particulares (art.º 25.º).

O quadro resumo seguinte apresenta as caraterísticas relacionadas à titularidade legal e direito de uso previstos na lei:

	Bens do domínio público	Imóveis do domínio privado da Administração central	Observações
Titularidade legal	Estado, Regiões Autónomas e Autarquias Locais	Estado ou institutos públicos	Os institutos públicos por terem personalidade jurídica podem ter imóveis em seu nome
Gestão	DGTF	DGTF ou institutos públicos (se lhes pertencer a titularidade legal)	**Responsabilidade:** participar atos jurídicos, atualizar registos nos serviços de finanças, elaborar e manter atualizado, anualmente, com referência a 31 de dezembro, o inventário geral dos bens imóveis do Estado e dos institutos públicos. Os institutos também têm obrigação de comunicar à DGTF os imóveis de que tenham a titularidade.
Utilização privativa	Licença ou concessão	Cedência de utilização (sempre a título precário), arrendamento, direito de superfície	**Responsabilidade:** suportar preparos, entre outros, conservação, valorização e rendibilidade, comunicar à DGTF todos os elementos necessários à elaboração e à atualização do inventário geral.

Conclui-se que os imóveis do domínio privativo devem ser considerados parte integrante do inventário e, consequentemente, do balanço, do seu titular legal, uma vez que o controlo inexiste para os afetatários ao abrigo da Estrutura Concetual (§93 e seguintes). De facto, as cedências são a título precário e o arrendamento não se constitui como elemento de controlo. No caso dos direitos de superfície haverá lugar à manutenção do registo do ativo fixo tangível no titular do direito legal (com o registo de ónus) e no superficiário um direito de utilização como intangível (ter em atenção a NCP 3 Ativos Intangíveis). Pode considerar-se, nalgumas situações, que a cedência, mesmo a título precário, ao transmitir substanciais riscos e vantagens, se equipare à constituição de direitos de superfície, sujeito a avaliação caso a caso, sem desprimor do previsto na NCP 6 Locações.

Nesta última situação, na cessionária, haverá que mensurar o justo valor inerente ao ativo intangível em questão, caso o mesmo esteja transmitido a título gratuito (a gratuitidade arreda a NCP 6 mas mantém a NCP 14).

Podem existir circunstâncias em que por motivos de avaliação económica e controlo do relato por segmentos, se pretenda uma afetação dos imóveis a quem os administre (caso específico dos municípios com os seus Serviços municipalizados e/ou intermunicipalizados). Nestas circunstâncias haverá que consagrar o equivalente a uma reclassificação dos ativos fixos tangíveis do titular em ativos financeiros e refletir a operação espelho nos serviços supramencionados (instrumentos de capital próprio tendo por contrapartida o registo dos ativos fixos tangíveis).

3.9. Intervenções em propriedade alheia

Relativamente às intervenções realizadas em propriedade alheia, a FAQ n.º 38 esclarece que existem várias circunstâncias em que determinada entidade poderá ocupar terreno ou edifício alheio. A tipologia do título da ocupação pode variar de forma significativa. O terreno ou edifício alheio poderá pertencer ao domínio público ou ao domínio privado. Nesta última circunstância, existem situações em que o direito de propriedade cabe à entidade pública ou à entidade privada. O Decreto-Lei n.º 280/2007, de 7 de agosto, na redação atual, trata dos títulos de ocupação nos casos do domínio público e património imobiliário privado do Estado e entidades públicas, tendo previsto o princípio da onerosidade.

Não obstante a tipificação da lei, podem subsistir situações em que inexiste título ou o mesmo perdeu-se nos arquivos dada a longevidade da ocupação e outras em que a ocupação não subjaz qualquer onerosidade, de que são exemplo, no património imobiliário privado, os contratos de comodato.

Por outro lado, em termos de duração no tempo, (i) este pode não se encontrar previsto, (ii) este pode estar previsto e ser renovável por um ano ou outros períodos, a título precário, (iii) pode prever período fixado não renovável.

Os títulos de ocupação, onerosos ou gratuitos, podem prever clausulado relativamente a manutenção corrente, havendo outros em que se preveem a possibilidade de intervenções mais exigentes, sujeitas a autorização, com ou sem previsão de indemnização, havendo ainda situações de possibilidade de, com a devida autorização, abater nas rendas as intervenções levadas a cabo.

Deste modo, nas circunstâncias de intervenções que na sua análise, se em propriedade ocupada pelo titular, caberiam nos critérios de reconhecimento e mensuração da NCP 5 – Ativos Fixos Tangíveis, coloca-se a questão de aferir a sua forma de contabilização. A este reconhecimento não pode ser alheio o princípio da consistência intersectores, privado e público, pelo que o tratamento atual empresarial em SNC, é fator a considerar.

Na avaliação dos títulos de ocupação e, na sua falta, a tradição da ocupação, haverá que atender à substância económica prevista na estrutura concetual, e não apenas à forma, inferindo que, nalgumas circunstâncias, existe controlo das intervenções levadas a cabo e que o mesmo se inscreve no previsto do §93 da estrutura concetual. Encontram-se nestas circunstâncias (i) ocupações que se perpetuam no tempo junto de entidades públicas, numa linha de sucessivas renovações sem identificação de limitações de uso; (ii) ocupações em que existe a garantia de permanência por período limitado no tempo, sem que tenha de haver lugar a indemnização pela entidade ocupante no caso de abandono das instalações.

Aplica-se a NCP 5 – Ativos Fixos Tangíveis nesta tipologia de intervenções, devendo a vida útil ter em conta a necessidade de renovação das intervenções para garantia da manutenção de benefícios ou potencial de serviço e a duração do contrato (atendendo à tradição da ocupação), dos dois o menor.

Não se poderá aplicar a NCP 5 – Ativos Fixos Tangíveis nas circunstâncias em que as intervenções revertem a favor do titular, mesmo que o ocupante mantenha a gestão/utilização do bem subjacente, ou por se tratar de abate na(s) renda(s) ou ainda por se tratar de situações em que o próprio titular é o financiador substancial das mesmas. Nestes últimos casos, trata-se do equivalente a contratos de construção aplicando-se a NCP 12 – Contratos de Construção.

CAPÍTULO 4
—
ATIVOS INTANGÍVEIS

Os ativos intangíveis são apresentados no balanço como ativos não correntes. Correspondem a ativos caracterizados por serem ativos não monetários, identificáveis, que não têm substância física. A identificabilidade de um ativo intangível existe quando:

- O ativo é separável, isto é, pode por exemplo ser vendido, transferido, licenciado, alugado ou trocado, quer individualmente, quer como fazendo parte de um contrato ou de um ativo ou passivo a ele associado (independentemente de ser essa a intenção da entidade); ou
- Decorrer de um acordo vinculativo (um contrato ou direitos legais), independentemente de esses direitos serem separáveis da entidade ou de outros direitos e obrigações.

A principal norma do SNC-AP de referência para este tipo de ativos é a NCP 3 — Ativos Intangíveis, a qual é aplicável a todos os ativos desta natureza, quer de domínio público, quer de domínio privado, incluindo:

- Software;
- Despesas com publicidade, com formação, com o arranque de atividades;
- Atividades de pesquisa e desenvolvimento;
- Direitos protegidos por contratos de licenciamento (filmes, vídeos, peças de teatro, manuscritos, patentes, direitos de autor);
- Património histórico intangível, registos de acontecimentos históricos significativos, direitos de utilização de imagem de uma pessoa importante, por exemplo, em selos de correio ou moedas de coleção).

No entanto, outras normas são também referência para este tipo de ativos, nomeadamente:

- NCP 4 — Acordos de Concessão de Serviços: Concedente, que refere os princípios de mensuração e reconhecimento inicial dos ativos intangíveis incluídos em contratos de concessão;
- NCP 6 — Locações, que determina quais os ativos relacionados com contratos de locação que devem ser contabilizados no balanço de uma entidade;
- NCP 7 — Custos de Empréstimos Obtidos, que define quais os ativos que são elegíveis para a capitalização de juros do financiamento incorrido por uma entidade para a aquisição do ativo;
- NCP 9 — Imparidade de Ativos, que estabelece os princípios para determinar se um ativo poderá estar em imparidade, como é que essa imparidade é calculada e reconhecida;

- NCP 15 – Provisões, Passivos Contingentes e Ativos Contingentes, que determina como devem ser apuradas as provisões, especificamente no que respeita aquelas relacionadas com ativos intangíveis e que acrescem ao valor de custo destes;
- NCP 16 – Efeitos de Alterações em Taxas de Câmbio, que orienta a forma de apuramento das diferenças cambiais no caso de ativos intangíveis adquiridos em moeda diferente da moeda funcional da entidade.

Neste capítulo iremos analisar em mais detalhe:
- Quais os ativos que devem ser reconhecidos como ativos intangíveis;
- O reconhecimento inicial de um ativo intangível;
- A mensuração subsequente destes ativos;
- Como devem ser capitalizados os custos de financiamento.

As especificidades relacionadas com ativos intangíveis adquiridos por recurso a locações financeiras têm um tratamento semelhante ao descrito no ponto 3.4 do Capítulo 3. De igual forma, as especificidades relacionadas com ativos intangíveis incluídos em contratos de concessão de serviços, têm um tratamento semelhante ao descrito no ponto 3.5 do Capítulo 3.

4.1. Definição de ativo intangível

Um ativo intangível tem três características associadas à sua definição: a identificabilidade, o controlo sobre o ativo, e a existência de benefícios económicos futuros ou potencial de serviço.
A figura abaixo discrimina cada uma destas componentes.

FIGURA 4.1: DEFINIÇÃO DE ATIVO INTANGÍVEL

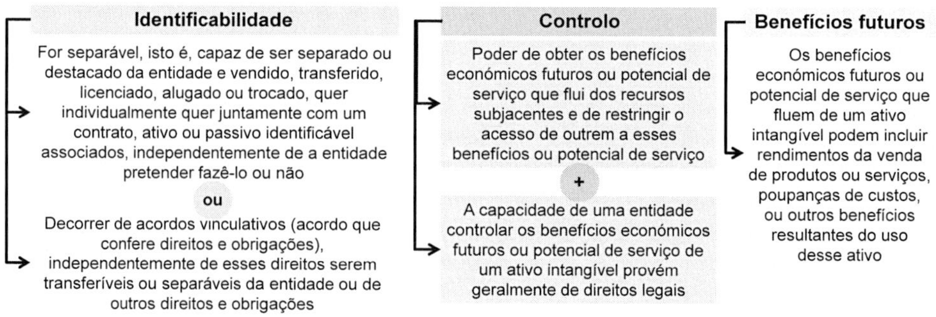

4.2. Reconhecimento inicial

Um ativo intangível que cumpra a definição prevista no ponto anterior, só deve ser reconhecido se, e apenas se:

- For provável que fluirão para a entidade benefícios económicos futuros ou potencial de serviço associados ao bem; e
- O custo ou o justo valor do bem puder ser mensurado com fiabilidade.

A figura abaixo evidencia o critério para o reconhecimento de um ativo intangível.

FIGURA 4.2: CRITÉRIO DE RECONHECIMENTO DE UM ATIVO INTANGÍVEL

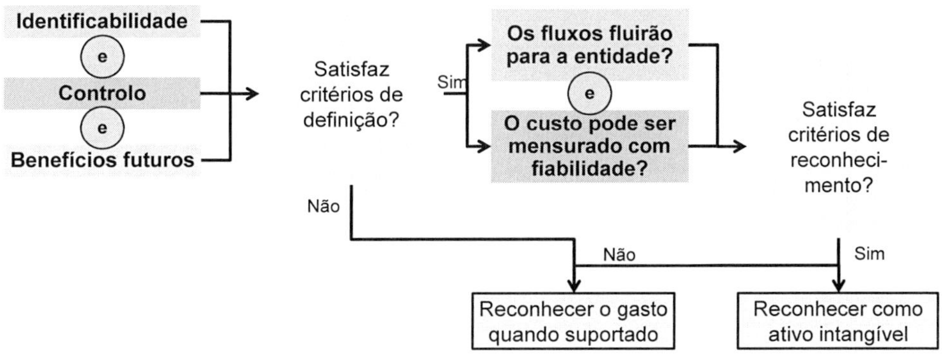

No reconhecimento inicial de um ativo intangível, existem certos custos que são elegíveis para capitalização e outros que devem ser reconhecidos como custo quando incorridos. Subsequentemente, uma entidade pode incorrer em custos adicionais que devem igualmente ser incluídos no custo de aquisição.
Assim, o custo de aquisição de um ativo intangível pode incluir custos incorridos inicialmente com a aquisição do ativo, e custos incorridos subsequentemente, conforme analisado de seguida.

Exemplo 4.1

A Admin_Central iniciou em janeiro do ano N um projeto para substituição do seu website (o anterior website está já desatualizado e apresenta um valor contabilístico líquido nulo). O objetivo é que o mesmo permita gerir processos de candidaturas a fundos sociais europeus. O projeto foi concluído em julho do ano N e teve associadas as seguintes fases e custos:

a) Entre janeiro e fevereiro, foi subcontratado um consultor externos para definir a melhor arquitetura do website, nomeadamente a escolha de um novo servidor e de aplicações existentes no mercado que permitam efetuar uma adequada gestão dessas candidaturas. O custo incorrido com este consultor foi 7.500 euros e foi pago a pronto pagamento
b) Em fevereiro e março iniciaram o processo de escolha de um fornecedor para o servidor e de um fornecedor de gestor de processos, de acordo com as empresas identificadas no relatório efetuado pelo consultor externo
c) Em março adjudicaram e concluíram a compra do servidor, o qual teve um custo de aquisição de 15.000 euros e conseguiram efetuar a transferência de toda a informação do servidor antigo para o novo, incluindo os conteúdos do website existente. Com o novo servidor foi também adquirido um novo programa anti virus no valor de 1.000 euros
d) Em abril adjudicaram a instalação do gestor de processos (envio da nota de encomenda), que tem um custo estimado de 23.000 euros, o qual tem associado uma bolsa de 2.000 horas de técnicos da empresa
e) Entre abril e julho, a empresa contratada tinha incorrido em 1.500 horas, tendo apresentado a fatura pela totalidade do serviço contratado. Tal como previsto contratualmente, ficam 500 horas para serem usadas pela Admin_Central para futuros desenvolvimentos que venham a considerar necessários em função de novas candidaturas que venham a lançar (caso as horas não sejam usadas até junho do ano N+1, a Admin_Central perde o direito a elas)
f) Durante o mesmo período, a Admin_Central teve duas pessoas internas totalmente dedicadas ao projeto, que ganharam a autonomia suficiente para trabalharem subsequentemente com o sistema adquirido; o custo estimado desses dois funcionários é de 4.300 euros
g) O antigo website tem um valor de custo de 15.000 euros e encontra-se totalmente amortizado

Vamos de seguida analisar o tratamento contabilístico de cada um dos pontos de a) a g).

a) É um custo porque nesta data o projeto ainda não tinha demonstrado a sua viabilidade económica
b) Sem impacto contabilístico
c) O servidor deve ser reconhecido conforme o disposto na NCP 5 por se tratar de um ativo fixo tangível (vida útil estimada de 3 anos); no entanto, o anti vírus

deve ser reconhecido como ativo intangível, separadamente do custo do servidor por não ser um aplicativo sem o qual o servidor não trabalha (vida útil estimada de 2 anos)

d) O início da instalação do gestor de projetos significa que a Admin_Central considerou assegurada a viabilidade económica; no entanto, parte dos 23.000 euros (25% proporcional às 500 horas não usadas), não estão diretamente relacionadas com a aquisição, pelo que é um valor que deve ser diferido e reconhecido apenas quando as horas forem utilizadas, no máximo até junho do ano N+1
e) Tratado acima na alínea d); como a Admin_Central espera consumir de forma linear a bolsa de 500 horas disponível, para fazer ajustamentos necessários, decidiu reconhecer este custo linearmente ao longo de 12 meses
f) Estas horas dos colaboradores internos devem ser acrescidas ao custo do ativo intangível, por contrapartida de trabalhos para a própria entidade
g) O antigo website deve ser abatido

Assim, o custo de aquisição do novo website = [23.000 × 75% + 4.300] = 21.550 euros e tem uma vida útil estimada de 3 anos.
No subsistema financeiro, os movimentos contabilísticos a efetuar no ano N são os seguintes:

Db / Cr	Conta	Classificador económico	C.O.	Descritivo	Valor
D	4351			Reconhecimento da compra do servidor	15.000
C	27112			Dívida ao fornecedor do servidor	(15.000)
D	27112			Pagamento ao fornecedor do servidor	15.000
C	1221			Pagamento ao fornecedor do servidor	(15.000)
D	6425			Amortização do novo servidor	5.986
C	4385			Amortização do novo servidor	(5.986)
D	443			Reconhecimento da compra do anti vírus	1.000
C	1221			Pagamento do anti vírus	(1.000)
D	6433			Amortização do anti vírus	417
C	4483			Amortização do anti vírus	(417)
D	454			Reconhecimento do novo website em curso	21.550
D	2819			Reconhecimento da horas a diferir	5.750
C	27112			Dívida ao fornecedor do website	(23.000)
C	742			Trabalhos para a própria entidade	(4.300)
D	443			Transferência do website para ativo intangível	21.550
C	454			Transferência do website para ativo intangível	(21.550)
D	27112			Pagamento ao fornecedor do website	23.000
C	1221			Pagamento ao fornecedor do website	(23.000)
D	6433			Amortização do novo website	3.592
C	4483			Amortização do novo website	(3.592)
D	62212			Reconhecimento dos custos do consultor	7.500
C	1221			Pagamento dos honorários do consultor	(7.500)
D	62212			Reconhecimento das horas diferidas até dezembro de N	2.875
C	2819			Reconhecimento das horas diferidas até dezembro de N	(2.875)
D	4483			Abate do anterior website	15.000
C	443			Abate do anterior website	(15.000)

No subsistema orçamental, os movimentos contabilísticos a efetuar são os seguintes:

Db / Cr	Conta	Classificador económico	C.O.	Descritivo	Valor
D	024	02.02.14	D2	Cabimento - consultor externo	7.500
C	0251	02.02.14	D2	Cabimento - consultor externo	(7.500)
D	0252	02.02.14	D2	Compromisso - consultor externo	7.500
C	0261	02.02.14	D2	Compromisso - consultor externo	(7.500)
D	0262	02.02.14	D2	Obrigação - consultor externo	7.500
C	0271	02.02.14	D2	Obrigação - consultor externo	(7.500)
D	0272	02.02.14	D2	Pagamento - consultor externo	7.500
C	0281	02.02.14	D2	Pagamento - consultor externo	(7.500)
D	024	07.01.09	D7	Cabimento - compra de servidor	15.000
C	0251	07.01.09	D7	Cabimento - compra de servidor	(15.000)
D	0252	07.01.09	D7	Compromisso - compra de servidor	15.000
C	0261	07.01.09	D7	Compromisso - compra de servidor	(15.000)
D	0262	07.01.09	D7	Obrigação - compra de servidor	15.000
C	0271	07.01.09	D7	Obrigação - compra de servidor	(15.000)
D	0272	07.01.09	D7	Pagamento - compra de servidor	15.000
C	0281	07.01.09	D7	Pagamento - compra de servidor	(15.000)
D	024	07.01.08	D7	Cabimento - compra de anti vírus	1.000
C	0251	07.01.08	D7	Cabimento - compra de anti vírus	(1.000)
D	0252	07.01.08	D7	Compromisso - compra de anti vírus	1.000
C	0261	07.01.08	D7	Compromisso - compra de anti vírus	(1.000)
D	0262	07.01.08	D7	Obrigação - compra de anti vírus	1.000
C	0271	07.01.08	D7	Obrigação - compra de anti vírus	(1.000)
D	0272	07.01.08	D7	Pagamento - compra de anti vírus	1.000
C	0281	07.01.08	D7	Pagamento - compra de anti vírus	(1.000)
D	024	07.01.13	D7	Cabimento - trabalho de instalação de gestor de processos	23.000
C	0251	07.01.13	D7	Cabimento - trabalho de instalação de gestor de processos	(23.000)
D	0252	07.01.13	D7	Compromisso - trabalho de instalação de gestor de processos	23.000
C	0261	07.01.13	D7	Compromisso - trabalho de instalação de gestor de processos	(23.000)
D	0262	07.01.13	D7	Obrigação - trabalho de instalação de gestor de processos	23.000
C	0271	07.01.13	D7	Obrigação - trabalho de instalação de gestor de processos	(23.000)
D	0272	07.01.13	D7	Pagamento - compra de website	23.000
C	0281	07.01.13	D7	Pagamento - compra de website	(23.000)

As amortizações e o abate não têm impacto no subsistema orçamental.

Particularidades relativas a websites

O Manual de Implementação do SNC-AP publicado pela CNC inclui, no seu Capítulo 4 / NCP 3 / ponto 5.11 (ver páginas 68 e 69), a seguinte tabela ilustrativa das fases de construção de um website e o tratamento contabilístico preconizado.

TABELA 4.1: FASES DE CONSTRUÇÃO DE UM WEBSITE E O TRATAMENTO CONTABILÍSTICO PRECONIZADO

Fase / Natureza do dispêndio	Tratamento contabilístico
Planeamento	
• Estudos de viabilidade realizados • Definição de especificações de hardware e software • Avaliação de produtos e fornecedores alternativos • Seleção de preferências	• Os dispêndios são reconhecidos como gasto quando suportados

Fase / Natureza do dispêndio	Tratamento contabilístico
Aplicação e desenvolvimento de infraestruturas	
• Compra ou desenvolvimento de hardware • Obtenção de um nome de domínio • Desenvolvimento de um software operativo (e.g., sistema operativo e software para servidor) • Desenvolvimento de código para a aplicação • Instalação de aplicativos desenvolvidos no servidor web • Testes de stress	• Aplicar os requisitos da NCP 5 • Reconhecer como gasto quando suportado, a não ser que o dispêndio possa ser atribuído diretamente à preparação do website nos termos do decidido pela gestão e o website possa ser considerado como ativo intangíveis (ou seja, se gerar benefícios económicos futuros ou servir para prestar serviços[1])
Desenvolvimento do desenho gráfico	
• Desenho da aparência (por exemplo, layout e cor) das páginas web	• Reconhecer como gasto, quando suportado, a menos que o dispêndio possa ser diretamente atribuído à preparação do website para funcionar da maneira pretendida pela gestão, e o website atende aos critérios de reconhecimento com ativo intangível[1]
Desenvolvimento de conteúdos	
• Criação, compra, preparação (e.g., criação de links, identificação de tags) e uploading de informação no website, seja de natureza textual ou gráfica, antes da conclusão do desenvolvimento do website • Exemplos de conteúdos incluem informações sobre uma entidade, serviços ou produtos, e tópicos a que os subscritores têm acesso	• Reconhecer como gasto quando suportado se o website for usado para promoção e publicidade dos produtos e serviços da própria entidade (e.g., fotografias digitais dos produtos) • Caso contrário, se o website for usado para gerar benefícios económicos futuros reconhecer como um ativo intangível
Sistema operativo	
• Atualização de gráficos e revisão de conteúdos • Adicionar novas funções, recursos e conteúdos • Registo do website nos motores de busca • Fazer backup de dados • Rever acesso de segurança • Analisar o uso do website	• Avaliar se o dispêndio atende à definição de um ativo intangível e aos critérios de reconhecimento, caso em que o dispêndio é reconhecido no valor contabilístico do website
Outras	
• Gastos com a venda, gastos administrativos e outros gastos gerais a menos que possam ser diretamente atribuídos à preparação do website para uso da forma pretendida pela gestão (para gerar benefícios económicos futuros) • Ineficiências claramente identificadas e deficits operacionais iniciais incorridas antes do website alcançar o desempenho planeado (por exemplo, testes false-starting) • Formação de funcionários para operar o website	• Reconhecer como um gasto quando suportado

[1] Todos os dispêndios com o website que sirvam apenas ou principalmente para promover, publicitar ou proporcionar informação ao público dos produtos ou serviços da entidade são reconhecidos com um gasto quando suportados.

Exemplo 4.2

Para financiamento do website referido no Exemplo 4.1, a Admin_Central apresentou no início do ano uma candidatura à Agência para a Modernização, a qual foi aprovada pelo valor 33.150 euros = [(15.000 + 1.000 + 23.000) × 85%].

No subsistema financeiro, os movimentos contabilísticos a efetuar no ano N são os seguintes:

Db / Cr	Conta	Classificador económico	C.O.	Descritivo	Valor
D	201			Registo da aceitação da candidatura	33.150
C	2822			Registo da aceitação da candidatura	(33.150)

Na contabilidade orçamental não existe qualquer impacto.

Em setembro a Admin_Central submeteu as faturas à Agência para a Modernização que as considerou elegíveis. O valor do financiamento foi recebido ainda durante o ano N.

No subsistema financeiro, os movimentos contabilísticos a efetuar no ano N são os seguintes:

Db / Cr	Conta	Classificador económico	C.O.	Descritivo	Valor
D	2822			Movimento pela elegibilidade das faturas	33.150
C	5931			Movimento pela elegibilidade das faturas	(33.150)
D	1221			Pelo recebimento do subsídio	33.150
C	201			Pelo recebimento do subsídio	(33.150)

No subsistema orçamental, os movimentos contabilísticos a efetuar são os seguintes:

Db / Cr	Conta	Classificador económico	C.O.	Descritivo	Valor
D	0152	10.09.01	R9.2	Pela liquidação do subsídio	33.150
C	014	10.09.01	R9.2	Pela liquidação do subsídio	(33.150)
D	0171	10.09.01	R9.2	Pelo recebimento do subsídio	33.150
C	0153	10.09.01	R9.2	Pelo recebimento do subsídio	(33.150)

No final do exercício há que fazer a imputação aos rendimentos do exercício do subsídio recebido, na proporção das depreciações dos bens subsidiados (no exemplo os itens que foram subsidiados têm vidas úteis distintas e a entidade aplica o critério dos duodécimos).

Valor a imputar aos rendimentos = [23.000 x 6 meses /36 meses) +
(1000 x 10 meses / 24 meses) + (15.000 x 10 meses / 36 meses)] = 8.417 euros

O lançamento a efetuar na contabilidade financeira é o seguinte:

Db / Cr	Conta	Classificador económico	C.O.	Descritivo	Valor
D	5931			Imputação do subsídio a rendimento	8.417
C	7883			Imputação do subsídio a rendimento	(8.417)

Na contabilidade orçamental não existe qualquer impacto.

4.2.1. Componentes do custo inicial de aquisição

O custo inicial de um ativo intangível inclui:

- O seu preço de compra, incluindo direitos de importação e impostos não dedutíveis ou reembolsáveis sobre a compra, após dedução de descontos comerciais e abatimentos; e
- Qualquer custo diretamente atribuível à preparação do ativo para o uso pretendido.

A figura abaixo exemplifica custos iniciais que devem ser reconhecidos, e os que não devem ser reconhecidos, no custo de aquisição de um bem.

FIGURA 4.3: CUSTO INICIAL DE AQUISIÇÃO DE UM ATIVO INTANGÍVEL

Custo inicial de um ativo intangível

Inclui:

- Custos de benefícios dos empregados
- Honorários profissionais diretamente decorrentes da colocação do ativo na sua condição de funcionamento
- Custos para testar o funcionamento adequado

Não inclui:

- Custos de introdução de um novo produto ou serviço
- Custos de condução do negócio numa nova localização ou com uma nova classe de clientes
- Custos de administração e outros custos gerais

4.2.2. Custos subsequentes

Conforme referido no ponto 4.2, o custo de aquisição de um ativo intangível pode incluir igualmente custos incorridos subsequentemente à aquisição.

Dada a natureza imaterial dos ativos intangíveis, não é expetável que existam adições ou a substituição de uma parte do ativo. Consequentemente, é provável que a maior parte das despesas subsequentes sejam para manter os benefícios económicos futuros esperados ou o potencial de serviço incorporados num ativo intangível existente e não para satisfazer a definição de um ativo intangível e os critérios de reconhecimento descritos acima.

Adicionalmente, é difícil imputar os gastos subsequentes diretamente a um ativo intangível específico em vez de os imputar às operações da entidade como um todo. Consequentemente, apenas raramente as despesas subsequentes (isto é, as despesas suportadas após o reconhecimento inicial de um ativo intangível adquirido ou após a conclusão de um ativo intangível gerado internamente) são reconhecidos na quantia escriturada de um ativo.

O SNC-AP prevê, no entanto, os gastos incorridos subsequentemente com um ativo intangível que não devem ser incluídos no custo de aquisição:

- Custos suportados depois de um ativo já estar apto a operar na forma pretendida pelo órgão de gestão mas ainda não teve início a sua utilização;
- Perdas operacionais iniciais, tais como as suportadas enquanto aumenta a procura no mercado dos produtos produzidos pelo ativo;
- Os gastos subsequentes com marcas, cabeçalhos, títulos de publicações, listas de utilizadores de um serviço e itens similares em substância (quer adquiridos, quer gerados internamente).

4.2.2.1. Despesas subsequentes num projeto de pesquisa e desenvolvimento em curso

Uma entidade pode incorrer em despesas de pesquisa ou desenvolvimento:

- Que se relacionem com um projeto de pesquisa ou desenvolvimento em curso adquirido separadamente e reconhecido como um ativo intangível; e
- Sejam suportadas após a aquisição desse projeto.

Estas despesas devem ser contabilizadas como segue:

TABELA 4.2: CONTABILIZAÇÃO DE DESPESAS DE PESQUISA E DESENVOLVIMENTO

Despesas em pesquisa (ou na fase de pesquisa de um projeto interno)	**Despesas em desenvolvimento** (ou na fase de desenvolvimento de um projeto interno)
Devem ser reconhecidas como um gasto quando suportadas, dado que uma entidade não pode demonstrar que existe um ativo intangível que gerará prováveis benefícios económicos futuros ou potencial de serviço	Devem ser reconhecidas se, e apenas se, uma entidade puder demonstrar cumulativamente tudo o que se segue: • A viabilidade técnica de concluir o ativo intangível para estar disponível para uso ou venda • A sua intenção de concluir o ativo intangível e usá-lo ou vendê-lo • A sua capacidade de usar ou vender o ativo intangível • A forma como o ativo intangível gerará prováveis benefícios económicos futuros ou potencial de serviço • A disponibilidade de adequados recursos técnicos, financeiros e outros para concluir o desenvolvimento, e para usar ou vender o ativo intangível • A sua capacidade de mensurar com fiabilidade as despesas atribuíveis ao ativo intangível durante o seu desenvolvimento

Despesas em pesquisa (ou na fase de pesquisa de um projeto interno)	**Despesas em desenvolvimento** (ou na fase de desenvolvimento de um projeto interno)
Exemplos: • Atividades visando a obtenção de novos conhecimentos • A procura, avaliação e seleção final de aplicações de resultados de pesquisa ou de outros conhecimentos • A procura de alternativas para materiais, aparelhos, produtos, processos, sistemas ou serviços • A formulação, conceção, avaliação e seleção final de possíveis alternativas para materiais, aparelhos, produtos, processos, sistemas ou serviços, novos ou melhorados	Exemplos: • A conceção, construção e teste de protótipos e modelos de pré-produção ou de pré-utilização • A conceção de ferramentas, utensílios, moldes e suportes, envolvendo nova tecnologia • A conceção, construção e operação de uma instalação ou operação piloto que não é de uma escala economicamente viável para produção comercial ou uso na prestação de serviços • A conceção, construção e teste de uma alternativa escolhida para materiais, aparelhos, produtos, processos, sistemas ou serviços, novos ou melhorados • Custos de website e custos de desenvolvimento de software

A contabilização de despesas de pesquisa e desenvolvimento segue o mesmo modelo detalhado no Exemplo 4.1 acima quando se exemplificou a separação entre custos que concorrem para o custo de aquisição de um ativo e os que não concorrem.

4.2.2.2. Custo de um ativo intangível gerado internamente

O custo de um ativo intangível gerado internamente corresponde é a soma das despesas suportadas a partir da data em que esse ativo satisfaz pela primeira vez os critérios de reconhecimento (ver ponto 4.2. acima).

A tabela abaixo exemplifica custos que são diretamente atribuíveis a um ativo intangível gerado internamente, e os que não são.

TABELA 4.3: CUSTOS DIRETAMENTE ATRIBUÍVEIS E NÃO ATRIBUÍVEIS A UM ATIVO INTANGÍVEL GERADO INTERNAMENTE

Custos diretamente atribuíveis	**Custos não diretamente atribuíveis**
• Custos de materiais e serviços usados ou consumidos para gerarem o ativo intangível • Custos de benefícios dos empregados decorrentes da geração do ativo intangível • Custos de registo de um direito legal • Amortização de patentes e licenças que sejam usadas para gerar o ativo intangível	• Gastos comerciais, administrativos e outros gastos gerais, a menos que possam ser diretamente atribuídos à preparação do ativo para uso • Insuficiências identificadas e perdas operacionais iniciais suportadas antes do ativo atingir o desempenho planeado • Gastos com a formação do pessoal para operar o ativo

O SNC-AP prevê especificamente certas despesas que devem ser reconhecidas imediatamente como gastos quando suportadas:

- Despesas de arranque;
- Despesas com atividades de formação;
- Despesas com publicidade e atividades promocionais (incluindo catálogos de encomenda pelo correio e panfletos de informação);
- Despesas com a relocalização ou reorganização de parte ou de toda uma entidade.

O SNC-AP prevê igualmente que um Goodwill gerado internamente não deve ser reconhecido como ativo (porque não é um recurso identificável, isto é, não é separável nem decorre de acordos vinculativos, incluindo direitos contratuais ou outros direitos legais, controlado pela entidade que possa ser mensurado com fiabilidade pelo custo).

4.2.3. Diferimento do pagamento

Se o pagamento for diferido para além das condições normais de crédito, a diferença entre o equivalente ao preço a dinheiro e o pagamento total é reconhecida como um juro durante o período de crédito (a menos que esse juro implícito deva ser capitalizado no custo de um ativo intangível que se qualifica para capitalização).
O ponto 3.1.4 do Capítulo 3 contém um exemplo da aplicação prática desta situação.

4.2.4. Troca de ativos

Quando ocorre a troca de um ativo intangível (ativo não monetário) por outro, o custo do ativo intangível adquirido deve ser o seu justo valor, exceto:

- Se o justo valor do ativo recebido e o justo valor do ativo cedido não possam ser mensurados com fiabilidade;

  Nesta situação, o custo do ativo adquirido deve ser igual à quantia escriturada do ativo cedido

- Se ambos puderem ser fiavelmente mensurados e o justo valor do ativo adquirido não for claramente mais evidente.

  Nesta situação, o custo do ativo adquirido deve ser igual ao justo valor do ativo cedido

O ponto 3.1.5 do Capítulo 3 tem um exemplo da aplicação prática desta situação.

4.2.5. Custo de aquisição numa transação sem contraprestação

Quando um ativo intangível é adquirido numa transação sem contraprestação (por exemplo, direitos de aterragem num aeroporto, licenças para operar estações de rádio ou de televisão, licenças ou quotas de importação ou direitos de acesso a outros recursos restritos), o custo de aquisição é o seu justo valor à data em que é adquirido. O ponto 3.1.6 do Capítulo 3 tem um exemplo da aplicação prática desta situação.

4.3. Mensuração subsequente

Na mensuração subsequente dos ativos intangíveis, é possível optar pelo modelo do custo ou pelo modelo da revalorização.
Cada classe de ativos deve ser mensurada subsequentemente usando o mesmo modelo.

4.3.1. Modelo do custo

De acordo com o modelo do custo, os ativos intangíveis são subsequentemente mensurados líquidos das amortizações acumuladas e, caso aplicável, líquidos de qualquer perda de imparidade acumulada.

4.3.2. Modelo da revalorização

O modelo da revalorização só pode ser aplicado em determinadas situações:

- Os critérios e parâmetros serão definidos em dispositivo legal adequado;
- O valor do ativo por este critério será o seu valor revalorizado menos a depreciação subsequente acumulada;
- Toda a classe de ativos deve ser revalorizada.

O ponto 3.2.2 do Capítulo 3 tem um exemplo da aplicação prática de uma revalorização.

4.4. Amortizações

A amortização irá incidir sobre a **quantia amortizável** do ativo e deverá ser imputada sistematicamente ao longo da **vida útil** do ativo. A tabela seguinte descreve estes dois conceitos.

TABELA 4.4: QUANTIA AMORTIZÁVEL E VIDA ÚTIL DE UM ATIVO INTANGÍVEL

Quantia amortizável	Vida útil

• A quantia amortizável de um ativo é calculada após a dedução do seu valor residual
• SNC-AP preconiza que o valor residual de um ativo intangível deve assumir-se como sendo zero a menos que:
  • Haja um compromisso de um terceiro para adquirir o ativo no final da sua vida útil, ou
  • Haja um mercado para esse ativo e
    • O valor residual possa ser determinado com referência a tal mercado, e
    • Seja provável que tal mercado existirá no final da vida útil do ativo
	A vida útil é determinada tendo em conta:
	• O uso esperado do ativo pela entidade e se o ativo pode ser gerido com eficiência por outra equipa de gestão
	• Os ciclos de vida típicos do produto do ativo e informação pública sobre estimativas de vida útil de ativos similares que sejam usados de forma semelhante
	• Obsolescência técnica, tecnológica, comercial ou de outro tipo
	• A estabilidade do setor em que o ativo opera e alterações na procura do mercado para os produtos ou serviços produzidos pelo ativo
	• Ações esperadas dos concorrentes ou potenciais concorrentes
	• O nível de gastos de manutenção exigido para obter os benefícios económicos futuros ou potencial de serviço esperados a partir do ativo e a capacidade e intenção da entidade para atingir esse nível
	• O período de controlo sobre o ativo e limites legais ou contratuais sobre o uso do ativo, tais como as datas de expiração de locações relacionadas
	• Se a vida útil do ativo está dependente da vida útil de outros ativos da entidade

A amortização deve ser iniciada logo que o bem fique disponível para uso (isto é, quando estiver no local e nas condições necessárias para ser capaz de operar da forma pretendida pelo órgão de gestão).

O método deve refletir o padrão pelo qual se espera que os benefícios económicos futuros ou potencial de serviço sejam consumidos pela entidade. Existe três métodos possíveis:

- Método das quotas constantes;
- Método das quotas degressivas;
- Método das unidades de produção.

O SNC-AP preconiza que o método mais adequado às Administrações Públicas é o método das quotas constantes.
O ponto 3.3 do Capítulo 3 tem um exemplo da aplicação prática de uma amortização / depreciação.

4.5. Imparidades

A determinação se um ativo intangível está em imparidade, como deve ser contabilizada inicialmente e como deve ser tratada uma futura reversão é semelhante ao descrito no ponto 3.4 do Capítulo 3, com as necessárias adaptações.
De seguida apresentamos exemplos de indícios de que um ativo intangível possa estar em imparidade:

- Cessão ou redução de procura de serviço onde o ativo intangível esteja a ser usado;
- Existência de tecnologias mais desenvolvidas no mercado;
- Existência de aplicações informáticas onde o fornecedor já não presta assistência por falta de técnicos ou descontinuidade da aplicação;
- Intangíveis associados a instalações que tenham que encerrar por incumprimento de normas comunitárias ou legislação interna;
- Intangível em desenvolvimento em que a entidade deixe de fazer investimento para a sua conclusão.

CAPÍTULO 5

—

PROPRIEDADES DE INVESTIMENTO

As propriedades de investimento são apresentadas no balanço como ativos não correntes. Correspondem a terrenos e ou edifícios (ou partes deles), que são detidos para a obtenção de rendas e/ou para a valorização de capital.

A principal norma do SNC-AP de referência para este tipo de ativos é a NCP 8 — Propriedades de Investimento.

No entanto, outras normas são também referência para este tipo de ativos, nomeadamente:

- NCP 6 — Locações, que determina quais as propriedades de investimento relacionados com contratos de locação que devem ser contabilizados no balanço de uma entidade, assim como estabelece os princípios subjacentes ao reconhecimento do rendimento das rendas obtidas do locatário relativas a uma propriedade de investimento que esteja em regime de locação;
- NCP 7 - Custos de Empréstimos Obtidos, que define quais os ativos que são elegíveis para a capitalização de juros do financiamento incorrido por uma entidade para a aquisição do ativo;
- NCP 9 — Imparidade de Ativos, que estabelece os princípios para determinar se um ativo poderá estar em imparidade, como é que essa imparidade é calculada e reconhecida;
- NCP 15 - Provisões, Passivos Contingentes e Ativos Contingentes, que determina como devem ser apuradas as provisões, especificamente no que respeita aquelas relacionadas com propriedades de investimento e que acrescem ao valor de custo destes;
- NCP 16 - Efeitos de Alterações em Taxas de Câmbio, que orienta a forma de apuramento das diferenças cambiais no caso de propriedades de investimento adquiridas em moeda diferente da moeda funcional da entidade.

Neste capítulo iremos analisar em mais detalhe:

- O reconhecimento inicial de uma propriedade de investimento;
- A mensuração subsequente destes ativos;
- As transferências de e para propriedades de investimento;
- Quais as especificidades relacionadas com propriedades de investimento adquiridas por recurso a locações financeiras.

5.1. Reconhecimento inicial

Uma propriedade de investimento deve ser reconhecida como um ativo quando, e apenas quando:

- For provável que fluirão para a entidade benefícios económicos futuros ou potencial de serviço associados à propriedade de investimento:
  - o Tem de haver uma garantia de que a entidade irá receber as vantagens e os riscos associados ao ativo;
  - o Esta garantia só fica disponível geralmente quando os riscos e vantagens passaram para a entidade;

  e
- O custo ou o justo valor da propriedade de investimento puder ser mensurado com fiabilidade:
  - o Numa transação com contraprestação temos evidência do custo;
  - o Numa transação sem contraprestação o custo é o justo valor da propriedade na data de aquisição.

Por vezes surgem dúvidas se um determinado terreno ou edifício deve ser contabilizada como uma propriedade de investimento ou como um ativo fixo tangível.
A figura abaixo ajuda a entender o tipo de situações / transações mais habituais com terrenos e edifícios e como devem ser enquadradas no SNC-AP.

FIGURA 5.1: ENQUADRAMENTO DE TRANSAÇÕES COM TERRENOS E EDIFÍCIOS

Classificação de acordo com o uso que lhe é dado

Inventário	**Ativos fixos tangíveis**	**Propriedade de investimento**
• Terrenos e/ou edifícios detidos para venda no decurso normal da atividade	• Terrenos e/ou edifícios, ou parte deles, detidos, para uso próprio da entidade para efetuar as suas operações	• Terrenos e/ou edifícios, ou parte deles, detidos para valorização de capital ou para obter rendimento • Classificação residual (se nenhuma das anteriores se aplicar)

Opções de mensuração subsequente de acordo com o tipo de aquisição

Construída pela própria entidade ou por recurso a um contrato de construção	**Adquirida por financiamento direto do vendedor ou em locação financeira**	**Detida numa locação operacional (há opção de reconhecer como uma propriedade de investimento)**
• Inicialmente mensurada ao custo até que o seu justo valor seja determinado com fiabilidade ou a construção esteja completa (o que mais cedo ocorrer)	• Inicialmente mensurada ao custo	• Inicialmente mensurada ao custo que é o mais baixo entre o justo valor e o valor presente dos pagamentos mínimos da locação

No reconhecimento inicial de uma propriedade de investimento, existem certos custos que são elegíveis para capitalização e outros que devem ser reconhecidos como custo quando incorridos. Subsequentemente, uma entidade pode incorrer em custos adicionais que devem igualmente ser incluídos no custo de aquisição.

Assim, o custo de aquisição de uma propriedade de investimento pode incluir custos incorridos inicialmente com a aquisição do ativo e custos incorridos subsequentemente, conforme analisado de seguida.

5.1.1. Componentes do custo de aquisição

A figura abaixo exemplifica custos iniciais que devem ser reconhecidos, e os que não devem ser reconhecidos, no custo de aquisição de um bem.

FIGURA 5.2: CUSTO INICIAL DE AQUISIÇÃO DE UMA PROPRIEDADE DE INVESTIMENTO

Custo inicial de uma propriedade de investimento

Inclui:

- Custos de transação
- Honorários profissionais por serviços legais
- Impostos de transferência da propriedade

Não inclui:

- Custos de arranque (a menos que sejam necessários para colocar a propriedade na condição necessária para ser capaz de operar na maneira pretendida pelo órgão de gestão)
- Perdas operacionais iniciais suportadas antes da propriedade de investimento atingir o nível planeado de ocupação
- Quantias anormais de materiais, mão-de-obra ou de outros custos desperdiçados que tenham sido suportadas na construção ou desenvolvimento da propriedade

5.1.2. Custos subsequentes

Os custos suportados subsequentemente para acrescentar ou substituir parte de uma propriedade de investimento devem ser reconhecidos no momento em que o custo é suportado se os critérios de reconhecimento forem satisfeitos (as partes substituídas devem ser desreconhecidas).

Os custos subsequentes relativos aos custos correntes de serviço da propriedade (mão-de-obra, consumíveis, e o custo de pequenas peças de substituição), não podem ser acrescidos ao custo inicial de aquisição e devem ser reconhecidos como gastos no período e que são incorridos.

5.1.3. Custos de desmantelamento

A compra de uma propriedade de investimento pode ter associada uma obrigação de desmantelamento. Estes custos de desmantelamento podem ser custos de remover o bem e/ou custos de restaurar o local em que o bem está localizado.
Estes custos devem ser acrescidos ao custo de aquisição do ativo conforme previsto na NCP 15 – Provisões, Passivos Contingentes e Ativos Contingentes. De acordo com esta norma, os custos de desmantelamento devem ser mensurados pelo seu valor atual e têm como contrapartida o reconhecimento de uma provisão para desmantelamento.
O ponto 3.1.3 do Capítulo 3 tem um exemplo da aplicação prática do reconhecimento de um custo de desmantelamento no custo inicial do ativo. O tratamento aí previsto é igual ao preconizado para as propriedades de investimento.

5.1.4. Diferimento do pagamento

Se o pagamento for diferido para além das condições normais de crédito, a diferença entre o equivalente ao preço a dinheiro e o pagamento total é reconhecida como um juro durante o período de crédito (a menos que esse juro implícito deva ser capitalizado no custo de uma propriedade de investimento que se qualifica para capitalização).
O ponto 3.1.4 do Capítulo 3 tem um exemplo da aplicação prática desta situação.

5.1.5. Troca de ativos

Quando ocorre a troca de uma propriedade de investimento (ativo não monetário) por outra, o custo da propriedade de investimento adquirida deve ser o seu justo valor, exceto:

- Se a transação com contraprestação não tiver substância comercial;

> Uma transação tem substância comercial se:
> - A configuração (risco, momento e quantia) dos fluxos de caixa do ativo recebido diferir da configuração do ativo transferido
>
> ou
> - O valor específico das operações afetadas pela transação alterar em consequência da troca

e

- A diferença entre os dois valores acima for significativa relativamente ao justo valor dos ativos trocados

Quando a transação não tem substância comercial, o custo do ativo adquirido deve ser igual à quantia escriturada do ativo cedido

- Se o justo valor do ativo recebido e o justo valor do ativo cedido não possam ser mensurados com fiabilidade;

Nesta situação, o custo do ativo adquirido deve ser igual à quantia escriturada do ativo cedido

- Se ambos puderem ser fiavelmente mensurados e o justo valor do ativo adquirido não for claramente mais evidente.

Nesta situação, o custo do ativo adquirido deve ser igual ao justo valor do ativo cedido

O ponto 3.1.5 do Capítulo 3 tem um exemplo da aplicação prática desta situação.

5.1.6. Custo de aquisição numa transação sem contraprestação

Quando uma propriedade de investimento é adquirida numa transação sem contraprestação, o custo de aquisição deve ser o seu justo valor na data de aquisição.
O ponto 3.1.6 do Capítulo 3 tem um exemplo da aplicação prática desta situação.

5.2. Mensuração subsequente

Uma entidade deve escolher como sua política contabilística ou o modelo do custo ou o modelo do justo valor. Esta política deve ser aplicada a todas as suas propriedades de investimento.
Esta opção não está disponível para os interesses em propriedades de investimento detidas pelos locatários em locação operacional, as quais devem ser mensuradas ao justo valor.
Independentemente do modelo adotado, uma entidade tem de determinar o justo valor das suas propriedades de investimento, seja para efeitos de mensuração (se usar o modelo do justo valor) seja para divulgação (se usar o modelo do custo).

5.2.1. Modelo do custo

De acordo com o modelo do custo, as propriedades de investimento são subsequentemente mensuradas líquidas das depreciações acumuladas e, caso aplicável, líquidas de qualquer perda de imparidade acumulada.
A depreciação irá incidir sobre a quantia depreciável do ativo e deverá ser imputada sistematicamente ao longo da vida útil do ativo.
Este modelo é equivalente ao modelo do custo dos ativos fixos tangíveis, o qual está descrito e exemplificado nos pontos 3.2.1 e 3.3 do Capítulo 3.

5.2.2. Modelo do justo valor

Após o reconhecimento inicial, uma entidade que opte por utilizar o modelo do justo valor deve mensurar todas as suas propriedades de investimento ao justo valor, exceto se for incapaz de o mensurar com fiabilidade.
O justo valor deve refletir as condições de mercado à data de relato e deve ser determinado sem dedução dos custos de transação em que possa incorrer na venda.
As depreciações da propriedade de investimento cessam com a aplicação do justo valor. Os ganhos ou perdas por alteração no justo valor deve ser reconhecido nos resultados do período em que ocorrem.
A figura abaixo evidencia qual a melhor evidência do justo valor menos os custos de vender.

FIGURA 5.3: MELHOR EVIDÊNCIA DO JUSTO VALOR DE UMA PROPRIEDADE DE INVESTIMENTO

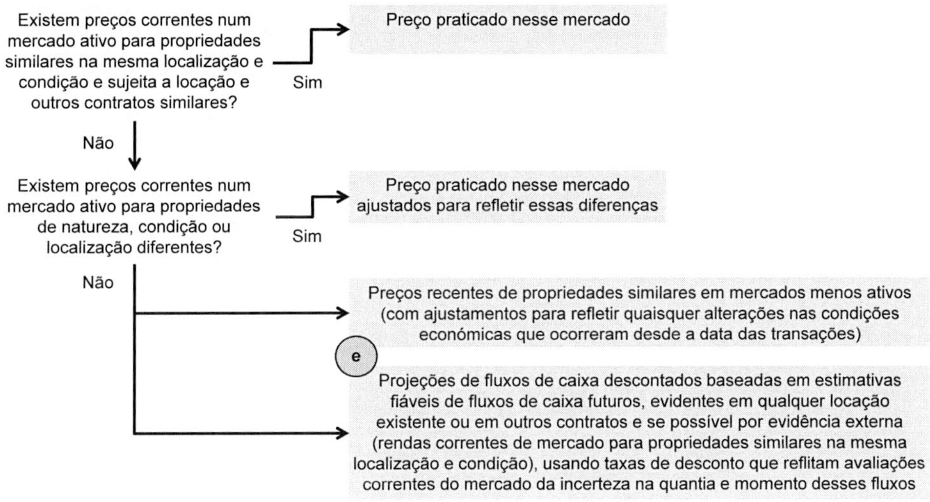

Diferença entre justo valor e valor de uso

O justo valor reflete o conhecimento e as estimativas dos compradores e vendedores conhecedores e dispostos a transacionar. O justo valor não reflete:

- Valor adicional derivado da constituição de uma carteira de propriedades em diferentes localizações;
- Sinergias entre a propriedade de investimento e outros ativos;
- Direitos ou restrições legais que sejam específicos do proprietário corrente; e
- Benefícios ou encargos fiscais que sejam específicos do proprietário corrente.

O valor de uso reflete o conhecimento e estimativas da entidade, bem como fatores específicos da entidade que não sejam aplicáveis a entidades em geral.

5.3. Imparidades

Uma propriedade de investimento mensurada subsequente de acordo com o modelo do justo valor não é testada por imparidade.

Uma propriedade de investimento mensurada subsequentemente ao custo está sujeita a testes de imparidade pelo menos numa base anual.

As propriedades de investimento podem ser, ou não, geradoras de caixa. Os requisitos para os testes de imparidade são semelhantes aos descritos no ponto 3.4 do Capítulo 3.

5.4. Transferências de e para propriedades de investimento

As transferências para, ou de, propriedades de investimento devem ser feitas quando, e apenas quando, existir uma alteração no uso, evidenciada por:

- Começo da ocupação pelo titular – no caso de uma transferência de propriedade de investimento para propriedade ocupada pelo titular;
- Começo do desenvolvimento com o objetivo de venda – no caso de uma transferência de propriedade de investimento para inventários;
- Fim da ocupação pelo titular – no caso de uma transferência de propriedade ocupada pelo titular para propriedade de investimento; ou
- Começo de uma locação operacional (numa base comercial) – no caso de uma transferência de inventários para propriedade de investimento.

Enquanto o uso não for efetivamente alterado, a propriedade deve manter a sua anterior classificação.

TABELA 5.1: CONTABILIZAÇÃO DE TRANSFERÊNCIAS DE ATIVOS DE E PARA PROPRIEDADES DE INVESTIMENTO

Transferências	Modelo do justo valor	Modelo do custo
De propriedade de investimento para propriedade ocupada pelo proprietário (ex.: Governo decide ocupar um edifício que é uma propriedade de investimento)	• Determina-se o justo valor na data de alteração do uso e esse será o valor de custo para efeitos da aplicação da NCP 5 • Qualquer diferença entre o justo valor e a quantia escriturada é reconhecida em resultados	• Não altera a quantia escriturada da propriedade e não alteram o custo da propriedade para efeitos de mensuração ou divulgação
De propriedade ocupada pelo proprietário para propriedade de investimento (ex.: Governo decide converter um edifício administrativo num Hotel e alugar esse edifício a entidade do setor privado)	Deve aplicar a NCP 5 até à data de alteração do uso (continua a depreciar e a reconhecer perdas por imparidade) e a diferença para o justo valor nessa data é tratada de acordo com a NCP 5: • Se aumenta a quantia escriturada, tratar como uma revalorização de ativo • Se diminui a quantia escriturada, reconhecer em resultados	

Transferências	Modelo do justo valor	Modelo do custo
De propriedade de investimento para inventários (ex.: Governo decide alienar uma propriedade de investimento sem desenvolvimento)	• Determina-se o justo valor na data de alteração do uso e esse será o valor de custo para efeitos da aplicação da NCP 10 • Qualquer diferença entre o justo valor e a quantia escriturada é reconhecida em resultados	• Não altera a quantia escriturada da propriedade e não alteram o custo da propriedade para efeitos de mensuração ou divulgação
De inventários para propriedade de investimento (ex.: Governo decide não vender e manter a propriedade pela sua capacidade de gerar rendas ou pelo seu potencial de valorização)	• Determina-se o justo valor na data de alteração do uso e esse será o valor de custo para efeitos da aplicação da NCP 8 • Qualquer diferença entre o justo valor e a quantia escriturada é reconhecida em resultados	

Quando uma entidade concluir a construção ou o desenvolvimento de uma propriedade de investimento construída para si própria que vai ser registada ao justo valor, qualquer diferença entre o justo valor da propriedade nessa data e a sua quantia escriturada anterior deve ser reconhecida nos resultados.

5.5. Locações

Uma entidade pode ser parte num contrato de locação de uma propriedade de investimento.

O Capítulo 7 contém as orientações para a determinação se esse contrato de locação tem as características de uma locação financeira (sendo o respetivo ativo reconhecido no balanço da entidade) ou de uma locação operacional (neste caso o ativo não é reconhecido).

Se o contrato de locação é classificado como financeiro, a propriedade de investimento é reconhecida no balanço seguindo as orientações descritas neste capítulo.

O SNC-AP prevê igualmente que um interesse numa propriedade detido por um locatário numa locação operacional possa ser classificado e contabilizado como propriedade de investimento se, e apenas se:

- A propriedade satisfizer a definição de propriedade de investimento; e
- O locatário usar o modelo do justo valor.

CAPÍTULO 6
—
ACORDOS DE CONCESSÃO DE SERVIÇOS

Os acordos de concessão envolvem um concessionário que presta serviços públicos relacionados com um ativo de concessão de serviços, em nome do concedente que será uma entidade integrada nas administrações públicas e que controla esse ativo de concessão.

Na ótica do concedente, os acordos de concessão levam ao reconhecimento de ativos não correntes, como por exemplo ativos fixos tangíveis e intangíveis, ao reconhecimento de passivos não correntes (que incluem uma componente corrente relativa à parte que se vence no próximo exercício económico), e ao reconhecimento de outros rendimentos relacionados com esses acordos.

A principal norma do SNC-AP de referência para estes acordos é a NCP 4 — Acordos de Concessão de Serviços: Concedente. É também relevante a ESA 2010 - Sistema Europeu de Contas 2010, que enquadra o tratamento das concessões em contas nacionais.

Como o próprio nome indica, esta norma só trata da contabilização destes acordos na ótica do concedente. A contabilização na ótica do concessionário está prevista na IFRIC 12 - Acordos de Concessão de Serviços. Neste caso, o concessionário não reconhece um ativo tangível. A natureza do ativo a reconhecer depende da natureza dos fluxos a receber ao abrigo do contrato.

Outras normas são também referência para este tipo de ativos, nomeadamente:

- NCP 3 — Ativos Intangíveis, para o tratamento da mensuração subsequente no caso em que o ativo de concessão é um ativo intangível;
- NCP 5 — Ativos Fixo Tangíveis, para o tratamento da mensuração subsequente no caso em que o ativo de concessão é um ativo fixo tangível;
- NCP 9 — Imparidade de Ativos, que estabelece os princípios para determinar se um ativo poderá estar em imparidade, como é que essa imparidade é calculada e reconhecida.

Neste capítulo iremos analisar em mais detalhe:

- Na ótica do concedente:
  - o O reconhecimento de um ativo de concessão;
  - o A mensuração inicial de um ativo de concessão;
  - o O reconhecimento de um passivo associado ao ativo de concessão;
  - o Rendimentos de um contrato de concessão;
- Na ótica do concessionário:
  - o O âmbito de aplicação da IFRIC 12;
  - o Reconhecimento da construção ou melhoria da Infraestrutura.

6.1 Impactos na ótica do concedente

6.1.1. Contabilização do ativo

Um ativo proporcionado pelo concessionário ou a melhoria de um ativo já existente deve ser contabilizado pelo concedente como um ativo da concessão se:

- O concedente controlar quais os serviços a prestar com o ativo, a quem os prestar e a que preço; e
- O concedente controla ou (1) através da propriedade, o direito aos benefícios, ou (2) qualquer interesse residual no ativo no final do termo do acordo.

Este ativo é inicialmente mensurado pelo seu justo valor, exceto se o ativo já existe no concedente, situação em que apenas se procede à sua reclassificação para ativos de concessão de serviços).
Subsequentemente o ativo deve ser mensurado de acordo com a NCP 3 (intangíveis) ou NCP 5 (tangíveis), conforme apropriado.

Exemplo 6.1
A Admin_Central, em representação do Estado Português, celebrou um contrato em N-3 com uma entidade privada, o concessionário, para a construção de uma estrada e operação da mesma por um período de 15 anos.
O custo acordado para a construção da estrada é de 80.000.000 euros e a mesma ficou pronta em 2 anos, em dezembro de N-2. Durante o período da concessão (que se iniciou em janeiro N-1), ou seja, ao fim de 6,5 anos da estrada estar em uso, a mesma terá de ser repavimentada (custo estimado de 10.000.000 euros).
Assim, os 80.000.000, quando foram inicialmente reconhecidos, foram segregados por componentes: 70 mil que correspondem à estrada e 10 mil que correspondem ao pavimento, o qual será depois substituído ao fim de 6,5 anos.
Pela operação da estrada ao longo dos 13 anos, ou seja, do 3.º ano (N-1) ao 15.º ano (N+11), o concessionário estima custos operacionais anuais de 1.200.000 euros.
Ficou acordado que a Admin_Central pagará um valor anual de 11.553.225 euros, ao longo dos 13 anos, para compensar o concessionário pelos custos incorridos, os quais têm duas componentes:

- Custo de construção da estrada = 80.000.000 euros
- Custo de operação da estrada = [1.200.000 × 13 anos] = 15.600.000 euros

O valor a pagar anualmente representa assim:

a) O pagamento do serviço de operação da estrada = 1.200.000;
b) O pagamento do serviço de construção da infraestrutura = 11.553.225 - 1.200.000 = 10.353.225 euros;

A taxa de juro implícita no contrato é de 6,5%.

A Admin_Central atribuiu uma vida útil à estrada de 30 anos. À camada de alcatrão que irá ser substituída com a repavimentação foi atribuída uma vida útil de 5 anos.

A tabela abaixo detalha o reconhecimento do ativo da concessão (apresentado em milhões de euros para facilitar a leitura da tabela).

Ativo da concessão	**N-3**	**N-2**	**N-1**	**N**	**N+1... N+4**	**N+5**	**N+6... N+11**
Estrada	40,0	30,0	-	-	-	-	-
Pavimento	-	10,0	-	-	-	10,0	-
Depreciação – Estrada	-	-	(2,3)	(2,3)	(9,3)[(2)]	(2,3)	(14,0)
Depreciação – Pavimento 1	-	-	(1,5)	(1,5)	(6,2)[(2)]	(0,8)[(3)]	-
Depreciação – Pavimento 2	-	-	-	-	-	(0,8)[(3)]	(9,2)
Total	**40,0**	**80,0**	**76,1**[(1)]	**72,3**	**56,8**	**62,9**	**39,7**

(1) O valor líquido do ativo fixo tangível nesta data, foi determinado como segue:

a) Entre N-3 e N-2 reconheceu um ativo fixo tangível em curso, de 40.000 000 euros em N-3 e 80.000.000 euros (acumulados) em N-2. No final de N-2 o ativo em curso foi transferido para ativo firme: 70.000.000 euros para estrada e 10.000.000 euros de pavimento;
b) Estes ativos começaram a ser depreciados em janeiro de N-1 quando entraram em funcionamento. A depreciação anual da estrada ascende a 2.333.333 euros (70.000.000 / 30 anos) e do pavimento ascende a 1.538.462 euros (10.000.000 / 6,5 anos). Assim, no início de N as depreciações acumuladas ascendem a 3.871.795 euros;
c) O ativo líquido ascende assim a 76.128.205 euros (80.000.000 - 3.871.795).

(2) Os valores das depreciações apresentados nesta coluna representam o acumulado das depreciações anuais desde N+1 a N+4, ou seja, 4 anos (2.333.333 × 4 + 1.538.462 × 4).

(3) Neste ano, o pavimento 1 teve apenas 6 meses de depreciação (= 1.538.462 / 2 = 769.231 euros), pois chegou ao final dos seus 6, 5 anos de vida útil. O pavimento 2 entra em funcionamento em junho de N+5 e tem igualmente 6 meses de depreciação (mesmo valor = 10.000.000 / 6,5 anos × 6/12 meses).

O ativo da concessão foi inicialmente registado na conta 453- Ativos fixos tangíveis em curso, enquanto esteve em construção. Depois foi transferido para a conta 43031 - Infraestruturas rodoviárias.

No final do período da concessão, a infraestrutura apresenta um valor líquido de 39,7 milhões de euros, a qual será depreciada por mais 17 anos até ao final da sua vida útil estimada (depreciação anual de 2,3 milhões de euros, conforme evidenciado acima).

No subsistema financeiro, os movimentos contabilísticos a efetuar no ano N em relação ao ativo estão apenas relacionados com a depreciação e são os seguintes:

Db / Cr	Conta	Classificador económico	C.O.	Descritivo	Valor
D	6420			Reconhecimento da depreciação da infraestrutura	3.871.795
C	4380			Reconhecimento da depreciação da infraestrutura	(3.871.795)

No ano N+5, o repavimento de 10 milhões de euros será lançado como acréscimo ao ativo e ao passivo.

O ativo a contabilizar é o mesmo, independentemente do modelo de reconhecimento do passivo que venha a ser determinado.

No subsistema orçamental, o lançamento da depreciação não tem impacto.

6.1.2. Contabilização do passivo

Quando o concedente reconhece o ativo, deve também reconhecer um passivo pelo mesmo valor do ativo, exceto:

- Se se tratar apenas de uma reclassificação do ativo;
- Se for proporcionada remuneração adicional ao / pelo concessionário, sendo o passivo ajustado em conformidade.

A natureza do passivo a reconhecer irá depender da natureza da remuneração trocada com o concessionário, que poderá ter duas naturezas.

- Um passivo financeiro;
- Uma atribuição de um Direito ao Concessionário.

6.1.2.1. Modelo do "Passivo Financeiro"

Deve ser reconhecido um passivo financeiro quando o concedente tem uma obrigação incondicional de pagar dinheiro ou outro ativo financeiro ao concessionário. Uma obrigação é incondicional quando:

- O concedente tiver de pagar uma quantia específica ou determinável de dinheiro, ou

- O concedente tiver de pagar a diferença entre o valor recebido pelo concessionário dos utilizadores e a quantia específica ou determinável de dinheiro referida acima - mesmo que o pagamento seja contingente ao concessionário ter o ativo a cumprir os requisitos de qualidade ou eficiência especificados no contrato.

O passivo é reconhecido ao custo amortizado.

Exemplo 6.2

Considerando os mesmos pressupostos do Exemplo 6.1, a tabela abaixo detalha o reconhecimento do passivo da concessão (apresentado em milhões de euros para facilitar a leitura da tabela).

Passivo da concessão	**N-3**	**N-2**	**N-1**	**N**	**N+1... N+4**	**N+5**	**N+6... N+11**
Construção	40,0	40,0	-	-	-	10,0	-
Serviço	-	-	1,2	1,2	4,8	1,2	7,2
Pagamento	-	-	-11,6	-11,6	-46,2	-11,6	-69,3
Juro	2,6	5,4	5,0	4,7	14,9	3,3	8,7
Total	**42,6**	**88,0**	**82,7**(1)	**77,0**	**50,5**	**53,4**	-

(1) O valor do passivo nesta data, foi determinado como segue:

a) Entre N-3 e N-2 reconheceu um passivo de 40.000 000 euros em N-3 e 80.000.000 euros (acumulados) em N-2.

b) Em N-3 foi acrescido o juro sobre o capital em dívida = 40.000.000 × 6,5% que é a taxa efetiva implícita no contrato de construção. Em N-2 o juro foi calculado sobre o total dos 82,6 milhões de euros em dívida (que corresponde ao valor acumulado dos 80.000.000 euros, acrescido dos juros de 2.600.000 euros). O juro em N-2 totalizou, assim, 5.369.000 euros. Em N-1 o juro é apurado atendendo ao valor em divida, ou seja, [(80.000.000 + 2.600.000 + 5.369.000 + 1.200.000 - 11.553.225) × 6,5%] = 5.045.025 euros;

c) A taxa dos 6,5% é a taxa determinada em Excel (fórmula IRR) aplicada a todos os fluxos da concessão (que são "recebimento" de 40 milhões de euros em N-3 e N-2, e pagamento de 11,5 milhões ao longo de 13 anos mais os 10 milhões de substituição do pavimento em N+5);

d) Em N-1 acresce já o custo do serviço da operação, cerca de 1.200.000 euros por ano, e ocorre o pagamento da primeira prestação de 11.553.225 euros;

e) O passivo ascende assim a 82.660.801 euros (80.000.000 + 13.014.025 + 1.200.000 - 11.553.225).

O passivo foi inicialmente registado na conta 2702 - Credores por contratos de concessão. No final do período da concessão, o passivo irá apresentar um valor nulo.
A tabela abaixo detalha o reconhecimento dos custos associados ao contrato de concessão (apresentado em milhões de euros para facilitar a leitura da tabela).

Custos da concessão	**N-3**	**N-2**	**N-1**	**N**	**N+1... N+4**	**N+5**	**N+6... N+11**
Operação da estrada	-	-	1,2	1,2	4,8	1,2	7,2
Dep. – Estrada	-	-	2,3	2,3	9,3	2,3	14,0
Dep. – Pavimento	-	-	1,5	1,5	6,2	1,5	9,2
Juro	2,6	5,4	5,0	4,7	14,9	3,3	8,7
Total	**2,6**	**5,4**	**10,1**	**9,8**	**35,2**	**8,3**	**39,2**

No subsistema financeiro, os movimentos contabilísticos a efetuar no ano N em relação ao passivo e aos custos são os seguintes:

Db / Cr	Conta	Classificador económico	C.O.	Descritivo	Valor
D	6212			Reconhecimento dos custos de operação da estrada	1.200.000
C	27022			Reconhecimento dos custos de operação da estrada	(1.200.000)
D	6911			Reconhecimento do juro relativo ao passivo da concessão	4.699.992
C	27022			Reconhecimento do juro relativo ao passivo da concessão	(4.699.992)
D	27022			Pagamento da renda anual estipulada no contrato	11.553.225
C	1221			Pagamento da renda anual estipulada no contrato	(11.553.225)
D	27021			Transferência de parte do passivo de médio e longo prazo para curto prazo	11.553.225
C	27022			Transferência de parte do passivo de médio e longo prazo para curto prazo	(11.553.225)

No subsistema orçamental, esta operação tem impacto em compromissos e obrigações de anos futuros.

O valor dos compromissos contempla os montantes relacionados com os custos de operação anuais, mas como os mesmos só se tornam obrigação em cada período, não são de considerar no valor das obrigações para anos futuros.

Os movimentos contabilísticos a efetuar são os seguintes:

Db / Cr	Conta	Classificador económico	C.O.	Descritivo	Valor
D	024	02.02.21	D2	Cabimento - operação anual da infraestrutura	1.200.000
C	0251	02.02.21	D2	Cabimento - operação anual da infraestrutura	(1.200.000)
D	0252	02.02.21	D2	Compromisso - operação anual da infraestrutura	1.200.000
C	0261	02.02.21	D2	Compromisso - operação anual da infraestrutura	(1.200.000)
D	0262	02.02.21	D2	Obrigação - operação anual da infraestrutura	1.200.000
C	0271	02.02.21	D2	Obrigação - operação anual da infraestrutura	(1.200.000)
D	0272	02.02.21	D2	Pagamento - operação anual da infraestrutura	1.200.000
C	0281	02.02.21	D2	Pagamento - operação anual da infraestrutura	(1.200.000)
D	024	07.03.03	D7	Cabimento - componente capital	10.353.225
C	0251	07.03.03	D7	Cabimento - componente capital	(10.353.225)
D	0252	07.03.03	D7	Compromisso - componente capital	10.353.225
C	0261	07.03.03	D7	Compromisso - componente capital	(10.353.225)
D	0262	07.03.03	D7	Obrigação - componente capital	10.353.225
C	0271	07.03.03	D7	Obrigação - componente capital	(10.353.225)
D	0272	07.03.03	D7	Pagamento - componente capital	10.353.225
C	0281	07.03.03	D7	Pagamento - componente capital	(10.353.225)

Db / Cr	Conta	Classificador económico	C.O.	Descritivo	Valor
D	0411	02.02.21	D2	Compromisso futuro ano N+1 - operações anual da infraestrutura	1.200.000
C	0421	02.02.21	D2	Compromisso futuro ano N+1 - operações anual da infraestrutura	(1.200.000)
D	0412	02.02.21	D2	Compromisso futuro ano N+2 - operações anual da infraestrutura	1.200.000
C	0422	02.02.21	D2	Compromisso futuro ano N+2 - operações anual da infraestrutura	(1.200.000)
D	0413	02.02.21	D2	Compromisso futuro ano N+3 - operações anual da infraestrutura	1.200.000
C	0423	02.02.21	D2	Compromisso futuro ano N+3 - operações anual da infraestrutura	(1.200.000)
D	0414	02.02.21	D2	Compromisso futuro ano N+4 - operações anual da infraestrutura	1.200.000
C	0424	02.02.21	D2	Compromisso futuro ano N+4 - operações anual da infraestrutura	(1.200.000)
D	0415	02.02.21	D2	Compromisso futuro anos seguintes - operações anual da infraestrutura	7.200.000
C	0425	02.02.21	D2	Compromisso futuro anos seguintes - operações anual da infraestrutura	(7.200.000)
D	0411	07.03.03	D7	Compromisso futuro ano N+1 - componente capital	10.353.225
C	0421	07.03.03	D7	Compromisso futuro ano N+1 - componente capital	(10.353.225)
D	0412	07.03.03	D7	Compromisso futuro ano N+2 - componente capital	10.353.225
C	0422	07.03.03	D7	Compromisso futuro ano N+2 - componente capital	(10.353.225)
D	0413	07.03.03	D7	Compromisso futuro ano N+3 - componente capital	10.353.225
C	0423	07.03.03	D7	Compromisso futuro ano N+3 - componente capital	(10.353.225)
D	0414	07.03.03	D7	Compromisso futuro ano N+4 - componente capital	10.353.225
C	0424	07.03.03	D7	Compromisso futuro ano N+4 - componente capital	(10.353.225)
D	0415	07.03.03	D7	Compromisso futuro anos seguintes - componente capital	72.472.575
C	0425	07.03.03	D7	Compromisso futuro anos seguintes - componente capital	(72.472.575)
D	0431	07.03.03	D7	Obrigação futuro ano N+1 - componente capital	10.353.225
C	0441	07.03.03	D7	Obrigação futuro ano N+1 - componente capital	(10.353.225)
D	0432	07.03.03	D7	Obrigação futuro ano N+2 - componente capital	10.353.225
C	0442	07.03.03	D7	Obrigação futuro ano N+2 - componente capital	(10.353.225)
D	0433	07.03.03	D7	Obrigação futuro ano N+3 - componente capital	10.353.225
C	0443	07.03.03	D7	Obrigação futuro ano N+3 - componente capital	(10.353.225)
D	0434	07.03.03	D7	Obrigação futuro ano N+4 - componente capital	10.353.225
C	0444	07.03.03	D7	Obrigação futuro ano N+4 - componente capital	(10.353.225)
D	0435	07.03.03	D7	Obrigação futuro anos seguintes - componente capital	72.472.575
C	0445	07.03.03	D7	Obrigação futuro anos seguintes - componente capital	(72.472.575)

No nosso entendimento o valor da obrigação de anos futuros inclui a componente de juro, já que o contrato estipula o pagamento de uma renda fixa para compensar o concessionário, sendo o juro determinado pelo método do juro efetivo (já que o passivo está mensurado ao custo amortizado). Mas a obrigação de anos futuros não inclui o custo da operação anual da infraestrutura. Apenas o compromisso assumido é que inclui esse montante, devendo ser reconhecido pelo valor total de 11.553. 225 euros (ou seja, 1.200.000 euros relativos à operação anual da infraestrutura e 10.353.225 euros relativos ao reembolso do serviço de construção da estrada).

Portagens

A Admin_Central irá ter como rendimentos da concessão, as portagens que serão cobradas aos utilizadores e que o concessionário irá cobrar por conta da Admin_Central. No ano N-1 a Admin_Central reconheceu um rendimento de 1.550.000 euros de portagens, o mesmo valor que foi recebido este ano.

No subsistema financeiro, os movimentos contabilísticos a efetuar no ano N são os seguintes:

Db / Cr	Conta	Classificador económico	C.O.	Descritivo	Valor
D	1221			Rendimento das portagens do ano N	1.550.000
C	704121			Rendimento das portagens do ano N	(1.550.000)

No subsistema orçamental, os movimentos contabilísticos a efetuar são os seguintes:

Db / Cr	Conta	Classificador económico	C.O.	Descritivo	Valor
D	0152	04.01.21	R3	Liquidação da receita	1.550.000
C	014	04.01.21	R3	Liquidação da receita	(1.550.000)
D	0171	04.01.21	R3	Recebimento da receita	1.550.000
C	0153	04.01.21	R3	Recebimento da receita	(1.550.000)

Transferências do Orçamento de Estado

Mensalmente a entidade faz solicitações de transferências de fundos (STF) para poder pagar as rendas associadas ao ativo de concessão, uma vez que as receitas com portagens são, ainda, insuficientes.
Assim, durante o ano N o valor solicitado e recebido ascendeu a 11.700.000 euros, conforme previsto no seu orçamento inicial, o qual contempla duas componentes (condição associada ao seu recebimento):

- Para compensar o gasto com juros relevado; o rendimento associado é relevado em rendimento no ano;
- Para financiar a componente da construção do ativo de concessão; o rendimento associado é relevado nos fundos patrimoniais e reconhecido em rendimento pelos anos de depreciação do ativo de concessão.

Com o pedido e aprovação da STF na contabilidade financeira reconhece-se um valor a receber por contrapartida de um passivo, uma vez que estamos perante uma verba associada a uma condição (o pagamento das rendas da concessão).
Apenas quando se verificarem as condições se irá reconhecer a verba em rendimentos / fundos patrimoniais, consoante a condição acordada.
Assim, o lançamento a efetuar pela solicitação e autorização do pedido é o seguinte:

Db / Cr	Conta	Classificador económico	C.O.	Descritivo	Valor
D	201			Pedido e autorização da STF	11.700.000
C	2822			Pedido e autorização da STF	(11.700.000)

Na contabilidade orçamental reconhecem-se as liquidações emitidas:

Db / Cr	Conta	Classificador económico	C.O.	Descritivo	Valor
D	0152	10.03.01	R9.1.1	Liquidação da receita do STF	11.700.000
C	014	10.03.01	R9.1.1	Liquidação da receita do STF	(11.700.000)

Com o recebimento das STF, os registos a efetuar são os seguintes na contabilidade patrimonial:

Db / Cr	Conta	Classificador económico	C.O.	Descritivo	Valor
D	121			Pelo recebimento da STF	11.700.000
C	201			Pelo recebimento da STF	(11.700.000)
D	2822			Pela verificação da condição - pagamento das rendas ao concessionário	11.700.000
C	5931			Pela verificação da condição - pagamento das rendas ao concessionário	(11.700.000)

Assumiu-se que foi dado cumprimento à condição associada a esta transferência, que é o pagamento das rendas ao concessionário, pelo que se transferiu o valor para a conta apropriada nos fundos patrimoniais.

No sistema da contabilidade orçamental, o registo a efetuar é o seguinte:

Db / Cr	Conta	Classificador económico	C.O.	Descritivo	Valor
D	0171	10.03.01	R9.1.1	Pelo recebimento da STF	11.700.000
C	0153	10.03.01	R9.1.1	Pelo recebimento da STF	(11.700.000)

Atendendo às condições definidas para esta transferência de fundos, a parte associada ao juro será reconhecida na sua totalidade no ano, e a parte relativa à comparticipação do investimento, relevada em rendimentos pelo período de vida útil do ativo subjacente.

Assim, o valor a transferir do património liquido para resultados do ano corresponde 1/30 do valor já recebido em N-1 e não imputado a rendimentos (assume-se que também foi recebido o mesmo montante em N-1), adicionado do valor do juro reconhecido em gastos no ano N, bem como 1/29 do remanescente que foi reconhecido nos fundos patrimoniais.

Valor a reconhecer em resultados em N = [(11.700.000 – 4.699.992 (juro do ano N)) / 29 anos remanescentes] + 4.699.992 + [11.700.00 – 5.045.025 (juro do ano N-1)) / 30 anos remanescentes] = 5.163.204 euros.

Os registos na contabilidade financeira são os seguintes:

Db / Cr	Conta	Classificador económico	C.O.	Descritivo	Valor
D	5931			Pelo reconhecimento do rendimento	5.163.204
C	798			Pelo reconhecimento do rendimento	(5.163.204)

No sistema da contabilidade orçamental este movimento não tem impacto.

6.1.2.2. Modelo da "Atribuição de um Direito ao Concessionário"

Deve ser reconhecida a atribuição de um direito ao concessionário quando o concedente não tem uma obrigação incondicional de pagar dinheiro ou outro ativo financeiro ao concessionário e, adicionalmente:

- Der ao concessionário o direito a obter rendimento dos utilizadores do serviço;
- Der ao concessionário acesso a um outro ativo gerador de rendimento para uso deste; ou
- Der um misto destas duas situações.

Um rendimento diferido é reconhecido pelo montante que resultar da troca de ativos, ou seja, é a parte não ganha do rendimento decorrente da troca. Este rendimento não deve ser reconhecido de imediato. Deve ser diferido de acordo com a substância económica do acordo de concessão de serviços.

Exemplo 6.3

Considerando os mesmos pressupostos do Exemplo 6.1, vamos ver qual seria o tratamento contabilístico se em vez de a Admin_Central tivesse acordado pagar ao concessionário o valor anual estipulado, tivesse atribuído ao concessionário o direito de cobrar portagens aos utilizadores. Neste caso, o valor das portagens não seria devolvido à Admin_Central.

Nesta situação, dado que a Admin_Central não teria qualquer obrigação de pagar um valor ao concessionário, estaríamos perante o modelo de atribuição de um direito.

A tabela abaixo mostra as diferenças que iriam ocorrer na contabilização:

	Modelo do passivo financeiro	Modelo da atribuição de um direito
Reconhecimento do ativo	Não há diferenças no reconhecimento inicial do ativo (ver Exemplo 6.1)	
Reconhecimento do passivo	É reconhecido na 2702- Credores por contratos de concessão e representa um valor a pagar	É reconhecido na conta 282402- Infraestruturas de transportes e parques de estacionamento e representa um rendimento diferido
Componentes do valor do passivo	Como se trata de um passivo financeiro, são calculados juros pelo método do juro efetivo que são acrescidos ao longo do período	Não sendo um passivo financeiro, não há acréscimo de juros

	Modelo do passivo financeiro	Modelo da atribuição de um direito
Regularização do passivo	O passivo é reduzido pelo valor dos pagamentos acordados efetuados (valor anual a pagar previsto contratualmente)	O passivo é reduzido numa base linear por contrapartida de rendimentos da concessão (a registar na conta 720502- Infraestruturas de transportes e parques de estacionamento)

O cálculo do valor do passivo a reconhecer é detalhado como segue:

- Valor inicial relativo ao custo de construção da estrada = 80.000.000 euros (metade em cada um dos anos N-3 e N-2)
- Acréscimo em N+5 = 10.000.000 euros

Assim, o passivo é reconhecido inicialmente pelo valor de 80 milhões de euros e é acrescido em N+5 pelo valor de 10 milhões de euros. O período de concessão são 15 anos.
O valor anual do rendimento a reconhecer é determinado tendo em conta a totalidade do valor acordado = [90.000.000 / 15 anos] = 9.623.077 euros

6.1.3. Outros passivos, compromissos, passivos contingentes e ativos contingentes

Se um acordo de concessão der origem a outros passivos, compromissos, passivos contingentes e ativos contingentes, estes devem ser contabilizados de acordo com a NCP 15 - Provisões, Passivos Contingentes e Ativos Contingentes ou de acordo com a NCP 18 - Instrumentos Financeiros.

6.1.4. Outros rendimentos de um acordo de concessão de serviços

Se um acordo de concessão der origem a outros rendimentos, estes devem ser reconhecidos de acordo com a NCP 13 - Rendimento de Transações com Contraprestação.

6.1.5. O enquadramento do Eurostat para efeitos de contas Nacionais

O Eurostat distingue um Contrato de Concessão (CC) de uma Parceria Público-Privada (PPP). As principais características de cada um deles são as seguintes:

TABELA 6.1: CARACTERÍSTICAS DE CONTRATOS DE CONCESSÃO E PARCERIAS PÚBLICO-PRIVADAS

	Contrato de concessão	**PPP**
Duração prevista	Médio e Longo prazo (por convenção superior a 3 anos)	
Define especificamente os ativos a afetar e os serviços a prestar com esses ativos (e os respetivos níveis de qualidade e serviço mínimos)	Sim	
O Estado é o principal adquirente dos serviços prestados (o parceiro Privado é remunerado maioritariamente pelo Estado)	Não	Sim
Os ativos a afetar devem ser construídos pelo parceiro Privado ou, caso já existam, devem sofrer uma renovação significativa	Não	Sim

A questão fundamental associada a uma PPP está relacionada com o reconhecimento do ativo relacionado. Numa PPP, é o concessionário que constrói ou melhora significativamente o ativo subjacente à concessão. É assim necessário definir quem irá reconhecer este ativo: o concedente ou o concessionário.

O Eurostat dá orientação no sentido de esclarecer que é necessário determinar quem assume a propriedade económica do bem, através de uma análise do risco. Esta análise do risco deverá centralizar-se nos seguintes três tipos de riscos:

TABELA 6.2: RISCO DE CONSTRUÇÃO, RISCO DE DISPONIBILIDADE E RISCO DE PROCURA

Risco de construção	**Risco de disponibilidade**	**Risco de procura**
Respeita a eventos relacionados com o estado inicial da infraestrutura	Respeita a eventos relacionados com a fase operacional da infraestrutura, associados à performance na prestação do serviço	Respeita a eventos relacionados com a variabilidade da procura do serviço, independentes da performance do parceiro Privado
Considera-se que o Estado assume o risco de construção se tiver a obrigação de começar a fazer pagamentos regulares pela infraestrutura em construção, independentemente do estado em que a mesma se encontra	Considera-se que o Estado assume o risco de disponibilidade se não ocorrer uma diminuição ou a cessação dos pagamentos em caso de certos critérios de performance não estarem cumpridos (disponibilidade da infraestrutura, qualidade do serviço, insatisfação dos utilizadores), ou se não estiverem previstas penalizações em caso da indisponibilidade da infraestrutura	Considera-se que o Estado assume o risco de procura quando está contratualmente obrigado a assegurar um determinado nível de pagamentos independente do nível de procura pelos utilizadores

O Regulamento (UE) N.º 549/2013 do Parlamento Europeu e do Conselho, de 21 de maio de 2013, instituiu o sistema europeu de contas 2010 (ESA 2010). De acordo com o ESA 2010, as infraestruturas devem ser classificadas fora de balanço (*"Off-balance sheet"*) nas Contas Nacionais se ambas as seguintes condições estiverem satisfeitas:

- O parceiro Privado assume o risco de construção; e
- O parceiro Privado assume pelo menos um dos restantes dois riscos: de procura ou de disponibilidade.

Sem prejuízo das condições acima, a infraestrutura afeta a uma PPP deve ser classificada como ativo do Estado ("on-balance sheet") sempre que os custos que o Estado tem com a PPP (pelo serviço que o concessionário prestou) sejam compensados, em mais de 50%, pelas receitas do serviço prestado recebidas pelo Estado (critério definido na ESA 2010) - é o chamado critério da mercantilidade.

6.2. Impactos em ótica do concessionário

6.2.1. Âmbito de aplicação da IFRIC 12

Para que a IFRIC 12 possa ser aplicada, as seguintes condições têm de se verificar:

- O concedente controla ou regula que serviços devem ser prestados, a quem e a que preço;
- O concedente controla o interesse residual da infraestrutura.

Considera-se que o concedente controla o preço quando controla:

- Os preços ou fórmula de determinação de preços estabelecidos no contrato de concessão;
- A alteração periódica dos preços;
- A alteração periódica dos preços pelo Concessionário quer seja fixando o valor de receita ou do lucro;
- As alterações de preços que não são diretamente controláveis (tais como os índices de preços);
- É o regulador que define a regra de preços controlados por razões de interesse público.

Por outro lado, a infraestrutura que é objeto do acordo de concessão, tem de ser uma infraestrutura:

- Construída ou adquirida a terceiros; ou
- Pré-existente à qual o Concessionário tem acesso dado pelo Concedente.

A figura abaixo tem a árvore de decisão que ajuda a identificar se determinado contrato está ou não no âmbito da aplicação da IFRIC 12.

FIGURA 6.1: ÁRVORE DE DECISÃO SOBRE A APLICAÇÃO OU NÃO DA IFRIC 12

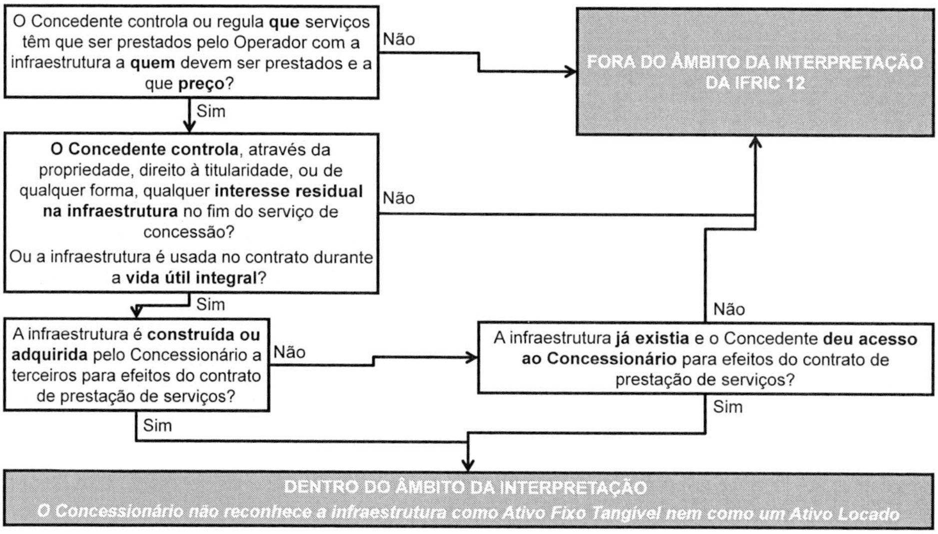

6.2.2. Reconhecimento da construção ou melhoria da Infraestrutura

Existe o consenso geral de que a infraestrutura objeto do contrato de concessão não é controlada (é meramente utilizada) pelo Concessionário pelo que não pode ser ativo fixo tangível do concessionário.

O concessionário apenas presta serviços de construção ou melhoria da Infraestrutura e/ou de operação e manutenção da Infraestrutura.

Assim, a natureza do ativo que o concessionário irá receber no âmbito de um contrato de concessão irá depender do tipo de fluxos financeiros que o concessionário espera obter desse contrato.

A figura abaixo ajuda a entender a natureza do ativo a reconhecer.

FIGURA 6.2: TIPO DE ATIVO A RECONHECER

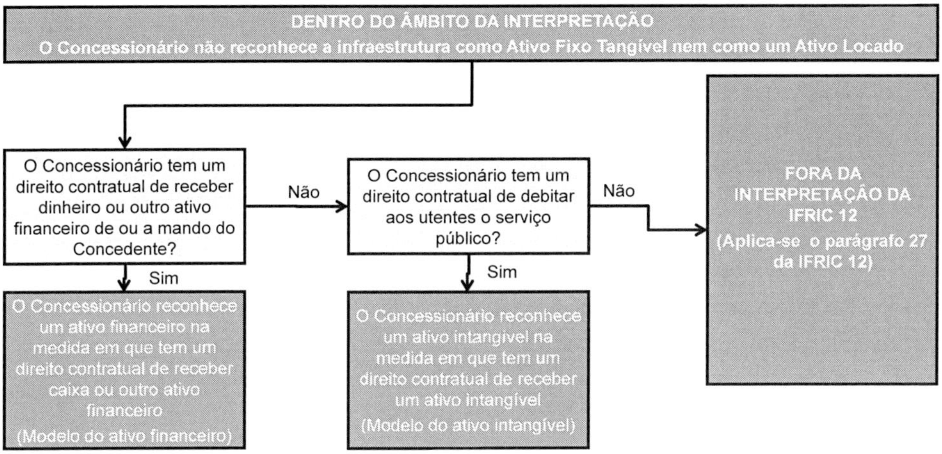

6.2.2.1. Modelo do Ativo Financeiro

Conforme explicado na figura acima, neste modelo o Concessionário tem um direito incondicional de receber dinheiro ou outro ativo financeiro do Concedente. Considera-se que o Concessionário tem um direito incondicional a receber dinheiro se o Concedente garantir contratualmente pagar:

- Uma quantia específica de dinheiro;
- O diferencial entre a quantia recebida dos utentes do serviço e uma quantia específica ou determinável.

O Concedente tem pouca ou nenhuma possibilidade de evitar o pagamento normalmente porque o contrato é vinculativo por lei.
Continua a ser um ativo financeiro mesmo que o pagamento seja contingente de serem atingidos determinados requisitos de qualidade ou eficiência.

6.2.2.2. Modelo do Ativo Intangível

Conforme explicado na figura acima, neste modelo o Concessionário troca o custo da construção da Infraestrutura pelo direito (uma licença) para cobrar o serviço aos utilizadores.

Pode existir situações híbridas em que se torna necessário reconhecer parcialmente:

- Um ativo intangível (direito a cobrar serviço aos utentes);
- Um ativo financeiro (direito a receber uma quantia do Concedente).

6.2.2.3. Análise comparativa dos dois modelos:

A tabela abaixo exemplifica situações contratuais e qual o modelo que deverá ser aplicado.

TABELA 6.3: MODELOS A APLICAR A DETERMINADAS SITUAÇÕES CONTRATUAIS

Situação contratual	Modelo a aplicar
Concedente paga – pagamentos fixos	Ativo financeiro
Concedente paga – pagamentos variam com a procura	Ativo intangível
Concedente retém o risco de procura – utilizadores pagam mas o Concedente garante valores mínimos	Ativo financeiro ou bifurcado (financeiro / intangível)
Concedente retém o risco de procura – Concessionário recebe dos utilizadores o pagamento pelo serviço prestado até atingir um determinado retorno	Ativo intangível
Utilizadores pagam – não existem garantias do Concedente	Ativo intangível

6.3.3. Reconhecimento

A construção ou a melhoria de uma infraestrutura é reconhecida de acordo com a NCP 12:

- Os gastos incorridos são reconhecidos de imediato;
- O rendimento da construção é reconhecido em função da percentagem de acabamento.

A prestação de serviços de operação e manutenção da infraestrutura segue os requisitos da NCP 13. Sobre este tema, ver o Capítulo 13 e o Capítulo 14.

Os serviços de manutenção e de melhoria da infraestrutura são reconhecidos de acordo com a árvore de decisão apresentada na figura abaixo.

FIGURA 6.3: MANUTENÇÕES E MELHORIAS DA INFRAESTRUTURA AO LONGO DO CONTRATO

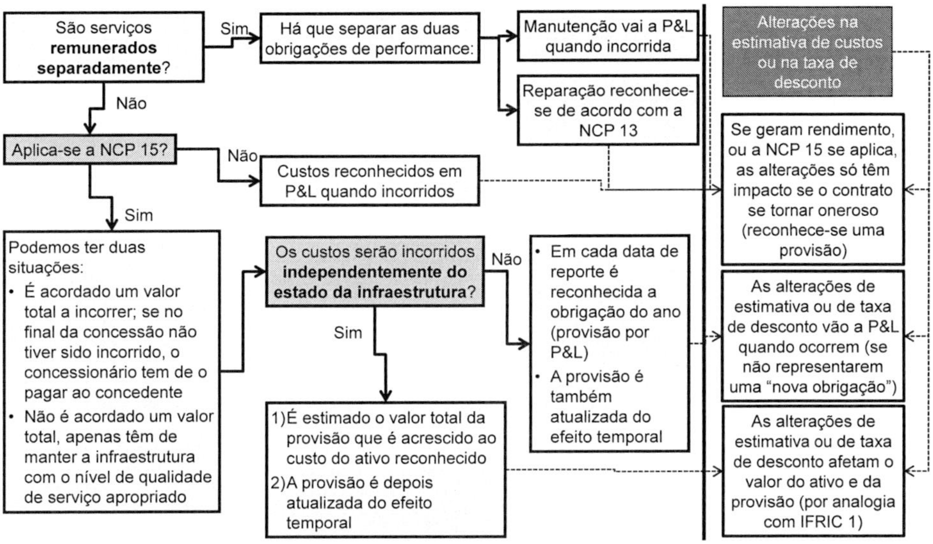

A contrapartida será, como vimos acima, o reconhecimento de um ativo financeiro ou intangível. A tabela abaixo permite entender o reconhecimento comparando os dois modelos.

TABELA 6.4: COMPARAÇÃO DO RECONHECIMENTO DE UM ATIVO NO MODELO FINANCEIRO E NO MODELO INTANGÍVEL

Modelo do ativo intangível	Modelo do ativo financeiro
Reconhecimento Inicial • Justo valor dos serviços de construção • Inclui os encargos financeiros durante a fase de construção	**Reconhecimento Inicial** • Valor presente dos cash-flows futuros usando uma taxa de juro efetiva • Não são capitalizados encargos com financiamentos
Reconhecimento Subsequente • Amortização de acordo com a NCP 3 durante o período da prestação de serviços aos utentes • Dado que a NCP 3 permite depreciação pelas unidades de produção a depreciação pode eventualmente ser progressiva	**Reconhecimento Subsequente** • Se se tratar de uma conta a receber, um empréstimo ou um ativo detido para venda, os juros são acrescidos usando o método do juro efetivo • Reconhecimento dos cash-flows à medida que ocorrem

No caso de estarmos perante um modelo híbrido (isto é, tem embutido um ativo financeiro e um ativo intangível), o ativo intangível é mensurado pela diferença entre o justo valor da infraestrutura e o valor pelo qual é reconhecido o ativo financeiro.

Exemplo 6.4

Vamos considerar os pressupostos usados no Exemplo 6.1 acima. Trata-se de um exemplo onde o concedente regista um passivo financeiro (modelo do passivo financeiro). Do lado do concessionário teremos o modelo do ativo financeiro.
A tabela abaixo discrimina todos os passos contabilísticos seguidos pelo concedente, e a correspondente contabilização do lado do concessionário.

Rubricas	Concedente	Concessionário
Ativo	• Reconhece um ativo relativo à infraestrutura	• Prestou um serviço de construção da infraestrutura • Os rendimentos e os gastos são reconhecidos de acordo com a % de acabamento (ver Capítulo 14) • Os rendimentos são reconhecidos por contrapartida de um ativo financeiro (na prática irá corresponder ao passivo financeiro registado no concedente); o passivo financeiro é mensurado ao custo amortizado – os juros que vão acrescendo ao passivo do concedente vão também acrescendo ao ativo do concessionário • Os gastos são reconhecidos (por contrapartida de contas a pagar aos respetivos fornecedores)
Passivo	• Reconhece um passivo que representa o valor a pagar ao concessionário pela construção da infraestrutura	• Irá reconhecer um passivo a pagar relativo ao valor das portagens que irá receber dos utilizadores, que corresponde ao rendimento da concessão do concedente
Rendimento	• O rendimento que tem são as portagens pagas pelos utilizadores (cobradas pelo concessionário e transferidas para a concedente)	• Reconhece o rendimento da construção ao longo da construção (N-3 e N-2) • Reconhece o rendimento do serviço da operação (N-1 a N+11) • Reconhece o rendimento de juros • Estes rendimentos são reconhecidos por contrapartida de um aumento do ativo (no concedente aumenta o passivo a pagar)
Gasto	• Reconhece os gastos operacionais, o custo dos juros (ambos acrescem ao valor do passivo) e as depreciações do ativo	• Reconhece os gastos da construção • Reconhece os gastos operacionais incorridos para manter a infraestrutura em funcionamento • Estes gastos são reconhecidos por contrapartida de contas a pagar aos respetivos fornecedores)
Pagamento da concessão	• Reduz o valor do passivo	• Reduz o valor do ativo

Exemplo 6.5

Vamos considerar os pressupostos usados no Exemplo 6.3 acima. Trata-se de um exemplo onde o concedente regista um passivo não financeiro (modelo da atribuição de um direito). Do lado do concessionário teremos o modelo do ativo intangível.

A tabela abaixo discrimina todos os passos contabilísticos seguidos pelo concedente, e a correspondente contabilização do lado do concessionário.

Rubricas	Concedente	Concessionário
Ativo	• Reconhece um ativo relativo à infraestrutura	• Prestou um serviço de construção da infraestrutura • Os rendimentos e os gastos são reconhecidos de acordo com a % de acabamento (ver Capítulo 14) • Os rendimentos são reconhecidos por contrapartida de um ativo intangível (na prática irá corresponder ao passivo não financeiro registado no concedente); este ativo intangível será amortizado durante o período de operação da concessão (entre N-1 e N+11) • Os gastos são reconhecidos (por contrapartida de contas a pagar aos respetivos fornecedores)
Passivo	• Reconhece um passivo não financeiro que representa um rendimento a diferir ao longo do período de operação da concessão (entre N-1 e N+11)	• Não está previsto o reconhecimento de nenhum passivo da concessão (habitualmente irá existir um passivo bancário porque o concessionário recorre a financiamento para a construção da infraestrutura)
Rendimento	• O rendimento a reconhecer corresponde ao diferimento, numa base linear, do passivo não financeiro reconhecido	• Reconhece o rendimento das portagens cobradas aos utentes • Reconhece o rendimento da construção ao longo da construção (N-3 e N-2) por contrapartida de um aumento do ativo intangível (no concedente aumenta o passivo não financeiro)
Gasto	• Reconhece os gastos operacionais (a acrescer ao valor do passivo) e as depreciações do ativo	• Reconhece a amortização do intangível • Reconhece os gastos da construção (por contrapartida de contas a pagar aos respetivos fornecedores) • Reconhece os gastos operacionais incorridos para manter a infraestrutura em funcionamento (por contrapartida de contas a pagar aos respetivos fornecedores)

CAPÍTULO 7
—
LOCAÇÕES

Uma locação é um acordo pelo qual o locador transfere para o locatário o direito de uso de um ativo durante um período de tempo acordado, em troca de um pagamento ou uma série de pagamentos.
A principal norma do SNC-AP de referência para as locações é a NCP 6 — Locações.
As locações podem ser classificadas como financeiras ou operacionais. A NCP 6 deve ser usada para definir a classificação apropriada de uma locação e como a mesma deverá ser contabilizada pelo locador e pelo locatário. Assim, outras normas são também referência para este tipo de ativos, nomeadamente:

- NCP 3 — Ativos Intangíveis, para o tratamento da mensuração subsequente no caso em que o ativo locado seja um ativo intangível;
- NCP 5 — Ativos Fixo Tangíveis, para o tratamento da mensuração subsequente no caso em que o ativo locado seja um ativo fixo tangível;
- NCP 8 - Propriedades de Investimento, para o tratamento da mensuração subsequente no caso em que o ativo locado seja uma propriedade de investimento;
- NCP 9 — Imparidade de Ativos, que estabelece os princípios para determinar se um ativo poderá estar em imparidade, como é que essa imparidade é calculada e reconhecida;
- NCP 18 - Instrumentos Financeiros, para o tratamento subsequente do passivo a reconhecer associado a uma locação.

Neste capítulo iremos analisar em mais detalhe:

- A classificação das locações;
- Os impactos na contabilidade do locatário;
- Os impactos na contabilidade do locador;
- A contabilização de uma venda seguida de uma locação.

7.1. Particularidades das locações

Para efeitos de enquadramento, importa salientar que uma locação é um contrato:

- Em que o locador transfere o direito de uso de um ativo para o locatário;
- Que pode ou não prever prestação, pelo locador, de serviços significativos relacionados com a operação ou manutenção desse ativo;
- Em que o locatário paga ao locador uma renda pelo direito de uso desses ativos e de serviços conexos por ele prestados.

Um contrato deverá ser enquadrado na NCP 4 — Acordos de Concessão de Serviços: Concedente (ver Capítulo 6) quando envolver uma locação de um ativo de longa duração, como uma infraestrutura, e:

- O locador for a entidade pública;
- O contrato não consistir exclusivamente num acordo para a locação de um ativo e envolver também a construção, a detenção, a operação e/ou a transferência de ativos; e
- A contraparte / locatário for uma entidade do setor privado.

Se esse contrato não puder ser enquadrado como um acordo de concessão de serviços, e o mesmo incluir uma locação de um ativo, a componente de locação deve ser tratada de acordo com o descrito neste capítulo.

7.1.1. O prazo da locação

O prazo da locação é o período não cancelável pelo qual o locatário contratou o direito de uso do bem. A figura abaixo pretende evidenciar o que deve ser considerado para determinar o prazo da locação.

FIGURA 7.1: PRAZO DA LOCAÇÃO

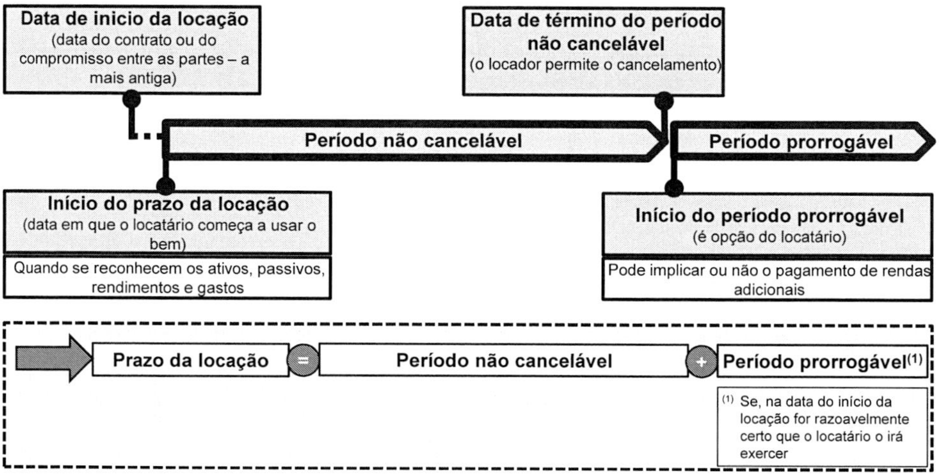

7.1.2. Pagamentos mínimos da locação

A figura abaixo pretende evidenciar todos os fluxos que estão usualmente associados a um contrato de locação e quais deles são relevantes para efeitos da determinação dos **pagamentos mínimos da locação** e do **investimento líquido da locação**.

FIGURA 7.2: FLUXOS DE UMA LOCAÇÃO

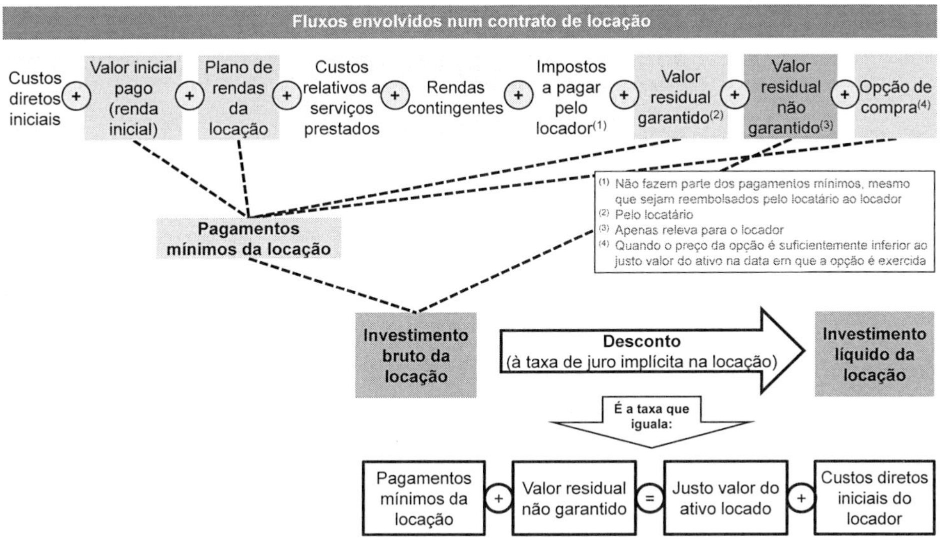

7.1.3. Alterações antes do início do prazo da locação

Estas alterações respeitam a alterações nos pagamentos da locação entre o início da locação e o início do prazo da locação (ou seja, antes de o locatário começar a usar o bem). Podem ocorrer ajustamento aos pagamentos para ajustar alterações:

- No custo da construção ou de aquisição da propriedade locada;
- Em alguma outra medida de custo ou valor (por exemplo, índices de preço), ou nos custos do locador para financiar a operação.

Essas alterações reportam ao início do contrato, ou seja, vão afetar o valor do ativo e do passivo a reconhecer no início do prazo da locação.

7.2. Classificação das locações

A classificação das locações é baseada na extensão até à qual os riscos e vantagens inerentes à propriedade de um ativo locado ficam no locador ou no locatário.
Os riscos e vantagens podem incluir:

TABELA 7.1: EXEMPLOS DE RISCOS E VANTAGENS DE UM ATIVO PARA EFEITO DE CLASSIFICAÇÃO DE UMA LOCAÇÃO

Riscos	Vantagens
• Possibilidade da ocorrência de perdas derivadas de capacidade ociosa e obsolescência tecnológica • Possibilidade de alterações no valor devido a mudanças nas condições económicas	• Expetativa de potencial de serviço ou de funcionamento lucrativo durante a vida económica do ativo • Ganhos derivados de aumentos de valor • Realização de um valor residual

A classificação de uma locação irá depender da substância da transação e não da forma do contrato.

7.2.1. Locações Financeiras

Quando os riscos e as vantagens substanciais associados à propriedade do ativo são transferidas para o locatário, a locação é classificada como financeira.
São exemplos de situações que geralmente evidenciam que uma locação é financeira os seguintes:

- A locação transfere a propriedade do ativo para o locatário no final do prazo da locação;
- O locatário tem a opção de comprar o ativo por um preço que se espera que seja suficientemente mais baixo que o seu justo valor à data em que a opção se torna exercível, desde que no início da locação seja razoavelmente certo que a opção será exercida;
- O prazo da locação abrange a maior parte da vida económica do ativo, mesmo que o seu título de propriedade não seja transferido;
- No início da locação o valor presente dos pagamentos mínimos da locação ascende a uma parte substancial do justo valor do ativo locado;
- Os ativos locados são de uma natureza tão especializada que apenas o locatário os pode usar sem modificações importantes;
- Os ativos locados não podem ser facilmente substituídos por um outro ativo.

Existem ainda outros indicadores de que uma locação poderá ser financeira:

- Quando as perdas do locador associadas ao cancelamento do contrato são suportadas pelo locatário, quando o locatário puder cancelar a locação;
- Quando os ganhos ou perdas derivados da flutuação no justo valor do valor residual são do locatário (por exemplo, na forma de um abatimento na renda que iguale a maior parte do rendimento da venda no final da locação);
- Quando o locatário tem a capacidade de continuar a locação durante um período suplementar, por uma renda que seja substancialmente inferior à renda de mercado.

Exemplo 7.1

A Admin_Central celebrou um contrato de locação de uma viatura ligeira de passageiros. Os dados do contrato são os seguintes:

- Prazo: 48 meses (janeiro N a dezembro de N+3)
- Renda anual: 10.000 euros (inclui aluguer, manutenção e seguro)
- Valor de recompra: 10.000 euros (que nesta data foi considerado significativamente abaixo do seu valor de mercado em dezembro de N+3)
- O justo valor do carro na data de início do contrato é de 45.000 euros
- Não estão previstas rendas contingentes

A análise que a Admin_Central fez a este contrato foi a seguinte:

- O valor atual dos pagamentos mínimos do contrato é de (43.687 euros – assumindo uma taxa de 5%) representam 97% do justo valor do bem (45.000 euros);
- Há opção de compra a um preço atrativo, e a Admin_Central espera exercer essa opção;
- O contrato cobre a maior parte vida útil esperada do ativo, que a Admin_Central considera ser de 5 anos;
- Os benefícios do uso da viatura estão com a Admin_Central;
- Há perspetiva de obter um rendimento no final do contrato caso se decida vender a viatura depois de exercida a opção de compra.

Tendo em conta esta análise, a locação foi classificada como financeira.

7.2.2. Locações Operacionais

Quando o locador retém os riscos e as vantagens substanciais associados à propriedade ao ativo, a locação é classificada como operacional.

Exemplo 7.2
A Admin_Central celebrou um contrato de locação de um elevador exterior por um período de 6 meses, para suporte umas obras de melhoria que está a realizar num dos seus edifícios. Os dados do contrato são os seguintes:

- Valor do contrato: 3.600 euros
- Prazo: 6 meses (agosto N a janeiro de N+1)
- Renda mensal: 600 euros (inclui seguro)
- Não está prevista opção de compra
- O justo valor do elevador exterior na data de início do contrato é de 18.500 euros
- Não estão previstas rendas contingentes

A análise que a Admin_Central fez a este contrato foi a seguinte:

- Os pagamentos mínimos do contrato (3.600 euros) representam 19% do justo valor do bem (18.500 euros);
- Não há opção de compra;
- O contrato cobre apenas uma ínfima parte da vida útil do equipamento (que seria sempre superior a 7 anos);
- A única vantagem transferida para a Admin_Central foi o benefício associado ao uso durante os 6 meses de contrato.

Tendo em conta esta análise, a locação foi classificada como operacional.

7.2.3. Alterações à classificação

A classificação é efetuada no início da locação.
Se o locatário e o locador concordarem em alterar as cláusulas da locação, exceto as que respeitem à sua renovação, de tal maneira que daí resultaria uma classificação diferente, o acordo revisto é considerado como um novo acordo durante o seu prazo (logo o anterior contrato é desreconhecido e reconhecido um novo).

Certas alterações não dão origem a uma nova classificação de uma locação para efeitos contabilísticos. São exemplos as seguintes alterações:

- Em estimativas, por exemplo, alterações na vida económica ou do valor residual da propriedade locada; ou
- Em determinadas circunstâncias, por exemplo, incumprimento do locatário.

7.2.4. Locações financeiras de terrenos e edifícios

A classificação de uma locação financeira de um terreno e de um edifício em simultâneo, seque a mesma lógica que de outros ativos. No entanto, estes ativos devem ser considerados separadamente para efeitos de classificação exceto:

- Se o valor do terreno for imaterial, caso em o bem é todo tratado como edifício;
- Se for uma propriedade de investimento e for adotado o modelo do justo valor (a separação não é exigida).

Dado que os terrenos têm vida útil indefinida, e se o terreno não passa para a posse do locatário no final da locação, considera-se que não foram transferidos todos os riscos e vantagens pelo que a locação do terreno é tratada como uma locação operacional. No caso do edifício, a classificação será financeira ou operacional conforme resultar da análise dos indicadores anteriormente enumerados.

Os pagamentos mínimos da locação (incluindo quaisquer pagamentos globais iniciais) são imputados ao terreno e ao edifício na proporção dos seus justos valores no início da locação.

Se o contrato não imputar os pagamentos mínimos da locação entre esses dois elementos, toda a locação é classificada como uma locação financeira, salvo se for claro que ambos os elementos são locações operacionais, caso em que toda a locação é classificada como uma locação operacional.

7.2.5. Locações de propriedades de investimento

Um locatário pode classificar um interesse numa propriedade de investimento detida mediante uma locação operacional como propriedade de investimento. Este interesse é contabilizado com se fosse uma locação financeira e, adicionalmente, o modelo do justo valor deve ser usado.

O locatário deve continuar a contabilizar a locação como locação financeira, mesmo que o seu uso seja posteriormente alterado o que levará à reclassificação da propriedade de investimento, como por exemplo:

- Passar a ocupar a propriedade, caso em que deve ser transferida para ativos tangíveis a um custo considerado igual ao seu justo valor à data da alteração do uso; ou
- Conceder uma sublocação que transfere substancialmente todos os riscos e vantagens para um terceiro não relacionado, caso em deve ser contabilizada pelo locatário como uma locação financeira ao terceiro.

7.3. Impactos para o locatário

7.3.1. Locação financeira

Quando uma locação é classificada como locação financeira, o locatário reconhece inicialmente nas suas contas um ativo e um passivo. A tabela abaixo evidencia como são inicialmente mensurados estes itens assim como a mensuração subsequente.

TABELA 7.2: RECONHECIMENTO DE UM ATIVO E PASSIVO DE UMA LOCAÇÃO FINANCEIRA NAS CONTAS DO LOCATÁRIO

<table>
<tr><th></th><th>Ativo</th><th>Passivo</th></tr>
<tr><td>Reconhecimento inicial:</td><td colspan="2">São reconhecidos no momento inicial pelo mesmo valor, que será o menor entre:
• O justo valor do bem locado, e
• O valor presente dos pagamentos mínimos da locação, descontados com uma das seguintes taxas:
  • A taxa implícita do contrato se possível determinar ou, na impossibilidade
  • A taxa de juro incremental</td></tr>
<tr><td>Ajustados por:</td><td>(+) Custos diretos iniciais</td><td>(-) Renda inicial paga à cabeça</td></tr>
<tr><td>Mensuração subsequente:</td><td>• Sujeito a depreciações ou amortizações, aplicando a NCP apropriada de acordo com a natureza do ativo (NCP 3, NCP 5 ou NCP 8):
  • Se há certeza que o bem passa para o locatário no final – depreciar durante a vida útil do bem
  • Se não há essa certeza – depreciar no período mais curto entre vida útil do bem e prazo da locação
• Sujeito a testes de imparidade (NCP 9)</td><td>• Mensuração ao custo amortizado de acordo com a NCP 18, o que implica que o valor da renda mensal é dividido entre:
  • Capital – a componente de capital é reduzida diretamente ao passivo à medida que é paga
  • Juro – a componente de juro deve ser imputada ao custo de juros em cada um dos períodos durante o prazo de locação</td></tr>
</table>

As rendas contingentes devem ser reconhecidas como gastos no período em que são suportadas.

EXEMPLO 7.3

Tendo por base os factos descritos no Exemplo 7.1 acima, este exemplo descreve como será contabilizada a locação financeira nas contas da Admin_Central.

Valor do ativo:

a) É o menor entre o justo valor do ativo na data de início do contrato e o valor presente dos pagamentos mínimos da locação: justo valor = 45.000 euros e valor atual dos pagamentos mínimos = 43.687 euros
b) Foi-lhe atribuída uma vida útil de 5 anos

Valor do passivo:

A tabela abaixo evidencia os fluxos contabilísticos do passivo ao longo do contrato:

Fluxos contabilísticos do passivo	**N**	**N+1**	**N+2**	**N+3**
Capital no início	**43.687**	35.871	27.664	19.048
Juro	**2.184**	1.794	1.383	952
Pagamento	-10.000	-10.000	-10.000	-10.000
Amortização de capital	**-7.816**	**-8.206**	-8.617	-9.048
Capital no fim	**35.871**	27.664	19.048	10.000

Assim, no ano N é necessário reconhecer as seguintes transações:

a) Reconhecimento inicialmente pelo mesmo valor do ativo = 43.687 euros (dos quais, 7.816 euros são de curto prazo e 35.871 euros são de médio e longo prazo)
b) Juros implícitos de 2.184 euros = 43.678 euros x 5% de taxa nominal
c) Amortização de capital de 7.816 euros = 10.000 euros de renda pagos – 2.184 euros de juros implícitos na renda
d) Transferir cerca de 8.206 euros de passivo de médio e longo prazo para curto prazo, porque será pago em N+1

No subsistema financeiro, os movimentos contabilísticos a efetuar no ano N são os seguintes:

Db / Cr	Conta	Classificador económico	C.O.	Descritivo	Valor
D	4342			Registo inicial do ativo em locação financeira	43.687
C	251351			Registo inicial do passivo relativo à locação financeira - componente M/L prazo	(35.871)
C	251352			Registo inicial do passivo relativo à locação financeira - Componente C prazo	(7.816)
D	6424			Depreciação do ativo	8.737
C	4384			Depreciação do ativo	(8.737)
D	251352			Amortização de capital implícita no valor da renda	7.816
D	69125			Reconhecimento do juro do passivo implícito na renda	2.184
C	1221			Pagamento da renda anual	(10.000)
D	251351			Transferência de passivo de médio e longo prazo para curto prazo	8.206
C	251352			Transferência de passivo de médio e longo prazo para curto prazo	(8.206)

No subsistema orçamental, os movimentos contabilísticos a efetuar são os seguintes:

Db / Cr	Conta	Classificador económico	C.O.	Descritivo	Valor
D	024	07.02.05	D7	Aquisição de viatura - Locação financeira - cabimento capital ano N	7.816
C	0251	07.02.05	D7	Aquisição de viatura - Locação financeira - cabimento capital ano N	(7.816)
D	024	03.03.05	D3	Aquisição de viatura - Locação financeira - cabimento juros ano N	2.184
C	0251	03.03.05	D3	Aquisição de viatura - Locação financeira - cabimento juros ano N	(2.184)
D	0252	07.02.05	D7	Aquisição de viatura - Locação financeira - compromisso capital ano N	7.816
C	0261	07.02.05	D7	Aquisição de viatura - Locação financeira - compromisso capital ano N	(7.816)
D	0252	03.03.05	D3	Aquisição de viatura - Locação financeira - compromisso juros ano N	2.184
C	0261	03.03.05	D3	Aquisição de viatura - Locação financeira - compromisso juros ano N	(2.184)
D	0262	07.02.05	D7	Aquisição de viatura - Locação financeira - obrigação capital ano N	7.816
C	0271	07.02.05	D7	Aquisição de viatura - Locação financeira - obrigação capital ano N	(7.816)
D	0411	07.02.05	D7	Aquisição de viatura - Locação financeira - compromisso capital ano N+1	8.206
C	0421	07.02.05	D7	Aquisição de viatura - Locação financeira - compromisso capital ano N+1	(8.206)
D	0411	03.03.05	D3	Aquisição de viatura - Locação financeira - compromisso juros ano N+1	1.794
C	0421	03.03.05	D3	Aquisição de viatura - Locação financeira - compromisso juros ano N+1	(1.794)
D	0431	07.02.05	D7	Aquisição de viatura - Locação financeira - obrigação capital ano N+1	8.206
C	0441	07.02.05	D7	Aquisição de viatura - Locação financeira - obrigação capital ano N+1	(8.206)
D	0412	07.02.05	D7	Aquisição de viatura - Locação financeira - compromisso capital ano N+2	8.617
C	0422	07.02.05	D7	Aquisição de viatura - Locação financeira - compromisso capital ano N+2	(8.617)
D	0412	03.03.05	D3	Aquisição de viatura - Locação financeira - compromisso juros ano N+2	1.383
C	0422	03.03.05	D3	Aquisição de viatura - Locação financeira - compromisso juros ano N+2	(1.383)
D	0432	07.02.05	D7	Aquisição de viatura - Locação financeira - obrigação capital ano N+2	8.617
C	0442	07.02.05	D7	Aquisição de viatura - Locação financeira - obrigação capital ano N+2	(8.617)
D	0413	07.02.05	D7	Aquisição de viatura - Locação financeira - compromisso capital ano N+3	9.048
C	0423	07.02.05	D7	Aquisição de viatura - Locação financeira - compromisso capital ano N+3	(9.048)
D	0413	03.03.05	D3	Aquisição de viatura - Locação financeira - compromisso juros ano N+3	952
C	0423	03.03.05	D3	Aquisição de viatura - Locação financeira - compromisso juros ano N+3	(952)
D	0433	07.02.05	D7	Aquisição de viatura - Locação financeira - obrigação capital ano N+3	9.048
C	0443	07.02.05	D7	Aquisição de viatura - Locação financeira - obrigação capital ano N+3	(9.048)
D	0414	07.02.05	D7	Aquisição de viatura - Locação financeira - compromisso capital ano N+4	10.000
C	0424	07.02.05	D7	Aquisição de viatura - Locação financeira - compromisso capital ano N+4	(10.000)
D	0434	07.02.05	D7	Aquisição de viatura - Locação financeira - obrigação capital ano N+4	10.000
C	0444	07.02.05	D7	Aquisição de viatura - Locação financeira - obrigação capital ano N+4	(10.000)
D	0262	03.03.05	D3	Aquisição de viatura - Locação financeira - obrigação juros ano N	2.184
C	0271	03.03.05	D3	Aquisição de viatura - Locação financeira - obrigação juros ano N	(2.184)
D	0272	07.02.05	D7	Aquisição de viatura - Locação financeira - pagamento capital ano N	7.816
C	0281	07.02.05	D7	Aquisição de viatura - Locação financeira - pagamento capital ano N	(7.816)
D	0272	03.03.05	D3	Aquisição de viatura - Locação financeira - pagamento juros ano N	2.184
C	0281	03.03.05	D3	Aquisição de viatura - Locação financeira - pagamento juros ano N	(2.184)

Comparativamente com o exemplo 6.2, do capítulo 6, neste caso não se reconhece a componente do juro nas obrigações para anos futuros uma vez que a obrigação pelo pagamento dos juros só ocorre no período correspondente.

7.3.2. Locação operacional

O valor da renda mensal de uma locação classificada como operacional é reconhecido como um gasto numa base linear, a menos que outra base sistemática seja representativa do modelo de benefícios do utilizador. Se a renda incluir custos com outros serviços, tais como seguros, manutenções, impostos, deverá ser avaliado se existe uma base mais apropriada, que não a base linear, para o reconhecimento dos mesmos.

Exemplo 7.4

Tendo por base os factos descritos no Exemplo 7.2 acima, este exemplo descreve como será contabilizada a locação operacional nas contas da Admin_Central.

a) Valor da renda a pagar mensalmente = 600 euros
b) Prazo: 6 meses (agosto N a janeiro de N+1)

Assim a Admin_Central irá reconhecer o custo com a renda paga mensalmente entre agosto e dezembro. Assim, no final do ano N, terá pago 5 rendas.
No subsistema financeiro, os movimentos contabilísticos a efetuar no ano N são os seguintes:

Db / Cr	Conta	Classificador económico	C.O.	Descritivo	Valor
D	6261			Reconhecimento do custo de 5 rendas mensais no ano N	3.000
C	1221			Reconhecimento do custo de 5 rendas mensais no ano N	(3.000)

No subsistema orçamental, os movimentos contabilísticos a efetuar são os seguintes:

Db / Cr	Conta	Classificador económico	C.O.	Descritivo	Valor
D	024	02.02.08	D2	Locação - cabimento de 5 rendas de N	3.000
C	0251	02.02.08	D2	Locação - cabimento de 5 rendas de N	(3.000)
D	0252	02.02.08	D2	Locação - compromisso de 5 rendas de N	3.000
C	0261	02.02.08	D2	Locação - compromisso de 5 rendas de N	(3.000)
D	0262	02.02.08	D2	Locação - obrigação ano n	3.000
C	0271	02.02.08	D2	Locação - obrigação ano n	(3.000)
D	0272	02.02.08	D2	Locação - pagamento ano n	3.000
C	0281	02.02.08	D2	Locação - pagamento ano n	(3.000)
D	0411	02.02.08	D2	Locação - compromisso ano n+1 de renda de janeiro	600
C	0421	02.02.08	D2	Locação - compromisso ano n+1 de renda de janeiro	(600)

Uma vez que existe uma renda a pagar em janeiro de N+1, na contabilidade orçamental tem que se reconhecer compromissos assumidos para anos futuros.

7.4. Impactos para o locador

Existem duas situações distintas em que uma entidade pública poderá atuar como um locador:

- Como um "locador industrial ou comercial" - quando fabricam ou negoceiam ativos e atuam como locadores desses ativos;
- Como "outro locador" - quando são, por exemplo, centrais de compras, compram os ativos e transferem depois por meio de venda ou locação financeira para outras entidades do setor público.

7.4.1. Locação financeira

Quando uma locação é classificada como locação financeira, o locador reconhece inicialmente nas suas contas um ativo referente ao valor das rendas a receber no futuro, por contrapartida de um rendimento de venda de um ativo. A tabela abaixo evidencia como são inicialmente mensurados estes itens assim como a mensuração subsequente.

TABELA 7.3: RECONHECIMENTO DE UM ATIVO E PASSIVO DE UMA LOCAÇÃO FINANCEIRA NAS CONTAS DO LOCADOR

	Ativo	**Rendimento**
Reconhecimento inicial:	• É reconhecido no momento inicial um ativo pelo valor das rendas da locação que irá receber, o qual corresponder ao valor do investimento líquido no ativo da locação (ver na Figura 7.2 acima no ponto 7.1.2)	• Reconhecimento da venda e do custo da venda em relação ao ativo desreconhecido (1) (apurados conforme Figura 7.3 abaixo)
Ajustados por:	(+) Renda inicial recebida à cabeça	(+) Renda inicial paga à cabeça
	(+) Custos diretos iniciais que incluem comissões, honorários legais, custos internos incrementais relacionados com a negociação (2); e excluem os gastos gerais incorridos, por exemplo, pelos vendedores	(-) Em cada período, estes custos são imputados a resultados (a deduzir ao rendimento reconhecido durante o prazo da locação)

	Ativo	Rendimento
Mensuração subsequente:	• Mensuração ao custo amortizado de acordo com a NCP 18, o que implica que o valor da renda mensal é dividido entre: • Capital – a componente de capital é reduzida diretamente ao ativo à medida que é recebida • Juro – a componente de juro deve ser imputada ao rendimento de juros em cada um dos períodos durante o prazo de locação • Rendimento por serviços prestados – o valor recebido relativo a outros serviços prestados é reconhecido como rendimento de prestação de serviços quando o serviço é prestado	↓ • A componente de juros é líquida da imputação dos custos iniciais pelo período da locação

(1) Só deverá acontecer se estivermos perante um "locador industrial ou comercial". Um "outro locador" compra o bem para locar de seguida, pelo que não se esperam ganhos / perdas

(2) Os custos internos incrementais relacionados com a negociação, no caso de um "locador industrial ou comercial", não são incluídos nos custos iniciais, pelo que não são acrescidos ao valor do ativo. Estes custos são reconhecidos como gastos do período quando incorridos, classificados como custos das vendas, no mesmo momento em que é reconhecido o rendimento da venda

O rendimento relativo à venda e o respetivo custo da venda são determinados conforme evidenciado na seguinte figura.

FIGURA 7.3: RENDIMENTO DA VENDA E CUSTO DA VENDA

Rendimento da venda (=) O menor entre:
- O justo valor do ativo, e
- O valor presente dos pagamentos mínimos da locação, descontados à taxa de mercado

Custo da venda (=) Valor contabilístico do ativo (-) Valor residual não garantido

Caso existam alterações às estimativas dos valores residuais não garantidos, usadas no cálculo do investimento bruto, e caso tenha existido uma redução dessa estimativa, a imputação do rendimento durante o prazo da locação é revista e quaisquer reduções a respeito de quantias já acrescidas é reconhecida imediatamente.

Exemplo 7.5

Vamos recuperar os registos contabilísticos efetuados no locatário no Exemplo 7.3 acima, e vamos ver como seria a contabilização desse contrato no lado do locador.

Assim:

O locatário reconheceu, no ano N:

a) Um ativo pelo valor atual dos pagamentos mínimos da locação = 43.687 euros
b) Um passivo pelo mesmo valor
c) Juros do passivo mensurado ao custo amortizado = 2.184 euros
d) Um pagamento da renda de 10.000 euros

De acordo o descrito na Figura 7.3 acima, o locador tem de reconhecer:

a) No momento antes da celebração do contrato, comprou a viatura pelo que a registou no ativo (em princípio, inventários) pelo seu valor da compra (por contrapartida de uma dívida a fornecedores)
b) Logo após a celebração do contrato, desreconhece a viatura do ativo pelo seu valor de compra por contrapartida de custo da venda
c) Reconhece um novo ativo, uma conta a receber, no valor de 43.687 euros (que corresponde ao valor do investimento líquido na locação = valor do ativo reconhecido pelo locatário, pois não há, neste exemplo, nenhum valor residual não garantido), por contrapartida de vendas
d) Na sua demonstração dos resultados, apura uma margem da venda (valor de venda - custo da venda)

7.4.2. Locação operacional

Os locadores devem apresentar os ativos sujeitos a locações operacionais nos seus balanços de acordo com a natureza do ativo. Os custos iniciais diretos suportados pelos locadores para a realização do contrato devem ser acrescidos à quantia escriturada do ativo.

Os custos, incluindo depreciações ou amortizações, suportados para obter o rendimento de locação, são reconhecidos como um gasto de acordo com a sua natureza.

Os rendimentos de locações operacionais (excluindo serviços prestados tais como seguros e manutenção) devem ser reconhecidos numa base linear durante o prazo de locação (ou outra base sistemática mais apropriada).

Os "locadores industriais ou comerciais" não reconhecem qualquer ganho de venda dado que a operação não é, em substância, equivalente a venda.

Exemplo 7.6

Vamos recuperar os registos contabilísticos efetuados no locatário no Exemplo 7.4 acima, e vamos ver como seria a contabilização desse contrato no lado do locador. Assim:

a) O locatário reconheceu, no ano N, rendas pagas de 3.000 euros

O locador já terá no seu balanço o elevador exterior objeto da locação operacional, o qual está a ser amortizado de acordo com a vida útil que lhe atribuiu.
Na sequência da celebração do contrato, o locador terá de reconhecer um rendimento de 3.000 euros, entre agosto e dezembro do ano N (a conta a usar para reconhecer o rendimento deverá ser uma conta 7211- Aluguer de equipamentos).

7.5. A contabilização de uma venda seguida de uma locação

Uma venda seguida de locação envolve a venda de um ativo e a posterior locação desse mesmo ativo. O pagamento da locação e o preço de venda são geralmente interdependentes, pois são negociados conjuntamente. O tratamento contabilístico de uma venda seguida de locação depende do tipo de locação envolvido.

FIGURA 7.4: VENDA SEGUIDA DE LOCAÇÃO

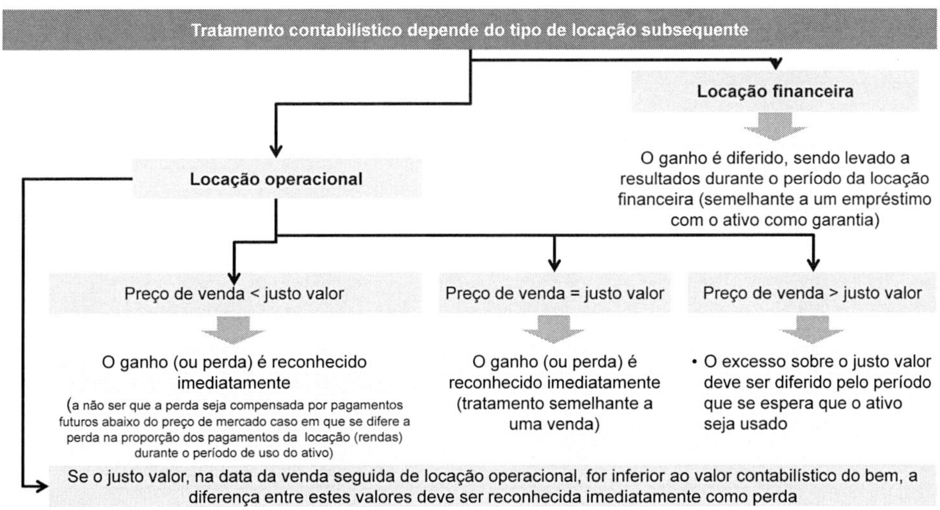

CAPÍTULO 8

—

INVESTIMENTOS FINANCEIROS

Os investimentos financeiros representam investimentos em instrumentos de capital de outras entidades, os quais podem ser classificados em investimentos:

- Em subsidiárias;
- Em associadas;
- Em empreendimentos conjuntos;
- Em outros investimentos financeiros quando não especificamente classificados em nenhuma das opções anteriores.

No balanço estes ativos são apresentados como ativos não correntes, a menos que estejam classificados como detidos para venda sendo neste caso apresentados como ativos correntes.

As principais normas do SNC-AP de referência para este tipo de ativos são as seguintes:

- NCP 21 - Demonstrações Financeiras Separadas, que trata da contabilização e divulgação destes ativos em contas separadas;
- NCP 22 - Demonstrações Financeiras Consolidadas, que trata do reconhecimento e mensuração destes ativos em contas consolidadas;
- NCP 23 - Investimentos em Associadas e Empreendimentos conjuntos, que trata reconhecimento inicial dos investimentos em associadas e empreendimentos conjuntos;
- NCP 24 - Acordos Conjuntos, que trata dos princípios de relato financeiro dos acordos conjuntos, especificamente no que respeita a operações conjuntas;
- NCP 18 - Instrumentos financeiros, que trata do reconhecimento e da mensuração de outros investimentos financeiros quando a entidade opta por aplicar os requisitos desta norma.

No entanto, outras normas são também referência para este tipo de ativos, nomeadamente:

- NCP 9 — Imparidade de Ativos, que estabelece os princípios para determinar se um ativo poderá estar em imparidade, como é que essa imparidade é calculada e reconhecida;
- NCP 16 - Efeitos de Alterações em Taxas de Câmbio, que orienta a forma de apuramento das diferenças cambiais no caso de investimentos financeiros detidos em entidades que utilizam uma moeda funcional diferente da moeda de apresentação da entidade que os detém;

- IPSAS 40 – Combinações no setor público, que trata do reconhecimento e mensuração do Goodwill adquirido.

Neste capítulo iremos analisar em mais detalhe:

- O que caracteriza cada um destes tipos de investimentos financeiros;
- Como devem ser reconhecidos e mensurados;
- Como se apura o Goodwill numa concentração de negócios e como o mesmo é reconhecido.

8.1. Tipo de demonstrações financeiras de uma entidade

A mensuração dos investimentos financeiros nas demonstrações financeiras pode ser diferente dependendo do tipo de demonstrações financeiras onde os mesmos serão reconhecidos. Assim, importa esclarecer os tipos de demonstrações financeiras previstas no SNC-AP.

No SNC-AP estão previstos três diferentes tipos de demonstrações financeiras, conforme evidenciado na tabela abaixo.

TABELA 8.1: TIPOS DE DEMONSTRAÇÕES FINANCEIRAS

Tipo	Descrição
Consolidadas	São as demonstrações financeiras de um grupo público em que os ativos, passivos, patrimónios líquidos, rendimentos, gastos e fluxos de caixa da entidade que controla e das suas controladas são apresentados como respeitantes a uma única entidade
Separadas	São as apresentadas por uma entidade, em que a mesma pode escolher mensurar os seus investimentos em subsidiárias, associadas e empreendimentos conjuntos, (1) ao custo, (2) em conformidade com a NCP 18 ou (3) pelo método da equivalência patrimonial (MEP) São apresentadas: • Adicionalmente às demonstrações financeiras consolidadas ou • Adicionalmente às demonstrações financeiras de um investidor que não tem entidades controladas mas tem interesses em associadas ou empreendimentos conjuntos que são contabilizados pelo método de equivalência patrimonial • Como únicas demonstrações financeiras de uma entidade dispensada de consolidação ou dispensada da aplicação do método de equivalência patrimonial • Como únicas demonstrações financeiras de uma entidade de investimento que seja obrigada, ao longo do período em curso e de todos os períodos comparativos apresentados, mensurar o seu investimento em todas as suas controladas ao justo valor através de resultados
Individuais (não separadas)	São as demonstrações financeiras de uma entidade que não controla outra entidade, nem tem interesses em associadas ou em empreendimentos conjuntos

Sobre as demonstrações financeiras consolidadas, a FAQ n.º 18 esclarece que as demonstrações consolidadas orçamentais e financeiras podem ter perímetros de consolidação diferentes. Não obstante não se tratará de duas prestações de contas consolidadas diferentes, mas sim mapas distintos na mesma prestação de contas consolidada.

O reconhecimento e mensuração dos investimentos financeiros serão aqui tratados neste capítulo em referência às demonstrações financeiras separadas, a não ser que expressamente dito o contrário. Far-se-ão referência ao tratamento em demonstrações financeiras consolidadas, sempre que apropriado.

8.2. Investimentos em subsidiárias

No SNC-AP, as subsidiárias são denominadas de entidades controladas. Uma entidade controlada é uma entidade que é controlada por outra, a chamada entidade investidora.

8.2.1. Conceito de controlo

O controlo existe com a investidora está exposta, ou tem direitos, a benefícios variáveis decorrentes do seu envolvimento com outra entidade e tem a capacidade de afetar a natureza e a quantia desses benefícios através do poder que exerce sobre a outra entidade.
Apesar de a definição de controlo referir "benefícios variáveis", estes benefícios referem-se antes a retornos, já que a NCP 22 refere que estes benefícios podem ser positivos, negativos ou uma combinação de ambos.
A figura abaixo evidencia as condições necessárias para que exista controlo.

FIGURA 8.1: EXISTÊNCIA DE CONTROLO

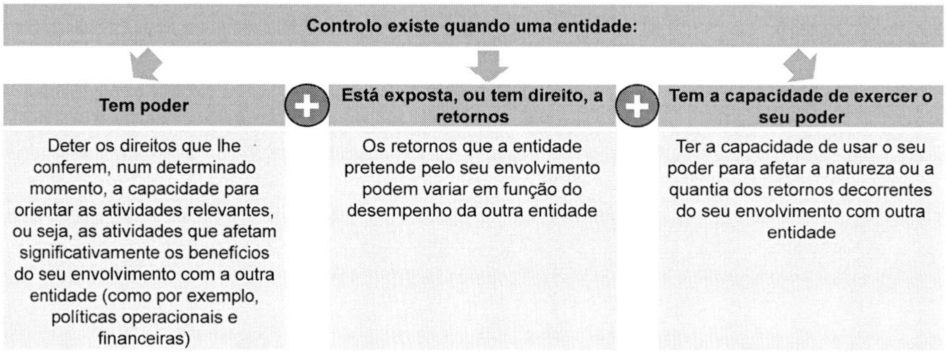

O poder pode estar associado a direitos de voto e também pode resultar de acordos vinculativos.

8.2.2. Reconhecimento inicial

No reconhecimento inicial, um investimento numa subsidiária é mensurado ao custo de aquisição. O custo de aquisição inclui o preço de compra e os custos diretamente relacionados com a compra, exceto se esse investimento for subsequentemente mensurado ao justo valor, caso em que os custos relacionados com a compra são reconhecidos em resultados quando incorridos.

Na aquisição do investimento, qualquer diferença entre o custo do investimento e a quota-parte da investidora no justo valor líquido dos ativos e passivos identificáveis da investida é contabilizada do seguinte modo:

- O goodwill relacionado com uma subsidiária é incluído no valor contabilístico do investimento;
- Qualquer valor em excesso da quota-parte da investidora no justo valor líquido dos ativos e passivos identificáveis da investida relativamente ao custo de aquisição é incluído como ganho na determinação da quota-parte da investidora nos resultados da subsidiária no período em que o investimento é adquirido.

8.2.3. Mensuração subsequente

Em demonstrações financeiras separadas, os investimentos em subsidiárias são subsequentemente mensurados:

- Ao custo;
- Em conformidade com a NCP 18; ou
- Pelo método da equivalência patrimonial.

8.2.3.1. Custo

A mensuração subsequentemente ao custo prevê que o valor contabilístico do investimento permaneça inalterado, exceto se forem reconhecidas perdas por imparidade (ver ponto 8.7 mais à frente neste capítulo).

8.2.3.2. Em conformidade com a NCP 18

A mensuração subsequentemente em conformidade com a NCP 18 prevê o reconhecimento do investimento ao justo valor, o que implica que o valor contabilístico do investimento seja subsequentemente ajustado para refletir as variações ocorridas no justo valor desse investimento (com as variações a serem reconhecidas nos resultados do período). No entanto, a NCP 18 prevê igualmente que, caso este justo valor não possa ser obtido de forma fiável, o investimento deverá permanecer ao custo menos perdas por imparidade.

8.2.3.3. Método da equivalência Patrimonial

A mensuração subsequente pelo MEP prevê que o valor contabilístico do investimento seja subsequentemente ajustado para refletir:

- A evolução da quota-parte da entidade investidora nos resultados da investida (com as variações a serem reconhecidas nos resultados do período);
- A evolução da quota-parte da entidade investidora nos ativos líquidos da investida (com as variações a serem reconhecidas no capital próprio);
- As distribuições de dividendos (as quais reduzem o valor contabilístico do investimento).

A aplicação do MEP envolve alguns procedimentos. Os exemplos seguintes identificam esses procedimentos e permitem ver a aplicação prática dos mesmos.

TABELA 8.2: APLICAÇÃO DO MEP: IDENTIFICAÇÃO DA PERCENTAGEM DE INTERESSE

Procedimento 1	Descrição
Identificação da percentagem de interesse	A percentagem de interesse detida por uma entidade pública numa participada é igual à soma das participações detidas nessa participada por ela própria e as detidas por outras participadas que sejam por si controladas.

Exemplo ***8.1***

A Admin_Central detém uma participação financeira em três subsidiárias:

- Subsidiária A – detida a 100%, que por sua vez detém 20% da Subsidiária B;
- Subsidiária B – detida a 70%;
- Associada C – detida a 40%, que por sua vez detém 10% da Subsidiária B.

Para efeitos da aplicação do MEP, a quota-parte detida pela Admin_Central na Subsidiária B = 70% detidos diretamente + 100% × 20% detidos pela Subsidiária A = 90%.

O interesse de 10% detido pela associada C não é considerado porque a Admin_Central não controla a associada (apenas tem influência significativa).

TABELA 8.3: APLICAÇÃO DO MEP: UNIFORMIZAÇÃO DAS POLÍTICAS CONTABILÍSTICAS

Procedimento 2	Descrição
Uniformização das políticas contabilísticas	As participadas sobre as quais a entidade irá aplicar o método têm de usar políticas contabilísticas uniformes com as da entidade pública Isto significa que, para efeitos da aplicação do MEP, terão de ser efetuados os ajustamentos necessários às demonstrações financeiras da participada para garantir a uniformidade das políticas contabilísticas Estes ajustamentos são apenas efetuados para a aplicação do MEP, não sendo por isso registados nas demonstrações financeiras da participada

Exemplo ***8.2***

Na sequência do Exemplo 8.1, em dezembro do ano N a Admin_Central vai aplicar o MEP aos investimentos detidos nas 3 empresas por si participadas.

A Admin_Central recebeu os balanços das participadas e verificou que a Associada C utiliza uma política diferente na valorização dos seus inventários (não inclui os custos de transporte no custos dos inventários). Foi solicitada a informação necessária à participada para efetuar o ajustamento necessário aos seus resultados líquidos, apenas para efeitos de aplicação do MEP. O ajustamento necessário aumenta o resultado líquido do período em 1.300 euros.

Os resultados líquidos apurados pelas participadas nas suas contas individuais, e o efeito deste ajustamento, estão evidenciados na tabela abaixo.

	Subsidiária A	**Subsidiária B**	**Associada C**
Resultado líquido ano N (conforme balanço individual)	89.000	32.000	125.000
Ajustamento por uniformização de políticas contabilísticas	-	-	**+1.300**

TABELA 8.4: APLICAÇÃO DO MEP: ELIMINAÇÃO DOS GANHOS / PERDAS EM TRANSAÇÕES "ASCENDENTES" E "DESCENDENTES"

Procedimento 3	**Descrição**
Eliminação dos ganhos / perdas em transações "ascendentes" e "descendentes"	Os ganhos e perdas resultantes de transações "ascendentes" e "descendentes" apenas são reconhecidos para efeitos de aplicação do MEP, na medida em que correspondam aos interesses de investidores não relacionados na participada

A figura abaixo evidencia estas transações e o tratamento contabilístico.

FIGURA 8.2: APLICAÇÃO DO MEP: TRANSAÇÕES ASCENDENTES E DESCENDENTES

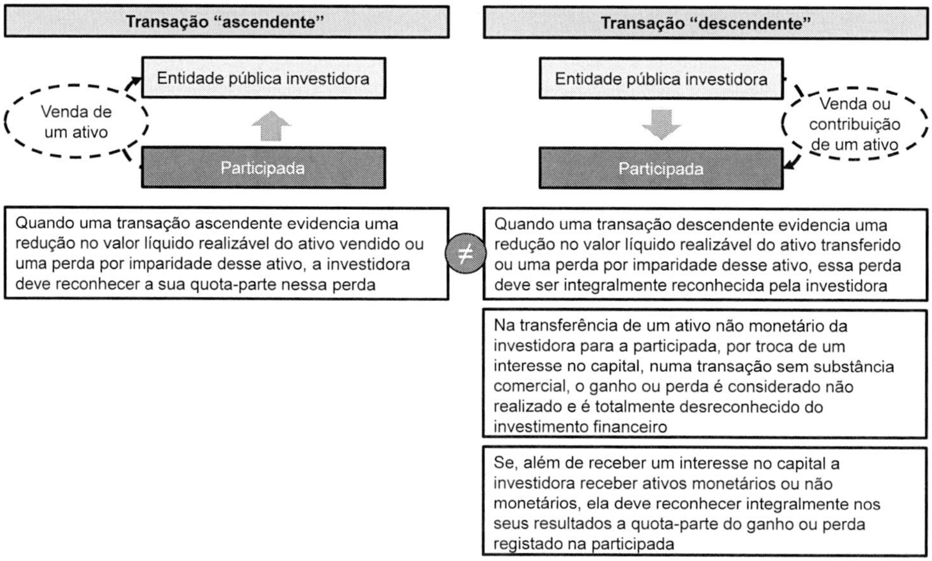

Exemplo 8.3

Na sequência do Exemplo 8.1, durante o ano N a Admin_Central comprou inventários à Subsidiária B. Nesta compra, a Subsidiária B praticou uma margem de 10%. Esta margem realizada deve ser anulada. De acordo com informação fornecida pela participada, a margem realizada totalizou 2.500 euros. Dado que a quota-parte da Admin_Central na Subsidiária B totaliza 90%, a margem a anular é de 2.250 euros (2.500 × 90%).

Os resultados líquidos apurados pelas participadas nas suas contas individuais, e o efeito deste ajustamento, estão evidenciados na tabela abaixo.

	Subsidiária A	**Subsidiária B**	**Associada C**
Resultado líquido ano N (conforme balanço individual)	89.000	32.000	125.000
Ajustamento por uniformização de políticas contabilísticas	-	-	+1.300
Anulação da margem não realizada	-	**-2.250**	-

TABELA 8.5: APLICAÇÃO DO MEP: INÍCIO DA CONTABILIZAÇÃO PELO MEP

Procedimento 4	Descrição
Início da contabilização pelo MEP	Inicia-se a partir da data em que se torne uma subsidiária, uma associada ou um empreendimento conjunto Na data de aquisição do investimento, qualquer diferença entre o custo do investimento e a quota-parte da entidade no justo valor líquido dos ativos e passivos identificáveis da investida é contabilizada do seguinte modo: • O Goodwill relativo à investida deve ser incluído na quantia escriturada do investimento • Qualquer valor em excesso da quota-parte da entidade no justo valor líquido dos ativos e passivos identificáveis da investida relativamente ao custo do investimento deve ser incluído como rendimento na determinação da quota-parte da entidade nos resultados da investida no período em que o investimento é adquirido

TABELA 8.6: APLICAÇÃO DO MEP: PERÍODOS CONTABILÍSTICOS DIFERENTES

Procedimento 5	Descrição
Períodos contabilísticos diferentes	Na aplicação do MEP devem ser usadas as demonstrações financeiras disponíveis mais recentes da participada Caso o período contabilístico da participada não coincida com o da investidora, devem ser efetuados ajustamentos relativos aos efeitos de transações ou eventos mais significativos que tenham ocorrido entre a data dessas demonstrações financeiras e a data das demonstrações financeiras da investidora No entanto, a diferença entre os períodos não pode ser superior a 3 meses

TABELA 8.7: APLICAÇÃO DO MEP: MENSURAÇÃO DE UM INTERESSE NUMA ENTIDADE DE INVESTIMENTO

Procedimento 6	Descrição
Mensuração de um interesse numa entidade de investimento	Na aplicação do MEP, esse investimento deve ser mensurado ao justo valor

Exemplo 8.4

Na sequência do Exemplo 8.1, a Subsidiária A tem um interesse de 40% na sociedade de investimento Fundo CC.

Em dezembro de N, o Fundo CC apresentava um justo valor de 45.000 euros. Ao aplicar o MEP, a Subsidiária reconhece um efeito positivo em resultados de 18.000 euros (45.000 × 40%).

O resultado líquido que a subsidiária evidencia no seu balanço do ano N já deve incluir o efeito acima mencionado (porque se trata de um requisito que é aplicável às suas demonstrações financeiras; não é um ajustamento a efetuar apenas para a aplicação do MEP).

TABELA 8.8: APLICAÇÃO DO MEP: AÇÕES PREFERÊNCIAS EM CIRCULAÇÃO

Procedimento 7	Descrição
Ações preferências em circulação	Se detidas por partes diferentes da entidade e classificadas como capital próprio, a entidade calcula a sua quota-parte nos resultados depois de efetuar ajustamentos para ter em conta os dividendos de tais ações, quer os dividendos tenham ou não sido declarados

TABELA 8.9: APLICAÇÃO DO MEP: PERDAS QUE EXCEDEM O VALOR CONTABILÍSTICO DO INVESTIMENTO

Procedimento 8	Descrição
Perdas que excedem o valor contabilístico do investimento	Quando a quota-parte numa perda do exercício exceder o valor do investimento, a investidora deixa de reconhecer a sua quota-parte de perdas adicionais As perdas adicionais apenas devem ser consideradas se a investidora tiver assumido obrigações legais ou construtivas ou feito pagamentos por conta da participada Se posteriormente a participada registar lucros, a investidora retoma o reconhecimento da sua quota-parte nesses lucros apenas após essa quota-parte igualar a parte das perdas não reconhecidas

Exemplo 8.5

Na sequência das informações incluídas nos Exemplos 8.1 a 8.4, temos a seguinte situação final dos resultados líquidos ajustados das 3 participadas.

	Subsidiária A	**Subsidiária B**	**Associada C**
Resultado líquido ano N (conforme balanço individual)	89.000	32.000	125.000
Ajustamento por uniformização de políticas contabilísticas	-	-	+1.300
Anulação da margem não realizada	-	-2.250	-
Resultado líquido ajustado	**89.000**	**29.750**	**126.300**
Quota-parte	**100%**	**90%**	**40%**
Impacto do MEP na Admin_Central	**89.000**	**26.775**	**50.520**

Ainda durante o ano N, a Subsidiária A distribuiu dividendos de 25.000 euros relativos ao ano N-1.

No subsistema financeiro, os movimentos contabilísticos a efetuar no ano N são os seguintes:

Db / Cr	Conta	Classificador económico	C.O.	Descritivo	Valor
D	4111			Impacto do MEP no ano N em subsidiárias	115.775
D	4121			Impacto do MEP no ano N em associadas	50.520
C	7851			Impacto do MEP no ano N em resultados líquidos	(166.295)
D	1221			Dividendos distribuídos pela Subsidiária A	25.000
C	4111			Dividendos distribuídos pela Subsidiária A	(25.000)

No subsistema orçamental, os movimentos contabilísticos a efetuar são os seguintes:

Db / Cr	Conta	Classificador económico	C.O.	Descritivo	Valor
D	0152	11.08.01	R12	Liquidação - Dividendos recebidos da Subsidiária A	25.000
C	014	11.08.01	R12	Liquidação - Dividendos recebidos da Subsidiária A	(25.000)
D	0171	11.08.01	R12	Recebimento - Dividendos recebidos da Subsidiária A	25.000
C	0153	11.08.01	R12	Recebimento - Dividendos recebidos da Subsidiária A	(25.000)

Apenas o recebimento dos dividendos tem impacto na contabilidade orçamental. O efeito da aplicação do MEP não tem qualquer impacto.

8.3. Investimentos em associadas

Uma associada é uma entidade sobre a qual a investidora exerce influência significativa.

8.3.1. Conceito de influência significativa

O conceito de influência significativa é uma matéria de julgamento baseada no relacionamento entre o investidor e a investida:

- Uma entidade que possui direta ou indiretamente 20% ou mais do direito de votos => Presume-se que tem influência significativa, a menos que o contrário possa ser claramente demonstrado;
- Uma entidade que possui direta ou indiretamente 20% ou menos do direito de votos => Presume-se que não tem influência significativa, a menos que o contrário possa ser claramente demonstrado.

8.3.2. Reconhecimento inicial

No reconhecimento inicial, um investimento numa associada é mensurado ao custo de aquisição. O custo de aquisição inclui o preço de compra e os custos diretamente relacionados com a compra, exceto se esse investimento for subsequentemente mensurado ao justo valor, caso em que os custos relacionados com a compra são reconhecidos em resultados quando incorridos.

Na aquisição do investimento, qualquer diferença entre o custo do investimento e a quota-parte da investidora no justo valor líquido dos ativos e passivos identificáveis da investida é contabilizada do seguinte modo:

- O goodwill relacionado com uma associada é incluído no valor contabilístico do investimento;
- Qualquer valor em excesso da quota-parte da investidora no justo valor líquido dos ativos e passivos identificáveis da investida relativamente ao custo de aquisição é incluído como ganho na determinação da quota-parte da investidora nos resultados da associada no período em que o investimento é adquirido.

8.3.3. Mensuração subsequente

Em demonstrações financeiras separadas, os investimentos em associadas são subsequentemente mensurados:

- Ao custo;
- Em conformidade com a NCP 18; ou
- Pelo MEP.

Ver o ponto 8.2.3 que tem o detalhe sobre a aplicação destes métodos de mensuração.

8.4. Investimentos em empreendimentos conjuntos

Um empreendimento conjunto é um acordo conjunto em relação ao qual as partes que exercem o controlo conjunto têm de direitos sobre os ativos líquidos do acordo.

8.4.1. Conceito de controlo conjunto

Controlo conjunto é a partilha contratualmente acordada do controlo sobre um acordo vinculativo, que apenas existe quando as decisões relativas às atividades relevantes exigem o consentimento unânime das partes que partilham o controlo.

8.4.2. Reconhecimento inicial

No reconhecimento inicial, um investimento num empreendimento conjunto é mensurado ao custo de aquisição. O custo de aquisição inclui o preço de compra e os custos

diretamente relacionados com a compra, exceto se esse investimento for subsequentemente mensurado ao justo valor, caso em que os custos relacionados com a compra são reconhecidos em resultados quando incorridos.
Na aquisição do investimento, qualquer diferença entre o custo do investimento e a quota-parte da investidora no justo valor líquido dos ativos e passivos identificáveis da investida é contabilizada do seguinte modo:

- O goodwill relacionado com um empreendimento conjunto é incluído no valor contabilístico do investimento;
- Qualquer valor em excesso da quota-parte da investidora no justo valor líquido dos ativos e passivos identificáveis da investida relativamente ao custo de aquisição é incluído como ganho na determinação da quota-parte da investidora nos resultados do empreendimento conjunto no período em que o investimento é adquirido.

8.4.3. Mensuração subsequente

Em demonstrações financeiras separadas, os investimentos em empreendimentos conjuntos são subsequentemente mensurados:

- Ao custo;
- Em conformidade com a NCP 18; ou
- Pelo MEP.

Ver o ponto 8.2.3 que tem o detalhe sobre a aplicação destes métodos de mensuração.

8.5. Acordos conjuntos

Uma entidade que seja parte num acordo conjunto, tem de determinar o tipo de acordo conjunto no qual está envolvida. Para tal, é necessário avaliar os respetivos direitos e obrigações. Estes direitos e obrigações têm de ser contabilizados em conformidade com o tipo de acordo conjunto.

8.5.1. Conceito e tipos de acordos conjuntos

Um acordo conjunto é um acordo em relação ao qual duas ou mais partes exercem controlo conjunto, isto é, é necessário haver consentimento unânime entre as partes que partilham esse controlo.

Este controlo conjunto decorre de um acordo vinculativo o qual confere às partes os direitos executórios e as obrigações. É o acordo vinculativo que confere o controlo conjunto.

Os tipos de acordos conjuntos estão discriminados na figura abaixo.

FIGURA 8.3: TIPOS DE ACORDOS CONJUNTOS

Operação conjunta	Empreendimento conjunto
• É um acordo conjunto • Onde é atribuído controlo conjunto • E as partes têm direitos sobre os ativos e obrigações para com os passivos relacionados com esse acordo	• É um acordo conjunto • Onde é atribuído controlo conjunto • E as partes têm direitos sobre os ativos líquidos do acordo
As partes são denominadas operadores conjuntos	Estas partes são denominadas empreendedores conjuntos

A figura abaixo ajuda a identificar o tipo de acordo:

FIGURA 8.4: IDENTIFICAÇÃO DO TIPO DE ACORDO

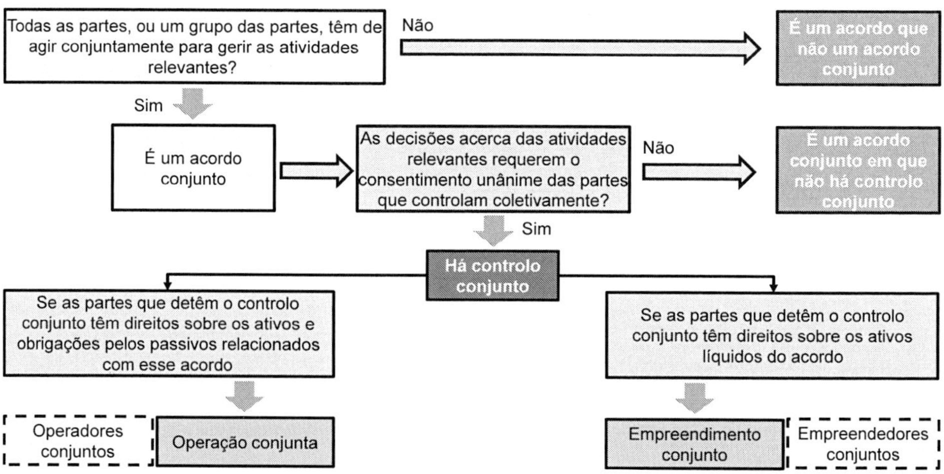

8.5.2. A contabilização de acordos conjuntos pelas partes envolvidas

Nas suas demonstrações financeiras, as partes envolvidas numa operação conjunta devem contabilizar o seu interesse como segue.

TABELA 8.10: CONTABILIZAÇÃO DE UMA OPERAÇÃO CONJUNTA, EM CONTAS INDIVIDUAIS, PELAS PARTES ENVOLVIDAS

<table>
<tr><th colspan="3">Nas demonstrações financeiras:</th></tr>
<tr><th>A. De um operador conjunto</th><th>B. De outra parte que não detém o controlo conjunto mas tem direitos aos ativos e obrigações pelos passivos relativamente a essa operação conjunta</th><th>C. De outra parte que não detém o controlo conjunto e não tem direitos aos ativos e obrigações pelos passivos relativamente a essa operação conjunta</th></tr>
<tr><td colspan="2">Deve contabilizar (e de acordo com as NCP que lhes sejam aplicáveis):
• Os seus ativos e a sua quota-parte nos ativos detidos conjuntamente
• Os seus passivos e a sua quota-parte nos passivos assumidos conjuntamente
• O seu rendimento proveniente da venda da sua parte da produção decorrente da operação conjunta
• A sua parte dos rendimentos decorrentes da venda da produção efetuada pela operação conjunta
• Os seus gastos e a sua quota-parte de quaisquer gastos suportados em conjunto</td><td>Deve contabilizar de acordo com as NCP aplicáveis a esse interesse</td></tr>
</table>

Nas suas demonstrações financeiras, as partes envolvidas num empreendimento conjunto devem contabilizar o seu interesse como segue.

TABELA 8.11: CONTABILIZAÇÃO DE UM EMPREENDIMENTO CONJUNTO, EM CONTAS INDIVIDUAIS, PELAS PARTES ENVOLVIDAS

<table>
<tr><th colspan="2">Nas demonstrações financeiras:</th></tr>
<tr><th>A. De um empreendedor conjunto</th><th>B. De outra parte que não detém o controlo conjunto</th></tr>
<tr><td>Deve contabilizar pelo MEP</td><td>Deve contabilizar de acordo NCP 18, a menos que tenha influência significativa sobre o empreendimento conjunto, caso em que aplica o MEP</td></tr>
</table>

8.5.3. A contabilização de interesses detidos por operadores conjuntos ou empreendedores conjuntos

Uma entidade que seja ela própria um operador conjunto ou um empreendedor conjunto, os seus interesses em operações conjuntas ou empreendimentos conjuntos podem ser:

- Como entidade que tem o controlo conjunto;
- Como parte que participa na operação conjunta ou empreendimento conjunto mas que não detém o controlo.

Nas suas demonstrações financeiras separadas, os operadores conjuntos ou empreendedores conjuntos que tenham o controlo, devem contabilizar os seus interesses como segue.

TABELA 8.12: CONTABILIZAÇÃO DE INTERESSES, NAS DEMONSTRAÇÕES FINANCEIRAS SEPARADAS, PELAS PARTES QUE TÊM O CONTROLO

De interesses, nas demonstrações financeiras separadas (quando detêm o controlo):	
A. Em operações conjuntas	B. Em empreendimentos conjuntos
Deve contabilizar (e de acordo com as NCP que lhes sejam aplicáveis): • Os seus ativos e a sua quota-parte nos ativos detidos conjuntamente • Os seus passivos e a sua quota-parte nos passivos assumidos conjuntamente • O seu rendimento proveniente da venda da sua parte da produção decorrente da operação conjunta • A sua parte dos rendimentos decorrentes da venda da produção efetuada pela operação conjunta • Os seus gastos e a sua quota-parte de quaisquer gastos suportados em conjunto	Deve contabilizar: • Ao custo • Em conformidade com a NCP 18 ou • Pelo MEP

Nas suas demonstrações financeiras separadas, os operadores conjuntos ou empreendedores conjuntos que não tenham o controlo, devem contabilizar os seus interesses como segue.

TABELA 8.13: CONTABILIZAÇÃO DE INTERESSES, NAS DEMONSTRAÇÕES FINANCEIRAS SEPARADAS, PELAS PARTES QUE NÃO TÊM O CONTROLO

De interesses, nas demonstrações financeiras separadas (quando não detêm o controlo):	
A. Em operações conjuntas	B. Em empreendimentos conjuntos
Deve contabilizar de acordo com as NCP aplicáveis a esse interesse	Deve contabilizar de acordo NCP 18, a menos que tenha influência significativa sobre o empreendimento conjunto, caso em que aplica o MEP

8.6. Combinações no setor público e o Goodwill

O SNC-AP não tem um tratamento previsto para as combinações de negócios. Consequentemente, é necessário recorrer supletivamente às IPSAS, nomeadamente à IPSAS 40.

Uma combinação de operações no setor público pode ocorrer:

- Por acordo mútuo entre as partes envolvidas; ou
- Por necessidade (i.e., por legislação).

São exemplos de combinações no setor público, os seguintes:

- Nacionalizações;
- Resgates (em que a aquisição ocorre sem que haja troca de uma retribuição);
- A centralização de funções governamentais;
- A reorganização de entidades governamentais.

A combinação de operações no setor público poderá ser classificada como:

- Uma aquisição

  Que é uma combinação na qual uma das partes obtém o controlo de uma ou mais operações, e existe evidência de que essa combinação não é uma restruturação.
- Uma restruturação (que a IPSAS 40 denomina de "*amalgamation*")

  Os seguintes são indicadores de que uma combinação pode ser uma restruturação:
  - o Não há qualquer retribuição paga pelos ativos líquidos transferidos;
  - o Não é identificado um beneficiário dos ativos líquidos transferidos; ou
  - o A retribuição paga não é uma compensação pelos ativos líquidos transferidos.

Adicionalmente, são também indicadores de que uma combinação poderá ser uma restruturação, as situações em que a combinação:

- o É imposta por uma terceira parte sem o envolvimento das partes da combinação;
- o Está sujeita à aprovação dos cidadãos através de um referendo; ou
- o É com entidades que estão sob o controlo comum.

A figura abaixo evidencia o processo de classificação das combinações.

FIGURA 8.5: CLASSIFICAÇÃO DE UMA COMBINAÇÃO DE OPERAÇÕES NO SETOR PÚBLICO

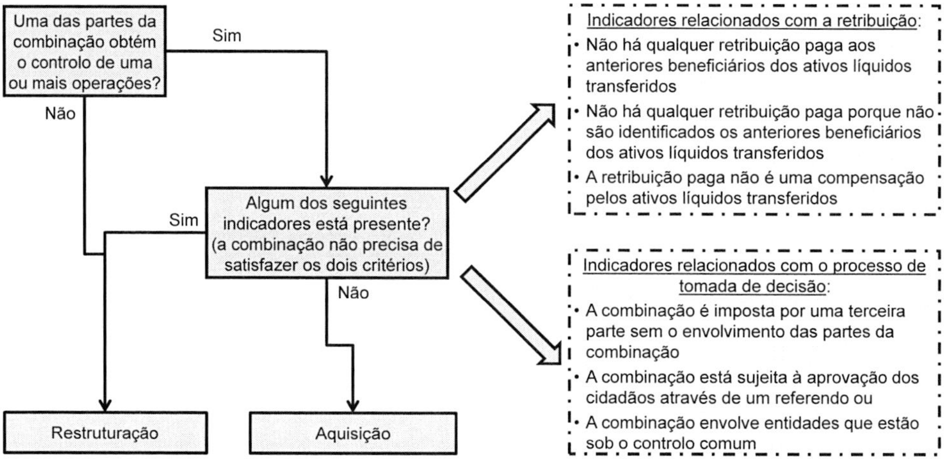

8.6.1. O reconhecimento e mensuração inicial

A classificação da combinação em aquisição ou restruturação é crucial para o critério de reconhecimento e mensuração dos ativos e passivos transferidos, e consequentemente para apuramento do Goodwill, se algum:

- Numa restruturação é usado o método da comunhão de interesses modificado;
- Numa aquisição é usado o método da compra.

Método da comunhão de interesses modificado

De acordo com o método da comunhão de interesses modificado, os ativos e passivos identificáveis na combinação de operações são mensurados pelos respetivos valores contabilísticos incluídos nas demonstrações financeiras das operações combinadas na data da restruturação, com exceção de licenças ou direitos similares, impostos sobre o rendimento e benefícios de empregados.
Como tal, não é gerado qualquer Goodwill numa restruturação.

Método da compra

De acordo com o método da compra, os ativos adquiridos e passivos assumidos na combinação de operações são mensurados pelos respetivos justos valores na data da aquisição.
Numa aquisição, comparando (1) a retribuição paga (mais o valor de interesses que não controla e o justo valor de qualquer interesse anteriormente detido) com (2) o valor líquido dos ativos adquiridos e passivos assumidos podem ocorrer duas situações:

- Um Goodwill [se (1) é maior que (2)]; ou
- Uma compra a baixo preço [se (1) é menor que (2)].

O valor correspondente a (1) não deve incorporar os custos diretamente relacionados com a aquisição, os quais devem ser reconhecidos em resultados quando incorridos. Estes custos podem ser relativos:

- Aos honorários de intermediários;
- Aos honorários de consultoria, legais, contabilísticos, de valorização e outros honorários profissionais ou de consultoria;
- Aos custos administrativos gerais, incluindo os custos de manter um departamento de aquisições internas;
- Aos custos do registo e emissão de valores mobiliários representativos de dívida e de capital próprio.

Há, no entanto, uma exceção para os custos da emissão de valores mobiliários representativos do capital próprio que devem ser reconhecidos a abater ao valor do capital social emitido.
Quando uma aquisição ocorre sem que exista uma transferência de retribuição (transação sem contraprestação), como é o caso das nacionalizações, das doações

e dos resgates, nesta situação não é reconhecido qualquer goodwill e a diferença entre (1) e (2) acima é reconhecida como ganho ou perda.

8.6.2. Mensuração subsequente

O Goodwill apurado numa aquisição, nas contas individuais da entidade que detém o interesse é apresentado dentro do valor do investimento financeiro não sendo, por isso, segregado em linha separada.
Após o reconhecimento inicial, a adquirente deve mensurar o goodwill pelo custo menos qualquer perda por imparidade acumulada. O goodwill adquirido numa concentração de atividades empresariais não deve ser amortizado.

8.7. Imparidade de investimentos financeiros e do Goodwill

Uma entidade deve aplicar os requisitos da NCP 18 para determinar se existem indícios de que um investimento financeiro possa estar em imparidade.
Para verificar se o Goodwill está em imparidade, o mesmo tem de ser alocado à unidade geradora de caixa que se espera que irá beneficiar das sinergias da combinação de negócios na qual o Goodwill foi apurado.
De seguida, deve aplicar a NCP 9 para determinar o valor de uso do ativo gerador de caixa, nomeadamente:

- A sua quota-parte no valor presente dos fluxos de caixa futuros que se estimam que sejam gerados pela participada, incluindo os fluxos de caixa das operações da participada e os recebimentos da alienação final do investimento; ou
- O valor presente dos fluxos de caixa futuros que se estima provenham de dividendos ou distribuições similares a receber do investimento, e da sua alienação final.

Se a respetiva unidade geradora de caixa está em imparidade, a imparidade apurada é inicialmente imputada ao Goodwill (imparidade do Goodwill) e qualquer valor remanescente será imputado aos restantes ativos numa base *pro rata*.
O Capítulo 3, no seu ponto 3.4, contém uma descrição do tratamento das perdas por imparidade para ativos não correntes.
A imparidade do Goodwill não deve ser revertida.

CAPÍTULO 9

—

INVENTÁRIOS

Os inventários são apresentados no balanço como ativos correntes. Correspondem a materiais ou consumíveis a aplicar no processo produtivo ou na prestação de serviços, ou que são detidos para venda no decurso normal da atividade.
A principal norma do SNC-AP de referência para este tipo de ativos é a NCP 10 — Inventários.
No entanto, outras normas são também referência para este tipo de ativos, nomeadamente:

- NCP 18 — Instrumentos Financeiros, que determina como deve ser apurado o justo valor quando os inventários são valorizados ao justo valor menos os custos de vender.

Neste capítulo iremos analisar em mais detalhe:

- O reconhecimento inicial os inventários, nomeadamente que custos devem ser incluídos como custos de aquisição e/ou de transformação;
- As técnicas de custeio;
- O apuramento de eventuais imparidades.

9.1. Reconhecimento inicial

Os inventários englobam:

- Bens comprados e detidos para revenda incluindo terrenos e outras propriedades detidas para venda desde que a entidade tenha por objeto a atividade imobiliária;
- Produtos acabados ou trabalhos em curso que estejam a ser produzidos pela entidade;
- Materiais e consumíveis aguardando o seu uso no processo de produção e bens comprados ou produzidos por uma entidade, para distribuir a terceiros gratuitamente ou por um valor simbólico.

Em muitas entidades do setor público, os inventários relacionam-se com a prestação de serviços e incluem os custos do serviço.

Numa entidade pública podem ainda existir outros inventários, tais como:

- Ativos para os quais existe o controlo sobre os direitos para criar e emitir vários ativos, incluindo selos postais e moedas;
- Reservas estratégicas para usar em casos de emergência ou outros.

No momento inicial são reconhecidos ao custo.

9.1.1. O custo dos inventários

O custo dos inventários incluir os custos relacionados com a compra, os custos de transformação e os outros custos suportados para colocar os inventários no seu local e condição atuais.
A figura abaixo evidencia as componentes incluídas nos custos dos inventários.

FIGURA 9.1: CUSTO DOS INVENTÁRIOS

9.2. Mensuração subsequente

Subsequentemente os inventários são mensurados pela quantia mais baixa entre o custo e o valor realizável líquido, exceto quando os inventários forem:

- Adquiridos através de uma transação sem contraprestação, em que devem ser mensurados pelo justo valor à data de aquisição;
- Detidos para distribuir sem contrapartida ou com uma contrapartida simbólica, ou para consumir no processo de produção de bens para subsequentemente distribuir sem contrapartida ou por uma contrapartida simbólica, em que devem ser mensurados pela quantia mais baixa entre o custo e o custo de reposição corrente.

9.2.1. Técnicas de custeio

As técnicas de custeio permitidas são o método do custo padrão ou o método de retalho se os valores obtidos se aproximarem do custo.
As formas de custeio estão evidenciadas na figura seguinte.

FIGURA 9.2: FORMAS DE CUSTEIO

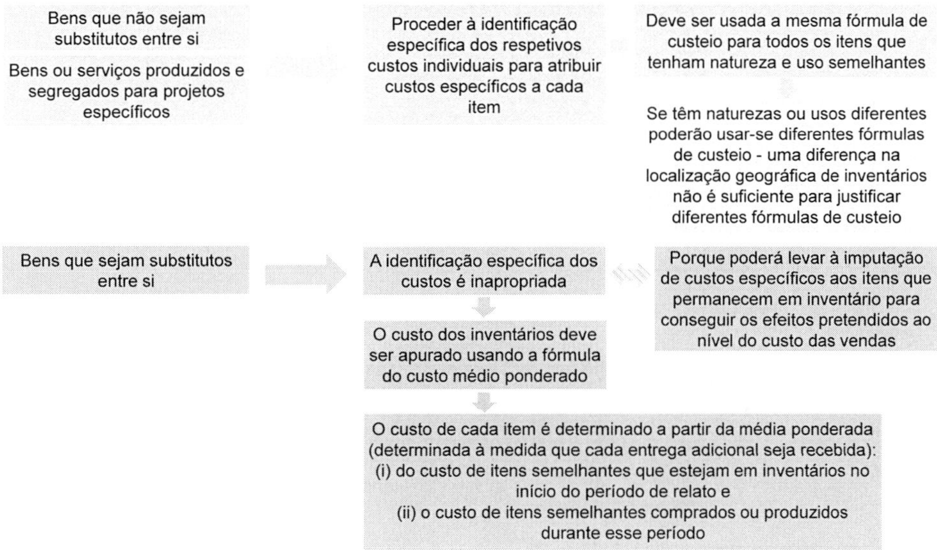

9.2.2. Imparidades

Uma imparidade deve ser registada sempre que o valor contabilístico do inventário excede o seu realizável líquido. A perda por imparidade corresponde à diferença entre estes dois valores.
Um item de inventário deve ser reduzido para o seu valor realizável líquido:

- Quando os inventários estão danificados, se se tornarem total ou parcialmente obsoletos, ou se os seus preços de venda tiverem diminuído;
- Quando os custos estimados de acabamento ou os custos estimados a suportar com a venda, troca ou distribuição tiverem aumentado.

9.3. Reconhecimento em gastos

O reconhecimento do gasto dos inventários ocorre nos seguintes momentos:

- No caso de uma venda, troca ou distribuição, no momento em que esta ocorre, e pelo seu valor contabilístico;
- No caso de um abate e se ocorrerem perdas de inventários, no período em que ocorra o abate ou a perda; a reversão de qualquer abate de inventários deve ser reconhecida como uma redução na quantia de inventários reconhecida como gasto do período em que a reversão ocorre;
- No caso de um prestador de serviços, no momento em que os serviços são prestados, ou no momento da respetiva faturação;
- No caso de os inventários serem imputados a outras contas do ativo, como por exemplo, inventários usados como um componente de ativos fixos tangíveis construídos para a própria entidade, ao longo da vida útil desse ativo.

Exemplo 9.1

A Admin_Central adquire regularmente certo tipo de materiais que são necessários para uma prestação de serviços específica que ocorre ocasionalmente ao longo do ano. A Admin_Central tem por política não ter muitas quantidades em inventário, optando por encomendar os materiais apenas quando necessita deles, pelo que as entradas e as saídas de materiais ocorrem quase em simultâneo. A margem praticada na venda destes inventários é de 10%.

Foram efetuadas consultas de mercado a três fornecedores, sendo adjudicado a um que se encontrava situado na zona norte do país. Assim, o custo dos inventários adquiridos inclui o custo do item em si e o custo do transporte até Lisboa. Os preços unitários apresentados abaixo já incluem o custo do transporte.

Durante o ano N, a Admin_Central repôs por 4 vezes os seus níveis de inventário para fazer face a 4 prestações de serviços. Os movimentos ocorridos detalham-se como segue:

a) Aquisição de fevereiro de 1.200 unidades a 23 euros cada
b) Venda em março de 1.050 unidades ao custo médio ponderado unitário de 23 euros
c) Aquisição de junho de 1.000 unidades a 22 euros cada
d) Venda em julho de 1.077 unidades ao custo médio ponderado de unitário de 22 euros

e) Aquisição de setembro de 950 unidades a 24 euros cada
f) Venda em outubro de 1.050 unidades ao custo médio ponderado de unitário de 24 euros
g) Aquisição de novembro de 750 unidades a 24 euros cada
h) Venda em dezembro de 600 unidades ao custo médio ponderado de unitário de 24 euros

O quadro seguinte detalha os movimentos ocorridos nos inventários durante o ano N, em quantidades e valor.

	Entradas			Saídas			Saldo final de inventários		
	Quant.	**Valor unitário**	**Valor total**	**Quant.**	**Custo médio**	**Valor total**	**Quant.**	**Custo médio**	**Valor total**
Saldo inicial							**100**	**22**	**2.200**
Fevereiro	1.200	23	27.600	-	-	-	1.300	23	29.800
Março	-	-	-	-1.050	23	-24.069	250	23	5.731
Junho	1.000	22	22.000	-	-	-	1.250	22[(1)]	27.731
Julho	-	-	-	-1.077	22[(2)]	-23.893	173	22	3.838
Setembro	950	24	22.800	-	-	-	1.123	24	26.638
Outubro	-	-	-	-1.050	24	-24.906	73	24	1.732
Novembro	750	24	18.000	-	-	-	823	24	19.732
Dezembro	-	-	-	-600	24	-14.385	223	24	5.346
Saldo final			**90.400**			**-87.254**	**223**	**24**	**5.346**

[(1)] O custo médio ponderado neste mês de junho foi calculado dividindo o total do valor do inventário (27.731 = 5.731 + 22.000), pelo número de unidades em stock (1.250 = 250 + 1.000)

[(2)] O custo médio ponderado da saída de inventário corresponde ao valor apurado no final do mês anterior (que neste caso é o [(1)] evidenciado acima)

Registo das compras

No subsistema financeiro, os movimentos contabilísticos a efetuar no ano N são os seguintes:

Db / Cr	Conta	Classificador económico	C.O.	Descritivo	Valor
D	3119			Reconhecimento das compras de inventários	90.400
C	221			Reconhecimento da dívida ao fornecedor	(90.400)
D	328			Transferência da compra para inventários	90.400
C	3119			Transferência da compra para inventários	(90.400)

(cada entrada é registada em separado, mas para efeitos do exemplo lançamos todas as compras no valor total de 90.400 euros num único movimento)

No subsistema orçamental, os movimentos contabilísticos a efetuar são os seguintes:

Db / Cr	Conta	Classificador económico	C.O.	Descritivo	Valor
D	024	02.01.21	D2	Aquisição de materiais para inventário - cabimento	90.400
C	0251	02.01.21	D2	Aquisição de materiais para inventário - cabimento	(90.400)
D	0252	02.01.21	D2	Aquisição de materiais para inventário - compromisso	90.400
C	0261	02.01.21	D2	Aquisição de materiais para inventário - compromisso	(90.400)
D	0262	02.01.21	D2	Aquisição de materiais para inventário - obrigação	90.400
C	0271	02.01.21	D2	Aquisição de materiais para inventário - obrigação	(90.400)

Registo das vendas

No subsistema financeiro, os movimentos contabilísticos a efetuar no ano N são os seguintes:

Db / Cr	Conta	Classificador económico	C.O.	Descritivo	Valor
D	6119			Reconhecimento das saídas de inventários	87.254
C	328			Reconhecimento do custo das vendas	(87.254)
D	211			Reconhecimento do rendimento da venda de bens	95.979
C	711			Reconhecimento da dívida de clientes	(95.979)

(cada saída é registada em separado, mas para efeitos do exemplo lançamos todas as vendas no valor total de 87.254 euros num único movimento)

O rendimento reconhecido está a assumir uma margem de 10% na venda destes materiais. Apesar de estes materiais serem consumidos no momento da prestação de serviços, o rendimento da sua venda deve ser reconhecido com uma natureza de venda (separadamente do rendimento da prestação de serviços).

No subsistema orçamental, os movimentos contabilísticos a efetuar são os seguintes:

Db / Cr	Conta	Classificador económico	C.O.	Descritivo	Valor
D	0152	07.01.99	R6	Emissão de Fatura - venda de bens	95.979
C	014	07.01.99	R6	Emissão de Fatura - venda de bens	(95.979)

Registo das prestações de serviços

A venda dos bens acima mencionados está associada a várias prestações de serviços realizadas ao longo do ano N, que totalizaram um rendimento global de 600.000 euros, dos quais foram recebidos apenas 450.000 euros já que ficou acordado que os restantes 150.000 euros só seriam recebidos em N+1.

No subsistema financeiro, os movimentos contabilísticos a efetuar no ano N são os seguintes:

Db / Cr	Conta	Classificador económico	C.O.	Descritivo	Valor
D	211			Registo da prestação anual de serviços	600.000
C	7299			Registo da prestação anual de serviços	(600.000)
D	1221			Recebimento dos serviços prestados	450.000
C	211			Recebimento dos serviços prestados	(450.000)

No subsistema orçamental os movimentos contabilísticos a efetuar são os seguintes:

Db / Cr	Conta	Classificador económico	C.O.	Descritivo	Valor
D	0152	07.02.99	R6	Liquidação das prestações de serviços	450.000
C	014	07.02.99	R6	Liquidação das prestações de serviços	(450.000)
D	0171	07.02.99	R6	Recebimento das prestações de serviços	450.000
C	0153	07.02.99	R6	Recebimento das prestações de serviços	(450.000)
D	0321	07.02.99	R6	Receitas para anos futuros	150.000
C	0311	07.02.99	R6	Receitas para anos futuros	(150.000)

Assim, uma vez que 150 mil euros têm acordo para serem recebidos só em N+1, implica que na contabilidade orçamental apenas é considerada receita liquidada a que se prevê receber em N.

Exemplo 9.2

Na sequência do Exemplo 9.1, a Admin_Central ficou com 223 unidades de materiais em inventário, valorizadas individualmente a 24 euros. Na prestação de serviços realizada em dezembro, cerca de 21 unidades sofreram um acidente no seu transporte para o armazém (tinham sido levadas para o cliente, mas não foram utilizadas na prestação de serviços). A Admin_Central concluiu que as mesmas só têm valor se forem vendidas como sucata, e estimam um valor de venda de 5 euros a unidade. Assim, é necessário registar uma imparidade pela diferença entre o valor contabilizado (24 euros a unidade) e o valor estimado venda (5 euros a unidade).

O valor da imparidade a reconhecer = 21 unidades × (24 – 5) = 398 euros.

No subsistema financeiro, os movimentos contabilísticos a efetuar no ano N são os seguintes:

Db / Cr	Conta	Classificador económico	C.O.	Descritivo	Valor
D	652			Reconhecimento de uma imparidade nos inventários	398
C	329			Reconhecimento de uma imparidade nos inventários	(398)

O subsistema orçamental não é impactado pelo registo da imparidade.

Exemplo 9.3

Ainda na sequência do Exemplo 9.1, a Admin_Central efetuou o pagamento das faturas relativas às compras realizadas durante o ano N.

No subsistema financeiro, os movimentos contabilísticos a efetuar no ano N são os seguintes:

Db / Cr	Conta	Classificador económico	C.O.	Descritivo	Valor
D	221			Pagamento das faturas de compra de inventários	90.400
C	1221			Pagamento das faturas de compra de inventários	(90.400)

(cada fatura foi paga em separado, mas para efeitos do exemplo lançamos todos os pagamentos num único movimento)

No subsistema orçamental, os movimentos contabilísticos a efetuar são os seguintes:

Db / Cr	Conta	Classificador económico	C.O.	Descritivo	Valor
D	0272	02.01.21	D2	Aquisição de materiais para inventário - pagamento	90.400
C	0281	02.01.21	D2	Aquisição de materiais para inventário - pagamento	(90.400)

No entanto, e depois de uma análise ao inventário no final do ano, foram identificados defeitos de fabrico em cerca de 50 unidades que permanecem em inventário, situação que foi reportada ao fornecedor e este concordou em emitir uma nota de crédito pela totalidade dos inventários devolvidos ainda em dezembro. Assim, a Admin_Central devolveu as 50 unidades no final do ano e recebeu uma nota de crédito do fornecedor, no valor de 1.200 euros [50 unidades × 24 euros a unidade (preço de compra na fatura de novembro)].

O fornecedor efetuou a devolução do dinheiro relativo a 50% da nota de crédito, ou seja, de 600 euros. Os restantes 600 euros serão devolvidos pelo fornecedor em janeiro de N+1.

No subsistema financeiro, os movimentos contabilísticos a efetuar no ano N são os seguintes:

Db / Cr	Conta	Classificador económico	C.O.	Descritivo	Valor
D	221			Nota de crédito emitida pelo fornecedor em dezembro de N	1.200
C	328			Nota de crédito emitida pelo fornecedor em dezembro de N	(1.200)
D	1221			Recebimento de 50% do valor da nota de crédito em N+1	600
C	221			Recebimento de 50% do valor da nota de crédito em N+1	(600)

No subsistema orçamental, temos que ter em atenção o facto de apenas 50% do valor da nota de crédito ser devolvida em N e o restante em N+1.

Isso implica que a parte devolvida ainda em N é relevada como uma RAP (reposição abatida aos pagamentos), que se consubstancia numa redução da despesa do ano.

A parte que não foi devolvida pelo fornecedor em N transita para N+1, sendo tratada como uma RNAP (será executada receita e não um abatimento à despesa).

Os movimentos contabilísticos a efetuar no ano N são os seguintes:

Db / Cr	Conta	Classificador económico	C.O.	Descritivo	Valor
D	0291	02.01.21	D2	RAP emitida - Devolução material - NC recebida em N	600
C	0272	02.01.21	D2	RAP emitida - Devolução material - NC recebida em N	(600)
D	0281	02.01.21	D2	RAP recebida - Devolução material - NC recebida em N	600
C	0292	02.01.21	D2	RAP recebida - Devolução material - NC recebida em N	(600)
D	0271	02.01.21	D2	Devolução material - correção da obrigação	600
C	0262	02.01.21	D2	Devolução material - correção da obrigação	(600)
D	0261	02.01.21	D2	Devolução material - correção do compromisso	600
C	0252	02.01.21	D2	Devolução material - correção do compromisso	(600)
D	0251	02.01.21	D2	Devolução material - correção do cabimento	600
C	024	02.01.21	D2	Devolução material - correção do cabimento	(600)

CAPÍTULO 10

—

ATIVOS BIOLÓGICOS E PRODUTOS AGRÍCOLAS

Os ativos biológicos são apresentados no balanço como ativos não correntes e os produtos agrícolas são apresentados no balanço como ativos correntes. Os ativos biológicos correspondem a animais ou plantas vivos e os produtos agrícolas correspondem aos produtos colhidos dos ativos biológicos.
A tabela abaixo contém exemplos de ativos biológicos e de produtos agrícolas, assim como do tipo de produtos transformados que se obtêm destes produtos agrícolas.

TABELA 10.1: EXEMPLOS DE ATIVOS BIOLÓGICOS E DE PRODUTOS AGRÍCOLAS

Ativos biológicos	Produto agrícola	Produtos transformados após colheita
Carneiros	Lã	Fio de lã, carpetes
Árvores florestais	Troncos de Madeira	Tábuas, madeira serrada
Plantas	Algodão	Fio, vestuário
	Cana Colhida	Açúcar
Gado Leiteiro	Leite	Queijo
Suínos	Carcaças	Enchidos
Arbustos	Folhas	Chá, Tabaco curado
Vinhas	Uvas	Vinho
Pomares	Fruta	Sumo, Compotas

A principal norma do SNC-AP de referência para este tipo de ativos é a NCP 11 – Agricultura.
No entanto, outras normas são também referência para este tipo de ativos, nomeadamente:

- NCP 5 – Ativos Fixos Tangíveis, que trata do reconhecimento e mensuração de ativos biológicos usados em atividades que não sejam consideradas atividades agrícolas;
- NCP 10 – Inventários, que trata do reconhecimento e mensuração dos produtos agrícolas após o ponto de colheita, isto é, depois de colhidos do ativo biológico.

Neste capítulo iremos analisar em mais detalhe:

- O reconhecimento inicial e a mensuração subsequente de ativos biológicos;
- O reconhecimento inicial e a mensuração subsequente de produtos agrícolas.

10.1. Ativos biológicos

Este ponto aplica-se aos ativos biológicos relacionados com atividades agrícolas. São exemplos de atividades agrícolas os seguintes:

- Criação de gado;
- Silvicultura;
- Colheitas anuais ou sazonais;
- Cultivo de cereais, pomares e plantações;
- Floricultura;
- Aquacultura (incluindo viveiros).

As principais características dos ativos biológicos são as seguintes:

TABELA 10.2: CARACTERÍSTICAS DE ATIVOS BIOLÓGICOS

Capacidade de transformação	Gestão da transformação	Mensuração da transformação
• Os animais e plantas vivos são capazes de se transformar biologicamente	• A gestão facilita a transformação biológica melhorando, ou pelo menos mantendo, as condições necessárias para que o processo se concretize, por exemplo, proporcionando níveis nutricionais, humidade, temperatura, fertilidade e luz • Esta gestão permite distinguir a atividade agrícola de outras atividades, como por exemplo, a colheita em espaços não geridos, tais como a pesca oceânica e a desflorestação, que são atividades não agrícolas	• A transformação causada pela transformação biológica ou pela colheita é mensurada e monitorizada como uma função de gestão rotineira • São exemplos de transformação qualitativa a carga genética, a densidade, o amadurecimento, a gordura, o conteúdo proteico e a resistência da fibra • São exemplos de transformação quantitativa a progenitura, o peso, o volume, o comprimento ou o diâmetro da fibra e o número de rebentos

10.1.1. Reconhecimento inicial

Uma entidade deve reconhecer um **ativo biológico** ou um **produto agrícola** se e apenas se, cumulativamente:

- A entidade controlar o ativo em resultado de acontecimentos passados;
- For provável que fluirão para a entidade benefícios económicos futuros ou potencial de serviço associado a esse ativo; e
- O justo valor ou o custo desse ativo puderem ser mensurados com fiabilidade.

10.1.2. Mensuração subsequente

A mensuração subsequente deve ser efetuada ao justo valor menos custos estimados no ponto de venda, exceto quando o justo valor não pode ser mensurado com fiabilidade. Preços dos contratos não são relevantes para a determinação do justo valor. A figura seguinte exemplifica como deve ser efetuada a mensuração de um ativo biológico ou de um produto agrícola.

FIGURA 10.1: MENSURAÇÃO

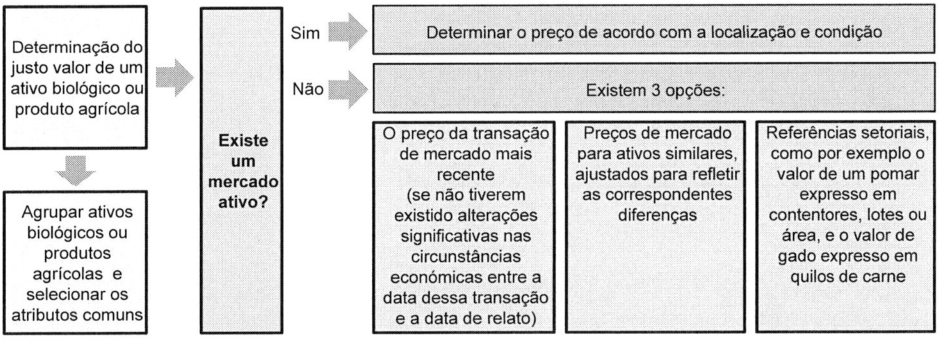

O custo de um item pode aproximar-se do seu justo valor:

- Se não houve uma grande transformação biológica desde a ocorrência do custo inicial;
- Se não se espera que o impacto da transformação biológica no preço seja material.

As alterações no justo valor que resultem num ganho ou perda, devem ser reconhecidas no item com impacto nos resultados do período em que ocorrem.
Quando não for possível mensurar com fiabilidade o justo valor do ativo biológico, o ativo deve ser mensurado pelo seu custo menos qualquer depreciação acumulada e quaisquer perdas por imparidade acumuladas. Logo que o justo valor desse ativo biológico se torne mensurável com fiabilidade, uma entidade deve mensurá-lo pelo seu justo valor menos os custos estimados no ponto de venda.

Exemplo 10.1

A Admin_Central tem uma pequena vinha num terreno contíguo ao jardim da sua sede em Lisboa. A exploração da vinha está cedida a um agricultor local num contrato celebrado a 2 anos, pelo qual a Admin_Central recebe uma renda mensal de 150 euros (inicio em janeiro de N e término em dezembro de N+1).
No momento do reconhecimento inicial, a vinha foi reconhecida pelo justo valor na data em que a Admin_Central adquiriu o controlo sobre ela (que ocorreu há já 5 anos atrás).
Toda a colheita retirada da vinha pertence ao agricultor, pelo que a Admin_Central não reconhece qualquer produto agrícola nos seus inventários, sejam as uvas (que reconheceria como produto agrícola), seja o próprio vinho depois de transformado).
Assim, nas suas demonstrações financeiras, a Admin_Central tem reconhecidos os seguintes itens:

a) O terreno (onde a vinha está implantada) que está reconhecido de acordo com a NCP 5 (reconhecido pelo método do custo e não é amortizado);
b) A vinha, que está reconhecida como ativo biológico de acordo com a NCP 11 (mensurada ao justo valor em cada data de relato, com as variações de justo valor a serem reconhecidas em resultados);
c) O rendimento anual pelas rendas recebidas pelo contrato de cedência de exploração, reconhecido de acordo com a NCP 6 para locações operacionais na ótica do locador (ver ponto 7.4.2 - Exemplo 7.6 - no Capítulo 7).

Durante o ano N, a variação ocorrida no justo valor do ativo biológico foi praticamente nula, pelo que a Admin_Central decidiu não reconhecer a variação. Caso o tivesse feito, teria movimentado a conta 774- Ganhos por aumentos de justo valor - em ativos biológicos, por contrapartida da conta do ativo.
O valor das rendas do ano N = 12 × 150 euros = 1.800 euros. As rendas são antecipadas pelo que estão todas pagas no final do ano N.
No subsistema financeiro, os movimentos contabilísticos a efetuar no ano N relativos à renda recebida são os seguintes:

Db / Cr	Conta	Classificador económico	C.O.	Descritivo	Valor
D	278912			Reconhecimento do rendimento da renda de cedência de exploração da vinha	1.800
C	7812			Reconhecimento do rendimento da renda de cedência de exploração da vinha	(1.800)
D	1221			Recebimento das rendas	1.800
C	278912			Recebimento das rendas	(1.800)

(cada renda e respetivo recebimento foi registada em separado, mas para efeitos do exemplo lançamos todas as rendas e recebimentos único movimento)

No subsistema orçamental, os movimentos contabilísticos a efetuar são os seguintes:

Db / Cr	Conta	Classificador económico	C.O.	Descritivo	Valor
D	0152	07.02.01	R6	Liquidação das rendas do ano N	1.800
C	014	07.02.01	R6	Liquidação das rendas do ano N	(1.800)
D	0171	07.02.01	R6	Recebimento das rendas do ano N	1.800
C	0153	07.02.01	R6	Recebimento das rendas do ano N	(1.800)

CAPÍTULO 11

—

PROVISÕES, PASSIVOS CONTINGENTES E ATIVOS CONTINGENTES

As provisões, que são passivos de momento ou quantia incertos, são apresentadas no balanço como passivos não correntes. Os passivos e ativos contingentes, os quais decorrem de eventos passados e cuja existência será confirmada por um evento futuro que não é controlado pela entidade, não são apresentados no balanço, mas apenas divulgados nas notas às demonstrações financeiras (exceto quando é remota a probabilidade de ocorrência de um exfluxo / influxo, respetivamente).
A principal norma do SNC-AP de referência para este tipo de ativos é a NCP 15 — Provisões, Passivos Contingentes e Ativos Contingentes.
Neste capítulo iremos analisar em mais detalhe:

- O reconhecimento inicial de uma provisão;
- A sua mensuração inicial e subsequente;
- As divulgações associadas aos passivos e ativos contingentes.

11.1. Provisões

As provisões podem ser distinguidas de outros passivos, tais como contas a pagar e acréscimos, porque há incerteza acerca do momento ou da quantia dos dispêndios futuros exigidos na sua liquidação.

TABELA 11.1: DIFERENÇAS ENTRE PROVISÕES, CONTAS A PAGAR E ACRÉSCIMOS

Provisões	Contas a pagar	Acréscimos
• São passivos de momento ou quantia incertos	• São responsabilidades para pagar bens ou serviços que tenham sido recebidos ou fornecidos e tenham sido faturados ou formalmente acordados com o fornecedor	• São responsabilidades para pagar bens ou serviços que tenham sido recebidos ou fornecidos mas não tenham sido pagos, faturados ou formalmente acordados com o fornecedor • Ainda que, algumas vezes, seja necessário estimar a quantia ou momento dos acréscimos, a incerteza é muito menor do que nas provisões

Todas as provisões são contingentes porque são incertas quanto ao momento ou à quantia. Porém, neste âmbito, o termo "contingente" é usado para passivos e ativos que não são reconhecidos porque a sua existência só será confirmada pela ocorrência ou não de um ou mais acontecimentos futuros incertos, não totalmente dentro do controlo da entidade.

O termo "passivo contingente" é usado para passivos que não satisfaçam os critérios de reconhecimento.

TABELA 11.2: DIFERENÇAS ENTRE PROVISÕES E PASSIVOS CONTINGENTES

Provisões	**Passivos contingentes**
• São reconhecidas como passivos (presumindo que a respetiva quantia pode ser fiavelmente estimada) porque são obrigações presentes e é provável que seja exigido um exfluxo de recursos incorporando benefícios económicos ou potencial de serviço para pagar essas obrigações	Não são reconhecidos como passivos porque são: • Obrigações possíveis, que carecem de confirmação se a entidade tem ou não uma obrigação presente que possa conduzir a um exfluxo de recursos incorporando benefícios económicos ou potencial de serviço ou • Obrigações presentes, que não satisfazem os critérios de reconhecimento, quer porque não é provável que seja exigido um exfluxo de recursos incorporando benefícios económicos ou potencial de serviço para liquidar a obrigação, quer porque não pode ser feita uma estimativa suficientemente fiável da quantia da obrigação

O esquema abaixo auxilia a distinguir quando estamos perante uma provisão ou um passivo contingente.

FIGURA 11.1: PROVISÕES E PASSIVOS CONTINGENTES

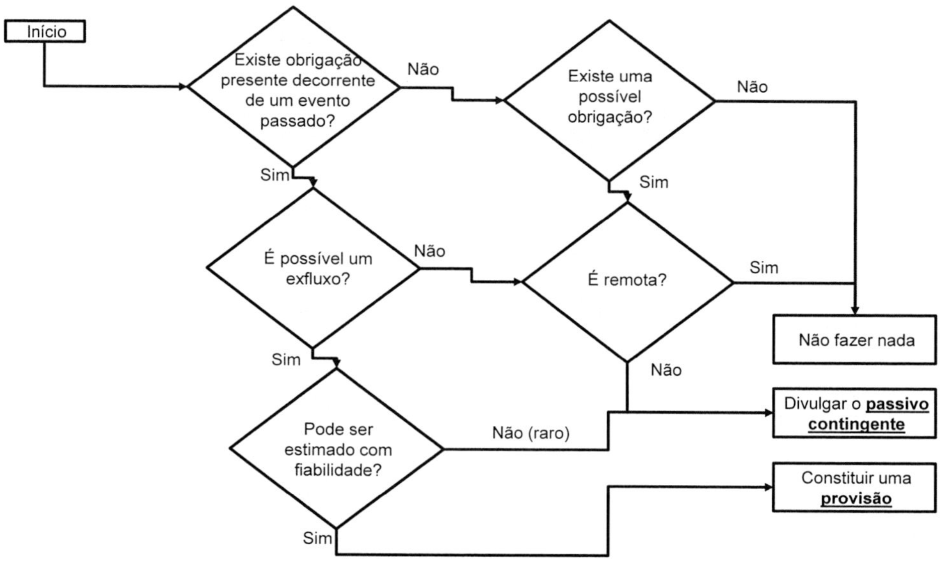

11.1.1. Reconhecimento

Uma provisão deve ser reconhecida quando, cumulativamente:

- Uma entidade tem uma obrigação presente (legal ou construtiva) como resultado de um acontecimento passado;
- É provável que seja exigido um exfluxo de recursos incorporando benefícios económicos ou potencial de serviço para pagar essa obrigação;
- Pode ser feita uma estimativa fiável da quantia dessa obrigação.

A figura abaixo explica cada um dos conceitos fundamentais para o reconhecimento de uma provisão.

FIGURA 11.2: RECONHECIMENTO DE UMA PROVISÃO

Obrigação presente

- Presume-se que um acontecimento passado deu origem a uma obrigação presente se, tomando em consideração toda a evidência disponível, for provável que tal obrigação exista à data de relato
- Para determinar se existe uma obrigação presente à data de relato, deve ter-se em conta toda a evidência disponível incluindo, por exemplo, a opinião de peritos
- Caso a evidência disponível não permita concluir que é provável que tal obrigação exista à data de relato, deve ser divulgado o passivo contingente

Provável exfluxo incorporando benefícios económicos

- Tem de existir a probabilidade de ocorrer um exfluxo de recursos incorporando benefícios económicos ou potencial de serviço para liquidar essa obrigação
- O termo probabilidade é interpretado como é maior a probabilidade de ocorrer do que de não ocorrer
- Quando a probabilidade é remota, situação em que não existe passivo contingente, não é necessário sequer efetuar a divulgação nas demonstrações financeiras

PROVISÃO

Acontecimento passado

- É um acontecimento que cria uma obrigação presente, a entidade não tem qualquer alternativa realista senão liquidar a obrigação criada pelo mesmo, o que apenas ocorre:
  - Quando a liquidação da obrigação possa ser imposta por lei ou
  - No caso de uma obrigação construtiva, quando o acontecimento crie, em terceiros, expetativas válidas de que a entidade cumprirá a obrigação

Estimativa fiável da obrigação

- Considera o normativo contabilístico que na maioria das situações uma entidade é capaz de determinar um conjunto de possíveis desfechos e pode, por isso, fazer uma estimativa da obrigação que seja suficientemente fiável para reconhecer uma provisão
- No entanto, e apenas nos casos excecionais, quando não é possível efetuar uma estimativa fiável, existe um passivo que não pode ser reconhecido e, nesse caso, esse passivo é divulgado como um passivo contingente

O Exemplo 3.1 no Capítulo 3, refere a contabilização de uma provisão para desmantelamento, a qual acresce ao custo do ativo. A provisão para desmantelamento irá afetar resultados do ano à medida que o ativo for sendo depreciado. A generalidade das provisões é reconhecida em resultados do ano quando é reconhecida (débito de custos por crédito na conta de provisões).

11.1.2. Mensuração

Uma provisão deve ser mensurada pela melhor estimativa do dispêndio exigido para liquidar a obrigação presente à data de relato. A melhor estimativa corresponde à quantia que a entidade racionalmente pagaria para liquidar a obrigação à data de relato ou para a transferir para um terceiro nessa data.

As estimativas do desfecho e do efeito financeiro são determinadas pelo julgamento do órgão de gestão, tendo em consideração a experiência de transações similares e, em alguns casos, os relatórios de peritos independentes.

A mensuração de uma provisão deve ser efetuada:

- Determinando o "valor esperado", que é um método estatístico que tem em conta todos os possíveis desfechos e as respetivas probabilidades associadas; ou
- Determinando o "ponto médio do intervalo", que é um método usado quando existe um conjunto de desfechos possíveis num intervalo, e cada um dos pontos desse intervalo é tão provável como qualquer outro.

A tabela abaixo evidencia dois exemplos de cálculos de provisões, e o respetivo método a usar.

TABELA 11.3: MÉTODOS PARA A MENSURAÇÃO DE UMA PROVISÃO

Valor esperado	Ponto médio do intervalo

• Este método é usado, por exemplo, para estimar o valor de uma provisão para garantias dadas a clientes
• Quando uma entidade tem de prestar garantia por dois anos (por exemplo) contra defeitos de fabrico, deve seguir a experiência passada para estimar o valor da provisão
• Por exemplo, a experiência passada pode dizer-nos que:
  • 80% dos bens vendidos não apresentam defeitos
  • 15% apresentam defeitos menores (estima-se que se todos os produtos vendidos tiverem defeitos menores, o custo com as garantias é de X)
  • 5% apresentam defeitos graves (estima-se que se todos os produtos vendidos tiverem defeitos graves, o custo com as garantias é de Y)
• Provisão = 80% x 0 + 15% x X + 5% x Y
	• Este método é usado, por exemplo, para um desfecho de um processo judicial.
	• A entidade estima que, na decisão final, tem 50% de probabilidade de pagar X ao queixoso, e 50% de pagar Y ao queixoso
	• Provisão = [(X + Y) / 2]

Ao efetuar uma estimativa do valor da provisão, deve ter-se em conta cada um dos fatores evidenciados na figura abaixo.

FIGURA 11.3: FATORES A CONSIDERAR NA MENSURAÇÃO DAS PROVISÕES

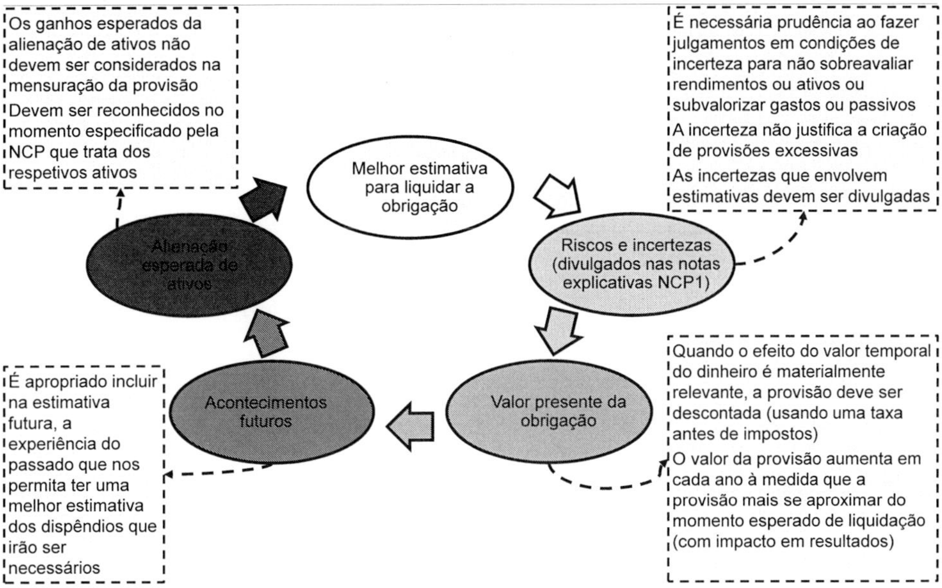

Reembolsos

Quando se espera que uma parte ou a totalidade dos dispêndios relativos à provisão sejam reembolsados por uma outra parte (por exemplo, através de contratos de seguros, de cláusulas de indemnização ou de garantias de fornecedores), o reembolso deve ser reconhecido quando, e somente quando, for praticamente certo que o mesmo será recebido se a entidade liquidar a obrigação.

No balanço, tal reembolso deve ser tratado como um ativo separado. A quantia reconhecida do reembolso não deve exceder a quantia da provisão:

- Se a entidade é responsável pela quantia total em questão, isto é, se tiver de regularizar toda a quantia se o terceiro por qualquer razão não pagar, deve ser reconhecida uma provisão para o total da quantia da obrigação, sendo reconhecido um ativo separado pela quantia do reembolso esperado quando seja quase certo que tal será recebido se a entidade regularizar o passivo;
- Se a entidade não é responsável pelos custos em questão se o terceiro não pagar então estes custos não são incluídos na provisão.

Na demonstração dos resultados, o gasto relacionado com a provisão pode ser apresentado líquido da quantia reconhecida do reembolso.

Alterações das provisões

As provisões devem ser revistas em cada data de relato e ajustadas para refletirem a melhor estimativa corrente. O ajustamento é reconhecido em resultados do exercício. Se deixar de ser provável que é necessário um exfluxo de recursos incorporando benefícios económicos ou potencial de serviço para liquidar a obrigação, a provisão deve ser revertida.

Utilização das provisões

Uma provisão apenas deve ser utilizada para dispêndios relativamente aos quais foi originalmente reconhecida. Neste momento reconhece-se o custo para o qual a provisão foi reconhecida, e um rendimento relativo à utilização da provisão.

11.2. Passivos contingentes

Um passivo contingente não deve ser reconhecido.
Deve sim ser divulgado, exceto se for remota a possibilidade de um exfluxo de recursos incorporando benefícios económicos ou potencial de serviço.
Os passivos contingentes devem ser continuamente avaliados para determinar se um exfluxo de recursos incorporando benefícios económicos ou potencial de serviço se tornou provável. Quando se torna provável, deve ser reconhecida uma provisão com impacto em resultados nesse período.

11.3. Ativos contingentes

Tal como um passivo contingente, também um ativo contingente não deve ser reconhecido, isto porque isso poderia resultar no reconhecimento de rendimentos que poderão nunca ser realizados.
No entanto, e ao invés de um passivo contingente que deve ser sempre divulgado nas demonstrações financeiras exceto se a probabilidade de exfluxos for remota, um ativo contingente só deve ser divulgado quando seja provável um influxo de benefícios económicos ou potencial de serviço.
Os ativos contingentes devem ser continuamente avaliados para determinar se um influxo de benefícios económicos ou potencial de serviço ocorrerá e o valor do ativo

pode ser mensurado com fiabilidade. Quando tal alteração ocorre, deve ser reconhecido o ativo e o rendimento relacionado (com impacto nos resultados desse período). Nessa avaliação contínua, se for determinado que se tornou provável um influxo de benefícios económicos ou potencial de serviço, então o ativo contingente passa a ser divulgado.
A tabela abaixo sumariza como a probabilidade de ocorrência determina o reconhecimento ou a divulgação dos ativos e passivos contingentes:

TABELA 11.4: COMO A PROBABILIDADE DETERMINA O RECONHECIMENTO OU A DIVULGAÇÃO

	Tratamento contabilístico	
Probabilidade de ocorrência	**Passivo contingente**	**Ativo contingente**
Praticamente certo	Reconhecer	Reconhecer
Provável	Reconhecer	Divulgar
Possível, mas não provável	Divulgar	Não divulgar
Remoto	Não divulgar	Não divulgar

Exemplos de situações que possam originar a constituição de provisões são as seguintes:

- Responsabilidades associadas ao restauro de locais (matérias ambientais);
- Existência de legislação ambiental sobre poluição ambiental que gere responsabilidades numa entidade (matérias ambientais);
- Prestação de garantias pós-venda de produtos (quando seja possível apurar uma estimativa fiável);
- Processos judiciais contra a entidade;
- Responsabilidades decorrentes de contratos onerosos.

Nas contas da classe zero também estão criadas contas próprias para o reconhecimento das operações que pela sua natureza são suscetíveis de gerarem responsabilidades para a entidade pública.

Exemplo 11.1

Em dezembro de N, a Admin_Central foi informada pelos seus advogados que um cliente instaurou um processo judicial contra a entidade reclamando uma indemnização no valor de 12.000 euros por incumprimento contratual numa prestação de serviços.

É opinião dos seus advogados que existe uma possibilidade, mas não provável, que a Admin_Central venha a incorrer em exfluxos futuros.
Assim, estamos perante um passivo contingente, que no subsistema da contabilidade financeira não é reconhecida qualquer provisão, sendo divulgado no Anexo às demonstrações financeiras.
No subsistema da contabilidade orçamental está definida a conta 09 - Contas de ordem, cujo objetivo é o registo contabilístico dos passivos contingentes. Na Figura 2.4 apresentamos as contas a movimentar, caso a entidade considere enquadrável esta situação como um passivo contingente, nos termos da NCP 26.
Tal com obriga a NCP 26, mensalmente a entidade deverá avaliar se os factos e as circunstâncias que podem conduzir ao seu reconhecimento se mantêm, ou se há necessidade de reforço ou reversão dos passivos contingentes.

CAPÍTULO 12

—

INSTRUMENTOS FINANCEIROS

Um instrumento financeiro é qualquer contrato que dê origem a um ativo financeiro numa entidade e a um passivo financeiro ou a um instrumento de capital próprio noutra entidade.

Enquanto um instrumento de capital próprio, como o próprio nome indica, é apresentado no balanço no capital próprio, os ativos e passivos financeiros podem ser apresentados no balanço como correntes ou não correntes.

Para serem apresentados como ativos e passivos correntes, terão de satisfazer um dos seguintes critérios:

TABELA 12.1: CRITÉRIOS PARA RECONHECIMENTO DE ATIVOS E PASSIVOS FINANCEIROS COMO CORRENTES

Ativos	**Passivos**
• Serem realizados no decurso do ciclo económico operacional normal da entidade	• Serem liquidados no decurso do ciclo económico operacional normal da entidade
• Serem detidos com a principal finalidade de serem negociados	• Serem detidos com a principal finalidade de serem negociados
• Serem realizados dentro de 12 meses após a data de relato	• Terem um prazo de vencimento dentro de 12 meses após a data de relato
• Serem itens de caixa ou equivalente de caixa	• A entidade não tenha o direito incondicional de diferir a sua liquidação durante pelo menos, 12 meses após a data de relato

Se não satisfizerem nenhuma destas condições, devem ser apresentados no balanço como não correntes.

A principal norma do SNC-AP de referência para este tipo de ativos é a NCP 18 – Instrumentos Financeiros.

No entanto, outras normas são também referência para este tipo de ativos, nomeadamente:

- NCP 22 – Demonstrações Financeiras Consolidadas e NCP 23 – Investimentos em Associadas e Empreendimentos Conjuntos, que tratam da contabilização dos interesses em subsidiárias, associadas e empreendimentos conjuntos, exceto quando estas normas permitem o uso da NCP 18;
- NCP 7 – Locações, que trata do reconhecimento inicial dos direitos e obrigações de contratos de locação;
- NCP 19 – Benefícios dos Empregados, que trata do reconhecimento inicial dos direitos e obrigações dos empregados;
- NCP 14 – Rendimentos de Transações sem Contraprestação, que trata do reconhecimento e mensuração inicial dos direitos e obrigações decorrentes de transações sem contraprestação;

- NCP 4 – Acordos de Concessão de Serviços, que trata do reconhecimento inicial dos direitos e obrigações de contratos de concessão de serviços.

Neste capítulo iremos analisar em mais detalhe:
- O reconhecimento e a mensuração dos ativos financeiros;
- O reconhecimento e a mensuração dos passivos financeiros;
- O reconhecimento e a mensuração dos instrumentos de capital próprio;
- Os requisitos da contabilidade de cobertura.

12.1. Ativos financeiros

12.1.1. Mensuração inicial

No momento do reconhecimento inicial, os ativos financeiros são mensurados ao justo valor.
Os custos de transação são incluídos no custo de aquisição se esse ativo não for subsequentemente mensurado pelo justo valor. Neste caso, são imediatamente reconhecidos em resultados do período.

12.1.2. Mensuração subsequente

Todos os ativos financeiros são subsequentemente reconhecidos ao justo valor com as alterações de justo valor a serem reconhecidas na demonstração dos resultados ("justo valor através de resultados"), com as seguintes exceções:
- Instrumentos de capital próprio de outras empresas não cotadas ou cujo justo valor não possa ser estimado com fiabilidade, bem como os derivados associados, os quais são mensurados ao custo menos perdas por imparidade;
- Contratos para conceder ou contrair empréstimos que não possam ser liquidados numa base líquida e que se espera que reúnam as condições para serem reconhecidos ao custo ou ao custo amortizados menos perdas por imparidade e que a entidade designe, no momento inicial, para serem mensurados ao custo menos perdas por imparidade;
- Ativos financeiros que a entidade designe, no momento do seu reconhecimento inicial, para serem mensurados ao custo amortizado usando o método do juro efetivo, menos perdas por imparidade;

- Ativos financeiros não derivados para serem detidos até à maturidade, os quais devem ser mensurados ao custo amortizado.

Um ativo financeiro pode ser mensurado ao custo amortizado se satisfazer todas as condições:

- Ter uma maturidade definida;
- Os retornos para o detentor são em montante fixo, de taxa de juro fixa durante o investimento ou taxa variável que seja um indexante típico de mercado ou que inclua spread sobre esse indexante;
- Não terem nenhuma cláusula que possa implicar perda do valor nominal e do juro acumulado (excluindo o risco de crédito).

A política de mensuração subsequente de um ativo financeiro não deve ser alterada enquanto tal instrumento for detido, seja para passar a usar o modelo do justo valor, seja para deixar de usar esse modelo.
Existe, no entanto, uma exceção para os investimentos financeiros detidos pela entidade. Para estes ativos, quando deixa estar disponível uma mensuração fiável do justo valor para um investimento financeiro mensurado ao justo valor, a entidade deve passar a mensurá-los ao custo. Nesta situação, o justo valor na data da alteração é o custo considerado desse investimento para efeitos de mensuração ao custo. Da mesma forma, quando passar a estar disponível uma mensuração fiável do justo valor para esse investimento financeiro que está mensurado ao custo, deve esse investimento passar a ser valorizado ao justo valor. Quando se passa do custo para o justo valor, as variações de justo valor são reconhecidas na demonstração dos resultados.
A tabela abaixo tem alguns exemplos de mensuração de ativos financeiros.

TABELA 12.2: EXEMPLOS DE ATIVOS FINANCEIROS E SUA MENSURAÇÃO

Ativo	Mensuração
Clientes e contas a receber	• Custo amortizado
Contas a receber em moeda estrangeira	• Custo amortizado (as alterações no valor do instrumento por variações cambiais são reconhecidas em resultados do período em que ocorrem)
Ações cotadas	• Justo valor através de resultados
Instrumentos de capital próprio de outras empresas não cotadas ou cujo justo valor não possa ser estimado com fiabilidade, bem como os derivados associados	• Custo menos perdas por imparidade
Ativos financeiros detidos para negociação (ou se fizerem parte, no reconhecimento inicial, de uma carteira de outros instrumentos geridos em conjunto e para os quais há evidência de terem recentemente proporcionado lucros reais, ou derivados – exceto instrumento de cobertura eficaz)	• Justo valor através de resultados
Empréstimos a subsidiárias ou associadas	• Custo amortizado
Garantias e avales concedidos pelo Estado Português	• Justo valor através de resultados

12.1.3. Imparidades

Um ativo financeiro deve ser testado por imparidade quando existem indícios de que o mesmo possa estar em imparidade.

O teste de imparidade deve ser efetuado individualmente para os ativos financeiros que sejam individualmente significativos e para todos os instrumentos de capital próprio. No caso de outros ativos financeiros, os mesmos devem ser avaliados quanto a imparidade ou individualmente ou agrupados com base em características de risco de crédito similares.

A figura abaixo evidencia fatores que são indícios de que um ativo possa estar em imparidade:

FIGURA 12.1: INDÍCIOS DE IMPARIDADE E COMO DEVE SER AVALIADA

Dados observáveis de Imparidade:
- Significativa dificuldade financeira do emitente ou devedor
- Quebra contratual, tal como não pagamento ou incumprimento no pagamento do juro ou amortização da dívida
- O credor, por razões económicas ou legais relacionados com a dificuldade financeira do devedor, oferece ao devedor concessões que o credor de outro modo não consideraria;
- Torne-se provável que o devedor irá entrar em falência ou fará qualquer reorganização financeira
- O desaparecimento de um mercado ativo para o ativo financeiro devido a dificuldades financeiras do devedor
- Informação observável indicando que existe uma diminuição na mensuração da estimativa dos fluxos de caixa futuros de um grupo de ativos financeiros desde o seu reconhecimento inicial, embora a diminuição não possa ser ainda identificada para um dado ativo financeiro individual do grupo, tal como sejam condições económicas nacionais, locais ou setoriais adversas

Outros fatores de imparidade:
- Alterações significativas com efeitos adversos que tenham ocorrido no ambiente tecnológico, mercado, económico ou legal em que o emitente opere

Avaliação individual ou agrupada:
- Os ativos financeiros que sejam individualmente significativos e todos os instrumentos de capital próprio devem ser avaliados individualmente para efeitos de imparidade
- Outros ativos financeiros devem ser avaliados quanto a imparidade, seja individualmente, seja agrupados com base em similares características de risco de crédito

A tabela abaixo evidencia como é apurado o valor da imparidade e o tratamento subsequente de uma reversão.

TABELA 12.3: APURAMENTO DO VALOR DA IMPARIDADE E O TRATAMENTO SUBSEQUENTE DE UMA REVERSÃO

Critério de mensuração	Valor da imparidade	Reversão
Custo amortizado	É a diferença entre a quantia escriturada e o valor presente (atual) dos fluxos de caixa estimados descontados à taxa de juro efetiva original do ativo financeiro	• Se subsequentemente o valor reconhecido como perda por imparidade diminuir e tal diminuição possa estar objetivamente relacionada com um evento ocorrido após o reconhecimento da imparidade (como, por exemplo, uma melhoria na notação de risco do devedor), essa perda por imparidade deve ser revertida • A reversão da perda por imparidade é reconhecida na demonstração dos resultados • A reversão não poderá resultar num aumento do valor que o respetivo ativo tinha antes de ter sido registada a perda por imparidade
Custo	É a diferença entre a quantia escriturada e o valor presente dos fluxos de caixa futuros estimados descontados à taxa de retorno de mercado corrente para um ativo financeiro semelhante	• Semelhante ao descrito acima para os ativos mensurados ao custo amortizado • No entanto, não é permitida a reversão de uma perda por imparidade para investimentos financeiros em participadas cujas ações não sejam negociados publicamente e cujo justo valor não possa ser obtido de forma fiável, bem como os derivados que lhe estejam associados

Quando se verificam as condições de incobrabilidade que permitam o desreconhecimento de um ativo para o qual está reconhecida uma perda por imparidade, essa imparidade deve ser utilizada.

12.1.4. Desreconhecimento

Um ativo financeiro deve ser desreconhecido apenas quando:

- Os direitos contratuais aos fluxos de caixa resultantes do ativo financeiro expiram;
- A entidade transfere para outra parte todos os riscos e benefícios significativos relacionados com o ativo financeiro; ou
- A entidade transfere para outra entidade parte dos riscos e benefícios significativos relacionados com o ativo financeiro. Quando há transferência de apenas parte dos riscos e benefícios, duas situações podem ocorrer:
  - o A entidade reteve significativamente os riscos e benefícios de posse do ativo transferido. Se tal for o caso a entidade não deve desreconhecer o ativo, deve continuar a reconhecê-lo de forma integral e deverá reconhecer um passivo financeiro pela retribuição recebida. Nos períodos subsequentes, a entidade deve reconhecer qualquer rendimento no ativo transferido e qualquer gasto suportado no passivo financeiro;
  - o A entidade, apesar de reter alguns riscos e benefícios significativos relacionados com o ativo financeiro, tenha transferido o controlo do ativo para um terceiro e este tenha a capacidade prática de vender o ativo na sua totalidade a outro terceiro não relacionado e a possibilidade de exercer essa capacidade unilateralmente, sem necessidade de impor restrições adicionais à transferência. Se tal for o caso a entidade deve desreconhecer o ativo e reconhecer separadamente qualquer direito e obrigação criada ou retida na transferência como segue:
    - A quantia escriturada do ativo transferido deve ser imputada entre os direitos e obrigações retidos e aqueles que foram transferidos, tendo por base os seus justos valores relativos à data da transferência;
    - Os direitos e obrigações criados de novo devem ser mensurados ao justo valor àquela data;
    - Qualquer diferença entre a retribuição recebida e a quantia reconhecida e desreconhecida deve ser incluída na demonstração dos resultados do período da transferência.

Exemplo 12.1

Reconhecimento de um ativo ao justo valor

A Admin_Central tem no seu ativo não corrente um investimento de capital detido num fundo imobiliário. A Admin_Central possui 100 unidades de participação que em dezembro de N-1 tinham um valor unitário de 135 euros. Em dezembro do ano N, o valor unitário aumentou para 140 euros. Assim, ocorreu uma variação no justo valor do fundo de 100 × (140 - 135) = 500 euros.

No subsistema financeiro, os movimentos contabilísticos a efetuar no ano N são os seguintes:

Db / Cr	Conta	Classificador económico	C.O.	Descritivo	Valor
D	41512			Registo da variação de justo valor das unidades de participação	500
C	772			Registo da variação de justo valor das unidades de participação	(500)

No subsistema orçamental este evento não tem qualquer impacto.

Reconhecimento de um ativo ao custo

Damos como exemplo os adiantamentos a fornecedores. Os adiantamentos a fornecedores, dado que são valores pagos em adiantado, não lhes é aplicável a mensuração ao custo amortizado. Ficam assim mensurado ao custo.

A FAQ n.º 26 estabelece o seguinte tratamento para os adiantamentos a fornecedores:

1. Na contabilidade financeira:
   a) Adiantamento ao fornecedor com preço previamente fixado: debita-se a conta 39 – Adiantamentos por conta de compras ou 455 – Adiantamentos por conta de investimentos;
   b) Adiantamento ao fornecedor sem preço previamente fixado: debita-se a conta 228 – Adiantamentos a fornecedores ou 2713 – Adiantamentos a fornecedores de investimentos;
   c) Aquando do pagamento do valor remanescente (se o adiantamento não correspondeu à totalidade do valor da aquisição), debita-se a conta 221 – Fornecedores c/corrente ou 2711 – Fornecedores de investimentos.
2. Na contabilidade orçamental:
   a) Com a decisão de aquisição, cabimenta-se a despesa a realizar, pelo montante dos encargos prováveis, debitando a conta 024 – dotações disponíveis e creditando a conta 0251 – cabimentos registados;
   b) Pela assunção do compromisso (assinatura do contrato/emissão da nota de encomenda), debita-se a conta 0252 – cabimentos com compromisso e credita-se a conta 0261 – compromissos assumidos, pelo valor global do contrato/nota de encomenda;
   c) Pelo adiantamento ao fornecedor, debita-se a conta 0262 – compromissos com obrigação e credita-se a conta 0271 – Obrigações processadas e simultaneamente debita-se a conta 0272 – obrigações pagas por contrapartida do crédito da conta 0281 – pagamentos do período, pelo valor adiantado suportado pela fatura-recibo ou outro documento apropriado;

d) Com a receção da fatura relativa aos bens ou serviços contratados, não é executado qualquer lançamento na contabilidade orçamental relativamente ao valor do adiantamento efetuado, na medida em que o pagamento ocorreu no momento desse adiantamento conforme lançamentos referidos em 2.c). Relativamente ao valor remanescente (valor total da fatura deduzido do adiantamento efetuado), debita-se a conta 0262 – compromissos com obrigação e credita-se a conta 0271 – Obrigações processadas;
e) Posteriormente, aquando do pagamento do valor remanescente, debita-se a conta 0272 – obrigações pagas por contrapartida do crédito da conta 0281 – pagamentos do período.
f) Se porventura houver lugar à reposição parcial ou integral do adiantamento, designadamente por incumprimento do fornecedor, deverá ser registada uma RAP ou RNAP (consoante ocorra no próprio ano ou em anos seguintes) pelo respetivo valor da reposição.

Reconhecimento de um ativo ao custo amortizado

O reconhecimento de um ativo ao custo amortizado é semelhante ao reconhecimento de um passivo ao custo amortizado, cujo exemplo de aplicação pode ser consultado no Exemplo 12.2 abaixo.

As imparidades em saldos a receber

A Admin_Central efetua todos os anos, na data de reporte ou sempre que tal se justifique, uma análise dos seus saldos a receber de clientes por forma a identificar potenciais riscos de incobrabilidade os quais tenham de ser ajustados através do registo de uma imparidade para saldos a receber.

Na análise efetuada em dezembro do N, foram identificadas as seguintes situações:

a) O Cliente A apresenta risco de incobrabilidade de saldo. Durante o ano foram enviadas diversas cartas a solicitar a regularização da dívida sem sucesso. Assim, a Admin_Central decidiu reconhecer uma imparidade para a totalidade do saldo em dívida, no valor de 1.200 euros, para fazer face a este risco identificado. Esta saldo transita de N-1
b) O Cliente B, para o qual está registada uma imparidade, efetuou o pagamento da sua dívida em dezembro, pelo que é necessário reverter a imparidade reconhecida em N-1 no montante de 950 euros
c) O Cliente C tem igualmente registada uma imparidade para a totalidade do saldo em dívida. O processo deste cliente está em Tribunal para tentativa de cobrança do saldo em dívida, tendo a Admin_Central recebido a notificação por parte do Tribunal que o cliente não tem património pelo que a dívida foi considerada incobrável. É assim necessário reconhecer esta incobrabilidade e utilizar a imparidade constituída de 3.800 euros

No subsistema financeiro, os movimentos contabilísticos a efetuar no ano N são os seguintes:

Reconhecimento da imparidade

Db / Cr	Conta	Classificador económico	C.O.	Descritivo	Valor
D	2151			Transferência do saldo de clientes c/c para clientes cobrança duvidosa	1.200
C	211			Transferência do saldo de clientes c/c para clientes cobrança duvidosa	(1.200)
D	6511			Reconhecimento de uma imparidade de dívidas a receber	1.200
C	2191			Reconhecimento de uma imparidade de dívidas a receber	(1.200)

Reversão da imparidade

Db / Cr	Conta	Classificador económico	C.O.	Descritivo	Valor
D	1221			Reconhecimento do recebimento do cliente	950
C	2151			Reconhecimento do recebimento do cliente	(950)
D	2191			Reversão de uma imparidade de dívidas a receber	950
C	76211			Reversão de uma imparidade de dívidas a receber	(950)

Utilização da imparidade

Db / Cr	Conta	Classificador económico	C.O.	Descritivo	Valor
D	683			Reconhecimento da incobrabilidade de um saldo a receber de clientes	3.800
C	2151			Reconhecimento da incobrabilidade de um saldo a receber de clientes	(3.800)
D	2191			Utilização da imparidade reconhecida para este saldo incobrável	3.800
C	783			Utilização da imparidade reconhecida para este saldo incobrável	(3.800)

No subsistema orçamental, os movimentos contabilísticos a efetuar são os seguintes (o reconhecimento da liquidação transitada deste montante já foi efetuado no Exemplo 2.5):

Db / Cr	Conta	Classificador económico	C.O.	Descritivo	Valor
D	0172	07.02.99	R6	Recebimento de liquidação emitida em N-1	950
C	0153	07.02.99	R6	Recebimento de liquidação emitida em N-1	(950)

Uma vez que se verifica a incobrabilidade de um dos clientes, terá que se efetuar a anulação da liquidação emitida uma vez que não irá ser recebida.

Pela anulação da liquidação, a qual transitava de N-1, os lançamentos a efetuar são os seguintes (ver tabela 2.19):

Db / Cr	Conta	Classificador económico	C.O.	Descritivo	Valor
D	0161	07.02.99	R6	Anulação de liquidações emitidas em N-1	3.800
C	0151	07.02.99	R6	Anulação de liquidações emitidas em N-1	(3.800)
D	014	07.02.99	R6	Anulação de liquidações emitidas em N-1	3.800
C	0163	07.02.99	R6	Anulação de liquidações emitidas em N-1	(3.800)

Se estivéssemos perante a anulação de uma liquidação emitida (quer no período quem em períodos anteriores), a qual já tivesse sido cobrada, teria que se proceder a uma restituição. Neste caso, para além dos lançamentos efetuados acima, haveria ainda que efetuar os movimentos apresentados nas tabelas 2.22, 2.23 e 2.24, do Capítulo 2.

12.2. Passivos financeiros

12.2.1. Mensuração inicial

No momento do reconhecimento inicial, os passivos financeiros são mensurados ao justo valor.
Os custos de transação são incluídos no custo de aquisição se esse passivo não for subsequentemente mensurado pelo justo valor. Neste caso, são imediatamente reconhecidos em resultados do período.

12.2.2. Mensuração subsequente

Todos os passivos financeiros são subsequentemente reconhecidos ao custo amortizado usando o método do juro efetivo ("custo amortizado"), com a seguinte exceção:

- Passivos financeiros classificados como detidos para negociação, os quais devem ser mensurados ao justo valor através de resultado.

Um passivo financeiro é classificado como detido para negociação se:

- For suportado principalmente para a finalidade de o recomprar num prazo muito próximo;
- Fizer parte, aquando do reconhecimento inicial, de uma carteira de instrumentos financeiros identificados, que são geridos em conjunto e para os quais exista evidência de terem recentemente proporcionado lucros reais; ou
- For um derivado (exceto se for um instrumento de cobertura designado e eficaz).

Tal como acontece para os ativos, a política de mensuração subsequente de um passivo financeiro não deve ser alterada enquanto tal instrumento for detido, seja para passar a usar o modelo do justo valor, seja para deixar de usar esse modelo.
A tabela abaixo tem alguns exemplos de mensuração de passivos financeiros.

TABELA 12.4: EXEMPLOS DE PASSIVOS FINANCEIROS E SUA MENSURAÇÃO

Passivo	Mensuração
Fornecedores e contas a pagar	• Custo amortizado
Contas a pagar em moeda estrangeira	• Custo amortizado (as alterações no valor do instrumento por variações cambiais são reconhecidas em resultados do período em que ocorrem)
Empréstimos bancários	• Custo amortizado
Dívida perpétua ou obrigações convertíveis	• Justo valor através de resultados
Obrigações não convertíveis	• Custo amortizado
Instrumento de dívida que seja imediatamente exigível se o emitente incumprir o pagamento do juro ou amortização da dívida	• Custo amortizado

Exemplo 12.2

Reconhecimento de um passivo ao justo valor

O reconhecimento de um passivo ao justo valor é semelhante ao reconhecimento de um ativo ao justo valor, cujo exemplo de aplicação pode ser consultado no Exemplo 12.1 acima.

Reconhecimento de um passivo ao custo

A Admin_Central recebeu do agricultor com quem tem celebrado o contrato de cedência de exploração da vinha (ver Exemplo 10.1), dois meses de rendas como caução (2 × 150 euros = 300 euros).

Dado que este valor é recebido à cabeça, não é aplicável o método do custo amortizado. Este passivo fica assim registado ao custo.

No subsistema financeiro, os movimentos contabilísticos a efetuar no ano N são os seguintes:

Db / Cr	Conta	Classificador económico	C.O.	Descritivo	Valor
D	1332			Registo da caução recebida do agricultor	300
C	2771			Registo da caução recebida do agricultor	(300)

No subsistema orçamental, os movimentos contabilísticos a efetuar são os seguintes:

Db / Cr	Conta	Classificador económico	C.O.	Descritivo	Valor
D	0713	17.02.00		Registo da caução recebida do agricultor	300
C	0791	17.02.00		Registo da caução recebida do agricultor	(300)

Também os adiantamentos de clientes têm um tratamento semelhante ao descrito acima.

Reconhecimento de um passivo ao custo amortizado

A Admin_Central contraiu, em janeiro de N-2 no valor de 1 milhão de euros. A taxa de juro do empréstimo é de 4,5%. O empréstimo será amortizado em 5 prestações anuais de 200.000 euros, pagas em dezembro de cada ano. As despesas incorridas com a contratação do empréstimo totalizaram 2.650 euros (2.500 euros de comissões bancárias e 150 euros de honorários legais).
A tabela abaixo discrimina os fluxos financeiros do empréstimo e a determinação da taxa de juro efetiva que deve ser aplicada para a mensuração do passivo ao custo amortizado.

	Janeiro N-2	**Dezembro N-2**	**Dezembro N-1**	**Dezembro N**	**Dezembro N+1**	**Dezembro N+2**
Fluxos financeiros do empréstimo	997.350[(1)]	-245.000	-236.000	-227.000[(2)]	-218.000	-209.000
Taxa de juro efetiva	**4,60%**[(3)]					

(1) Corresponde a [1.000.000 - 2.500 - 150]
(2) A título de exemplo, este valor é determinado como segue: [[1.000.000 - 200.000 × 2 amortizações de capital) × 4,5%; contamos apenas a amortização de N-2 e N-1, porque a amortização realizada em N, como só é realizada em dezembro, não é considerada para o cálculo do juro sobre o valor em dívida ao longo do ano N
(3) A taxa de juro é calculada com a fórmula IRR no Excel, para os fluxos acima indicados

Para o reconhecimento do passivo ao custo amortizado, vamos ter em conta a taxa de juro efetiva (4,6%) e não a taxa nominal do contrato (4,5%). A tabela abaixo reflete a evolução do valor do passivo ao longo dos 5 anos do contrato:

	Custo amortizado no início do período **[1]**	Gastos anuais com juros **[2] = [1] × 4,6%**	Fluxos financeiros **[3]**	Custo amortizado no fim do período **[4] = [1] + [2] - [3]**
Dezembro N-2	997.350	45.858	-245.000	798.208
Dezembro N-1	798.208	36.701	-236.000	598.909
Dezembro N	**598.909**	**27.538**	**-227.000**	**399.446**
Dezembro N+1	399.446	18.366	**-218.000**	199.813
Dezembro N+2	199.813	9.187	-209.000	0

Assim, no ano N teremos de reconhecer:

a) O custo com os juros de 27.538 euros = 598.909 × 4,6%
b) Pagamento de amortização de 200.000 euros e de juros à taxa nominal 4,5% = [(1.000.000 - 200.000 × 2) × 4,5%] = 27.000 euros
c) Transferir para empréstimo médio e longo prazo para empréstimo a curto prazo, o valor do passivo que se vence nos próximos 12 meses = 218.000 euros

No subsistema financeiro, os movimentos contabilísticos a efetuar no ano N são os seguintes:

Db / Cr	Conta	Classificador económico	C.O.	Descritivo	Valor
D	6911			Juros à taxa efetiva do passivo ao custo amortizado	27.538
C	25112			Juros à taxa efetiva do passivo ao custo amortizado	(27.538)
D	25112			Reembolso de capital e pagamento dos juros do empréstimo à taxa nominal	227.000
C	1221			Reembolso de capital e pagamento dos juros do empréstimo à taxa nominal	(227.000)
D	25111			Transferência de empréstimo de médio e longo prazo para curto prazo	218.000
C	25112			Transferência de empréstimo de médio e longo prazo para curto prazo	(218.000)

No subsistema orçamental, os movimentos contabilísticos a efetuar são os seguintes:

Db / Cr	Conta	Classificador económico	C.O.	Descritivo	Valor
D	024	10.06.03	D11	Cabimento - amortização de capital do empréstimo bancário	200.000
C	0251	10.06.03	D11	Cabimento - amortização de capital do empréstimo bancário	(200.000)
D	024	03.06.01	D3	Cabimento - juro do empréstimo bancário	27.000
C	0251	03.06.01	D3	Cabimento - juro do empréstimo bancário	(27.000)
D	0252	10.06.03	D11	Compromisso - amortização de capital do empréstimo bancário	200.000
C	0261	10.06.03	D11	Compromisso - amortização de capital do empréstimo bancário	(200.000)
D	0252	03.06.01	D3	Compromisso - juro do empréstimo bancário	27.000
C	0261	03.06.01	D3	Compromisso - juro do empréstimo bancário	(27.000)
D	0262	10.06.03	D11	Obrigação - amortização de capital do empréstimo bancário	200.000
C	0271	10.06.03	D11	Obrigação - amortização de capital do empréstimo bancário	(200.000)
D	0262	03.06.01	D3	Obrigação - juro do empréstimo bancário	27.000
C	0271	03.06.01	D3	Obrigação - juro do empréstimo bancário	(27.000)
D	0272	10.06.03	D11	Pagamento - amortização de capital do empréstimo bancário	200.000
C	0281	10.06.03	D11	Pagamento - amortização de capital do empréstimo bancário	(200.000)
D	0272	03.06.01	D3	Pagamento - juro do empréstimo bancário	27.000
C	0281	03.06.01	D3	Pagamento - juro do empréstimo bancário	(27.000)
D	0411	10.06.03	D11	Compromisso (N+1) - amortização de capital do empréstimo bancário	200.000
C	0421	10.06.03	D11	Compromisso (N+1) - amortização de capital do empréstimo bancário	(200.000)
D	0411	03.06.01	D3	Compromisso (N+1)- juro do empréstimo bancário	18.000
C	0421	03.06.01	D3	Compromisso (N+1)- juro do empréstimo bancário	(18.000)
D	0412	10.06.03	D11	Compromisso (N+2) - amortização de capital do empréstimo bancário	200.000
C	0422	10.06.03	D11	Compromisso (N+2) - amortização de capital do empréstimo bancário	(200.000)
D	0412	03.06.01	D3	Compromisso (N+2)- juro do empréstimo bancário	9.000
C	0422	03.06.01	D3	Compromisso (N+2)- juro do empréstimo bancário	(9.000)
D	0431	10.06.03	D11	Obrigação (N+1) - amortização de capital do empréstimo bancário	200.000
C	0441	10.06.03	D11	Obrigação (N+1) - amortização de capital do empréstimo bancário	(200.000)
D	0432	10.06.03	D11	Obrigação (N+2) - amortização de capital do empréstimo bancário	200.000
C	0442	10.06.03	D11	Obrigação (N+2) - amortização de capital do empréstimo bancário	(200.000)

12.2.3. Passivo financeiro versus instrumento de capital próprio

Na emissão de instrumentos compostos, como sejam instrumentos de dívida com opção de conversão ou obrigações com warrant ou qualquer outro instrumento que combine instrumentos de capital próprio com passivos financeiros, deve ser imputada a quantia recebida entre as respetivas componentes de capital próprio e de passivo. No reconhecimento inicial, a entidade deve proceder da seguinte forma:

- Primeiro deve determinar a quantia da componente do passivo financeiro, como sendo o justo valor do passivo financeiro similar que não tenha associado nenhuma componente de capital próprio;
- A quantia residual deve ser imputada à componente de capital próprio. A quantia imputada a capital próprio não deve ser revertida subsequentemente.

12.2.4. Desreconhecimento

Um passivo financeiro (ou parte de um passivo financeiro) deve ser desreconhecido apenas quando este se extinguir, isto é, quando a obrigação estabelecida no contrato seja liquidada, cancelada ou tenha expirado.

12.3. Instrumentos de capital próprio

12.3.1. Mensuração inicial

Os instrumentos de capital próprio são inicialmente reconhecidos pela quantia de dinheiro recebido ou pelo justo valor dos recursos recebidos ou a receber em troca. Se o pagamento for diferido e o valor temporal do dinheiro for significativo, a mensuração deverá ser ao valor presente da quantia a receber.
Os custos associados à emissão de capital próprio devem ser deduzidos à quantia inscrita de capital.

12.4. Contabilidade de cobertura

O SNC-AP permite a contabilidade de cobertura apenas para a cobertura dos seguintes riscos:

- Risco de taxa de juro de um instrumento de dívida mensurado ao custo amortizado;

- Risco de câmbio num compromisso firme ou numa transação futura altamente provável;
- Exposição a risco de preço em ativos que sejam detidos ou abrangidos por um compromisso firme ou por uma transação futura altamente provável de compra ou de venda de ativos que tenham preços de mercado determináveis; ou
- Exposição de risco cambial no investimento líquido numa unidade operacional estrangeira.

As condições que têm de estar reunidas para que se possa aplicar a contabilidade de cobertura são as seguintes (todas têm de estar reunidas):

- Designar e documentar a relação de cobertura de tal forma que o risco coberto, o item de cobertura e o item coberto estejam claramente identificados e que o risco do item coberto seja o risco para que esteja a ser efetuada a cobertura com o instrumento de cobertura;
- O risco a cobrir é um dos riscos referidos acima;
- Foram efetuados testes de efetividade que confirmem que se espera que as alterações no justo valor ou fluxos de caixa do item coberto, atribuíveis ao risco a cobrir, compensem praticamente as alterações de justo valor ou fluxos de caixa do instrumento de cobertura; e
- É altamente provável que ocorra a transação futura que é objeto da cobertura.

12.4.1. Cobertura de justo valor

A tabela abaixo resume o tratamento a dar a uma cobertura de justo valor.

TABELA 12.5: CONTABILIZAÇÃO DE UM INSTRUMENTO DE COBERTURA DE JUSTO VALOR

Tipo de cobertura	Variação do instrumento de cobertura	Variação do instrumento coberto
• Cobertura de risco de taxa de juro fixa de um instrumento de dívida mensurado ao custo amortizado • Cobertura de risco de preços de ativos detidos ou abrangidos por um compromisso firme	• Alterações no justo valor do instrumento de cobertura reconhecidas em resultados	• Alteração no justo valor do item coberto reconhecidas em resultados

Tipo de cobertura	Variação do instrumento de cobertura	Variação do instrumento coberto
• Cobertura de risco de taxa de juro fixa de um ativo ou passivo mensurado ao custo amortizado	• Reconhecer as liquidações periódicas, em base líquida, no instrumento de cobertura, na demonstração dos resultados do período a que as liquidações respeitem	• Alteração no justo valor do item coberto reconhecidas em resultados

A contabilidade de cobertura é descontinuada quando:

- O instrumento de cobertura expira, é vendido ou termina;
- A cobertura deixar de satisfazer as condições para a contabilização da cobertura; ou
- A designação é revogada.

Nesta situação, se o instrumento coberto for um ativo ou passivo mensurado ao custo amortizado que não é desreconhecido, qualquer ganho ou perda reconhecido como ajustamento à quantia escriturada do ativo coberto deverá ser amortizado na demonstração dos resultados durante a vida remanescente do instrumento coberto, utilizando a taxa de juro efetiva original.

12.4.2. Cobertura de fluxos de caixa

A tabela abaixo resume o tratamento a dar a uma cobertura de fluxos de caixa.

TABELA 12.6: CONTABILIZAÇÃO DE UM INSTRUMENTO DE COBERTURA DE FLUXOS DE CAIXA

Tipo de cobertura	Variação do instrumento de cobertura	Variação do instrumento coberto
• Cobertura do risco de variabilidade: • Da taxa de juro • De risco cambial • De risco de preço de uma transação futura altamente provável • Cobertura risco de câmbio de uma transação futura altamente provável	• Reconhecer as alterações no justo valor do instrumento de cobertura diretamente no capital próprio • Subsequentemente, deverá reconhecer as liquidações periódicas em base líquida na demonstração de resultados no período em que as liquidações em base líquida ocorram	• N/A

A contabilidade de cobertura é descontinuada quando:

- O instrumento de cobertura expira, é vendido ou termina;
- A cobertura deixar de satisfazer as condições para a contabilização da cobertura;
- A transação futura deixa de ser altamente provável; ou
- A designação é revogada.

Nesta situação, o ganho ou perda que está registado no capital próprio deve ser reclassificado de capital próprio para resultados do período quando o item coberto também for reconhecido em resultados.
Se não for mais expetável que a transação futura venha a ocorrer ou se o instrumento de dívida coberto mensurado ao custo amortizado for desreconhecido, qualquer ganho ou perda no instrumento de cobertura que tenha sido previamente reconhecido no capital próprio deverá ser reclassificado do capital próprio para a demonstração dos resultados.

12.4.3. Cobertura de investimento líquido numa unidade operacional estrangeira

A tabela abaixo resume o tratamento a dar a uma cobertura de um investimento líquido numa unidade operacional estrangeira.

TABELA 12.7: CONTABILIZAÇÃO DE UM INSTRUMENTO DE COBERTURA DE UMA UNIDADE OPERACIONAL ESTRANGEIRA

Tipo de cobertura	Variação do instrumento de cobertura	Variação do instrumento coberto
• Cobertura relativa ao risco de câmbio no investimento líquido numa unidade operacional estrangeira	• Reconhecer as alterações no justo valor do instrumento de cobertura diretamente no capital próprio • Subsequentemente, deverá reconhecer as liquidações periódicas em base líquida na demonstração de resultados no período em que as liquidações em base líquida ocorram	• N/A

A contabilidade de cobertura é descontinuada quando:

- O instrumento de cobertura expira, é vendido ou termina;

- A cobertura deixar de satisfazer as condições para a contabilização da cobertura;
- A transação futura deixa de ser altamente provável; ou
- A designação é revogada.

A relação de cobertura termina quando o investimento líquido numa unidade operacional estrangeira for vendido.
Nestas situações, o ganho ou perda que está registado no capital próprio deve ser reclassificado de capital próprio para resultados do período quando o item coberto também for reconhecido em resultados.

CAPÍTULO 13

—

RENDIMENTO

Os rendimentos (ou ganhos) obtidos por entidades públicas podem ser originados por transações com contraprestação ou por transações sem contraprestação. Em ambos os casos, os rendimentos são apresentados na demonstração dos resultados de acordo com a sua natureza, nomeadamente nas seguintes linhas daquela demonstração:

- Vendas;
- Prestações de serviços;
- Transferências correntes e subsídios à exploração obtidos.

As principais normas do SNC-AP de referência para os rendimentos são a NCP 13 – Rendimento de Transações com Contraprestação e NCP 14 – Rendimento de Transações sem Contraprestação.
No entanto, outras normas são também referência para este tipo de ativos, nomeadamente:

- NCP 6 – Locações, que trata dos rendimentos provenientes de contratos de locação a reconhecer pelo locador;
- NCP 12 – Contratos de Construção, que trata dos rendimentos provenientes de contratos de construção.

Neste capítulo iremos analisar em mais detalhe:

- O reconhecimento e a mensuração dos rendimentos com contraprestação;
- O reconhecimento e a mensuração dos rendimentos sem contraprestação.

O reconhecimento do rendimento de contratos de locação está tratado no Capítulo 7. O reconhecimento do rendimento de contratos de construção está tratado no Capítulo 14.

13.1. Rendimentos com contraprestação

Uma transação com contraprestação é uma transação na qual a entidade presta um serviço ou entrega um bem e em troca recebe um valor aproximadamente igual ao bem que entregou ou ao serviço que prestou.
O rendimento inclui apenas os influxos brutos de benefícios económicos ou potencial de serviços recebidos, e deve ser mensurado pelo justo valor da retribuição recebida ou a receber.

13.1.1. Mensuração do rendimento

A mensuração do rendimento depende daquilo que a entidade recebe em troca como retribuição pela venda do bem ou pelos serviços prestado. Os seguintes tipos retribuições podem ser recebidos e devem ser mensurados como segue.

TABELA 13.1: TIPOS DE RETRIBUIÇÃO RECEBIDA E SUA MENSURAÇÃO

<table>
<tr><th>Caixa e equivalentes de caixa</th><th>Ativos</th><th>Troca de ativos</th></tr>
<tr>
<td><ul><li>Se a retribuição for recebida em forma de caixa ou equivalentes, o justo valor corresponde à quantia de caixa ou equivalentes de caixa a receber</li><li>Se esta retribuição for diferida no tempo, o justo valor será menor que o valor nominal, pois terá o efeito da passagem do tempo (desconto)</li><li>A diferença entre o valor nominal e este justo valor é reconhecida como rendimento de juros de forma proporcional ao tempo</li></ul></td>
<td><ul><li>Se a retribuição for recebida em forma de ativos, a mesma deve ser valorizada ao justo valor do ativo recebido</li></ul></td>
<td><ul><li>Se uma transação envolve a troca de ativos, há que avaliar se a mesma tem substância comercial<ul><li>Uma transação tem substância comercial quando o ativo recebido tem natureza e valor dissemelhantes ao ativo entregue</li><li>Uma transação não tem substância comercial quando o ativo recebido tem natureza e valor semelhantes ao ativo entregue</li></ul></li><li>O rendimento é mensurado da seguinte forma:<ul><li>Ao justo valor do bem recebido</li><li>Se este não puder ser fiavelmente mensurado, ao justo valor do bem entregue e</li><li>Ajustado em qualquer dos casos por eventuais quantias de caixa ou equivalentes de caixa trocados</li></ul></li></ul></td>
</tr>
</table>

13.1.2. Reconhecimento do rendimento

Os critérios para o reconhecimento do rendimento estão evidenciados na figura abaixo.

FIGURA 13.1: CRITÉRIOS DE RECONHECIMENTO DO RENDIMENTO (TRANSAÇÕES COM CONTRAPRESTAÇÃO)

Critérios de Reconhecimento do rendimento	Venda de Bens	Prestação de serviços	Juros, royalties, e dividendos
A quantia de rendimento pode ser mensurada com fiabilidade	✓	✓	✓
A entidade tiver transferido para o comprador os riscos e vantagens significativos da propriedade dos bens	✓		
A entidade não mantiver envolvimento continuado na gestão a um nível usualmente associado à propriedade, nem o controlo efetivo sobre os bens vendidos	✓		
É provável que os benefícios económicos ou potencial de serviço associados à transação fluirão para a entidade;	✓	✓	✓
A fase de acabamento da transação à data de relato pode ser mensurada com fiabilidade		✓	
Os custos suportados com a transação e os custos para completar a transação podem ser mensurados com fiabilidade	✓	✓	

13.1.3. Vendas

O rendimento da venda de bens deve ser reconhecido quando tiverem sido satisfeitas todas as condições seguintes:

- A entidade tiver transferido para o comprador os riscos e vantagens significativos da propriedade dos bens;
- Na maioria dos casos, a transferência dos riscos e vantagens da propriedade coincide com a transferência do título legal ou com a passagem da posse do ativo para o comprador;
- A entidade não mantiver envolvimento continuado na gestão a um nível usualmente associado à propriedade, nem o controlo efetivo sobre os bens vendidos; Uma entidade pode reter um risco de propriedade significativo sob diversas formas como por exemplo:
  - o Quando a entidade retiver uma obrigação relativa ao desempenho insatisfatório do bem, não coberto por cláusulas normais de garantia;
  - o Quando o recebimento do rendimento de uma determinada venda estiver dependente da obtenção de rendimento pelo comprador a partir da subsequente venda desses mesmos bens (por exemplo, quando uma entidade pública distribui publicações ou material de formação a escolas num regime de venda à consignação);

  - o Quando os bens são expedidos sujeitos a instalação e a instalação for uma parte significativa do contrato que ainda não tenha sido concluído pela entidade; e
  - o Quando o comprador tiver o direito de anular a compra por uma razão especificada no contrato e a entidade não estiver segura quanto à probabilidade de devolução;
- A quantia do rendimento puder ser mensurada com fiabilidade;
- For provável que os benefícios económicos ou potencial de serviço associados à transação fluirão para a entidade; e
- Os gastos suportados ou a suportar relativos à transação puderem ser mensurados com fiabilidade.

*Exemplo **13.1***

No Exemplo 9.1 estão evidenciados os registos contabilísticos a efetuar para o conhecimento do rendimento de uma venda de inventários.

13.1.4. Prestações de serviços

O rendimento de uma prestação de serviços é reconhecido quando o desfecho da transação poder ser estimado com fiabilidade, sendo o mesmo reconhecido de acordo com a percentagem de acabamento – método da percentagem de acabamento.

O desfecho de uma transação pode ser estimado fiavelmente quando estão satisfeitas as seguintes condições:

- A quantia de rendimento pode ser mensurada com fiabilidade. Isto envolve que o rendimento quer os gastos associados;
- É provável que os benefícios económicos ou potencial de serviço associados à transação fluirão para a entidade. Quando existe incertezas acerca da cobrabilidade de um rendimento já reconhecido, esta incobrabilidade é refletida na demonstração dos resultados como um custo (perda por imparidade) e não como uma diminuição do rendimento já reconhecido. Para se fazer uma estimativa fiável é necessário que estejam acordados: os direitos e obrigações de cada uma das partes, a retribuição a ser trocada e o modo e os termos da liquidação;
- A fase de acabamento da transação à data de relato pode ser mensurada com fiabilidade: Pode ser determinada por vários métodos, como medições do

trabalho executado, serviços executados até à data face à totalidade dos serviços a executar, proporção dos custos suportados até à data face aos custos totais estimados da transação, entre outros; e
- Os custos suportados com a transação e os custos para completar a transação podem ser mensurados com fiabilidade.

Exemplo 13.2

No Exemplo 9.1 estão evidenciados os registos contabilísticos a efetuar para o conhecimento do rendimento de uma prestação de serviços diversos.

No Exemplo 10.1 estão evidenciados os registos contabilísticos a efetuar para o conhecimento do rendimento de uma prestação de serviços de um aluguer de uma vinha a um agricultor local.

13.1.5. Juros, Dividendos e Royalties

O rendimento proveniente do uso por terceiros de ativos da entidade que geram juros, royalties, e dividendos ou distribuições similares, deve ser reconhecido quando:
- For provável que os benefícios económicos ou potencial de serviço associado à transação fluirão para a entidade;
- A quantia do rendimento puder ser mensurada com fiabilidade.

Juros

Devem ser reconhecidos numa base proporcional ao tempo do rendimento real do ativo.

Inclui a quantia da amortização de qualquer desconto, prémio ou outra diferença entre a quantia inicialmente registada de um título de dívida e a sua quantia na maturidade.

Quando houver juros acrescidos, mas por pagar antes da aquisição de um investimento que gera juros, o recebimento subsequente dos juros é repartido entre os períodos antes e após aquisição e apenas a parcela pós aquisição é reconhecida como rendimento (a outra parcela será considerada um desconto ao valor de compra).

Royalties

Devem ser reconhecidos à medida que são obtidos de acordo com a substância dos acordos relevantes.

Os royalties são acrescidos de acordo com os termos do contrato relevante e são usualmente reconhecidos nessa base, a menos que, tendo em consideração a substância do contrato, seja mais apropriado reconhecer o rendimento noutra base sistemática e racional.

Dividendos ou distribuições similares

Devem ser reconhecidos quando o direito do acionista ou da entidade de os receber for estabelecido.

Quando os dividendos ou distribuições similares de títulos de capital próprio forem declarados a partir do resultado líquido antes da aquisição, esses dividendos são deduzidos ao custo dos títulos.

O Exemplo 8.5 evidencia a contabilização de dividendos recebidos.

13.2. Rendimentos sem contraprestação

Existem vários tipos de transações sem contraprestação:

- Uma transação em que uma entidade pública recebe recursos mas não dá, em retorno, qualquer retribuição ou dá apenas uma retribuição simbólica (caso dos impostos – embora o Governo proporcione um conjunto de serviços públicos aos contribuintes, isso não é feito como contrapartida pelo pagamento de impostos);
- Uma transação em que a entidade pública pode proporcionar alguma retribuição diretamente como contrapartida dos serviços recebidos, mas essa retribuição não se aproxima do justo valor dos recursos recebidos (nestes casos é necessário avaliar se existe uma combinação de transações com contraprestação e sem contraprestação, e cada componente da transação deve ser reconhecida separadamente);
- Uma transação em que apenas a substância da transação define se é uma transação com contraprestação ou sem contraprestação (por exemplo, uma venda de bens realizada por um preço subsidiado, isto é, um preço que não é aproximadamente igual ao justo valor dos bens vendidos, cai dentro da definição de transação sem contraprestação).

13.2.1. Reconhecimento do ativo

Uma entidade deve reconhecer um ativo proveniente de uma transação sem contraprestação quando obtiver o controlo de recursos que satisfaçam a definição de um ativo e satisfaça os critérios de reconhecimento. Em vez de um ativo, poderá ser reconhecida uma diminuição do passivo (quando, por exemplo, um credor perdoa um passivo). Um influxo de recursos que satisfaça a definição de ativo deve ser reconhecido como tal quando:

- For provável (ou seja, quando existir maior probabilidade de ocorrer do que de não ocorrer) que os benefícios económicos futuros ou potencial de serviço associado ao ativo fluam para a entidade; e
- O justo valor do ativo possa ser mensurado com fiabilidade.

Este ativo não deve ser confundido com um bem público. A capacidade de excluir ou de regular o acesso de terceiros aos benefícios do ativo é um elemento essencial do controlo que distingue estes ativos de outros bens públicos a que todas as entidades têm acesso e de que beneficiam. Sobre o tema dos bens de domínio público, remetemos a vossa leitura para o Capítulo 3, ponto 3.8.
Este ativo é inicialmente mensurado pelo seu justo valor na data de aquisição (que corresponde à melhor estimativa do influxo de recursos para a entidade).
Sobre este ativo podem existir certas especificações, isto é, podem existir leis que impõem cláusulas sobre o uso a dar a determinado ativo pela entidade que o recebe. A tabela abaixo discrimina as especificações que podem existir sobre um ativo cedido e o que as distingue.

TABELA 13.2: ESPECIFICAÇÕES SOBRE ATIVOS ADQUIRIDOS NUMA TRANSAÇÃO SEM CONTRAPRESTAÇÃO

Características das especificações	Condições	Restrições
Obrigação de desempenho Exige que uma entidade use ou consuma os benefícios económicos futuros ou potencial de serviço de determinada forma	Sim	Sim
Obrigação de retorno Exige que os benefícios económicos futuros ou potencial de serviço sejam devolvidos ao cedente em caso de violação das especificações	Sim	Não

A obrigação de retorno dá origem ao reconhecimento de um passivo no mesmo momento em que o ativo é reconhecido (ver ponto 13.2.3. abaixo sobre "Reconhecimento de um passivo por uma obrigação presente").

13.2.2. Reconhecimento do rendimento

Quando uma entidade reconhece um ativo numa transação sem contraprestação, deve igualmente reconhecer um rendimento. Este rendimento compreende os influxos brutos de benefícios económicos ou potencial de serviço recebidos e a receber pela entidade, o qual representa um aumento no património líquido, que não sejam aumentos de contribuições de proprietários. O valor do ativo a reconhecer deverá corresponder ao valor do rendimento, exceto se tiver também de ser reconhecido um passivo pela obrigação de retorno (ver ponto 13.2.3. abaixo sobre "Reconhecimento de um passivo por uma obrigação presente"). Quando a obrigação que deu origem ao reconhecimento do passivo for satisfeita, deve ser reduzida a quantia do passivo reconhecido e reconhecer uma quantia de rendimento igual a essa redução.

A figura abaixo representa uma árvore de decisão que deve ser seguida para determinar se um influxo de recursos dá origem a um rendimento.

FIGURA 13.2: CRITÉRIOS DE RECONHECIMENTO DO RENDIMENTO (TRANSAÇÕES SEM CONTRAPRESTAÇÃO)

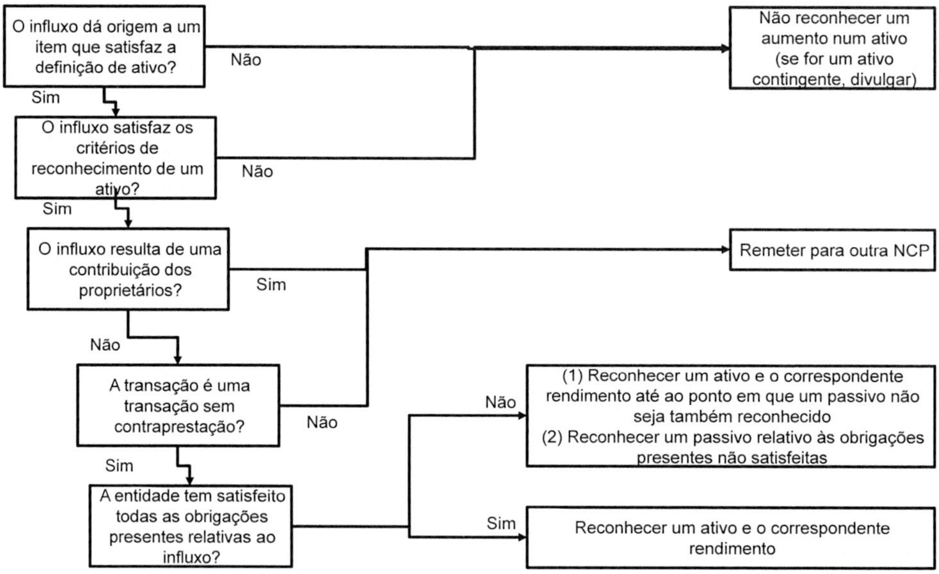

13.2.3. Reconhecimento de um passivo por uma obrigação presente

Uma obrigação presente resultante de uma transação sem contraprestação que satisfaça a definição de passivo deve ser reconhecida como tal quando:

- For provável que seja exigido um exfluxo de recursos que incorporem benefícios económicos futuros ou potencial de serviço para liquidar a obrigação; e
- Possa ser feita uma estimativa fiável da quantia da obrigação.

Conforme descrito anteriormente no ponto 13.2.1 em "Reconhecimento do ativo", podem existir certas condições sobre ativos que podem dar origem ao reconhecimento de um passivo.
O reconhecimento de um passivo nestas situações está discriminado no Exemplo 4.2 (Reconhecimento de um subsídio para financiar um investimento).

13.2.4. Contribuições dos proprietários para o património líquido

Uma contribuição dos proprietários para o património líquido pode ser evidenciada, por exemplo:

- Por uma designação formal de transferência pela entidade que contribui ou por uma entidade controlada por esta, como fazendo parte do património líquido realizado do recetor, quer antes de ocorrer a contribuição, quer no momento da contribuição;
- Por um acordo formal, em relação à contribuição, estabelecendo ou aumentando um interesse financeiro já reconhecido no património líquido do recetor que possa ser vendido, transferido ou remido; ou
- Pela emissão, em relação à contribuição, de instrumentos de capital próprio que possam ser vendidos, transferidos ou remidos.

As contribuições dos proprietários, assim como as distribuições aos mesmos, incluem transferências entre duas entidades dentro de um grupo público (por exemplo, uma transferência de um município, agindo na sua qualidade de proprietário, para uma empresa municipal). As contribuições dos proprietários, agindo enquanto tal, a entidades controladas, só são reconhecidas como um ajustamento direto ao património líquido da entidade controlada quando essas contribuições derem explicitamente origem a interesses residuais nessa entidade, na forma de direitos sobre o património líquido.

13.2.5. Impostos

Os impostos satisfazem a definição de transação sem contraprestação porque o contribuinte transfere recursos para o Governo sem receber diretamente valor igual ou aproximado pela troca. Embora o contribuinte possa beneficiar de um conjunto de políticas sociais estabelecidas pelo Governo, estas não são proporcionadas diretamente como uma retribuição pelo pagamento de impostos.

Os impostos não satisfazem a definição de contribuições dos proprietários para o património líquido porque o pagamento de impostos não dá aos contribuintes o direito de receber distribuições de benefícios económicos futuros ou potencial de serviço da entidade durante a sua vida, nem o pagamento de impostos proporciona aos contribuintes um direito de propriedade sobre o Estado que possa ser vendido, trocado, transferido ou remido.

Os rendimentos provenientes de impostos devem ser reconhecidos na base do acréscimo. Para efetuar este acréscimo, uma entidade deve usar modelos estatísticos baseados no historial de cobrança do imposto em particular de períodos anteriores.

O rendimento é apresentado por um valor líquido de gastos que devam ser deduzidos ao valor do rendimento. A tabela abaixo evidencia que gastos devem ou não ser deduzidos ao rendimento.

TABELA 13.3: GASTOS QUE DEVEM SER DEDUZIDOS, OU NÃO, AO RENDIMENTO DE IMPOSTO

Gastos pagos através do sistema fiscal	Dispêndios fiscais
• Não são deduzidos ao rendimento • Estes gastos correspondem a valores que são disponibilizados aos recetores independentemente de estes pagarem ou não impostos, pelo que são reconhecidos como custos • É o caso, por exemplo, de um imposto que é cobrado, em que parte é assignada a outro organismo; o rendimento é reconhecido pela totalidade e é reconhecido um custo pela parte transferida para o outro organismo	• São deduzidos ao rendimento fiscal • Estes gastos só estão disponíveis se o recetor pagar impostos • É o caso, por exemplo, dos gastos com juros que os proprietários de habitação própria deduzam ao seu rendimento bruto quando calculam o rendimento coletável

A tabela abaixo resume os momentos relacionados com o reconhecimento do rendimento relativo a impostos:

Impostos a reconhecer no ano N que serão liquidados e cobrados no ano N+1

TABELA 13.4: RECONHECIMENTO DE IMPOSTOS NO ANO N QUE SERÃO LIQUIDADOS E COBRADOS NO ANO N+1

Transação	Momento do reconhecimento
Estimativa do rendimento do imposto a cobrar em N+1 relativo ao ano N	Registo no ano N numa conta 272 por contrapartida de uma conta de rendimento (Classe 70)
Emissão do documento único de cobrança (DUC)	Regulariza a estimativa efetuada no ano N, se há excesso ou insuficiência da estimativa são movimentadas, respetivamente, as contas 6881 ou 7881, por contrapartida de uma dívida a receber do contribuinte (213)
Cobrança em N+1 do imposto	Regulariza a dívida a receber do contribuinte (213) por contrapartida de uma conta de meios financeiros líquidos (Classe 1)
Restituição em N+1 do imposto	É reconhecida como excesso de estimativa em 6881 por contrapartida de dívidas a reembolsar ao contribuinte (213)

Impostos a reconhecer no ano N, com pagamentos por conta efetuados no ano N, que serão liquidados no ano N+1

TABELA 13.5: RECONHECIMENTO DE IMPOSTOS NO ANO N, COM PAGAMENTOS POR CONTA EFETUADOS NO ANO N, QUE SERÃO LIQUIDADOS NO ANO N+1

Transação	Momento do reconhecimento
Estimativa mensal do rendimento do imposto relativo ao ano N	Registo no ano N numa conta 272 por contrapartida de uma conta de rendimento (Classe 70)
Pagamentos por conta efetuados pelo contribuinte	Registo de um adiantamento do contribuinte (2182) por contrapartida de uma conta de meios financeiros líquidos (Classe 1)
Liquidação em N+1 do imposto	Regulariza a estimativa efetuada no ano N, se há excesso ou insuficiência da estimativa são movimentadas, respetivamente, as contas 6881 ou 7881, por contrapartida de uma dívida a receber do contribuinte (213)
Acerto de contas final	Se há reembolso, regista-se a saída dos meios financeiros líquidos (Classe 1) e regulariza-se o saldo apurado na conta 213 (debita-se). Se há cobrança adicional, regista-se a entrada dos meios financeiros líquidos (Classe 1) e regulariza-se o saldo apurado na conta 213 (credita-se).

13.2.16. Transferências e subsídios recebidos

As transferências satisfazem a definição de transações sem contraprestação porque o cedente proporciona recursos à entidade recetora sem que esta proporcione valor aproximadamente igual em troca. Estas transferências podem ser:

- Transferências financeiras;
- Subsídios;
- Perdões de dívidas;
- Multas e outras penalidades;
- Ofertas;
- Doações; e
- Bens em espécie.

Todos estes itens têm como característica comum o facto de transferirem recursos de uma entidade para outra sem haver como troca um valor aproximadamente igual, e não são impostos.

Uma entidade deve reconhecer um ativo relativo a transferências quando os recursos transferidos satisfizerem a definição de ativo (isto é, quando a entidade controla os recursos em consequência de um acontecimento passado - a transferência - e espera receber desses recursos benefícios económicos futuros ou potencial de serviço) e os respetivos critérios de reconhecimento (isto é, quando for provável que o influxo de recursos ocorra e o seu justo valor possa ser mensurado com fiabilidade).

As transferências de recursos que satisfaçam a definição de contribuições dos proprietários para o património líquido não dão origem a rendimento.

Os ativos transferidos são mensurados pelo seu justo valor à data de aquisição. Os inventários, os ativos fixos tangíveis ou as propriedades de investimento adquiridos por meio de transações sem contraprestação, devem ser inicialmente mensurados pelo seu justo valor à data de aquisição, de acordo os requisitos das normas que lhes são aplicáveis.

A tabela abaixo evidencia os tipos de transferências e como devem ser reconhecidas.

TABELA 13.6: RECONHECIMENTO DE TRANSFERÊNCIAS E SUBSÍDIOS RECEBIDOS

Transação	Momento do reconhecimento	Valor
Perdões de dívida e assunção de passivos	Quando a dívida antiga deixa de satisfazer a definição de um passivo ou os critérios para reconhecimento como um passivo	Pela quantia escriturada da dívida perdoada
Multas e outras penalidades	Quando o facto que gera a multa ou a penalidade ocorre	Pelo justo valor nessa data
Ofertas e doações, incluindo bens em espécie	Quando ocorre a oferta ou doação	Pelo justo valor nessa data
Garantias	Não devem reconhecer itens garantidos como ativos ou ganhos porque não controlam o acesso do cedente aos benefícios económicos futuros ou potencial de serviço incorporados Se o item garantido for subsequentemente transferido para a entidade recetora, deve ser reconhecido como oferta ou doação	Pelo justo valor nessa data
Empréstimos bonificados	À medida que a entidade satisfaz a obrigação relativa ao empréstimo, o que implica que o passivo é reduzido e uma quantia igual é reconhecida como rendimento	Pela diferença entre o preço da transação e o justo valor do empréstimo no reconhecimento (quando essa diferença representa um rendimento sem contraprestação)
Subsídios não reembolsáveis	Durante os períodos e na proporção em que a depreciação ou amortização dos ativos adquiridos com esse subsídio é reconhecida, ou no período em que os custos que visam compensar forem reconhecidos como gastos	Pelo valor recebido

CAPÍTULO 14
—
CONTRATOS DE CONSTRUÇÃO

A contabilização de um contrato de construção numa entidade pública construtora está mais orientada:

- Inicialmente no reconhecimento dos gastos associados à construção, quando os contratos não especificam a quantia do rendimento associado (o qual é obtido por dotação orçamental ou financiamento semelhante ou por subsídios obtidos);
- Nos rendimentos e gastos do contrato, quando são contratos de natureza comercial ou não que preveem a recuperação total ou parcial dos custos.

Os gastos e rendimentos são apresentados na demonstração dos resultados de acordo com a sua natureza.
A principal norma do SNC-AP de referência para reconhecimento dos contratos de construção é a NCP 12 – Contratos de Construção.
No entanto, outras normas são também referência para este tipo de ativos, nomeadamente:

- NCP 15 – Provisões, Passivos Contingentes e Ativos Contingentes, que determina como devem ser contabilizados de imediato os gastos em contratos de construção onerosos, isto é, contratos em que seja provável que os gastos totais do contrato excedam os respetivos rendimentos.

Neste capítulo iremos analisar em mais detalhe:

- O reconhecimento dos rendimentos;
- O reconhecimento dos gastos.

14.1. Mensuração dos rendimentos e dos gastos de um contrato

Os rendimentos e os gastos de um contrato de construção estão definidos na tabela seguinte.

TABELA 14.1: RENDIMENTOS E DOS GASTOS DE UM CONTRATO DE CONSTRUÇÃO

	Rendimento do contrato	**Gastos do contrato**
Definição	• Corresponde à quantia acordada no contrato e • A outras variações no trabalho contratado, tais como revisões de preço, reclamações e o pagamento de incentivos: o Quando seja provável o pagamento e o Possível mensurá-lo com fiabilidade	• Custos que se relacionem diretamente com o contrato específico • Custos que sejam atribuíveis à atividade do contrato em geral e possam ser imputados ao contrato numa base sistemática e racional e • Outros custos que sejam especificamente debitáveis ao cliente nos termos do contrato

Os rendimentos e os gastos são mensurados ao justo valor.

14.2. Reconhecimento dos rendimentos e dos gastos de um contrato

Os rendimentos de um contrato de construção são reconhecidos quando o desfecho da transação poder ser estimado com fiabilidade, sendo os mesmos reconhecido de acordo com a percentagem de acabamento – método da percentagem de acabamento. A percentagem de acabamento é determinada como segue:

$$P.A. = \frac{\text{Custos incorridos}}{\text{Custos incorridos} + \text{Custos estimados para completar a obra}}$$

Quando o desfecho de um contrato de construção puder ser estimado com fiabilidade, os rendimentos e gastos devem ser reconhecidos, nos períodos em que o trabalho é executado ou em que o trabalho a que eles se referem é executado, respetivamente. O desfecho de um contrato pode ser estimando quando:

- O rendimento total do contrato, se existir, pode ser mensurado com fiabilidade;
- É provável que os benefícios económicos ou potencial de serviço associados ao contrato fluirão para a entidade; e
- Tanto os custos do contrato para o concluir como a fase de acabamento do contrato à data de relato podem ser mensurados com fiabilidade.

No método de % de acabamento, as alterações de estimativas dos rendimentos e custos do contrato são reconhecidas no período em que ocorram.
Quando o desfecho de um contrato de construção não puder ser estimado com fiabilidade:

- O rendimento só deve ser reconhecido até ao ponto em que seja provável que os custos do contrato serão recuperáveis; e
- Os custos do contrato devem ser reconhecidos como um gasto no período em que sejam suportados.

Quando for provável que os custos totais do contrato excedam os respetivos rendimentos totais, a perda esperada deve ser reconhecida imediatamente como gasto, através do reconhecimento de uma provisão (provisão para contratos onerosos – ver Capítulo 11).

CAPÍTULO 15

—

BENEFÍCIOS DOS EMPREGADOS

Os gastos com benefícios dos empregados são apresentados na demonstração dos resultados de acordo com a sua natureza, nomeadamente na linha de "Gastos com o pessoal".

A principal norma do SNC-AP de referência para estes gastos é a NCP 19 - Benefícios dos Empregados.

Neste capítulo iremos analisar em mais detalhe:

- O reconhecimento dos gastos com benefícios de curto prazo;
- O reconhecimento dos gastos com benefícios pós emprego;
- O reconhecimento dos gastos com outros benefícios de longo prazo;
- O reconhecimento dos gastos com benefícios de cessação de contratos.

15.1. Benefícios de curto prazo

Um benefício de curto prazo é um benefício:

- Dos empregados correntes;
- Pagável dentro dos 12 meses após a data de relato.

São exemplos de benefícios correntes, os seguintes:

- Salários, ordenados e contribuições para a Caixa Geral de Aposentações ou Segurança Social;
- Ausências permitidas remuneradas, tais como férias anuais ou ausências por doença;
- Gratificações e outros prémios associados a resultados ou desempenho;
- Benefícios não monetários (tais como cuidados médicos, alojamento, automóveis e bens ou serviços grátis ou subsidiados).

15.1.1. Reconhecimento e mensuração

Os benefícios de curto prazo são reconhecidos de uma forma linear, à medida que o empregado presta serviços, e numa base não descontada. A tabela abaixo descreve como cada um destes benefícios é reconhecido e mensurado.

TABELA 15.1: RECONHECIMENTO E MENSURAÇÃO DE BENEFÍCIOS AOS EMPREGADOS

Tipo de benefício	Reconhecimento e mensuração
Benefícios de curto prazo dos empregados	• Como um passivo (acréscimo de gastos), após dedução de qualquer quantia já paga. Se a quantia já paga exceder a quantia não descontada dos benefícios, uma entidade deve reconhecer esse excesso como um ativo (gasto antecipado) • Por contrapartida de um gasto, a menos que outra Norma exija ou permita a inclusão dos benefícios no custo de um ativo (ver, por exemplo, a NCP 10 – Inventários e a NCP 5 – Ativos Fixos Tangíveis, para itens elegíveis)

Ausências de curto prazo remuneradas	• Uma ausência remunerada acumulável gera uma obrigação (passivo), que deve ser reconhecida à medida que o empregado presta serviço; são ausências que podem ser usadas em períodos futuros, como é o caso das férias; a obrigação é reconhecida sejam ausências adquiridas ou não:
	  • Ausências adquiridas (o empregado tem direito a um pagamento em dinheiro pelo direito não usado)
	  • Ausências não adquiridas (o empregado não tem direito a um pagamento em dinheiro pelo direito não usado); neste caso a mensuração da obrigação tem em conta a possibilidade do empregado sair da entidade antes de usar esse direito
	• Uma ausência remunerada não acumulável deve ser reconhecida quando ocorre a ausência; são ausências que não podem ser usadas em períodos futuros, como é o caso de ausência por doença

Gratificações relacionadas com o desempenho e participações nos resultados	A entidade deve reconhecer o custo esperado de pagamentos de gratificações (e o correspondente passivo) quando: • A entidade tenha uma obrigação legal ou construtiva de fazer tais pagamentos em consequência de acontecimentos passados (isto é, não existe uma alternativa realista senão pagar a gratificação), e • Possa ser feita uma estimativa fiável da obrigação

Por vezes as entidades públicas elaboram contratos de tarefa e avença.

> Sobre este tema, a FAQ 31 esclarece que apesar da despesa com contratos de tarefa e avença ser classificada orçamentalmente como uma despesa com pessoal, no subsistema da Contabilidade Financeira ela será reconhecida no âmbito da conta 6224 – Honorários (e não como gastos com o pessoal) onde, nos termos da Portaria n.º 189/2016, de 14 de julho, se registam "as remunerações atribuídas aos trabalhadores independentes, que se encontrem abrangidos por contratos de prestação de serviços em regime de tarefa ou avença".

Exemplo 15.1

O resumo do processamento salarial anual da Admin_Central durante o ano N foi o seguinte (números exemplificativos apenas para efeitos do exemplo e de explicar a contabilização).

Componente	Valor	Impacto	
Salários relativos aos meses trabalhados em N (11)	25.000 × 11	Custo em N	[1]
Subsídio de Natal	25.000	Custo em N	[2]
Mês de férias e subsídio de férias do ano N (custo de N-1)	25.000 x 2 × (1+ 23,75%)	Pagos em N e regularizado o acréscimo de custo de N-1	[3]
Estimativa do mês de férias e subsídio de férias do ano N+1 (custo de N) – inclui acréscimo previsto de salários de 2%	25.500 × 2 × (1+ 23,75%)	Custo em N e acrescido o custo no ano N	[4]
Contribuição da Admin_Central para a Segurança Social	83.363 (1)	Custo em N	[5]
Retenções efetuadas aos trabalhadores – contribuição para a Segurança Social	38.500	A entregar à Segurança Social	[6]
Retenções efetuadas aos trabalhadores – imposto sobre o rendimento	54.281	A entregar à Administração Tributária	[7]

(1) 83.363 = [(25.000 × 12 + 25.500 × 2) × 23,75%]

O resumo dos valores a registar em contabilidade patrimonial é o seguinte:

a) Gastos com o pessoal = [1] + [2] + [4] + [5] = 446.475 euros
b) Variação na conta de acréscimo de gastos – férias e subsídio de férias = [4] – [3] = 1.238 euros
c) Remunerações a pagar ao pessoal = [1] + [2] + [3] (só a componente salário 25.000 × 2) – [6] – [7] = 257.219 euros
d) Valores a pagar à Segurança Social = [5] + [6] = 121.625 euros
e) Valores a pagar à Autoridade Tributária e Aduaneira = [7] = 54.281 euros

No subsistema financeiro, os movimentos contabilísticos a efetuar no ano N são os seguintes:

Db / Cr	Conta	Classificador económico	C.O.	Descritivo	Valor
D	632113			Salários relativos (12 meses)	300.500
D	63212			Subsídio de férias	25.500
D	63213			Subsídio de Natal	25.000
D	27221			Regularização das férias e subsídio de férias acrescidos em N-1	61.875
C	27221			Estimativa de férias e subsídio de férias no ano N a pagar em N+1	(63.113)
D	6351			Contribuição para a Segurança Social - Admin_Central	83.363
C	24512			Contribuição para a Segurança Social - Admin_Central	(83.125)
C	24511			Contribuição para a Segurança Social - Trabalhador	(38.500)
C	2421			Retenções de imposto sobre o rendimento	(54.281)
C	2312			Valor a pagar aos trabalhadores (14 meses)	(257.219)

No subsistema orçamental, os movimentos contabilísticos a efetuar são os seguintes:

Db / Cr	Conta	Classificador económico	C.O.	Descritivo	Valor
D	024	01.01.04	D1.1	Cabimento do salário	300.000
C	0251	01.01.04	D1.1	Cabimento do salário	(300.000)
D	024	01.01.14	D1.1	Cabimento dos subsídios de férias e Natal	50.000
C	0251	01.01.14	D1.1	Cabimento dos subsídios de férias e Natal	(50.000)
D	024	01.03.05	D1.3	Cabimento do custo com Segurança Social	83.125
C	0251	01.03.05	D1.3	Cabimento do custo com Segurança Social	(83.125)
D	0252	01.01.04	D1.1	Compromisso do salário	300.000
C	0261	01.01.04	D1.1	Compromisso do salário	(300.000)
D	0252	01.01.14	D1.1	Compromisso dos subsídios de férias e Natal	50.000
C	0261	01.01.14	D1.1	Compromisso dos subsídios de férias e Natal	(50.000)
D	0252	01.03.05	D1.3	Compromisso do custo com Segurança Social	83.125
C	0261	01.03.05	D1.3	Compromisso do custo com Segurança Social	(83.125)
D	0262	01.01.04	D1.1	Obrigação do salário	300.000
C	0271	01.01.04	D1.1	Obrigação do salário	(300.000)
D	0262	01.01.14	D1.1	Obrigação dos subsídios de férias e Natal	50.000
C	0271	01.01.14	D1.1	Obrigação dos subsídios de férias e Natal	(50.000)
D	0262	01.03.05	D1.3	Obrigação do custo com Segurança Social	83.125
C	0271	01.03.05	D1.3	Obrigação do custo com Segurança Social	(83.125)

Dado que os salários são pagos até ao dia 25 de cada mês, todos estes valores foram, entretanto, liquidados, inclusive os pagamentos à Segurança Social à Autoridade Tributária e Aduaneira.

Relativamente ao pagamento, no subsistema financeiro, os movimentos contabilísticos a efetuar no ano N são os seguintes:

Db / Cr	Conta	Classificador económico	C.O.	Descritivo	Valor
D	2312			Pagamento ao trabalhador	257.219
D	24512			Pagamento à Segurança Social - parte da entidade patronal	83.125
D	24511			Pagamento à Segurança Social - parte retida ao trabalhador	38.500
D	2421			Pagamento à Autoridade Tributária e Aduaneira	54.281
C	1221			Pagamento do processamento salarial total	(433.125)

No subsistema orçamental, os movimentos contabilísticos a efetuar são os seguintes:

Db / Cr	Conta	Classificador económico	C.O.	Descritivo	Valor
D	0272	01.01.04	D1.1	Pagamento do salário	300.000
C	0281	01.01.04	D1.1	Pagamento do salário	(300.000)
D	0272	01.01.14	D1.1	Pagamento dos subsídios de férias e Natal	50.000
C	0281	01.01.14	D1.1	Pagamento dos subsídios de férias e Natal	(50.000)
D	0272	01.03.05	D1.3	Pagamento do custo com Segurança Social	83.125
C	0281	01.03.05	D1.3	Pagamento do custo com Segurança Social	(83.125)

15.2. Benefícios pós-emprego

Um benefício pós emprego é um benefício que será pago ao empregado após o término do emprego (e que não um benefício por cessação de trabalho).

São exemplos de benefícios pós-emprego os seguintes:

- Benefícios de reforma, tais como pensões;
- Seguros de vida pós-emprego ou cuidados médicos pós-emprego.

A tabela abaixo discrimina as principais diferenças entre os dois planos.

TABELA 15.2: DIFERENÇAS ENTRE PLANOS DE CONTRIBUIÇÃO DEFINIDA E PLANOS DE BENEFÍCIOS DEFINIDOS

Plano	Contribuição definida	Benefício definido
Limitação da obrigação	É limitada à quantia que concorda contribuir para o fundo	Não está limitada e depende dos benefícios acordados com os atuais e ex-empregados
O risco atuarial (de que os benefícios possam vir a ser inferiores aos esperados) e o risco de investimento (de que os ativos investidos possam vir a ser insuficientes para satisfazer os benefícios esperados)	São do empregado	São da entidade
Exige o pagamento de contribuições para uma entidade separada	Sim	Não

15.2.1. Planos de contribuição definida

15.2.1.1. Reconhecimento

A contabilização de planos de contribuição definida é linear. A obrigação em cada período é determinada pelas quantias a contribuir relativas a esse período.

A entidade reconhece um acréscimo de gastos (passivo) à medida que o empregado presta serviços, por contrapartida de um custo, a menos que outra Norma exija ou permita a inclusão dos benefícios no custo de um ativo (ver, por exemplo, a NCP 10 — Inventários e a NCP 5 — Ativos Fixos Tangíveis, para itens elegíveis). O acréscimo de gastos é deduzido dos pagamentos entretanto efetuados.

Quando a contribuição efetuada exceder a quantia devida pelos serviços prestado no ano, o excesso é reconhecido como um gasto diferido (ativo) e reconhecida em custos no ano seguinte.

15.2.1.2. Mensuração

O valor da contribuição acordada em cada período é reconhecido como gasto numa base não descontada, exceto se o pagamento ocorrer nos 12 meses após a data de relato.

15.2.2. Planos de benefícios definidos

A contabilização de um plano de benefícios definidos envolve a determinação das seguintes componentes:

FIGURA 15.1: DETERMINAÇÃO DAS COMPONENTES DE PLANO DE BENEFÍCIOS DEFINIDOS

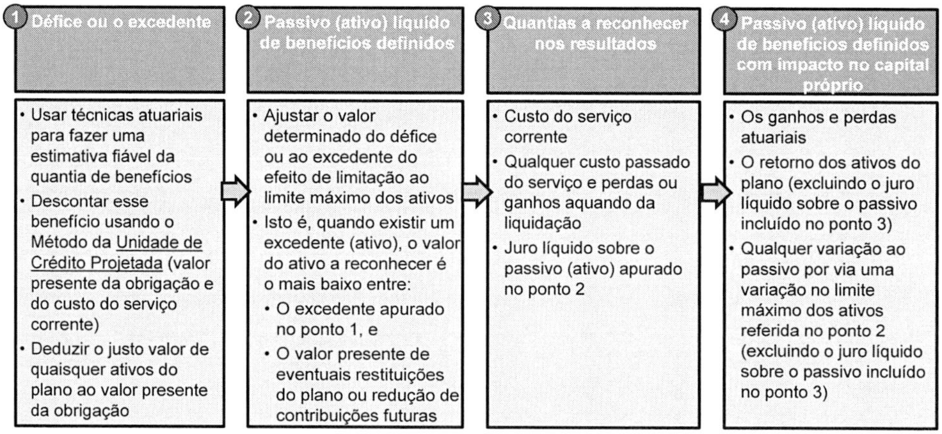

15.2.2.1. Reconhecimento

As várias rubricas que concorrem para a determinação da obrigação com um plano de benefícios definidos, e os seus respetivos impactos nas demonstrações financeiras, estão detalhados de seguida.

TABELA 15.3: IMPACTOS NAS DEMONSTRAÇÕES FINANCEIRAS DAS PRINCIPAIS RUBRICAS QUE CONCORREM PARA A DETERMINAÇÃO DA OBRIGAÇÃO COM UM PLANO DE BENEFÍCIOS DEFINIDOS

	Passivo (ativo) líquido		Resultados do ano	Capital Próprio	Bancos
	Ativos do plano	Passivos do plano			
Custo dos serviços					
Custo dos serviços correntes		+	-		
Reembolso dos serviços correntes		-	+		
Custo dos serviços passados		+	-		

	Passivo (ativo) líquido		Resultados do ano	Capital Próprio	Bancos
	Ativos do plano	Passivos do plano			
(Ganho) / perda na liquidação		+	-		
Custo dos juros					
Despesa com juros sobre os planos de benefícios definidos		+	-		
Rendimento de juros sobre os ativos do plano	+		+		
Rendimento de juros sobre os reembolsos	+		+		
Despesa com juros sobre o (limite máximo do ativo) / a responsabilidade	-		-		
Remensuração de outros benefícios de longo prazo		+/-	+/-		
Fluxos de caixa					
Total das contribuições da entidade					
Contribuições da entidade	+				-
Pagamentos diretos de benefícios pela entidade	+				-
Pagamentos diretos de liquidações pela entidade	+				-
Benefícios pagos com ativos do plano	-	-			
Benefícios pagos pela entidade	-	-			
Liquidações pagas com ativos do plano	-	-			
Liquidações pagas pela entidade	-	-			
Contribuições dos participantes	-	-			
Despesas administrativas incluídas na obrigação com benefícios definidos		+	-		
Impostos incluídos na obrigação com benefícios definidos		+	-		
Despesas administrativas pagas com ativos do plano	-		-		
Impostos pagos com ativos do plano	-		-		
Prémios de seguro relativos a riscos associados aos benefícios	+	+			

	Passivo (ativo) líquido		Resultados do ano	Capital Próprio	Bancos
	Ativos do plano	Passivos do plano			
Outros eventos significativos					
Aumentos (reduções) relacionados com aquisições de negócios, desinvestimentos e transferências	+/-	+/-			
Aumentos (reduções) relacionados com combinações de planos	+/-	+/-			
Remensurações					
Efeitos dos pressupostos demográficos		+/-		+/-	
Efeitos dos pressupostos financeiros		+/-		+/-	
Efeitos dos ajustamentos de experiência		+/-		+/-	
Retorno dos ativos do plano (excluindo rendimento de juros)	+			+	
Retorno dos direitos de reembolso (excluindo rendimento de juros)	+			+	
Alterações no limite máximo do ativo / na responsabilidade (excluindo o rendimento de juros)	+/-			+/-	
Efeitos cambiais	+/-	+/-	+/-	+/-	

15.2.2.2. Mensuração

A obrigação relativa a um plano de benefícios definidos tem de ser determinada usando pressupostos atuariais e é reconhecida numa base descontada.

1.5.3. Outros benefícios de longo prazo

Um benefício de longo prazo é um benefício:

- Dos empregados correntes;
- Pagável após os 12 meses após a data de relato.

São exemplos de benefícios de longo prazo:

- Os mesmos que os identificados nos benefícios de curto prazo, em situações excecionais em que esses benefícios serão pagos após 12 meses da data de relato;

- Ausências de longo prazo remuneradas, tais como licenças por serviço prolongado ou licença sabática;
- Benefícios por jubilação ou outros benefícios por serviço prolongado;
- Benefícios por incapacidade prolongada.

15.3.1. Reconhecimento e mensuração

Estes benefícios de longo prazo geram as seguintes naturezas de itens a reconhecer:

- Excessos e défices do plano;
- Direitos de reembolso;
- Custo dos serviços;
- Juro líquido sobre o passivo (ativo) líquido de benefícios definidos;
- Remensuração do passivo.

15.4. Benefícios de cessação de emprego

Um benefício de cessação de emprego é um benefício dos empregados a pagar em resultado:

- De uma decisão da entidade para cessar o emprego do empregado antes da data normal de reforma; ou
- De uma decisão do empregado para aceitar uma saída voluntária em troca desses benefícios.

A obrigação relativa a um benefício de cessação de emprego surge da cessação em si e não do serviço prestado pelo empregado.

15.4.1. Reconhecimento e mensuração

A obrigação (passivo) e o respetivo gasto devem ser reconhecidos na mais antiga das seguintes datas:

- Data a partir da qual a entidade já não pode retirar a oferta de tal benefício, o que acontece na mais antiga data entre:
  - O empregado aceitar a oferta;

  - o Existir restrição (legal, contratual, regulamentar) da entidade de retirar a oferta;
- Data em que a entidade reconhece uma provisão para restruturação no âmbito da NCP 15.

A mensuração (e eventual posterior remensuração) deverá ser efetuada de acordo com o tipo de benefício a atribuir.

CAPÍTULO 16

—

EFEITOS DAS ALTERAÇÕES DAS TAXAS DE CÂMBIO

Os efeitos das alterações das taxas de câmbio têm um efeito transversal ao nível do balanço e da demonstração dos resultados.

As alterações das taxas de câmbio impactam todos os ativos e passivos que estejam denominados numa moeda diferente da moeda de apresentação, que em Portugal é o euro. Adicionalmente impactam também o reconhecimento nas contas da entidade das transações efetuadas por uma unidade operacional estrangeira quando esta tenha uma moeda funcional diferente da moeda de apresentação.

A principal norma do SNC-AP de referência para este tipo de ativos é a NCP 16 – Efeitos de Alterações em Taxas de Câmbio.

No caso específico das economias hiperinflacionárias, e dado que o assunto não é tratado no SNC-AP, por aplicação supletiva é aplicado o disposto na IPSAS 10 – O reporte financeiro em economias hiperinflacionárias.

Neste capítulo iremos analisar em mais detalhe:

- O reconhecimento inicial de transações em moeda estrangeira;
- O reconhecimento, na data de relato, de ativos e passivos denominados numa moeda diferente da moeda de apresentação;
- A transposição de uma moeda funcional para a moeda de relato;
- O tema específico de economias hiperinflacionárias.

16.1. Reconhecimento inicial de uma transação em moeda estrangeira

A moeda funcional em Portugal é o euro. Todas as transações realizadas numa moeda estrangeira, isto é, noutra moeda que não o euro, são inicialmente registadas aplicando à quantia em moeda estrangeira a taxa de câmbio à vista entre a moeda funcional e a moeda estrangeira na data da transação.

A figura abaixo resume o processo de conversão inicial de uma transação em moeda estrangeira.

FIGURA 16.1: REGISTO INICIAL DE TRANSAÇÕES EM MOEDA ESTRANGEIRA

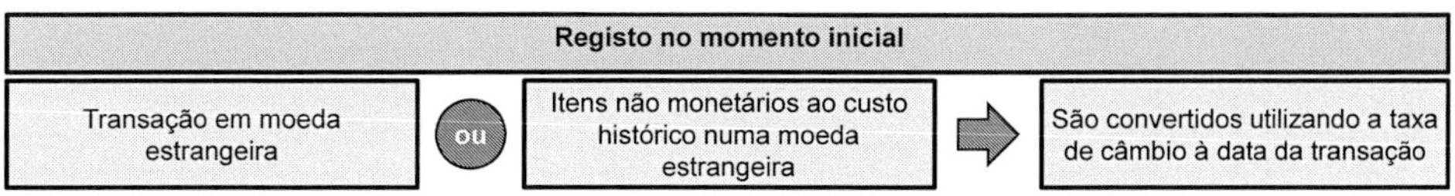

16.2. Reconhecimento de um saldo em moeda estrangeira na data de relato

No final de cada exercício, ou à data de cada relato:

- Os itens monetários em moeda estrangeira devem ser transpostos usando a taxa de fecho;
- Os itens não monetários que estejam mensurados ao custo histórico numa moeda estrangeira devem ser transpostos usando a taxa de câmbio da data da transação; e
- Os itens não monetários que estejam mensurados ao justo valor numa moeda estrangeira devem ser transpostos usando as taxas de câmbio da data em que o justo valor foi determinado.

A figura abaixo resume o processo de atualização cambial em cada data de relato.

FIGURA 16.2: CONVERSÃO CAMBIAL DE TRANSAÇÕES EM MOEDA ESTRANGEIRA

Registo na data de relato		
Itens monetários	**Itens não monetários ao custo histórico numa moeda estrangeira**	**Itens não monetários ao justo valor numa moeda estrangeira**
Devem ser transpostos usando a taxa de fecho	Devem ser transpostos usando a taxa de câmbio da data da transação	Devem ser transpostos usando as taxas de câmbio da data em que o justo valor foi determinado

As diferenças de câmbio resultantes (da regularização – pagamento ou recebimento) de itens monetários ou da conversão de itens monetários a taxas diferentes daquelas a que foram inicialmente transpostos durante o período ou em demonstrações financeiras anteriores, devem ser reconhecidas nos resultados do período em que ocorrem.

O efeito que as alterações cambiais poderão ter nos ativos e passivos denominados em moeda estrangeira irá depender se esses itens são itens monetários ou não monetários.

A figura abaixo efetua a distinção entre itens monetários e não monetários.

FIGURA 16.3: DIFERENÇA ENTRE ITENS MONETÁRIOS E NÃO MONETÁRIOS

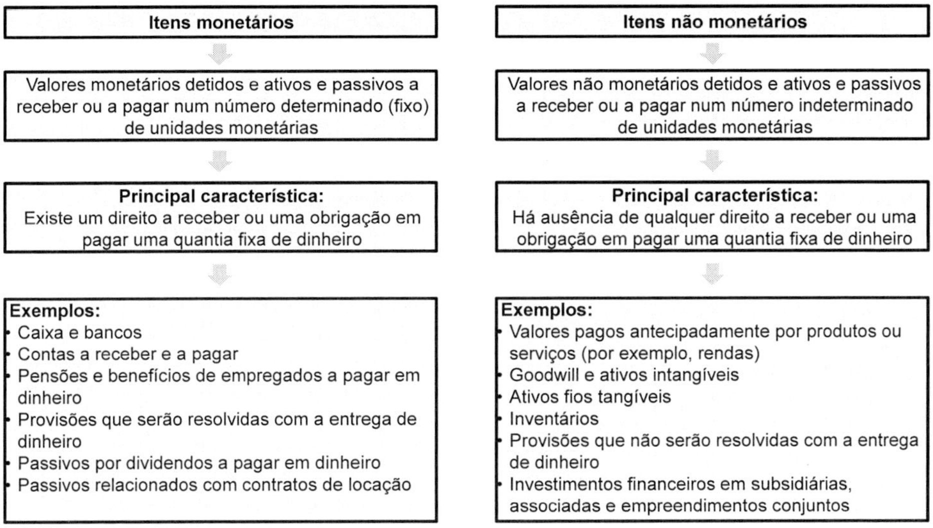

A figura abaixo evidencia como deve ser efetuada a transposição dos itens monetários e não monetários.

FIGURA 16.4: TRANSPOSIÇÃO DE ITENS MONETÁRIOS E NÃO MONETÁRIOS

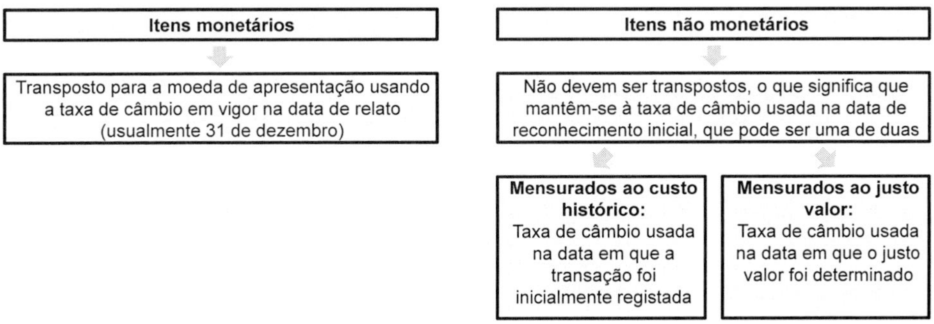

16.3. Transposição para a moeda de apresentação

Quando a moeda de apresentação é diferente da moeda funcional, o balanço e a demonstração dos resultados devem ser transpostos para a moeda de apresentação.

A forma como esta transposição é efetuada, depende:

- Se a moeda funcional é ou não de uma economia hiperinflacionária; e
- Se a moeda de apresentação é ou não a de uma economia hiperinflacionária.

A tabela abaixo evidencia como deve ser efetuada a transposição caso **a moeda funcional não seja** a de uma economia hiperinflacionária:

TABELA 16.1: TRANSPOSIÇÃO PARA A MOEDA DE APRESENTAÇÃO QUANDO A MOEDA FUNCIONAL NÃO É A DE UMA ECONOMIA HIPERINFLACIONÁRIA

Moeda funcional	**Moeda de apresentação**	
	Não hiperinflacionária	**Hiperinflacionária**
Ativos e passivos		
Período corrente	Taxa de câmbio do final do período (31 de dezembro do ano N)	Taxa de câmbio do final do período (31 de dezembro do ano N)
Período comparativo	Taxa de câmbio do final do comparativo (31 de dezembro do ano N-1)	Taxa de câmbio do final do comparativo (31 de dezembro do ano N-1)
Capital próprio		
Período corrente	Norma não especifica	Norma não especifica
Período comparativo	Norma não especifica	Norma não especifica
Rendimentos e gastos		
Período corrente	Taxas da data da transação (ou taxa média do período corrente)	Taxas da data da transação (ou taxa média do período corrente)
Período comparativo	Taxas da data da transação (ou taxa média do período comparativo)	Taxas da data da transação (ou taxa média do período comparativo)

(se a moeda funcional for a de uma economia hiperinflacionária, ver ponto 16.4 abaixo)

As diferenças cambiais apuradas na transposição são apresentadas numa componente separada do património líquido, e não como resultados, já que derivam da transposição (logo sem impactos em fluxos de caixa).

16.4. Economias hiperinflacionárias

Uma economia é hiperinflacionária é, como o próprio nome indica, uma economia onde existe hiperinflação. A hiperinflação é evidenciada por características do ambiente económico de um país que incluem, entre outras, as seguintes:

- Características qualitativas:
  - o A população em geral prefere conservar a sua riqueza em ativos não monetários ou numa moeda estrangeira relativamente estável. As quantias de moeda local detidas são imediatamente investidas para manter o poder de compra;
  - o A população em geral vê as quantias monetárias não em termos de moeda local mas em termos de uma moeda estrangeira estável. Os preços podem ser cotados nessa moeda;
  - o As vendas e compras a crédito têm lugar a preços que compensem a perda esperada de poder de compra durante o período de crédito, mesmo que o período seja curto;
  - o As taxas de juro, os salários e os preços estão ligados a um índice de preços; e
- Características quantitativas:
  - o A taxa de inflação acumulada durante três anos aproxima-se de 100% ou excede este valor.

A tabela abaixo evidencia como deve ser efetuada a transposição caso **a moeda funcional seja** a de uma economia hiperinflacionária:

TABELA 16.2: TRANSPOSIÇÃO PARA A MOEDA DE APRESENTAÇÃO QUANDO A MOEDA FUNCIONAL É A DE UMA ECONOMIA HIPERINFLACIONÁRIA

Moeda funcional	**Moeda de apresentação**	
	Não hiperinflacionária	**Hiperinflacionária**
Ativos e passivos		
Período corrente	Taxa de câmbio do final do período (31 de dezembro do ano N)	Taxa de câmbio do final do período (31 de dezembro do ano N)
Período comparativo	Taxa de câmbio do final do comparativo (31 de dezembro do ano N-1)	Taxa de câmbio do final do período (31 de dezembro do ano N)
Capital próprio		
Período corrente	Taxa de câmbio do final do período (31 de dezembro do ano N)	Taxa de câmbio do final do período (31 de dezembro do ano N)
Período comparativo	Taxa de câmbio do final do comparativo (31 de dezembro do ano N-1)	Taxa de câmbio do final do período (31 de dezembro do ano N)
Rendimentos e gastos		
Período corrente	Taxa de câmbio do final do período (31 de dezembro do ano N)	Taxa de câmbio do final do período (31 de dezembro do ano N)
Período comparativo	Taxa de câmbio do final do comparativo (31 de dezembro do ano N-1)	Taxa de câmbio do final do período (31 de dezembro do ano N)

(se a moeda funcional não for a de uma economia hiperinflacionária, ver ponto 16.3 acima)

CAPÍTULO 17
—
OUTRAS MATÉRIAS NO ÂMBITO DAS NCP DO SNC-AP

17.1. Tratamento de alterações de políticas contabilísticas ou de estimativas contabilísticas e correção de erros

O tratamento contabilístico a adotar para o reconhecimento das alterações de políticas contabilísticas ou de estimativas contabilísticas e na correção de erros está previsto na NCP 2 – Políticas Contabilísticas, alterações em Estimativas Contabilísticas e Erros. A tabela abaixo específica como devem tratados cada um destes temas e os efeitos que os mesmos têm.

TABELA 17.1: TRATAMENTO DE ALTERAÇÕES DE POLÍTICAS CONTABILÍSTICAS, ALTERAÇÕES DE ESTIMATIVAS E CORREÇÃO DE ERROS

	Aplicação	**Efeitos**
Alteração de política contabilística	• Aplicação retrospetiva como se a nova política sempre tivesse estado em vigor • Se impraticável – prospetiva	• Ajustamento em resultados transitados • Os comparativos devem ser reexpressos
Alteração de estimativa	• Aplicação prospetiva (afeta o período e/ou períodos futuros) pois a estimativa não se refere a períodos anteriores	• A alteração vai afetar o ativo, o passivo ou o capital próprio que estão influenciados por essa estimativa • Altera igualmente os resultados do período e/ou de períodos futuros
Correção de erros	• Aplicação retrospetiva desde a data em que esse erro foi registado	• Ajustamento em resultados transitados • Os comparativos devem ser reexpressos

17.2. Acontecimentos após a data de relato

Os acontecimentos após a data de relato têm o seu tratamento contabilístico previsto na NCP 17 – Acontecimentos Após a Data de Relato.

A figura abaixo pretende ilustrar o que são estes acontecimentos e quais os seus impactos.

FIGURA 17.1: ACONTECIMENTOS APÓS A DATA DE BALANÇO

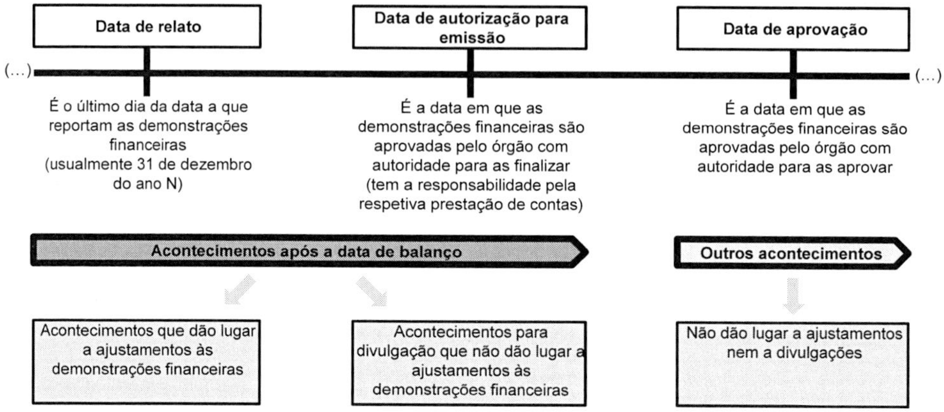

São exemplos de acontecimentos ajustáveis e não ajustáveis mas divulgáveis, os seguintes:

TABELA17.2: EVENTOS SUBSEQUENTES: ACONTECIMENTOS AJUSTÁVEIS E ACONTECIMENTOS DIVULGÁVEIS

Acontecimentos ajustáveis	Acontecimentos divulgáveis
• A resolução de uma ação judicial que confirma que a entidade tinha uma obrigação presente à data de relato: o Se a provisão já estava criada, eventualmente ajusta-se o valor o Se era apenas um passivo contingente, regista-se uma nova provisão • A obtenção de informação que indica que um ativo está em imparidade, como por exemplo: o A falência de um devedor o O valor realizado numa venda de inventários Que poderá levar ao ajustamento do valor das perdas por imparidade reconhecidas • O apuramento do valor final: o Do custo de um ativo adquirido, que altera o valor desse ativo por contrapartida de um passivo o Do valor de venda de um ativo cedido, que altera o valor da mais ou menos valia reconhecida nessa venda • O apuramento do valor final da quantia de rendimento cobrado no período que será repartido com outras entidades, que altera o valor dos rendimentos reconhecidos por contrapartida de um passivo	• Uma alteração no justo valor de uma propriedade que esteja mensurada pelo método da revalorização • A atribuição de benefícios adicionais, direta ou indiretamente, aos beneficiários de programas de apoio à comunidade, quando a decisão de atribuição surja após a data de relato • A declaração de dividendos ou distribuições similares • O anúncio de uma restruturação que não signifique que a entidade deixa de ser considera em continuidade: o Mas que pode dar origem a passivos contingentes que devem ser divulgados, e eventualmente a ativos contingentes que também devem ser divulgados

Acontecimentos ajustáveis	Acontecimentos divulgáveis
• O apuramento do valor final dos prémios de desempenho a atribuir aos empregados, que altera os gastos com pessoal por contrapartida de um passivo • A descoberta de uma fraude ou de um erro • Acontecimentos que afetem o pressuposto da continuidade e que levem a que este pressuposto deixe de ser apropriado: o Devem as demonstrações financeiras ser ajustadas para refletir os impactos da não continuidade das operações Também o anúncio de uma restruturação pode significar que a entidade deixa de ser considera em continuidade, pelo que devem igualmente ser efetuados os ajustamentos necessários às demonstrações financeiras	

17.3. Divulgações de Partes Relacionadas

As divulgações relativas a partes relacionadas estão previstas na NCP 20 – Divulgações de partes relacionadas.

Duas partes são consideradas partes relacionadas quando:

- Uma delas tiver a capacidade de controlar a outra parte;
- Uma delas exercer influência significativa sobre a outra parte ao tomar decisões financeiras e operacionais;
- Se ambas estiverem sujeitas a controlo comum.

As partes relacionadas incluem:

(a) Entidades que controlem ou sejam controladas diretamente, ou indiretamente através de um ou mais intermediários, pela entidade que relata;

(b) Associadas;

(c) Indivíduos que possuem, direta ou indiretamente, um interesse na entidade que relata, que lhes confere influência significativa sobre a mesma, e membros próximos da família de qualquer um destes indivíduos;

(d) Pessoas chave da gestão, e membros próximos da família das mesmas; e

(e) Entidades em que um interesse substancial é detido, direta ou indiretamente, por qualquer pessoa descrita nas alíneas (c) ou (d), ou na qual tal pessoa é capaz de exercer influência significativa.

As partes relacionadas não incluem:

(a) Os financiadores de capital, no decurso dos seus negócios normais;

(b) Os sindicatos, no decurso das suas atividades com a entidade (ainda que eles possam limitar a liberdade de ação dessa entidade ou participar no processo de tomada de decisões);

(c) Uma entidade com a qual o relacionamento seja somente na qualidade de agente (representante).

É exigido que sejam divulgadas:

- A natureza das relações entre partes relacionadas;
- O montante de transações efetuadas em cada período com estas partes;
- O saldo de balanço no final do período com estas partes relacionadas.

17.4. Relato por Segmentos

O relato por segmentos tem o seu tratamento contabilístico previsto na NCP 25 – Relato por Segmentos. O relato por segmentos é efetuado apenas nas demonstrações financeiras consolidadas quando uma entidade prepara também demonstrações financeiras separadas.

FIGURA 17.2: VISÃO PROPORCIONADA PELAS DEMONSTRAÇÕES FINANCEIRAS

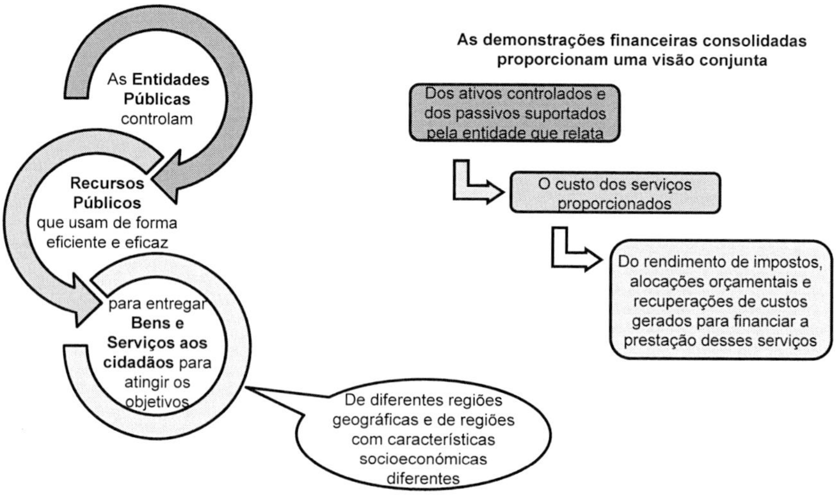

Um segmento é uma atividade ou grupo de atividades distinguíveis de uma entidade relativamente às quais é apropriado relatar informação financeira separada com a finalidade de avaliar o desempenho passado da entidade para atingir os seus objetivos, e tomar decisões acerca da futura alocação de recursos.
As entidades públicas devem identificar como segmentos separados cada atividade ou grupo de atividades distinguível relativamente às quais deva ser relatada informação financeira para efeitos de avaliação do desempenho passado da entidade por referência aos seus objetivos, e para tomada de decisões acerca da alocação de recursos.
De uma forma geral, é esperado que uma entidade pública identifique como segmentos as principais classificações de atividades identificadas em documentação orçamental.
Os tipos de segmentos são essencialmente os segmentos de serviços e os segmentos geográficos. A tabela abaixo identifica os fatores a considerar em cada um deles.

TABELA 17.3: TIPOS DE SEGMENTOS REPORTÁVEIS

Segmento de serviços	Segmento geográfico
Fatores a considerar para determinar se determinados bens ou serviços são relacionados, e como tal devem ser agrupados como segmentos: • Os objetivos operacionais principais da entidade e os bens, serviços e atividades que se relacionam com a consecução de cada um dos objetivos e se os recursos são alocados e orçamentados na base de grupos de bens e serviços • A natureza dos bens ou serviços proporcionados ou atividades envolvidas • A natureza do processo de produção e ou disponibilização de bens e serviços • O tipo de consumidor ou utilizador dos bens ou serviços • A forma como a entidade é dirigida e a informação financeira é relatada aos órgãos de gestão e tutela • Se aplicável, a natureza do ambiente regulador, ou do setor de governo (por exemplo, o setor financeiro ou serviços públicos)	Fatores a considerar para determinar se a informação financeira deve ser relatada numa base geográfica: • Similitude de condições económicas, sociais e políticas em diferentes regiões • Articulação entre os objetivos principais de uma entidade e os das diferentes regiões • Se as características da prestação de serviços e condições operacionais diferem de região para região • A forma como a entidade é dirigida e a informação financeira é relatada aos órgãos de gestão e tutela • Avaliação das necessidades, competências ou riscos especiais associados as operações numa área particular

A figura abaixo identifica a informação a relatar para um dos segmentos.

FIGURA 17.3: INFORMAÇÃO A DIVULGAR

Ativos do segmento • Ativos operacionais que são utilizados por um segmento nas suas atividades operacionais • Os ativos do segmento não incluem impostos sobre o rendimento ou ativos equivalentes a impostos sobre o rendimento	**Passivos do segmento** • Passivos operacionais que resultam das atividades operacionais de um segmento • Os passivos do segmento não incluem impostos sobre o rendimento ou passivos equivalentes a impostos sobre o rendimento

Gastos do segmento
• É um gasto resultante das atividades operacionais de um segmento que é diretamente atribuível ao segmento
• Os gastos do segmento não incluem:
  • Juros, incluindo juros suportados de adiantamentos ou empréstimos de outros segmentos
  • Perdas em vendas de investimentos ou perdas em extinções de dívida
  • A quota-parte de uma entidade no prejuízo ou perdas líquidas investimentos contabilizados segundo o método da equivalência patrimonial
  • Imposto sobre o rendimento
  • Gastos administrativos gerais
	Rendimentos do segmento
	• É o rendimento relatado na demonstração dos resultados da entidade que seja diretamente atribuível a um segmento, quer seja proveniente de dotações orçamentais, subsídios, transferências, multas, comissões ou de vendas a clientes externos ou de transações com outros segmentos da mesma entidade
	• O rendimento de segmento não inclui:
	  • Rendimento de juros ou de dividendos, incluindo juros obtidos de adiantamentos ou empréstimos a outros segmentos
	  • Ganhos em vendas de investimentos ou ganhos em extinções de dívidas

CAPÍTULO 18
—
O RELATO

Agregando o SNC-AP três subsistemas contabilísticos (financeiro, orçamental e de gestão), é necessário preparar um conjunto de informação que dê cumprimento às obrigatoriedades de relato específicas de cada subsistema.
A LEO também veio estabelecer matérias associadas ao relato e transparência[8]. Define que as demais entidades públicas preparam, até ao final do segundo mês seguinte ao trimestre (exceto ao trimestre findo em 31 de dezembro), demonstrações orçamentais e financeiras, individuais e consolidadas, devendo ter uma estrutura idêntica às demonstrações contabilísticas incluídas na documentação orçamental. Define ainda que os documentos de prestação de contas integram:

a) O relatório de gestão;
b) As demonstrações orçamentais e financeiras; e
c) Outros documentos exigidos por lei.

Estabelece ainda que esta informação tem que estar elaborada até 31 de março do ano seguinte ao ano económico a que as contas respeitam, para entrega ao membro do Governo responsável pela área das finanças, ao membro do Governo da tutela e ao Tribunal de Contas.

18.1. Subsistema da contabilidade financeira

Estabelece a Estrutura Conceptual, no seu §22, que o objetivo do **relato financeiro** é proporcionar informação útil para a tomada de decisão, aos utilizadores das demonstrações financeiras, bem como para efeitos de responsabilização pela prestação de contas. Obtendo as entidades públicas recursos dos contribuintes (impostos), doadores, financiadores (nacionais e internacionais) e outros, para serem aplicados na prestação de serviços aos cidadãos e outros beneficiários, é necessário entender como esses recursos são geridos, ou seja, perceber de onde os recursos proveem e onde são alocados.
Assim, o relato financeiro deverá incidir sobre:

[8] Artigos respetivos não estão ainda em vigor.

FIGURA 18.1: RELATO FINANCEIRO

Uma entidade poderá ter que apresentar demonstrações financeiras consolidadas, nos termos do estabelecido na NCP 22 – Demonstrações Financeiras Consolidadas, quando controla uma ou várias entidades (demonstrações financeiras de um grupo público). Um Grupo Público corresponde a um grupo de entidades, em que existe uma que controla uma ou mais entidades. Um grupo público pode incluir, tanto entidades com objetivos de política social como entidades com objetivos comerciais.
Assim, define a NCP 1 que um conjunto completo de demonstrações financeiras (individuais e consolidadas) inclui:

FIGURA 18.2: CONJUNTO COMPLETO DE DF'S

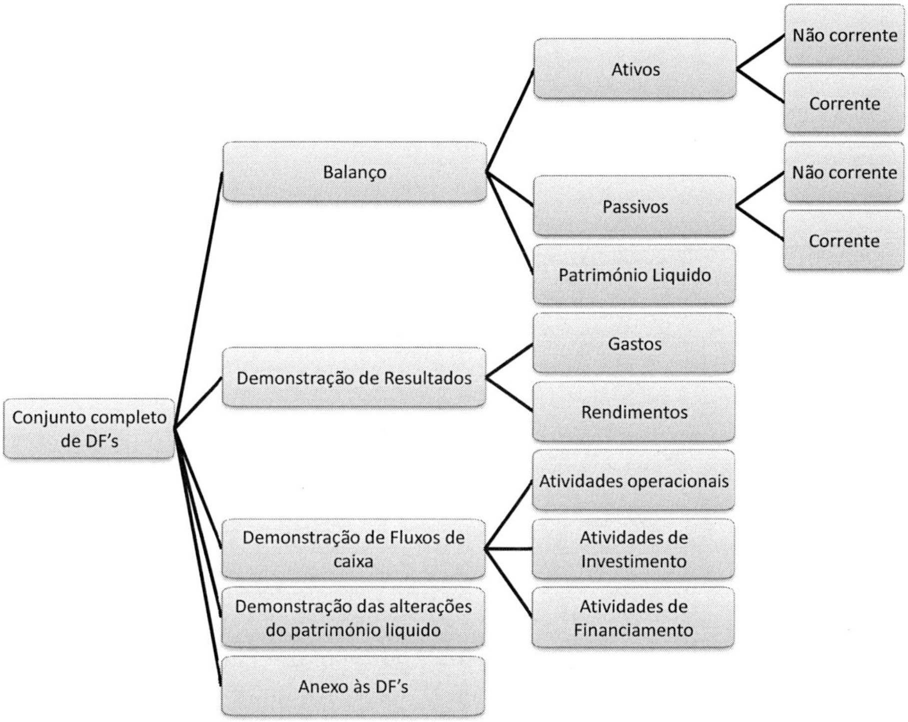

O balanço representa a posição financeira da entidade pública, a demonstração de resultados o desempenho financeiro no período de relato e os fluxos de caixa as alterações na posição financeira.

O modelo das notas explicativas às demonstrações financeiras constante na NCP 1 (páginas 7616 à 7631), apresenta os temas pela sequência numérica dada às NCP, repartindo-se da seguinte forma:

TABELA 18.1: ESTRUTURA DAS NOTAS EXPLICATIVAS – CONTABILIDADE FINANCEIRA

1 – Identificação da entidade, período de relato e referencial contabilístico	12 – Contratos de construção
2 – Principais políticas contabilísticas, alterações nas estimativas contabilísticas e erros	13 – Rendimento de transações com contraprestação
3 – Ativos intangíveis	14 – Rendimento de transações sem contraprestação
4 – Acordos de concessão de serviços: concedente	15 – Provisões, passivos contingentes e ativos contingentes
5 – Ativos fixos tangíveis	16 – Efeitos de alterações em taxas de câmbio
6 – Locações	17 – Acontecimentos após a data de relato
7 – Custos de empréstimos obtidos	18 – Instrumentos financeiros
8 – Propriedades de investimento	19 – Benefícios dos empregados
9 – Imparidade de ativos	20 – Divulgações de partes relacionadas
10 – Inventários	21 – Relato por segmentos
11 – Agricultura	22 – Interesses em outras entidades

No Anexo I apresentamos uma checklist que poderá servir de apoio àqueles que têm que preparar esta informação, de forma a garantir que nenhuma nota ficará em falta ou incompleta.

Uma entidade que relata pode fazer distinção entre quem é responsável pela elaboração das demonstrações financeiras, quem é responsável pela sua apresentação e divulgação, e ainda quem é responsável pela sua aprovação.

Relativamente à preparação, apresentação e divulgação das demonstrações financeiras consolidadas, do setor público alargado, a responsabilidade cabe ao departamento financeiro central no âmbito do Ministério das Finanças.

18.2. Subsistema da contabilidade orçamental

Na NCP 26 é referido que o **relato orçamental** se consubstancia nas demonstrações orçamentais, cujo objetivo é proporcionar informação que indique se os recursos foram obtidos e usados de acordo com o orçamento legalmente adotado e com requisitos legais e contratuais, incluindo limites financeiros estabelecidos pelas autoridades legislativas competentes. Os utilizadores consubstanciam-se nos cidadãos em geral, nos membros do Parlamento e do Governo nos seus diferentes níveis, reguladores e supervisores, financiadores, fornecedores, órgãos de comunicação social e trabalhadores, entre outros.

Assim, proporcionam informação sobre:

FIGURA 18.3: INFORMAÇÃO DAS DEMONSTRAÇÕES ORÇAMENTAIS

As demonstrações orçamentais incluem as seguintes peças:

FIGURA 18.4: DEMONSTRAÇÕES ORÇAMENTAIS

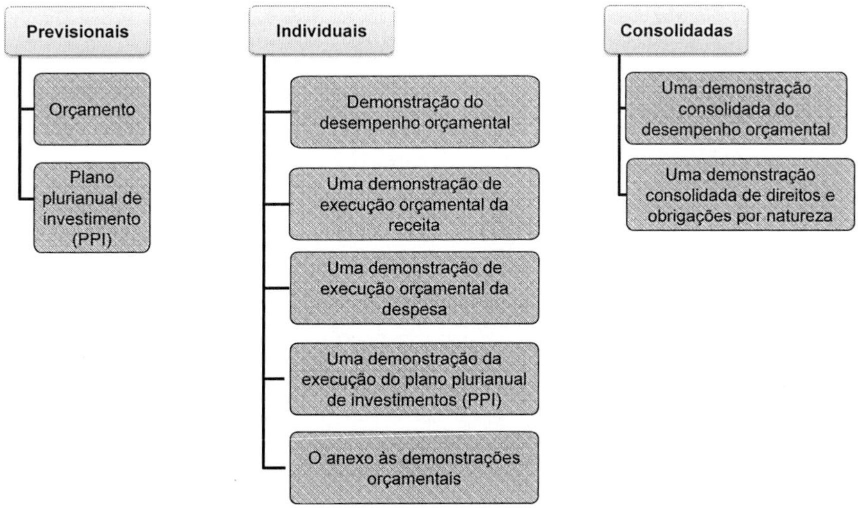

A **demonstração de execução orçamental da despesa** tem como finalidade permitir o controlo da concretização dos objetivos da execução orçamental da despesa durante o período contabilístico, devendo as despesas serem desagregadas de acordo com as contas do PCM usadas no orçamento. Esta demonstração deve permitir controlar todas as fases da execução do orçamento da despesa, nomeadamente os compromissos assumidos e quais os valores pagos e por pagar. Deve ainda contemplar informação das dotações corrigidas, obtidas por ligação a uma demonstração de alterações orçamentais à despesa, que consta do Anexo.

A **demonstração de execução orçamental da receita** tem como finalidade permitir o controlo da execução orçamental da receita durante o período contabilístico, devendo as receitas serem desagregadas de acordo com as contas do PCM usadas no orçamento. Esta demonstração deve permitir controlar todas as fases da execução do orçamento da receita, nomeadamente as liquidações e quais os valores cobrados e por receber. Deve ainda contemplar informação das previsões corrigidas, obtidas por ligação a uma demonstração de alterações orçamentais à receita, que consta do Anexo.

A **demonstração de desempenho orçamental** evidencia as importâncias relativas a todos os recebimentos e pagamentos ocorridos no período contabilístico, quer se reportem à execução orçamental, quer a operações de tesouraria. Nesta demonstração também se evidenciam os correspondentes saldos da gerência anterior e para a gerência seguinte.

A **demonstração de execução anual do PPI**, que tem como finalidade permitir o controlo da execução anual do plano plurianual de investimentos, facultando informação relativa a cada programa e projeto de investimento, designadamente sobre forma de realização, fontes de financiamento (devendo ser indicada a percentagem de financiamento externo), fase de execução, financiamento da componente anual e valor global do programa/projeto, e execução financeira dos anos anteriores, no período e esperada para períodos futuros.

Também no subsistema orçamental as entidades são incentivadas a divulgar informação acerca do cumprimento das leis, regulamentos ou regras impostas externamente. Quando não for incluída esta informação nas demonstrações orçamentais, pode ser útil incluir uma nota no Anexo com referência a qualquer documento que inclua essa informação.

O Anexo às demonstrações orçamentais apresenta a seguinte estrutura:

TABELA 18.2: ESTRUTURA DAS NOTAS EXPLICATIVAS – CONTABILIDADE ORÇAMENTAL

1 – Alterações orçamentais da receita
2 – Alterações orçamentais da despesa
3 – Alterações ao plano plurianual de investimentos
4 – Operações de tesouraria
5 – Contratação administrativa:
5.1 – Situação dos contratos
5.2 – Adjudicações por tipo de procedimento
6 – Transferências e subsídios:
6.1 – Transferências e subsídios — despesa
6.2 – Transferências e subsídios — receita
7 – Outras divulgações

Em termos de responsabilização, a entidade pode distinguir entre quem é responsável pela elaboração das demonstrações orçamentais e quem é responsável pela sua aprovação ou apresentação. São exemplos de pessoas ou de cargos que podem ser responsáveis pela preparação das demonstrações orçamentais de entidades individuais (tais como direções-gerais, institutos públicos ou seus equivalentes), o indivíduo que preside à entidade (o diretor presidente). A preparação das demonstrações orçamentais consolidadas do Estado é geralmente uma responsabilidade do Ministério das Finanças.

Sobre a Demonstração do desempenho orçamental, a FAQ n.º 2 esclarece como deve ser preenchida a linha restituição do saldo operações Orçamentais. Assim, refere que apenas existirá valor nessa linha *"...na circunstância em que a devolução do saldo da gerência anterior seja contabilizada como restituição na classificação económica de receita 16.01.00, aprovada pelo Decreto-Lei n.º 26/2002, de 14 de fevereiro, caso em que o valor devolvido será processado como abate ao saldo da gerência anterior transitado do período de relato anterior. O montante inscrito na linha em referência permitirá justificar a diferença entre o montante apresentado como "Saldo de gerência anterior" de "Operações orçamentais" sinalizado por [1] na demonstração de desempenho orçamental do período "n" e o montante apresentado como "Saldo para a gerência seguinte" de "Operações orçamentais" sinalizado como [8] na demonstração de desempenho orçamental do período "n-1", pois em regra estes montantes são coincidentes."*

18.3. Subsistema da contabilidade de gestão

E na NCP 27 que se encontram os requisitos para o desenvolvimento de informação que permita atingir os seguintes objetivos:

FIGURA 18.5: FINALIDADE DE INFORMAÇÃO DE GESTÃO

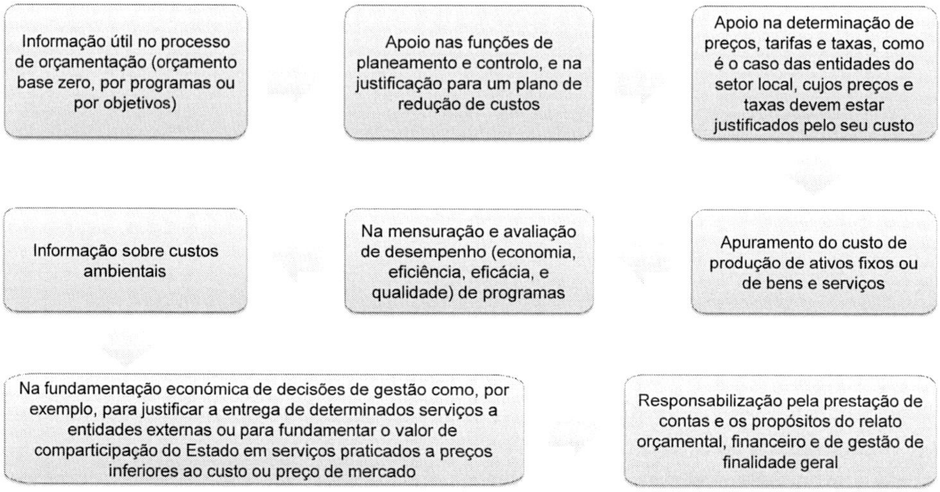

Os documentos de prestação de contas devem divulgar informação sobre avaliação de desempenho e avaliação por programas, sobre os custos tendo por base a informação disponibilizada pelo sistema de contabilidade e custos e de gestão, que deve corresponder ao exercício económico da informação obtida do sistema de contabilidade orçamental e do sistema de contabilidade financeira, que por regra é coincidente com o ano civil. No entanto, a informação interna para efeitos de tomada de decisão pode ser referente a períodos diferentes ou mais curtos, mediante as necessidades de cada entidade.

Assim, a norma dá orientações sobre os sistemas de custeio que poderão ser utilizados na preparação da informação de gestão, bem como métodos de imputação dos custos indiretos às atividades desenvolvidas para satisfazer as necessidades dos cidadãos / clientes (dá prevalência ao sistema de custeio baseado nas atividades). Cada entidade define quais os *outputs* da sua atividade, devendo divulgar por cada bem / serviço ou atividade final, a seguinte informação:

FIGURA 18.6: INFORMAÇÃO DE GESTÃO A DIVULGAR

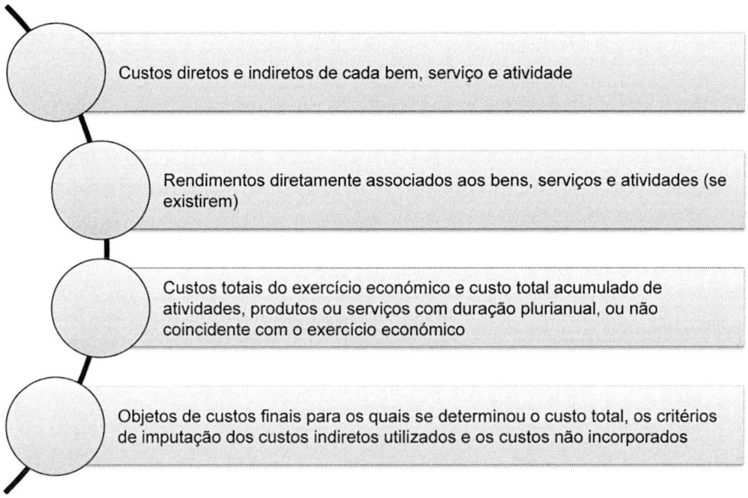

A norma já apresenta divulgações específicas para os setores de educação, saúde e autarquias locais, as quais apresentamos de seguida:

FIGURA 18.7: INFORMAÇÃO DE GESTÃO A DIVULGAR POR SECTORES

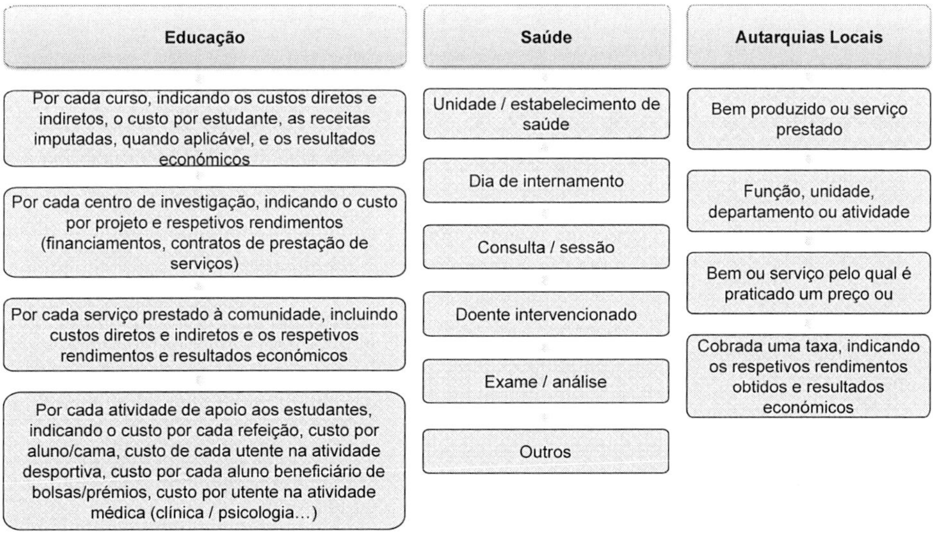

18.4. Instrução n.º 1/2019 do Tribunal de Contas

A 6 de março de 2019 o Tribunal de Contas (TdC) publicou a Instrução 1/2019, na qual define as regras a cumprir pelas entidades no processo de prestação de contas e qual a informação a carregar na plataforma eletrónica de prestação de contas.
Esta instrução é aplicável a todas as entidades sujeitas à prestação de contas ao TdC, que abrange um leque mais alargado de entidades, para além das que aplicam o SNC-AP.
A informação está organizada atendendo aos referenciais contabilísticos aplicáveis, que poderão ser:

- SNC-AP
- SNC
- SNC-ESNL
- IFRS

Sendo de aplicação tanto para contas individuais como para contas consolidadas.
Cada entidade terá que ter uma password de acesso à plataforma para submissão dos documentos que integram as contas das respetivas entidades.
Os modelos utilizados são os que constam nos normativos contabilísticos, sendo que no caso do SNC-AP também acolhem os modelos previstos no manual de implementação e na norma técnica da UniLEO.
Nos anexos à respetiva Instrução constam as informações que são obrigatórias remeter, e quais os formatos possíveis (xml, excel ou pdf).
No Anexo A da Instrução é apresentada a matriz de informação que cada uma das entidades tem que reportar, mediante os regimes do SNC-AP que aplicam (geral, pequenas entidades ou microentidades), a qual apresentamos abaixo:

TABELA 18.3: MATRIZ DE INFORMAÇÃO A REMETER AO TDC

Documentos	Integral	Pequenas	Micro
Demonstrações financeiras (individuais)	4	4	-
Balanço	4	4	-
Demonstração de resultados por natureza	4	4	-
Demonstração de alterações no património líquido	4	4	-
Demonstração dos fluxos de caixa	4	4	-
Anexo às demonstrações financeiras	4	4	-

Documentos	**Integral**	**Pequenas**	**Micro**
Balancete analítico da contabilidade financeira e orçamental (mês 13)	4	4	-
Balancete analítico da contabilidade financeira e orçamental (mês 14)	4	4	-
Demonstrações financeiras previsionais			
Balanço previsional	4		
Demonstração de resultados por natureza previsional	4		
Demonstração dos fluxos de caixa previsional	4		
Demonstrações orçamentais			
Previsionais			
Orçamento e plano orçamental plurianual	4	4	4
Plano plurianual de investimentos (PPI)	4	4	4
De Relato (individuais)			
Demonstração de desempenho orçamental	4	4	4
Demonstração de execução orçamental da receita	4	4	4
Demonstração de execução orçamental da despesa	4	4	4
Demonstração da execução do plano plurianual de investimentos (PPI)	4	4	4
Anexo às demonstrações orçamentais	4	4	4
Divulgação do inventário do património			4
Dívidas a terceiros por antiguidade de saldos	4	4	4
Encargos contratuais	4	4	4
Balancete analítico da contabilidade orçamental – classe zero (mês 13)			4
Balancete analítico da contabilidade orçamental – classe zero (mês 14)			4
Contabilidade de gestão			
Relatórios periódicos de relato à gestão (§33 da NCP 27)	4	4	
Relatório de gestão (§34 da NCP 27) caso seja preparado de forma autónoma	4	4	
Outros			
Correspondência entre o plano de contas local e o plano de contas central	4	4	4
Documentos genéricos			
Relação nominal dos responsáveis pela execução financeira / orçamental	4	4	a

Documentos	Integral	Pequenas	Micro
Responsáveis pelas demonstrações financeiras (SNC-AP) – elaboração – apresentação e divulgação – aprovação	4	4	
Responsáveis pelas demonstrações orçamentais (SNC-AP) – elaboração – apresentação / aprovação	4	4	4
Ata da reunião de apreciação das contas	4	4	4
Ata de reunião de aprovação	4	4	4
Certificação Legal das Contas	4	4	
Relatório e Parecer do Órgão de Fiscalização	4	4	4
Caracterização da entidade	4	4	4
Mapa dos investimentos financeiros	4	4	
Mapa de acumulação de funções	4	4	4
Certidões dos saldos bancários	4	4	4
Reconciliações bancárias	4	4	4
Síntese das reconciliações bancárias	4	4	4
Relatório anual do órgão de gestão	4	4	4
Relatório do governo societário (regime jurídico do setor público empresarial)	4	4	4

Para alguma da informação acima referida existem modelos de reporte definidos, pelo que aconselhamos à consulta da referida instrução em https://www.tcontas.pt/pt/actos/instrucoes/2019/Instrucao_1_2019.pdf.

18.5. Norma técnica n.º 1 – UniLEO

Esta norma técnica estabelece as instruções para a integração de informação contabilística, orçamental e económico-financeira, no Sistema Central de Contabilidade e Contas Públicas (S3CP).

A informação que será objeto de recolha, estabelecem-se periodicidades distintas de envio de informação ao S3CP quanto à sua natureza:

TABELA 18.4: MATRIZ DE INFORMAÇÃO A REPORTAR À UNILEO

N.º	Informação	Periodicidade
1	Correspondência entre o plano de contas local e o plano de contas central	Sempre que necessário
2	Balancete da contabilidade orçamental	Diária / semanal
2	Balancete da contabilidade orçamental e financeira	Mensal
3	Demonstração do desempenho orçamental	Diária / semanal / mensal
4	Demonstração de execução orçamental da receita	Diária / semanal / mensal
5	Demonstração de execução orçamental da despesa	Diária / semanal / mensal
6	Dívida a terceiros por antiguidade de saldos	Mensal
7	Balanço	Mensal
8	Demonstração dos resultados por natureza	Mensal
9	Demonstração das alterações do património líquido	Mensal
10	Demonstração dos fluxos de caixa	Mensal
11	Encargos contratuais	Mensal
12	Ativos intangíveis	Trimestral
12'A	Ativos intangíveis – desagregação das adições	Trimestral
12'B	Ativos intangíveis – desagregação das diminuições	Trimestral
13	Ativos fixos tangíveis	Trimestral
13'A	Ativos fixos tangíveis – desagregação das adições	Trimestral
13'B	Ativos fixos tangíveis – desagregação das diminuições	Trimestral
14	Propriedades de investimento	Trimestral
14'A	Propriedades de investimento – desagregação das adições	Trimestral
14'B	Propriedades de investimento – desagregação das diminuições	Trimestral
15	Demonstração do plano plurianual de investimentos	Mensal

Esta norma técnica poderá ser consultada em https://www.primaverabss.com/pkb/UserFiles/Downloads/AST/ConvertSNC_AP/UniLEO_Norma%20Tecnica%201.pdf.

18.6. Mapas de prestações de contas

Com base nos exercícios apresentados ao longo deste livro, foram preparadas as seguintes peças das demonstrações financeiras e orçamentais relativas à Admin_Central:

- Balanço
- Demonstração dos resultados por naturezas
- Demonstração das alterações no património

- Demonstração dos fluxos de caixa
- Demonstração de execução orçamental da receita
- Demonstração de execução orçamental da despesa
- Demonstração do desempenho orçamental
- Demonstração de alterações orçamentais da receita
- Demonstração de alterações orçamentais da despesa
- Operações de tesouraria

Estes mapas estão apresentados de seguida, tendo por base os dados dos exemplos que foram apresentados ao longo deste livro, associados à entidade pública Admin_Central.

FIGURA 18.8: BALANÇO

(Valores expressos em euros)

RUBRICAS	NOTAS	PERÍODO N	PERÍODO N-1
ATIVO			
Ativo não corrente			
Ativos fixos tangíveis		99.655.705	102.773.741
Propriedades de investimento		-	-
Ativos intangíveis		914.716	896.175
Ativos biológicos		-	-
Participações financeiras		608.595	467.300
Devedores por empréstimos bonificados e subsídios reembolsáveis		-	-
Acionistas / sócios / associados		-	-
Outros ativos financeiros		14.000	13.500
Ativos por impostos diferidos		-	-
		101.193.016	**104.150.716**
Ativo corrente			
Inventários		3.748	2.200
Ativos biológicos		-	-
Devedores por transferências e subsídios não reembolsáveis		-	-
Devedores por empréstimos bonificados e subsídios reembolsáveis		-	-
Clientes, contribuintes e utentes		245.979	50.000
Estado e outros entes públicos		-	-
Acionistas / sócios / associados			-
Outras contas a receber		600	-
Diferimentos		2.875	-
Ativos financeiros detidos para negociação		-	-
Outros ativos financeiros		-	-
Caixa e depósitos		1.410.000	8.750
		1.663.202	**60.950**
Total do ativo		**102.856.218**	**104.211.666**
PATRIMÓNIO LÍQUIDO			
Capital próprio:			
Património / Capital		25.000.000	25.000.000
Ações (quotas) próprias			-
Outros instrumentos de capital próprio		-	-
Prémio de emissão		-	-
Reservas		-	-
Resultados transitados		(11.238.659)	(393.041)
Ajustamentos em ativos financeiros		212.300	212.300
Excedentes de revalorização		552.250	-
Outras variações no património líquido		12.998.171	6.433.142
Resultado líquido do período		(2.837.987)	(10.845.618)
Dividendos antecipados		-	-
Interesses que não controlam		-	-
Total de Património Líquido		**24.686.075**	**20.406.783**
PASSIVO			
Passivo não corrente			
Provisões		1.234	-
Financiamentos obtidos		616.873	807.208
Fornecedores de investimentos		78.912	-
Responsabilidades por benefícios pós-emprego		-	-
Passivos por impostos diferidos		-	-
Outras contas a pagar		59.554.350	71.107.575
		60.251.369	**71.914.783**
Passivo corrente			
Credores por transferências e subsídios não reembolsáveis concedidos		-	-
Fornecedores		-	45.000
Adiantamentos de clientes, contribuintes e utentes		-	-
Estado e outros entes públicos		-	-
Acionistas / sócios / associados		-	-
Financiamentos obtidos		253.744	227.000
Fornecedores de investimentos		145.400	-
Outros contas a pagar		17.516.330	11.615.100
Diferimentos		-	-
Passivos financeiros detidos para negociação		-	-
Outros passivos financeiros		3.300	3.000
		17.918.774	**11.890.100**
Total do passivo		**78.170.143**	**83.804.883**
Total do património líquido e passivo		**102.856.218**	**104.211.666**

FIGURA 18.9: DEMONSTRAÇÃO DOS RESULTADOS POR NATUREZAS

(Valores expressos em euros)

RUBRICAS	NOTAS	PERÍODO N	PERÍODO N-1
Impostos e taxas		1.550.000	1.550.000
Vendas		95.979	96.000
Prestações de serviços e concessões		600.000	750.000
Transferências e subsídios correntes obtidos		-	-
Variações nos inventários da produção		-	-
Trabalhos para a própria entidade		4.800	-
Custo das mercadorias vendidas e das matérias consumidas		(87.254)	-
Fornecimentos e serviços externos		(1.213.575)	(1.200.000)
Gastos com pessoal		(435.263)	(412.350)
Transferências e subsídios concedidos		-	-
Prestações sociais		-	-
Imparidade de inventários (perdas / reversões)		(398)	-
Imparidade de dívidas a receber (perdas / reversões)		(250)	(900)
Provisões (aumentos / reduções)		-	-
Imparidade de investimentos não depreciáveis / amortizáveis (perdas / reversões)		-	-
Aumentos / reduções de justo valor		500	-
Outros rendimentos e ganhos		5.343.516	5.266.858
Outros gastos e perdas		(22.800)	-
Resultados antes de depreciações e gastos de financiamento		**5.835.255**	**6.049.608**
Gastos / reversões de depreciação e amortização		(3.940.711)	(3.912.902)
Imparidade de investimentos depreciáveis / amortizáveis (perdas / reversões)		1.000	(5.000)
Resultado operacional (antes de gastos de financiamento)		**1.895.544**	**2.131.706**
Juros e rendimentos similares obtidos		-	-
Juros e gastos similares suportados		(4.733.531)	(12.977.324)
Resultado antes de impostos		**(2.837.987)**	**(10.845.618)**
Imposto sobre o rendimento		-	-
Resultado líquido do período		**(2.837.987)**	**(10.845.618)**

FIGURA 18.10: DEMONSTRAÇÃO DAS ALTERAÇÕES NO PATRIMÓNIO LÍQUIDO

Descrição	Notas	Património Líquido atribuído aos detentores do património líquido da entidade-mãe											Interesses que não controlam	Total do Património Líquido
		Capital / Património Realizado	Outros Instrumentos de capital próprio	Reservas legais	Reservas decorrentes da transferência de ativos	Outras reservas	Resultados transitados	Ajustamentos em ativos financeiros	Excedentes de revalorização	Outras variações no património líquido	Resultado líquido do período	Total		
POSIÇÃO EM 1/1/2018	(1)	25 000 000	-	-	-	-	(393 041)	212 300	-	6 433 142	(10 845 618)	20 406 783		20 406 783
ALTERAÇÕES NO PERÍODO														
Primeira adoção de novo referencial contabilístico												-		-
Alterações de políticas contabilísticas												-		-
Diferenças de conversão de demonstrações financeiras												-		-
Realização do excedente de revalorização									552 250			552 250		552 250
Excedentes de revalorização e respetivas variações												-		-
Outras alterações reconhecidas no património líquido							(10 845 618)			6 565 029	10 845 618	6 565 029		6 565 029
	(2)	-	-	-	-	-	(10 845 618)	-	552 250	6 565 029	10 845 618	7 117 279	-	7 117 279
RESULTADO LÍQUIDO DO PERÍODO	(3)										(2 837 987)	(2 837 987)		(2 837 987)
RESULTADO INTEGRAL	(4)=(2)+(3)										4 279 292	4 279 292		4 279 292
OPERAÇÕES COM DETENTORES DE CAPITAL NO PERÍODO														-
Realizações de capital / património												-		-
Entradas para cobertura de perdas												-		-
Outras operações												-		-
	(5)	-	-	-	-	-	-	-	-	-	-	-	-	-
POSIÇÃO EM 31/12/2018	(6)=(1)+(2)+(3)+(5)	25 000 000	-	-	-	-	(11 238 659)	212 300	552 250	12 998 171	(2 837 987)	24 686 075	-	24 686 075

FIGURA 18.11: DEMONSTRAÇÃO DOS FLUXOS DE CAIXA

RUBRICAS	PERÍODO 31/12/2018
Fluxos de caixa das atividades operacionais	
Recebimentos de clientes	500.350
Recebimentos de contribuintes	
Recebimentos de utentes	1.550.000
Pagamentos a fornecedores	(1.347.000)
Pagamentos ao pessoal	(433.125)
Caixa gerada pelas operações	**270.225**
Outros recebimentos / pagamentos	2.100
Fluxos de caixa das atividades operacionais (a)	**272.325**
Fluxos de caixa das atividades de investimento	
Pagamentos respeitantes a:	
Ativos fixos tangíveis	(10.368.225)
Ativos intangíveis	(24.000)
Propriedades de investimento	
Investimentos financeiros	
Outros Ativos	
Recebimentos provenientes de:	
Ativos fixos tangíveis	
Ativos intangíveis	
Propriedades de investimento	
Investimentos financeiros	
Outros ativos	
Subsídios de investimento	33.150
Transferências de capital	11.700.000
Juros e rendimentos similares	
Dividendos	25.000
Fluxos de caixa das atividades de investimento (b)	**1.365.925**
Fluxos de caixa das atividades de financiamento	
Recebimentos provenientes de:	
Financiamentos obtidos	
Realizações de capital e de outros instrumentos de capital	
Cobertura de prejuízos	
Doações	
Outras operações de financiamento	
Pagamentos respeitantes a:	
Financiamentos obtidos	(234.816)
Juros e gastos similares	(2.184)
Dividendos	
Reduções de capital e de outros instrumentos de capital	
Outras operações de financiamento	
Fluxos de caixa das atividades de financiamento (c)	**(237.000)**
Variação de caixa e seus equivalentes (a+b+c)	**1.401.250**
Efeito das diferenças de câmbio	
Caixa e seus equivalentes no início do período	8.750
Caixa e seus equivalentes no fim do período	1.410.000
CONCILIAÇÃO ENTRE CAIXA E SEUS EQUIVALENTES E SALDO DE GERÊNCIA	
Caixa e seus equivalentes no início do período	
- Equivalentes a caixa no início do período	8.750
- Variações cambiais de caixa no início do período	
= Saldo da gerência anterior	**8.750**
De execução orçamental	**5.750**
De operações de tesouraria	**3.000**
Caixa e seus equivalentes no fim do período	
- Equivalentes a caixa no fim do período	1.410.000
- Variações cambiais de caixa no fim do período	
= Saldo para a gerência seguinte	1.410.000
De execução orçamental	**1.406.700**
De operações de tesouraria	**3.300**

FIGURA 18.12: DEMONSTRAÇÃO DE EXECUÇÃO ORÇAMENTAL DA RECEITA

Rubrica	Descrição	Previsões corrigidas	Receitas por cobrar de períodos anteriores	Receitas liquidadas	Liquidações anuladas	Receitas cobradas brutas	Reembolso e restituições		Receitas cobradas líquidas			Receitas por cobrar no final do período
							Emitidos	Pagos	Períodos anteriores	Período corrente	Total	
		(1)	(2)	(3)	(4)	(5)	(6)	(7)	(8)	(9)	(10) = (5) - (7)	(11)
	Receita corrente											
R1	Receita fiscal	0	0	0	0	0	0	0	0	0	0	0
R1.1	Impostos diretos	0	0	0	0	0	0	0	0	0	0	0
R1.2	Impostos indiretos	0	0	0	0	0	0	0	0	0	0	0
R2	Contribuições para sistemas de proteção social e subsistemas de saúde	0	0	0	0	0	0	0	0	0	0	0
R3	Taxas, multas e outras penalidades	1 550 000	0	1 550 000	0	1 550 000	0	0	0	1 550 000	1 550 000	0
R4	Rendimentos de propriedade	0	0	0	0	0	0	0	0	0	0	0
R5	Transferências Correntes	0	0	0	0	0	0	0	0	0	0	0
R5.1	Administrações Públicas	0	0	0	0	0	0	0	0	0	0	0
R5.1.1	Administração Central - Estado	0	0	0	0	0	0	0	0	0	0	0
R5.1.2	Administração Central - Outras entidades	0	0	0	0	0	0	0	0	0	0	0
R5.1.3	Segurança Social	0	0	0	0	0	0	0	0	0	0	0
R5.1.4	Administração Regional	0	0	0	0	0	0	0	0	0	0	0
R5.1.5	Administração Local	0	0	0	0	0	0	0	0	0	0	0
R5.2	Exterior - UE	0	0	0	0	0	0	0	0	0	0	0
R5.3	Outras	0	0	0	0	0	0	0	0	0	0	0
R6	Venda de bens e serviços	770 500	54 750	547 779	3 800	501 550	0	0	49 750	451 800	501 550	1 200
R7	Outras receitas correntes	0	0	0	0	0	0	0	0	0	0	0
	Receita de capital											
R8	Venda de bens de investimento	0	0	0	0	0	0	0	0	0	0	0
R9	Transferências de Capital	0	0	0	0	0	0	0	0	0	0	0
R9.1	Administrações Públicas	0	0	0	0	0	0	0	0	0	0	0
R9.1.1	Administração Central - Estado	11 700 000	0	11 700 000	0	11 700 000	0	0	0	11 700 000	11 700 000	0
R9.1.2	Administração Central - Outras entidades	0	0	0	0	0	0	0	0	0	0	0
R9.1.3	Segurança Social	0	0	0	0	0	0	0	0	0	0	0
R9.1.4	Administração Regional	0	0	0	0	0	0	0	0	0	0	0
R9.1.5	Administração Local	0	0	0	0	0	0	0	0	0	0	0
R9.2	Exterior - UE	35 000	0	33 150	0	33 150	0	0	0	33 150	33 150	0
R9.3	Outras	0	0	0	0	0	0	0	0	0	0	0
R10	Outras receitas de capital	0	0	0	0	0	0	0	0	0	0	0
R11	Reposição não abatidas aos pagamentos	15 000	0	0	0	0	0	0	0	0	0	0
R12	Ativos financeiros	30 000	0	25 000	0	25 000	0	0	0	0	25 000	0
R13	Passivos financeiros	0	0	0	0	0	0	0	0	0	0	0
	Saldo da Gerência anterior	5 750	0	5 750	0	5 750	0	0	0	5 750	5 750	0
	Total	**14 106 250**	**54 750**	**13 861 679**	**3 800**	**13 815 450**	**0**	**0**	**49 750**	**13 740 700**	**13 815 450**	**1 200**

FIGURA 18.13: DEMONSTRAÇÃO DE EXECUÇÃO ORÇAMENTAL DA DESPESA

Rubrica	Descrição	Despesa por pagar de períodos anteriores	Dotações corrigidas	Cativos / Descativos	Compromissos	Obrigações	Despesas pagas liquidas de reposições			Compromissos a transitar	Obrigações por pagar
							Período anterior	Período corrente	Total		
		(1)	(2)	(3)	(4)	(5)	(6)	(7)	(8) = (6) + (7)	(9) = (4) - (5)	(10) = (5) - (8)
Despesa corrente											
D1	Despesas com o pessoal		0		0	0	0	0	0	0	0
D1.1	Remunerações Certas e Permanentes		500 000		350 000	350 000	0	350 000	350 000	0	0
D1.2	Abonos Variáveis ou Eventuais		0		0	0	0	0	0	0	0
D1.3	Segurança social		0		0	0	0	0	0	0	0
D2	Aquisição de bens e serviços	45 000	1 785 750	(625)	1 346 400	1 346 400	45 000	1 301 400	1 346 400	0	0
D3	Juros e outros encargos		52 500		29 184	29 184	0	29 184	29 184	0	0
D4	Transferências correntes		0		0	0	0	0	0	0	0
D4.1	Administrações Públicas		0		0	0	0	0	0	0	0
D4.1.1	Administração Central - Estado		0		0	0	0	0	0	0	0
D4.1.2	Administração Central - Outras entidades		0		0	0	0	0	0	0	0
D4.1.3	Segurança Social		90 000		83 125	83 125	0	83 125	83 125	0	0
D4.1.4	Administração Regional		0		0	0	0	0	0	0	0
D4.1.5	Administração Local		0		0	0	0	0	0	0	0
D4.2	Instituições sem fins lucrativos		0		0	0	0	0	0	0	0
D4.3	Famílias		0		0	0	0	0	0	0	0
D4.4	Outras		0		0	0	0	0	0	0	0
D5	Subsídios		0		0	0	0	0	0	0	0
D6	Outras despesas correntes		0		0	0	0	0	0	0	0
Despesa de capital									0	0	0
D7	Investimento		11 178 000		10 545 941	10 545 441	0	10 400 041	10 400 041	500	145 400
D8	Transferências de capital		0		0	0	0	0	0	0	0
D8.1	Administrações Públicas		0		0	0	0	0	0	0	0
D8.1.1	Administração Central - Estado		0		0	0	0	0	0	0	0
D8.1.2	Administração Central - Outras entidades		0		0	0	0	0	0	0	0
D8.1.3	Segurança Social		0		0	0	0	0	0	0	0
D8.1.4	Administração Regional		0		0	0	0	0	0	0	0
D8.1.5	Administração Local		0		0	0	0	0	0	0	0
D8.2	Instituições sem fins lucrativos		0		0	0	0	0	0	0	0
D8.3	Famílias		0		0	0	0	0	0	0	0
D8.4	Outras		0		0	0	0	0	0	0	0
D9	Outras despesas de capital		0		0	0	0	0	0	0	0
D10	Ativos financeiros		0		0	0	0	0	0	0	0
D11	Passivos financeiros		500 000		200 000	200 000	0	200 000	200 000	0	0
	Total	**45 000**	**14 106 250**	**-625**	**12 554 650**	**12 554 150**	**45 000**	**12 363 750**	**12 408 750**	**500**	**145 400**

FIGURA 18.14: DEMONSTRAÇÃO DO DESEMPENHO ORÇAMENTAL

Rubricas	Recebimentos	Total
	Saldo de gerência anterior	
	Operações orçamentais (1)	5.750
	Devoluções do saldo oper. Orçamentais	
	Recebimentos do saldo oper. Orçamentais devolvido por entidades terceiras	
	Operações de tesouraria (A)	3.000
	Receita Corrente	
R1	Receita Fiscal	0
R1.1	Impostos diretos	0
R1.2	Impostos indiretos	0
R2	Contribuições para a segurança social, CGA e ADS	0
R3	Taxas, multas e outras penalidades	1.550.000
R4	Rendimentos de propriedade	0
R5	Transferências e Subsídios Correntes	0
R5.1.1	Administração Pública	0
R5.1.1.1	Administração Central- Estado	0
R5.1.1.2	Administração Central- Outras entidades	0
R5.1.1.3	Segurança Social	0
R5.1.1.4	Administração Regional	0
R5.1.1.5	Administração Local	0
R5.2	Subsídios correntes	0
R5.3	Transferências diversas	0
R5.99	Outras transferências correntes	0
R6	Vendas de bens e serviços	501.550
R7	Outras receitas correntes	0
	Receita de capital	
R8	Venda de bens de investimento	0
R9	Transferências e subsídios de capital	0
R9.1	Transferências de capital	0
R9.1.1	Administrações públicas	11.700.000
R9.1.2	Setor público empresarial	0
R9.1.3	Setor privado	0
R9.1.4	Exterior	0
R9.2	Subsídios de capital	33.150
R9.99	Outras transferências e subsídios de capital	0
R10	Outras receitas de capital	0
R13	Reposições não abatidas nos pagamentos RNAP	0
	Receita efetiva (2)	13.784.700
	Receita não efetiva (3)	25.000
R11	Receita orçamental de ativos financeiros	0
R12	Receita orçamental de passivos financeiros	25.000
	Soma (4)=(1)+(2)+(3)	**13.815.450**
	Operações de Tesouraria (B)	300

Rubricas	Pagamentos	Total
	Despesa Corrente	
D1	Despesas com o pessoal	0
D1.1	Remunerações Certas e Permanentes	350.000
D1.2	Abonos Variáveis ou Eventuais	0
D1.3	Segurança social	83.125
D2	Aquisição de bens e serviços	1.346.400
D3	Juros e outros encargos	29.184
D4	Transferências e subsídios correntes	0
D4.1	Transferências correntes	0
D4.1.1	Administrações públicas	0
D4.1.2	Setor público empresarial	0
D4.1.3	Setor privado	0
D4.1.4	Exterior	0
D4.2	Subsídios correntes	0
D4.99	Outras transferências e subsídios correntes	0
D5	Outras despesas correntes	0
	Despesas de capital	
D6	Investimento	0
D7	Transferências e subsídios de capital	10.400.041
D7.1	Transferências de capital	0
D7.1.1	Administrações públicas	0
D7.1.2	Setor público empresarial	0
D7.1.3	Setor privado	0
D7.1.4	Exterior	0
D7.2	Transferências e subsídios diversos	0
D7.99	Outras transferências e subsídios de capital	0
D8	Outras despesas de capital	0
	Despesas efetivas (5)	12.208.750
	Despesas não efetivas (6)	200.000
D9	Despesa orçamental de ativos financeiros	0
D10	Despesa orçamental de passivos financeiros	200.000
	Soma (7)=(5)+(6)	**12.408.750**
	Operações de Tesouraria (C)	0
	Saldo para a gerência seguinte	
	Operações orçamentais (8)=(4)-(7)	1.406.700
	Operações detesouraria(D)=(A)+(B)-(C)	3.300
	Saldo global (2)-(5)	**1.410.000**

FIGURA 18.15: DEMONSTRAÇÃO DE ALTERAÇÕES ORÇAMENTAIS DA RECEITA

Rubrica	Designação	Tipo	Receita					Observações
			Previsões iniciais	Alterações Orçamentais			Previsões corrigidas	
				Inscrição / Reforço	Diminuições / anulações	Créditos Especiais		
	Receitas Correntes							
R3	Taxas, multas e outras penalidades - Portagens		1.550.000				1.550.000	
R6	Venda de Bens - Outros		90.000				90.000	
R6	Venda de bens e serviços - Estudos, pareceres e consultoria		25.000				25.000	
R6	Serviços - Outros		650.000				650.000	
R6	Rendas - Outros		5.500				5.500	
	Receitas de Capital							
R9.1.1.1	Administração Central - Estado		11.700.000				11.700.000	
R9.2	Exterior - UE - Instituições		35.000				35.000	
R12	Ações e outras participações - Sociedades		30.000				30.000	
R11	Reposição não abatidas nos pagamentos		15.000				15.000	
R16	Saldo da gerência anterior	M				5.750	5.750	
	Total Receitas		**14.100.500**	**0**	**0**	**5.750**	**14.106.250**	

FIGURA 18.16: DEMONSTRAÇÃO DE ALTERAÇÕES ORÇAMENTAIS DA DESPESA

Rubrica	Designação	Tipo	Despesa					Observações
			Dotações iniciais	Alterações Orçamentais			Dotações corrigidas	
				Inscrição / Reforço	Diminuições / anulações	Créditos Especiais		
	Despesas correntes							
D1.1	Despesas com pessoal - CIT		500.000				500.000	
D1.3	Despesas com pessoal - Segurança Social		90.000				90.000	
D2	Aquisição de Bens e Serviços - Outros Bens	M	398.000		2.000		396.000	
D2	Locação de Outros Bens		50.000				50.000	
D2	Aquisição de Bens e Serviços - Estudos e Pareceres	M	5.000			5.750	10.750	
D2	Aquisição de Bens e Serviços - Formação	M		2.000			2.000	
D2	Utilização de Infraestruturas		1.225.000				1.225.000	
D3	Juros de Locação Financeira - Material de transporte		2.500				2.500	
D3	Outros Encargos Financeiros		50.000				50.000	
	Despesas de capital							
D7	Investimentos - Software Informático	P	10.000		5.000		5.000	
D7	Investimentos - Equipamento Administrativo		300.000				300.000	
D7	Investimentos Incorpóreos	P	20.000	5.000			25.000	
D7	Locação Financeira - Material de Transporte		12.000				12.000	
D7	Outras Construções e Infraestruturas		10.938.000				10.938.000	
D11	Emp. Médio / longo prazo - Bancos		500.000				500.000	
	Total Receitas		**14.100.500**	**7.000**	**7.000**	**5.750**	**14.106.250**	

FIGURA 18.17: OPERAÇÕES DE TESOURARIA

Código das Contas / Designação	Saldo Inicial	Recebimentos	Pagamentos	Saldo Final
07.1.1 / 07.2.1 - Recebimentos / pagamentos por Intermediação de fundos 07.1.2.1.1 / 07.2.1.1 - Autarquias Locais 07.1.2.1.2 / 07.2.2.1.2 - Entidade Contabilística Estado 07.1.2.1.3 / 07.2.2.1.3 - Região Autónoma Açores 07.1.2.1.4 / 07.2.2.1.4 - Região Autónoma Madeira 07.1.2.1.5 / 07.2.2.1.5 - Outras entidades beneficiárias 07.1.2.2 / 07.2.2.2 - Receita não Fiscal 07.1.3 / 07.2.3 - Constituição e reforço/devolução de cauções e garantias 07.1.4 / 07.2.4 - Cobrança/Entrega de recursos próprios europeus 07.1.5 / 07.2.5 - Receção/receitas de receitas próprias – duplo cabimento 07.1.6 / 07.2.6 - Retenções - Transição para o SNC-AP 07.2.8 - Conversão de operações de tesouraria em receita orçamental 07.1.9 / 07.2.9 - Outras receitas/despesas de operações tesouraria	3.000	300		3.300
Total	**3.000**	**300**	**0**	**3.300**

ANEXOS

ANEXO I
CHECKLIST SOBRE DIVULGAÇÕES A EFETUAR NO ANEXO ÀS DEMONSTRAÇÕES FINANCEIRAS

NCP/ IFRS	Nota Portaria	Lista de Verificação das divulgações requeridas pelo SNC-AP		Nota do Anexo	Não divulgado		
					N/A	Aplicável	Waived
		Introdução					
		(a)	Forma como a transição dos normativos anteriores para as NCP afetou a posição financeira, o desempenho financeiro e os fluxos de caixa relatados;				
		(b)	Reconciliação do património líquido relatado segundo os normativos anteriores com o património líquido segundo as NCP, entre a data de transição para as NCP e o final do último período apresentado nas mais recentes demonstrações financeiras anuais, elaboradas segundo os normativos anteriores				
		(c)	Reconciliação do resultado relatado segundo os normativos anteriores				
		(d)	Reconhecimento ou reversão, pela primeira vez, de perdas por imparidade ao preparar o balanço de abertura de acordo com as NCP (divulgações que, de acordo com o ponto 9, seriam exigidas se o reconhecimento dessas perdas por imparidade ou reversões tivesse ocorrido no período que começa na data de transição para as NCP)				
		(e)	Distinção, nas reconciliações das alíneas (b) e (c), entre correção de erros cometidos em períodos anteriores e alterações às políticas contabilísticas segundo os normativos anteriores (se aplicável)				
		(f)	Se as primeiras demonstrações financeiras de acordo com as NCP são (não são) as primeiras demonstrações financeiras apresentadas.				
NCP1	**1.**	**Identificação da entidade, período de relato e referencial contabilístico**					
		1.1	Identificação da entidade, período de relato				
		(a)	Designação da entidade				
		(b)	Endereço				
		(c)	Código da classificação orgânica				
		(d)	Tutela				
		(e)	Legislação que criou a instituição e principal legislação aplicável				
		(f)	Designação e sede da entidade que controla final e local onde podem ser obtidas cópias das demonstrações financeiras consolidadas				
		(g)	Designação e sede da entidade que controla intermédia local onde podem ser obtidas cópias das demonstrações financeiras consolidadas				
		(h)	Caso as demonstrações financeiras anuais sejam apresentadas para um período mais longo ou mais curto do que um ano indicar:				
		(i)	Período abrangido pelas demonstrações financeiras				
		(ii)	Razão para usar um período diferente do anual; e				
		(iii)	Indicação de não serem inteiramente comparáveis as quantias das demonstrações financeiras do período anterior.				

NCP/ IFRS	Nota Portaria		Lista de Verificação das divulgações requeridas pelo SNC-AP	Nota do Anexo	Não divulgado N/A	Aplicável	Waived
		1.2	Referencial contabilístico e demonstrações financeiras				
		(a)	Indicação de que foi aplicado o referencial contabilístico SNC-AP e justificação das disposições deste normativo que, em casos excecionais, tenham sido derrogadas e dos respetivos efeitos nas demonstrações financeiras, tendo em vista a necessidade de estas darem uma imagem verdadeira e apropriada do ativo, do passivo e dos resultados da entidade				
		(b)	Indicação e comentário das contas do balanço e da demonstração dos resultados cujos conteúdos não sejam comparáveis com os do período anterior.				
		(c)	Quando a apresentação ou classificação de itens nas demonstrações financeiras for alterada, as quantias comparativas devem ser reclassificadas, a menos que a reclassificação seja impraticável. Quando as quantias comparativas forem reclassificadas, uma entidade deve divulgar:				
		(i)	A natureza da reclassificação;				
		(ii)	A quantia de cada item ou classe de itens que é reclassificado;				
		(iii)	A razão da reclassificação;				
		(iv)	Quando for impraticável reclassificar quantias comparativas, uma entidade deve divulgar:				
			i. A razão para não reclassificar as quantias, e				
			ii. A natureza dos ajustamentos que teriam sido feitos se as quantias tivessem sido reclassificadas.				
		(d)	Comentário do órgão de gestão sobre a quantia dos saldos significativos de caixa e seus equivalentes que não estejam disponíveis para uso.				
		(e)	Desagregação dos valores inscritos na rubrica de caixa e em depósitos bancários.				
NCP2	2.		**Principais políticas contabilísticas, alterações nas estimativas contabilísticas e erros**				
		2.1	Bases de mensuração usadas na preparação das demonstrações financeiras.				
		2.2	Outras políticas contabilísticas relevantes.				
		2.3	Julgamentos (excetuando os que envolvem estimativas) que o órgão de gestão fez no processo de aplicação das políticas contabilísticas e que tiveram maior impacte nas quantias reconhecidas nas demonstrações financeiras.				
		2.4	Principais pressupostos relativos ao futuro (envolvendo risco significativo de provocar ajustamento material nas quantias escrituradas de ativos e passivos durante o ano financeiro seguinte).				
		2.5	Quando a aplicação inicial de uma NCP tiver efeitos no período corrente ou em qualquer período anterior, ou pudesse ter tais efeitos mas é impraticável determinar a quantia do ajustamento, ou puder ter efeitos em períodos futuros, uma entidade deve divulgar:				
		(a)	O título da Norma				
		(b)	Quando aplicável, que a alteração na política contabilística é feita de acordo com as suas disposições transitórias;				
		(c)	A natureza da alteração na política contabilística				

NCP/ IFRS	Nota Portaria	Lista de Verificação das divulgações requeridas pelo SNC-AP	Nota do Anexo	Não divulgado N/A	Aplicável	Waived
	(d)	Quando aplicável, uma descrição das disposições transitórias;				
	(e)	Quando aplicável, as disposições transitórias que possam ter um efeito em períodos futuros;				
	(f)	Para o período corrente e cada período anterior apresentado, até ao ponto em que seja praticável, a quantia do ajustamento para cada linha afetada das demonstrações financeiras				
	(g)	A quantia do ajustamento relativo a períodos anteriores aos apresentados, até ao ponto em que seja praticável; e				
	(h)	Se a aplicação retrospetiva exigida pelo parágrafo 20 (a) ou (b) da NCP 2 for impraticável para um período anterior em particular, ou para períodos anteriores aos apresentados, as circunstâncias que conduziram à existência dessa condição e uma descrição de como e desde quando a alteração na política contabilística tem sido aplicada.				
	2.6	Principais fontes de incerteza das estimativas (envolvendo risco significativo de provocar ajustamento material nas quantias escrituradas de ativos e passivos durante o ano financeiro seguinte).				
	2.7	Alterações em estimativas contabilísticas com efeito no período corrente ou que se espera que tenham efeito em períodos futuros:				
	(a)	Respetivas naturezas e quantias;				
	(b)	Situações em que é impraticável estimar a quantia do efeito em períodos futuros.				
	2.8	Erros materiais de períodos anteriores.				
	(a)	Natureza dos erros de períodos anteriores;				
	(b)	Quantia das correspondentes correções para no fim período anterior;				
	(c)	Quantia das correspondentes correções no início do período anterior;				
	(d)	Impraticabilidade de reexpressão retrospetiva para um período anterior em particular. Indicação das circunstâncias que levaram à existência dessa condição e descrição de como e desde quando o erro foi corrigido				
NCP3	3.	**Ativos intangíveis**				
	3.1	Uma entidade deve divulgar o seguinte para cada classe de ativos intangíveis, distinguindo entre ativos intangíveis gerados internamente e outros ativos intangíveis:				
	(a)	As vidas úteis ou as taxas de amortização usadas;				
	(b)	Os métodos de amortização usados para ativos intangíveis				
	(c)	A quantia bruta escriturada e qualquer amortização acumulada (agregada com perdas por imparidade acumuladas) no início e no final do período;				
	(d)	Os itens de cada linha da demonstração dos resultados em que qualquer amortização de ativos intangíveis esteja incluída;				
	(e)	Uma reconciliação da quantia escriturada no início e no final do período mostrando:				
	(i)	Adições, individualizando as provenientes de desenvolvimento interno e as adquiridas separadamente;				
	(ii)	Aumentos ou diminuições durante o período resultantes de revalorizações;				

NCP/ IFRS	Nota Portaria		Lista de Verificação das divulgações requeridas pelo SNC-AP	Nota do Anexo	Não divulgado N/A	Aplicável	Waived
		(iii)	Perdas por imparidade reconhecidas nos resultados durante período;				
		(iv)	Perdas por imparidade revertidas nos resultados durante o período;				
		(v)	Qualquer amortização reconhecida durante o período;				
		(vi)	Diferenças cambiais líquidas decorrentes da transposição das demonstrações financeiras para a moeda de apresentação, e da transposição de uma unidade operacional estrangeira para a moeda de apresentação da entidade; e				
		(vii)	Outras alterações na quantia escriturada durante o período				
		3.2	Uma entidade deve divulgar também:				
		(a)	Uma descrição da quantia escriturada e o período de amortização remanescente de qualquer ativo intangível individual que seja material nas demonstrações financeiras da entidade.				
		(b)	Para os ativos intangíveis adquiridos através de uma transação sem contraprestação e inicialmente reconheci- dos pelo justo valor:				
		(i)	O justo valor inicialmente reconhecido para estes ativos e;				
		(ii)	A sua quantia escriturada.				
		(c)	A existência e as quantias escrituradas de ativos intangíveis cuja titularidade esteja restringida e as quantias escrituradas de ativos intangíveis dados como garantia de passivos.				
		(d)	A quantia de compromissos contratuais para a aquisição de ativos intangíveis.				
		(e)	Ativos intangíveis mensurados após reconhecimento que tenham sofrido revalorizações nos termos dos dispositivos aplicáveis.				
		3.3	Se os ativos intangíveis forem contabilizados por quantias revalorizadas, uma entidade deve divulgar o seguinte:				
		(a)	Por classe de ativos intangíveis:				
		(i)	A data de eficácia da revalorização;				
		(ii)	A quantia escriturada de ativos intangíveis revalorizados				
		(iii)	A quantia escriturada que teria sido reconhecida caso a classe revalorizada de ativos intangíveis tivesse sido mensurada após reconhecimento usando o custo de aquisição;				
		(b)	O dispositivo legal de suporte;				
		(c)	O excedente de revalorização no início e no final do período de relato, indicando as alterações durante o mesmo e quaisquer restrições na distribuição do saldo.				
		3.4	Uma entidade que tenha dispêndios de pesquisa e desenvolvimento deve divulgar a quantia agregada dos dispêndios de pesquisa e desenvolvimento reconhecidos como um gasto durante o período.				
		3.5	Uma entidade deve divulgar ainda a seguinte informação:				
		(a)	Uma descrição de qualquer ativo intangível totalmente amortizado que esteja ainda em uso;				
		(b)	Uma breve descrição dos ativos intangíveis significativos controlados pela entidade mas não reconhecidos como ativos porque não satisfizeram os critérios de reconhecimento da respetiva norma.				

NCP/ IFRS	Nota Portaria		Lista de Verificação das divulgações requeridas pelo SNC-AP	Nota do Anexo	Não divulgado N/A	Aplicável	Waived
NCP4	4.		**Acordos de concessão de serviços: Concedente**				
		4.1	Um concedente deve divulgar a seguinte informação a respeito de acordos de concessão de serviços em cada período de relato:				
		(a)	Uma descrição do acordo;				
		(b)	Os termos significativos do acordo que possam afetar a quantia, tempestividade, e certeza dos futuros fluxos de caixa (nomeadamente, o período da concessão, as datas de reapreçamento, e a base sobre a qual é determinado o reapreçamento ou a renegociação);				
		(c)	A natureza e extensão (nomeadamente, quantidade, período de tempo, ou quantia, como apropriado) de:				
		(i)	Direitos de usar ativos especificados;				
		(ii)	Direitos de esperar que o concessionário preste serviços especificados em relação ao acordo de concessão de serviços;				
		(iii)	Ativos de concessão de serviços reconhecidos como ativos durante o período de relato, incluindo ativos existentes do concedente reclassificados como ativos da concessão de serviços;				
		(iv)	Direitos de receber ativos especificados no final do acordo de concessão de serviços;				
		(v)	Opções de reforma e de cessação;				
		(vi)	Outros direitos e obrigações (nomeadamente, principais ativos de concessão de serviços e gerais); e				
		(vii)	Obrigações de proporcionar ao concessionário o acesso aos ativos de concessão de serviços ou outros ativos geradores de rendimento; e				
		(d)	Alterações no acordo que ocorreram durante o período de relato.				
		4.2	Estas divulgações são apresentadas individualmente para cada acordo de concessão de serviços significativo ou em agregado para cada classe de acordos de concessão de serviços.				
NCP5	5.		**Ativos fixos tangíveis**				
		5.1	Uma entidade deve divulgar, para cada classe de ativos fixos tangíveis reconhecida nas demonstrações financeiras:				
		(a)	As bases de mensuração usadas para determinar a quantia escriturada bruta;				
		(b)	Os métodos de depreciação usados;				
		(c)	As vidas úteis ou as taxas de depreciação usadas;				
		(d)	A quantia escriturada bruta e a depreciação acumulada (agregada com as perdas de imparidade acumuladas) no início e no fim do período, e				
		(e)	Uma reconciliação da quantia escriturada no início e no fim do período mostrando:				
		(i)	Adições;				
		(ii)	Alienações;				
		(iii)	Aumentos ou diminuições resultantes de extinção, fusão e reestruturação de entidades;				
		(iv)	Aumentos ou diminuições resultantes de revalorizações e de perdas por imparidade (se existirem) reconhecidas ou revertidas diretamente no património líquido;				
		(v)	Perdas por imparidade e reversões de perdas por imparidade reconhecidas nos resultados;				

NCP/ IFRS	Nota Portaria		Lista de Verificação das divulgações requeridas pelo SNC-AP	Nota do Anexo	Não divulgado N/A	Não divulgado Aplicável	Não divulgado Waived
		(vi)	Depreciação;				
		(vii)	As diferenças de câmbio líquidas que surjam da transposição de demonstrações financeiras da moeda funcional para uma moeda de apresentação diferente, incluindo a transposição de uma unidade operacional estrangeira para a moeda de apresentação da entidade que relata; e				
		(viii)	Outras alterações.				
		5.2	Uma entidade deve também divulgar para cada classe de ativos fixos tangíveis reconhecida nas demonstrações financeiras:				
		(a)	A existência e quantias de restrições de titularidade e os ativos fixos tangíveis dados como garantia de passivos;				
		(b)	A quantia de dispêndios reconhecida na quantia escriturada de um ativo fixo tangível no decurso da sua construção;				
		(c)	A quantia de compromissos contratuais para a aquisição de ativos fixos tangíveis; e				
		(d)	Se não for divulgada separadamente na demonstração dos resultados, a quantia da compensação por terceiros relativa a bens do ativo fixo tangível em imparidade, perdidos ou cedidos, que está incluída nos resultados.				
		5.3	A entidade deve divulgar a depreciação durante um período, distinguindo a parte reconhecida nos resultados e a parte incluída no custo de outros ativos.				
		5.4	De acordo com a NCP2, uma entidade divulga a natureza e efeito de qualquer alteração numa estimativa contabilística que tenha efeito material no período corrente, ou que se espera venha a ter em períodos subsequentes. Para ativos fixos tangíveis, tal divulgação pode ocorrer de alterações em estimativas com respeito a:				
		(a)	Valores residuais;				
		(b)	Custos estimados de desmantelamento, remoção ou restauro de ativos fixos tangíveis;				
		(c)	Vidas úteis; e				
		(d)	Método de depreciação.				
		5.5	Se os ativos fixos tangíveis forem apresentados por quantias revalorizadas deve ser divulgado:				
		(a)	A data de eficácia da revalorização;				
		(b)	Dispositivo legal de suporte;				
		(c)	O excedente de revalorização, no início e no final dos período de relato, indicando as alterações durante o mesmo e quaisquer restrições na distribuição do seu saldo;				
		(d)	A soma de todos os aumentos dos excedentes de revalorização; e				
		(e)	A soma de todas as reduções dos excedentes de revalorização.				
		5.6	Quando aplicável, as entidades devem ainda fazer as seguintes divulgações:				
		(a)	A quantia escriturada de ativos fixos tangíveis temporariamente sem uso;				
		(b)	A quantia escriturada bruta de qualquer ativo fixo tangível totalmente depreciado que ainda esteja em uso; e				
		(c)	A quantia escriturada de ativos fixos tangíveis retirados de uso ativo e detidos para alienação.				

NCP/ IFRS	Nota Portaria	Lista de Verificação das divulgações requeridas pelo SNC-AP	Nota do Anexo	Não divulgado N/A	Aplicável	Waived
NCP6	**6.**	**Locações**				
		Locatários				
	6.1	No que se refere a locações financeiras os locatários devem divulgar o seguinte:				
	(a)	Para cada classe de ativos, a quantia escriturada líquida à data de relato;				
	(b)	Uma reconciliação entre o total dos futuros pagamentos mínimos da locação à data de relato e o seu valor presente.				
	(c)	Além disso, uma entidade deve divulgar o total de futuros pagamentos mínimos da locação futuros à data de relato, e o seu valor presente, para cada um dos seguintes períodos:				
	(i)	Não superior a um ano;				
	(ii)	Superior a um ano e não superior a cinco anos;				
	(iii)	Superior a cinco anos.				
	(d)	As rendas contingentes reconhecidas como gastos do período;				
	(e)	O total dos futuros pagamentos mínimos de sublocação que se espera receber segundo sublocações não canceláveis à data de relato; e				
	(f)	Uma descrição geral dos acordos de locação significativos do locatário, incluindo pelo menos o seguinte:				
	(i)	Os critérios na base dos quais se determinam as rendas contingentes a pagar;				
	(ii)	A existência e os termos de renovação, ou de opções de compra e cláusulas de escalonamento; e				
	(iii)	Restrições impostas por acordos de locação, tais como as respeitantes ao retorno dos resultados, retorno de contribuições de capital, dividendos ou distribuições similares, dívida adicional e futuras locações.				
	6.2	No que se refere a locações operacionais os locatários devem divulgar o seguinte:				
	(a)	O total dos futuros pagamentos mínimos de locação segundo locações operacionais não canceláveis para cada um dos seguintes períodos:				
	(i)	Não superior a um ano;				
	(ii)	Superior a um ano e não superior a cinco anos;				
	(iii)	Superior a cinco anos;				
	(b)	O total de futuros pagamentos mínimos de sublocação que se espera receber segundo sublocações não canceláveis à data de relato;				
	(c)	Pagamentos de locação e de sublocação reconhecidos como um gasto do período, separando as quantias relativas a pagamentos mínimos de locação, rendas contingentes e pagamentos de sublocação;				
	(d)	Uma descrição geral dos acordos de locação significativos do locatário, incluindo pelo menos o seguinte:				
	(i)	Os critérios na base dos quais se determinam as rendas contingentes a pagar;				
	(ii)	A existência e os termos de renovação ou de opções de compra e cláusulas de escalonamento; e				

NCP/ IFRS	Nota Portaria		Lista de Verificação das divulgações requeridas pelo SNC-AP	Nota do Anexo	Não divulgado N/A	Não divulgado Aplicável	Não divulgado Waived
		(iii)	Restrições impostas por acordos de locação, tais como as respeitantes ao retorno dos resultados, retorno de contribuições de capital, dividendos ou distribuições similares, dívida adicional e futuras locações.				
			Locadores				
		6.3	Quanto a locações financeiras os locadores devem divulgar o seguinte:				
		(a)	Uma reconciliação entre o investimento total bruto na locação à data de relato e o valor presente dos pagamentos mínimos da locação a receber na mesma data. Adicionalmente, uma entidade deve divulgar o investimento bruto na locação e o valor presente dos pagamentos mínimos da locação a receber à data de relato, relativamente a cada um dos seguintes períodos:				
		(i)	Não superior a um ano;				
		(ii)	Superior a um ano e não superior a cinco anos; e				
		(iii)	Superior a cinco anos.				
		(b)	Rendimento financeiro não obtido;				
		(c)	Os valores residuais não garantidos que acrescem em benefício do locador;				
		(d)	O ajustamento acumulado de pagamentos mínimos da locação a receber incobráveis;				
		(e)	As rendas contingentes reconhecidas como rendimentos do período na demonstração dos resultados; e				
		(f)	Uma descrição geral dos acordos de locação significativos do locador.				
		6.4	Quanto a locações operacionais os locadores devem divulgar o seguinte:				
		(a)	O total dos futuros pagamentos mínimos da locação relativo a locações operacionais não canceláveis, para cada um dos seguintes períodos:				
		(i)	Não superior a um ano;				
		(ii)	Superior a um ano e não superior a cinco anos; e				
		(iii)	Superior a cinco anos.				
		(b)	O total das rendas contingentes reconhecidas como rendimentos do período na demonstração dos resultados; e				
		(c)	Uma descrição geral dos acordos de locação significativos do locador.				
		6.5	Os requisitos de divulgação para locatários e locadores aplicam-se igualmente às vendas seguidas de locação. Assim, a descrição dos acordos significativos de locação para estes casos implica a divulgação de cláusulas únicas e invulgares do acordo ou dos termos da transação.				
NCP7	7.	**Custos de empréstimos obtidos**					
		7.1	Uma entidade deve divulgar:				
		(a)	A política contabilística adotada para os custos de empréstimos obtidos;				
		(b)	A quantia dos custos de empréstimos capitalizada durante o período; e				

NCP/ IFRS	Nota Portaria		Lista de Verificação das divulgações requeridas pelo SNC-AP	Nota do Anexo	Não divulgado N/A	Não divulgado Aplicável	Não divulgado Waived
		(c)	A taxa de capitalização usada para determinar a quantia de custos de empréstimos elegíveis para capitalização (quando for necessário aplicar uma taxa média de capitalização a empréstimos obtidos para fins gerais).				
NCP8	8.		**Propriedades de investimento**				
			Modelo do justo valor e modelo do custo				
		8.1	As divulgações seguintes aplicam-se em complemento das previstas na nota 6—Locações. De acordo com a NCP6 o titular de uma propriedade de investimento faz as divulgações dos locadores sobre locações que tenha celebrado. Uma entidade que detenha uma propriedade de investimento segundo uma locação financeira ou uma locação operacional faz as divulgações dos locatários para locações financeiras e faz divulgações dos locadores para quaisquer locações operacionais que tenham celebrado.				
		8.2	Uma entidade deve divulgar:				
		(a)	Se aplica o modelo do justo valor ou o modelo do custo				
		(b)	Se aplica o modelo do justo valor, se, e em que circunstâncias, os interesses em propriedades detidos segundo locações operacionais são classificados e contabilizados como propriedades de investimento;				
		(c)	Quando a classificação for difícil, os critérios que usa para distinguir uma propriedade de investimento de uma propriedade ocupada pelo titular e de uma propriedade detida para venda no decurso normal da atividade;				
		(d)	Os métodos e pressupostos significativos aplicados na determinação do justo valor das propriedades de inves- timento, incluindo uma declaração sobre se a determinação do justo valor foi suportada por evidência do mercado ou se foi mais baseada em outros fatores (que a entidade deve divulgar) devido à natureza da propriedade e à falta de dados comparáveis de mercado;				
		(e)	A extensão até à qual o justo valor das propriedades de investimento (como mensurado ou divulgado nas demonstrações financeiras) se baseia numa avaliação feita por um avaliador independente com uma qualificação profissional reconhecida e relevante e com experiência recente na localização e categoria das propriedades de investimento que estão a ser avaliadas. Se tal avaliação não tiver sido feita, esse facto deve ser divulgado;				
		(f)	As quantias incluídas na demonstração dos resultados quanto a:				
		(i)	Propriedade de investimento que não geraram rendimento de rendas durante o período;				
		(ii)	A existência e quantia de restrições sobre o grau de realização das propriedades de investimento ou sobre a remessa de rendimento e de recebimentos de alienações; e				
		(iii)	Obrigações contratuais para comprar, construir ou desenvolver propriedades de investimento ou para fazer reparações, manutenção ou melhorias.				
			Modelo do justo valor				
		8.3	Além das divulgações exigidas anteriormente, uma entidade que aplique o modelo do justo valor deve também divulgar uma reconciliação da quantia escriturada das propriedades de investimento no início e no fim do período, mostrando o que se segue:				

NCP/ IFRS	Nota Portaria		Lista de Verificação das divulgações requeridas pelo SNC-AP	Nota do Anexo	Não divulgado		
					N/A	Aplicável	Waived
		(a)	Adições, divulgando separadamente as adições resultantes de aquisições e as resultantes de dispêndio subsequente reconhecido na quantia escriturada de um ativo;				
		(b)	Adições resultantes de aquisições por meio de concentrações da entidade;				
		(c)	Alienações;				
		(d)	Ganhos ou perdas líquidos provenientes do justo valor;				
		(e)	As diferenças cambiais líquidas que surjam da transposição de demonstrações financeiras para uma moeda de apresentação diferente, e da transposição de uma unidade operacional estrangeira para a moeda de apresentação da entidade que relata;				
		(f)	Transferências para e de inventários e propriedade ocupada pelo titular; e				
		(g)	Outras alterações.				
		8.4	Quando uma avaliação obtida for ajustada significativamente para efeito das demonstrações financeiras, por exemplo para evitar dupla contagem de ativos ou passivos que são reconhecidos como ativos e passivos separados, a entidade deve divulgar uma reconciliação entre a avaliação obtida e a avaliação ajustada incluída nas demonstrações financeiras, mostrando separadamente a quantia agregada de quaisquer obrigações de locação que tenham sido acrescentadas, e quaisquer outros ajustamentos significativos.				
		8.5	Nos casos excecionais em que não seja possível mensurar o justo valor com fiabilidade, uma propriedade de investimento é mensurada usando o modelo do custo, a reconciliação exigida na nota 8.3 deve divulgar as quantias relativas a essas propriedades de investimento separadamente de quantias relativas a outras propriedades de investimento. Além disso, uma entidade deve divulgar:				
		(a)	Uma descrição das propriedades de investimento;				
		(b)	Uma explicação sobre o facto de o justo valor não poder ser mensurado com fiabilidade;				
		(c)	Se possível, o intervalo de estimativas dentro do qual seja provável que fique o justo valor; e				
		(d)	Sobre a alienação de propriedade de investimento não registada pelo justo valor:				
		(i)	O facto de a entidade ter alienado propriedades de investimento não registadas pelo justo valor;				
		(ii)	A quantia escriturada dessas propriedades de investimento à data da venda; e				
		(iii)	A quantia de ganho ou perda reconhecido.				
			Modelo do custo				
		8.6	Além das divulgações exigidas pela nota 8.2, uma entidade que aplique o modelo do custo deve também divulgar:				
		(a)	Os métodos de depreciação usados;				
		(b)	As vidas úteis ou as taxas de depreciação usadas;				
		(c)	A quantia escriturada bruta e a depreciação acumulada (agregada com perdas de imparidade acumuladas) no início e no fim do período;				

NCP/ IFRS	Nota Portaria	Lista de Verificação das divulgações requeridas pelo SNC-AP		Nota do Anexo	Não divulgado		
					N/A	Aplicável	Waived
		(d)	Uma reconciliação da quantia escriturada das propriedades de investimento no início e no fim do período mostrando o que se segue:				
		(i)	Adições, divulgando separadamente as adições resultantes de aquisições e as resultantes de dispêndio subsequente reconhecido como um ativo;				
		(ii)	Adições resultantes de aquisições por meio de concentrações da entidade;				
		(iii)	Alienações;				
		(iv)	Depreciação;				
		(v)	A quantia de perdas por imparidade reconhecidas, e a quantia de perdas por imparidade revertidas, durante o período;				
		(vi)	As diferenças cambiais líquidas que surjam da transposição de demonstrações financeiras para uma moeda de apresentação diferente, e da transposição de uma unidade operacional estrangeira para a moeda de apresentação da entidade que relata;				
		(vii)	Transferências para e de inventários e propriedade ocupada pelo proprietário; e				
		(viii)	Outras alterações; e				
		(e)	O justo valor de propriedades de investimento. Nos casos excecionais em que uma entidade não possa determinar o justo valor da propriedade de investimento com fiabilidade, deve divulgar:				
		(i)	Uma descrição das propriedades de investimento;				
		(ii)	Uma explicação sobre o facto de o justo valor não poder ser determinado com fiabilidade; e				
		(iii)	Se possível, o intervalo de estimativas dentro do qual é altamente provável que fique o justo valor.				
NCP9	9.	**Imparidade de ativos**					
			Divulgações gerais				
		9.1	Uma entidade deve divulgar os critérios por si desenvolvidos para distinguir ativos não geradores de caixa de ativos geradores de caixa.				
			Divulgações específicas — Ativos não geradores de caixa				
		9.2	Uma entidade deve divulgar o seguinte por cada perda por imparidade material reconhecida ou revertida durante o período:				
		(a)	Os acontecimentos e circunstâncias que conduziram ao reconhecimento ou reversão da perda por imparidade.				
		(b)	A quantia da perda por imparidade reconhecida ou revertida.				
		(c)	A natureza do ativo.				
		(d)	O segmento a que o ativo pertence se a entidade relatar a informação por segmentos de acordo com a NCP25.				
		(e)	Se a quantia recuperável de serviço do ativo é o seu justo valor menos custos de vender ou o seu valor de uso.				
		(f)	Se a quantia recuperável de serviço for o justo valor menos custos de vender, a base usada para determinar o justo valor menos custos de vender (tal como se o justo valor foi determinado por referência a um mercado ativo).				
		(g)	Se a quantia recuperável de serviço for o valor de uso, a abordagem usada para determinar o valor de uso.				

NCP/ IFRS	Nota Portaria	Lista de Verificação das divulgações requeridas pelo SNC-AP	Nota do Anexo	Não divulgado N/A	Aplicável	Waived
	9.3	Uma entidade deve divulgar a informação que se segue para o total de perdas por imparidade e o total de reversões de perdas por imparidade reconhecidas durante o período para as quais nenhuma informação esteja divulgada:				
	(a)	As principais classes de ativos afetados por perdas por imparidade (e as principais classes de ativos afetados por reversões de perdas por imparidade).				
	(b)	Os principais acontecimentos e circunstâncias que conduziram ao reconhecimento das perdas por imparidade e reversões de perdas por imparidade.				
	9.4	Uma entidade deve divulgar os principais pressupostos usados para determinar a quantia recuperável de serviço de ativos durante o período.				
		Divulgações específicas — Ativos geradores de caixa				
	9.5	Uma entidade deve divulgar o seguinte por cada perda por imparidade material reconhecida ou revertida durante o período para um ativo individual gerador de caixa ou uma unidade geradora de caixa:				
	(a)	Os acontecimentos e circunstâncias que conduziram ao reconhecimento ou reversão da perda por imparidade.				
	(b)	A quantia da perda por imparidade reconhecida ou revertida.				
	(c)	Relativamente a um ativo gerador de caixa:				
	(i)	A natureza do ativo; e				
	(ii)	Se a entidade relata informação por segmentos de acordo com a NCP25, o segmento relatado a que o ativo pertence, com base no formato de relato da entidade.				
	(d)	Relativamente a uma unidade geradora de caixa:				
	(i)	Uma descrição da unidade geradora de caixa (por exemplo, se é uma linha de produtos, uma instalação, uma operação comercial, uma área geográfica ou um segmento relatado);				
	(ii)	A quantia da perda por imparidade reconhecida ou revertida por classe de ativos e, se a entidade relatar informação por segmentos de acordo com a NCP25, por segmento relatado com base no formato de relato da entidade; e				
	(iii)	Se a agregação de ativos para identificar a unidade geradora de caixa se alterou desde a estimativa anterior da quantia recuperável (se a houver) da unidade geradora de caixa, uma descrição da forma corrente e anterior de agregar ativos e as razões para alterar essa forma de identificação da unidade geradora de caixa.				
	(e)	Se a quantia recuperável do ativo é o justo valor menos custos de vender ou o seu valor de uso;				
	(f)	Se a quantia recuperável do ativo for o justo valor menos custos de vender, a base usada para determinar esse valor (por exemplo, se o justo valor foi determinado com referência a um mercado ativo); e				
	(g)	Se a quantia recuperável for o valor de uso, as taxas de desconto usadas na estimativa corrente e anterior (se houver) do valor de uso.				

NCP/ IFRS	Nota Portaria	Lista de Verificação das divulgações requeridas pelo SNC-AP	Nota do Anexo	Não divulgado N/A	Aplicável	Waived
	9.6	Uma entidade deve divulgar a seguinte informação para as perdas por imparidade agregadas e as reversões agregadas de perdas por imparidade reconhecidas durante o período para o qual nenhuma informação é divulgada de acordo com a nota anterior:				
	(a)	As principais classes de ativos afetados por perdas por imparidade e as principais classes de ativos afetados por reversões de perdas por imparidade; e				
	(b)	Os principais acontecimentos e circunstâncias que levaram ao reconhecimento destas perdas por imparidade e reversões de perdas por imparidade.				
	9.7	Uma entidade deve divulgar os principais pressupostos usados para determinar a quantia recuperável de ativos durante o período.				
NCP10	10.	**Inventários**				
	10.1	Uma entidade deve divulgar:				
	(a)	As políticas contabilísticas adotadas na mensuração de inventários, incluindo a(s) fórmula(s) de custeio usada(s);				
	(b)	A quantia total registada de inventários e a quantia escriturada por classificações apropriadas à entidade;				
	(c)	A quantia de inventários registada pelo justo valor menos custos de vender;				
	(d)	A quantia de inventários reconhecida como gasto durante o período;				
	(e)	A quantia de qualquer redução de inventários reconhecida como um gasto do período;				
	(f)	A quantia da reversão de qualquer redução que seja reconhecida na demonstração dos resultados do período;				
	(g)	As circunstâncias ou acontecimentos que levaram à reversão de uma redução de inventários;				
	(h)	A quantia escriturada de inventários dados como penhor de garantia a passivos.				
NCP11	11.	**Agricultura**				
		Divulgações gerais				
	11.1	Uma entidade deve divulgar o ganho ou perda global que surja durante o período corrente no reconhecimento inicial de ativos biológicos e produtos agrícolas e das alterações no justo valor menos os custos estimados no ponto de venda dos ativos biológicos.				
	11.2	Uma entidade deve fazer uma descrição dos ativos biológicos que distinga entre ativos biológicos consumíveis e ativos biológicos de produção duradoura, e entre ativos biológicos detidos para venda e ativos biológicos detidos para distribuição gratuita ou com retribuição simbólica. Estas divulgações devem contemplar simultaneamente uma descrição quantificada e uma descrição narrativa.				
	11.3	Uma entidade deve ainda divulgar:				
	(a)	A natureza das suas atividades que envolvem cada grupo de ativos biológicos; e				

NCP/ IFRS	Nota Portaria	Lista de Verificação das divulgações requeridas pelo SNC-AP	Nota do Anexo	Não divulgado		
				N/A	Aplicável	Waived
	(b)	Mensurações não financeiras ou estimativas das quantidades físicas de:				
	(i)	Cada grupo de ativos biológicos da entidade no final do período; e				
	(ii)	Produção de produtos agrícolas durante o período.				
	11.4	Uma entidade deve divulgar os métodos e pressupostos relevantes utilizados na determinação do justo valor de cada grupo de produtos agrícolas no ponto da colheita e de cada grupo de ativos biológicos.				
	11.5	Uma entidade deve divulgar o justo valor menos os custos estimados no ponto de venda dos produtos agrícolas colhidos durante o período, determinado no ponto de colheita.				
	11.6	Uma entidade deve divulgar:				
	(a)	A existência e quantias registadas de ativos biológicos cuja propriedade esteja sujeita a ónus ou encargos, designadamente as quantias registadas de ativos biológicos dados em penhora como garantia de passivos;				
	(b)	A natureza e extensão de restrições sobre o uso ou capacidade da entidade vender ativos biológicos;				
	(c)	A quantia de compromissos para o desenvolvimento ou aquisição de ativos biológicos; e				
	(d)	A estratégia de gestão do risco financeiro relativo à atividade agrícola.				
	11.7	Uma entidade deve apresentar uma reconciliação das alterações na quantia escriturada de ativos biológicos entre o início e o fim do período corrente. Essa reconciliação deve incluir:				
	(a)	O ganho ou perda resultante de alterações do justo valor menos os custos estimados no ponto de venda, divulgado separadamente para ativos biológicos de produção duradoura e ativos biológicos consumíveis;				
	(b)	Aumentos devidos a compras;				
	(c)	Aumentos devidos a ativos adquiridos por meio de uma transação sem contraprestação;				
	(d)	Diminuições atribuíveis a vendas de ativos;				
	(e)	Diminuições resultantes de distribuições gratuitas ou com retribuição simbólica;				
	(f)	Diminuições devidas a colheitas;				
	(g)	Variações resultantes de reestruturações de entidades; e				
	(h)	Outras alterações.				
		Divulgações adicionais de ativos biológicos quando o justo valor não puder ser mensurado com fiabilidade				
	11.8	Se uma entidade mensurar ativos biológicos pelo seu custo menos qualquer depreciação acumulada e quaisquer perdas por imparidade acumuladas deve divulgar relativamente a tais ativos biológicos:				
	(a)	Uma descrição desses ativos biológicos;				
	(b)	Uma explicação da razão por que o justo valor não pode ser mensurado com fiabilidade;				

NCP/ IFRS	Nota Portaria	Lista de Verificação das divulgações requeridas pelo SNC-AP		Nota do Anexo	Não divulgado		
					N/A	Aplicável	Waived
		(c)	Se possível, o intervalo de estimativas dentro das quais é altamente provável que se situe o justo valor;				
		(d)	O método de depreciação usado;				
		(e)	As vidas úteis ou as taxas de depreciação usadas; e				
		(f)	A quantia escriturada bruta e a depreciação acumulada (agregada com perdas por imparidade acumuladas) no início e no fim do período.				
		11.9	Se, durante o período corrente, uma entidade mensurar os ativos biológicos pelo seu custo menos qualquer depreciação acumulada e quaisquer perdas por imparidade acumuladas, deve divulgar qualquer ganho ou perda reconhecido na alienação de tal ativo biológico separadamente, e na reconciliação exigida na nota11.6 deve divulgar separadamente as quantias relativas a tais ativos biológicos. Além disso, a reconciliação deve incluir as seguintes quantias incluídas nos resultados relacionadas com esses ativos biológicos:				
		(a)	Perdas por imparidade;				
		(b)	Reversões de perdas por imparidade; e				
		(c)	Depreciação.				
		11.10	Se o justo valor de ativos biológicos anteriormente mensurados pelo seu custo menos qualquer depreciação acumulada e quaisquer perdas por imparidade acumuladas se tornar mensurável com fiabilidade no decurso do período corrente, uma entidade deve divulgar relativamente a esses ativos biológicos:				
		(a)	Uma descrição dos ativos biológicos;				
		(b)	Uma explicação da razão por que o justo valor se tornou mensurável com fiabilidade; e				
		(c)	O efeito da alteração.				
NCP12	12.	**Contratos de construção**					
		12.1	Uma entidade deve divulgar:				
		(a)	A quantia do rendimento do contrato reconhecida como rendimento do período;				
		(b)	Os métodos usados para determinar o rendimento do contrato reconhecido no período; e				
		(c)	Os métodos usados para determinar a fase de acabamento dos contratos em curso.				
		12.2	Uma entidade deve divulgar para cada contrato em curso à data de relato:				
		(a)	A quantia agregada de custos suportados e ganhos reconhecidos (menos perdas reconhecidas) até à data;				
		(b)	A quantia de adiantamentos recebidos; e				
		(c)	A quantia de retenções.				
NCP13	13.	**Rendimento de transações com contraprestação**					
		13.1	Uma entidade deve divulgar:				
		(a)	As políticas contabilísticas adotadas para o reconhecimento do rendimento incluindo os métodos adotados para determinar a fase de acabamento das transações que envolvam a prestação de serviços;				

NCP/ IFRS	Nota Portaria	Lista de Verificação das divulgações requeridas pelo SNC-AP		Nota do Anexo	Não divulgado		
					N/A	Aplicável	Waived
		(b)	A quantia de cada categoria significativa de rendimento reconhecida durante o período incluindo o rendimento proveniente de:				
		(i)	Prestações de serviços;				
		(ii)	Venda de bens;				
		(iii)	Juro;				
		(iv)	Royalties; e				
		(v)	Dividendos ou distribuições similares; e				
		(c)	A quantia de rendimento proveniente da troca de bens ou serviços incluídos em cada categoria significativa de rendimento.				
NCP14	14.	**Rendimento de transações sem contraprestação**					
		14.1	Uma entidade deve divulgar:				
		(a)	A quantia de rédito proveniente de transações sem contraprestação reconhecidas durante o período por classes principais evidenciando separadamente:				
		(i)	Impostos, evidenciando separadamente as classes principais de impostos; e				
		(ii)	Transferências, evidenciando separadamente as classes principais de réditos de transferências.				
		(b)	A quantia de contas a receber reconhecidas relacionadas com rendimentos sem contraprestação.				
		(c)	A quantia de passivos reconhecidos relacionados com ativos transferidos sujeitos a condições.				
		(d)	A quantia de passivos reconhecidos relativos a empréstimos bonificados que estão sujeitos às condições dos ativos transferidos;				
		(e)	A quantia de ativos reconhecidos que estão sujeitos a restrições e a natureza dessas restrições.				
		(f)	A existência e quantia de quaisquer adiantamentos de recebimentos relativos a transações sem contraprestação.				
		(g)	A quantia de quaisquer passivos perdoados				
		14.2	Uma entidade deve divulgar também:				
		(a)	As políticas contabilísticas adotadas para o reconhecimento de rendimentos provenientes de transações sem contraprestação.				
		(b)	Para as principais classes de réditos de transações sem contraprestação, as bases em que foi mensurado o justo valor dos recursos que fluíram para a entidade.				
		(c)	Para as principais classes de réditos de impostos que a entidade não tenha podido mensurar com fiabilidade durante o período em que o acontecimento tributável ocorra, informação acerca da natureza desses impostos; e				
		(d)	A natureza e tipo das principais classes de legados, ofertas e doações, evidenciando separadamente as principais classes de bens em espécie recebidos.				
		14.3	As entidades devem ainda divulgar a natureza e tipo das principais classes de serviços em espécie recebidos, incluindo os não reconhecidos.				
NCP15	15.	**Provisões, passivos contingentes e ativos contingentes**					
		15.1	Para cada classe de provisões, a entidade deve divulgar:				

NCP/ IFRS	Nota Portaria		Lista de Verificação das divulgações requeridas pelo SNC-AP	Nota do Anexo	Não divulgado N/A	Não divulgado Aplicável	Não divulgado Waived
		(a)	A quantia escriturada no início e no fim do período;				
		(b)	Provisões adicionais feitas no decurso do período, incluindo aumentos às provisões existentes;				
		(c)	Quantias utilizadas (isto é, suportadas e debitadas contra a provisão) durante o período;				
		(d)	Quantias não utilizadas revertidas durante o período;				
		(e)	O aumento durante o período na quantia descontada proveniente da passagem do tempo e o efeito de qualquer alteração na taxa de desconto.				
		15.2	A entidade deve divulgar adicionalmente o seguinte, para cada classe de provisões:				
		(a)	Uma breve descrição da natureza da obrigação e o momento esperado de quaisquer exfluxos de benefícios económicos esperados ou de potencial de serviço;				
		(b)	Uma indicação das incertezas acerca da quantia ou momento desses exfluxos. Quando for necessário prestar tal informação, a entidade deve divulgar os principais pressupostos assumidos respeitantes aos acontecimentos futuros;				
		(c)	A quantia de qualquer reembolso esperado, indicando a quantia de qualquer ativo que tenha sido reconhecido relativamente ao mesmo.				
		15.3	A menos que seja remota a possibilidade de qualquer exfluxo na liquidação, uma entidade deve divulgar para cada classe de passivos contingentes à data de relato, uma breve descrição da natureza dos mesmos e, quando praticável:				
		(a)	Uma estimativa do seu efeito financeiro, mensurado de acordo com os requisitos da norma;				
		(b)	Uma indicação das incertezas relacionadas com a quantia ou o momento de qualquer exfluxo;				
		(c)	A possibilidade de qualquer reembolso.				
		15.4	Quando for provável um influxo de benefícios económicos ou de potencial de serviço, a entidade deve fazer uma breve descrição da natureza dos ativos contingentes à data do relato, e, quando praticável, divulgar uma estimativa do seu efeito financeiro, mensurado usando os princípios estabelecidos para a mensuração de provisões.				
		15.5	Quando qualquer da informação exigida duas notas anteriores não for divulgada porque não é praticável fazê-lo, esse facto deve ser divulgado.				
		15.6	Em casos extremamente raros, pode considerar-se que a divulgação de alguma ou de toda a informação exigida pode prejudicar seriamente a posição da entidade numa disputa com outras partes sobre o assunto da provisão, passivo contingente ou ativo contingente. Nestes casos, a entidade não necessita de divulgar a informação, mas deve divulgar a natureza geral da disputa, juntamente com o facto de que, e a razão por que, a informação não está divulgada.				
NCP16	**16.**		**Efeitos de alterações em taxas de câmbio**				
		16.1	Uma entidade deve divulgar:				

NCP/ IFRS	Nota Portaria	Lista de Verificação das divulgações requeridas pelo SNC-AP	Nota do Anexo	Não divulgado N/A	Aplicável	Waived
	(a)	A quantia das diferenças de câmbio reconhecidas nos resultados, exceto as que resultem de instrumentos financeiros mensurados pelo justo valor através dos resultados de acordo com a NCP18—Instrumentos Financeiros; e				
	(b)	As diferenças de câmbio líquidas classificadas num componente separado do património líquido, e uma reconciliação da quantia de tais diferenças de câmbio entre o início e o fim do período.				
	16.2	Quando a moeda de apresentação for diferente da moeda funcional, esse facto deve ser indicado, juntamente com a divulgação da moeda funcional e as razões para usar uma moeda de apresentação diferente.				
	16.3	Quando houver uma alteração na moeda funcional, quer da entidade que relata, quer de uma unidade operacional no estrangeiro significativa, esse facto e as razões para a alteração na moeda funcional devem ser divulgados.				
NCP17	17.	**Acontecimentos após a data de relato**				
	17.1	Uma entidade deve divulgar a data em que as demonstrações financeiras foram autorizadas para emissão e quem deu essa autorização. Se um outro órgão deliberativo tiver o poder de alterar as demonstrações financeiras após emissão, a entidade deve divulgar esse facto.				
	17.2	Se uma entidade receber informações após a data de relato, mas antes das demonstrações financeiras serem autorizadas para emissão, acerca de condições que existiam à data de relato, a entidade deve atualizar as divulgações que se relacionam com essas condições, à luz das novas informações.				
	17.3	Se os acontecimentos após a data de relato, que não dão lugar a ajustamentos, forem materialmente relevantes a sua não divulgação pode influenciar as decisões económicas dos utilizadores tomadas com base nas demonstrações financeiras. Em conformidade, uma entidade deve divulgar para cada categoria material de acontecimentos após a data de relato que não dão lugar a ajustamentos, os seguintes aspetos:				
	(a)	A natureza do acontecimento; e				
	(b)	Uma estimativa do seu efeito financeiro, ou uma declaração que essa estimativa não pode ser feita.				
NCP18	18.	**Instrumentos financeiros**				
		Divulgações gerais				
		Uma entidade deve divulgar:				
	18.1	Em relação às políticas contabilísticas as bases de mensuração utilizadas para os instrumentos financeiros e outras políticas contabilísticas utilizadas para a contabilização de instrumentos financeiros relevantes para a compreensão das demonstrações financeiras.				
	18.2	Quantia escriturada de cada uma das categorias de ativos financeiros e passivos financeiros, no total e para cada um dos tipos significativos de ativos e passivos financeiros de entre cada categoria:				

NCP/ IFRS	Nota Portaria	Lista de Verificação das divulgações requeridas pelo SNC-AP	Nota do Anexo	Não divulgado		
				N/A	Aplicável	Waived
	(a)	Ativos financeiros mensurados ao justo valor através de resultados;				
	(b)	Ativos financeiros mensurados ao custo amortizado menos imparidade;				
	(c)	Instrumentos de capital próprio de uma outra entidade mensurados ao custo menos imparidade;				
	(d)	Compromissos de empréstimo mensurados ao custo menos imparidade;				
	(e)	Passivos financeiros mensurados ao justo valor através de resultados;				
	(f)	Passivos financeiros mensurados ao custo amortizado;				
	(g)	Ativos financeiros para os quais foi reconhecida imparidade, com indicação, para cada uma das classes, separadamente, a quantia contabilística que resulta da mensuração ao custo ou custo amortizado e a imparidade acumulada.				
	18.3	Bases de determinação do justo valor (e.g. cotação de mercado, quando ele existe, ou a técnica de avaliação) para todos os ativos financeiros e passivos financeiros mensurados ao justo valor.				
	18.4	Situações em que a mensuração fiável do justo valor deixou de estar disponível para um instrumento de capital próprio mensurado ao justo valor através de resultados.				
	18.5	Relativamente ao desreconhecimento de ativos financeiros transferidos para uma outra entidade em transações que não se qualificam para tal divulgar, para cada classe de tais ativos financeiros:				
	(a)	Natureza dos ativos;				
	(b)	Natureza dos riscos e benefícios de detenção a que se continua exposto;				
	(c)	Quantias escrituradas dos ativos e de quaisquer passivos associados que se continuam a reconhecer.				
	18.6	Ativos dados em garantia, como colateral de passivos ou passivos contingentes:				
	(a)	Quantia escriturada dos ativos financeiros dados, em penhor, promessa de penhor ou outra forma de garantia, como colateral; e				
	(b)	Termos e condições relativos ao penhor, ou promessa de penhor, ou outra forma de garantia.				
	18.7	Situações de incumprimento para empréstimos obtidos reconhecidos à data do balanço:				
	(a)	Detalhe do incumprimento no decurso do período relativo a amortização, juro, procura de fundos ou nos termos da conversão de tais empréstimos que permitam ao credor exigir o pagamento à data do balanço;				
	(b)	Quantia escriturada de empréstimos a pagar em incumprimento à data do balanço;				
	(c)	Em que medida o incumprimento foi sanável, ou os termos do pagamento foram renegociados, antes das demonstrações financeiras terem sido autorizadas para emissão.				

NCP/ IFRS	Nota Portaria	Lista de Verificação das divulgações requeridas pelo SNC-AP	Nota do Anexo	Não divulgado		
				N/A	Aplicável	Waived
	18.8	Incumprimento, durante o período, dos termos de contratos de empréstimo além dos referidos no parágrafo anterior (divulgar a informação exigida no parágrafo anterior, se tais incumprimentos permitem ao credor exigir pagamento acelerado, a menos que os incumprimentos tenham sido sanados, ou os termos do compromisso renegociados, até à data do balanço).				
	18.9	Quantia das dívidas da entidade cuja duração residual seja superior a cinco anos, assim como a quantia de todas as dívidas da entidade cobertas por garantias reais prestadas, com indicação da natureza e da forma dessas garantias.				
	18.10	Relativamente aos rendimentos e gastos divulgar:				
	(a)	Os ganhos líquidos e perdas líquidas reconhecidas de: ativos financeiros mensurados ao justo valor através de resultados; passivos financeiros ao justo valor através de resultados; ativos financeiros mensurados ao custo amortizado menos imparidade; e passivos financeiros mensurados ao custo amortizado.				
	(b)	Total de rendimento de juros e total de gasto de juros (calculado utilizando o método da taxa de juro efetiva) para ativos e passivos financeiros não mensurados ao justo valor através de resultados.				
	(c)	Quantia de perda por imparidade reconhecida para cada uma das classes de ativos financeiros.				
		Contabilidade de cobertura				
	18.11	Em separado e por cada uma das quatro categorias de cobertura:				
	(a)	Descrição da cobertura;				
	(b)	Descrição dos instrumentos financeiros designados como instrumentos de cobertura e respetivos justos valores à data do balanço;				
	(c)	Natureza do risco que esteja a ser coberto, incluindo uma descrição do item coberto.				
	18.12	Para cobertura de risco de taxa de juro fixa ou risco de preço de ativos detidos ou abrangidos por um compromisso firme:				
	(a)	Quantia de alteração no justo valor do instrumento de cobertura reconhecida na demonstração dos resultados;				
	(b)	Quantia de alteração no justo valor dos elementos cobertos reconhecida na demonstração dos resultados.				
	18.13	Para cobertura do risco de taxa de juro variável, risco de taxa de câmbio, risco de preço de ativos abrangidos por uma elevada probabilidade de transação futura, ou num investimento líquido numa unidade operacional estrangeira:				
	(a)	Períodos em que é expetável que os fluxos de caixa ocorram e os períodos em que é expetável que afetem os resultados;				
	(b)	Descrição de transação futura para a qual a contabilização da cobertura foi previamente utilizada mas que já não se espera mais que a transação ocorra;				
	(c)	Quantia resultante da alteração de justo valor de instrumentos de cobertura que foi reconhecida no capital próprio durante o período;				

NCP/ IFRS	Nota Portaria	Lista de Verificação das divulgações requeridas pelo SNC-AP	Nota do Anexo	Não divulgado N/A	Aplicável	Waived
	(d)	Quantia que foi removida do capital próprio e reconhecida nos resultados do período, evidenciando a quantia incluída em cada uma das linhas da demonstração dos resultados.				
		Instrumentos de capital próprio				
	18.14	Indicação das quantias do capital social nominal e do capital social por realizar e respetivos prazos de realização.				
	18.15	Número de ações representativas do capital social, respetivas categorias e valor nominal por categoria, ou, na falta deste, o valor unitário, face ao capital subscrito, das ações ou quotas subscritas durante o período dentro dos limites do capital autorizado, bem como o seu número.				
	18.16	Reconciliação, para cada classe de ações, entre o número de ações em circulação no início e no fim do período. (Identificando separadamente cada tipo de alterações verificadas no período, incluindo novas emissões, exercício de opções, direitos e warrants, conversões de valores mobiliários convertíveis, transações com ações próprias, fusões ou cisões e emissões de bónus (aumentos de capital por incorporação de reservas) ou splits de ações).				
	18.17	Quantias de aumentos de capital realizados no período e a dedução efetuada como custos de emissão.				
	18.18	Quantias e descrição de outros instrumentos de capital próprio emitidos e a respetiva quantia acumulada à data do balanço, com indicação do seu número e do âmbito dos direitos que conferem.				
		Riscos relativos a instrumentos financeiros				
	18.19	Ativos financeiros mensurados ao custo amortizado menos imparidade: termos significativos e condições que afetam a quantia, o momento e segurança de fluxos de caixa futuros, incluindo risco de taxa de juro, risco de taxa de câmbio e risco de crédito.				
		Outras situações				
	18.20	Relativamente a instrumentos financeiros que não sejam participações de capital em entidades controladas, associadas ou acordos conjuntos, deve ser divulgado:				
	(a)	O custo de aquisição ou, caso tenha sido adotada uma base de mensuração alternativa, o justo valor no início e no fim do período,				
	(b)	Os aumentos, diminuições e transferências durante o período,				
	(c)	Os ajustamentos de valor acumulados no início e no fim do período,				
	(d)	Os ajustamentos de valor registados durante o período,				

NCP/ IFRS	Nota Portaria	Lista de Verificação das divulgações requeridas pelo SNC-AP	Nota do Anexo	Não divulgado N/A	Aplicável	Waived
	18.21	Relativamente às participações de capital em entidades que não sejam subsidiárias, associadas ou entidades conjuntamente controladas, deve ser divulgado a denominação ou firma e a sede estatutária de cada uma das entidades em que a empresa detém, quer ela própria quer através de uma pessoa agindo em seu nome mas por conta da empresa, uma participação, com indicação da fração do capital detido, do montante do capital e das reservas, assim como dos resultados do último período da empresa em causa para o qual tenham sido elaboradas demonstrações financeiras; as informações relativas ao capital e reservas e aos resultados podem ser omissas se a empresa em causa não publicar o seu balanço.				
	18.22	Para os investimentos financeiros inscritos por uma quantia acima do seu justo valor, divulgar a quantia escriturada e o justo valor dos ativos considerados isoladamente ou agrupados de forma adequada, e as razões que motivaram a não redução da quantia escriturada, incluindo a natureza dos elementos que permitam presumir que a quantia escriturada será recuperada.				
NCP19	19.	**Benefícios dos empregados**				
		Divulgações de benefícios definidos				
	19.1	Uma entidade deve divulgar a informação que se segue acerca de planos de benefícios definidos:				
	(a)	A política contabilística da entidade quanto ao reconhecimento de ganhos e perdas atuariais.				
	(b)	Uma descrição geral do tipo de plano.				
	(c)	Uma reconciliação dos saldos de abertura e encerramento do valor presente da obrigação de benefícios definidos mostrando separadamente, se aplicável, os efeitos durante o período atribuíveis a cada ponto que se segue:				
	(i)	Custo do serviço corrente;				
	(ii)	Custo de juros;				
	(iii)	Contribuições dos participantes do plano;				
	(iv)	Ganhos e perdas atuariais;				
	(v)	Benefícios pagos;				
	(vi)	Custo dos serviços passados;				
	(vii)	Concentrações de entidades;				
	(viii)	Cortes; e				
	(ix)	Liquidações.				
	(d)	Uma análise da obrigação de benefícios definidos dividida por quantias de planos que estejam totalmente sem fundo e quantias decorrentes de planos que estejam total ou parcialmente com fundo.				
	(e)	Uma reconciliação dos saldos de abertura e de encerramento dos justos valores dos ativos do plano e dos saldos de abertura e de encerramento de quaisquer direitos de reembolso reconhecidos como um ativo mostrando separadamente, se aplicável, os efeitos durante o período atribuíveis a cada ponto que se segue:				
	(i)	Retorno esperado dos ativos do plano;				
	(ii)	Ganhos e perdas atuariais;				

NCP/ IFRS	Nota Portaria	Lista de Verificação das divulgações requeridas pelo SNC-AP		Nota do Anexo	Não divulgado		
					N/A	Aplicável	Waived
		(iii)	Alterações nas taxas de câmbio de moeda estrangeira em planos mensurados numa moeda diferente da moeda de apresentação da entidade;				
		(iv)	Contribuições do empregador;				
		(v)	Contribuições dos participantes do plano;				
		(vi)	Benefícios pagos;				
		(vii)	Concentrações de entidades; e				
		(viii)	Liquidações.				
		(f)	Uma reconciliação do valor presente da obrigação de benefícios definidos constante de (c) e do justo valor dos ativos do plano constante de (e) para os ativos e passivos reconhecidos no balanço, mostrando pelo menos:				
		(i)	O custo dos serviços passados não reconhecido não balanço;				
		(ii)	O justo valor à data de relato de qualquer direito de reembolso reconhecido como um ativo (com uma breve descrição da ligação entre o direito de reembolso e a respetiva obrigação); e				
		(iii)	As outras quantias reconhecidas no balanço.				
		(g)	O gasto total reconhecido na demonstração dos resultados relativamente a cada ponto que se segue, e a linha de item em que estão incluídos:				
		(i)	O custo do serviço corrente;				
		(ii)	O custo de juros;				
		(iii)	O retorno esperado dos ativos do plano;				
		(iv)	O retorno esperado de qualquer direito de reembolso reconhecido como um ativo;				
		(v)	Ganhos e perdas atuariais;				
		(vi)	Custo dos serviços passados; e				
		(vii)	O efeito de qualquer corte ou liquidação.				
		(h)	A quantia total reconhecida na demonstração de alterações no património líquido dos Ganhos e perdas atuariais.				
		(i)	Para as entidades que reconheçam ganhos e perdas atuariais na demonstração de alterações no património líquido, a quantia acumulada de ganhos e perdas atuariais reconhecidos nessa demonstração.				
		(j)	Para cada categoria principal dos ativos do plano, que deve incluir, pelo menos, instrumentos de capital próprio, instrumentos de dívida, propriedades, e todos os outros ativos, a percentagem ou quantia que cada categoria principal constitui do justo valor dos ativos totais do plano.				
		(k)	As quantias incluídas no justo valor dos ativos do plano relativamente a:				
		(i)	Cada categoria dos próprios instrumentos financeiros da entidade; e				
		(ii)	Qualquer propriedade ocupada, ou outros ativos usados, pela entidade.				
		(l)	Uma descrição da base usada para determinar a taxa de retorno dos ativos esperada global, incluindo o efeito das principais categorias de ativos do plano;				
		(m)	O retorno real dos ativos do plano, assim como o retorno real sobre qualquer direito de reembolso reconhecido como um ativo.				

NCP/ IFRS	Nota Portaria	Lista de Verificação das divulgações requeridas pelo SNC-AP	Nota do Anexo	Não divulgado		
				N/A	Aplicável	Waived
	(n)	Os principais pressupostos atuariais usados à data de relato, incluindo, quando aplicável:				
	(i)	As taxas de desconto;				
	(ii)	A base em que foi determinada a taxa de desconto;				
	(iii)	As taxas esperadas de retorno sobre quaisquer ativos do plano para os períodos apresentados nas demonstrações financeiras;				
	(iv)	As taxas esperadas de retorno para os períodos apresentados nas demonstrações financeiras sobre qualquer direito de reembolso reconhecido como um ativo;				
	(v)	As taxas esperadas de aumentos de ordenados (e de alterações num índice ou outra variável especificada nos termos formais ou construtivos de um plano como a base para futuros aumentos de benefícios);				
	(vi)	Taxas de tendências de custos médicos; e				
	(vii)	Quaisquer outros pressupostos atuariais usados.				
	19.2	Uma entidade deve divulgar cada pressuposto atuarial em termos absolutos (por exemplo, como uma percentagem absoluta) e não como uma margem entre percentagens diferentes ou outras variáveis;				
	(a)	O efeito de um aumento de um ponto percentual e o efeito de uma diminuição de um ponto percentual nas taxas assumidas de tendência de custo médico sobre:				
	(i)	O agregado dos componentes do custo do serviço corrente e do custo de juros dos custos médicos pós-emprego líquidos periódicos; e				
	(ii)	A obrigação acumulada de benefícios pós-emprego relativa a custos médicos.				
	19.3	Quando exigido pela NCP20—Divulgações de Partes Relacionadas, uma entidade divulga informação acerca de:				
	(a)	Transações de partes relacionadas com planos de benefícios pós--emprego; e				
	(b)	Benefícios pós-emprego para as pessoas chave da gestão.				
	19.4	Quando exigido pela NCP15—Provisões, Passivos Contingentes e Ativos Contingentes, uma entidade divulga informação acerca de passivos contingentes que decorram de obrigações de benefícios pós-emprego.				
		Divulgações – Contribuição definida				
	19.5	Uma entidade deve divulgar a quantia reconhecida como um gasto relativa a planos de contribuição definida.				
	19.6	Sempre que exigido pela NCP20 uma entidade divulga informação acerca de contribuições para planos de contribuição definida relativas às pessoas chave da gestão.				

NCP/ IFRS	Nota Portaria	Lista de Verificação das divulgações requeridas pelo SNC-AP	Nota do Anexo	N/A	Não divulgado Aplicável	Não divulgado Waived
NCP20	20.	**Divulgações de partes relacionadas**				
		Divulgação de controlo				
	20.1	A fim de que um utilizador das demonstrações financeiras forme uma opinião acerca dos efeitos de relacionamentos entre partes relacionadas numa entidade que relata, é apropriado divulgar os relacionamentos entre partes relacionadas quando existe controlo, independentemente de ter havido transações entre as partes relacionadas. Isto requer a divulgação dos nomes de quaisquer entidades controladas, o nome da entidade controladora imediata e o nome da entidade controladora final, se existir.				
		Divulgação de transações entre partes relacionadas				
	20.2	No que respeita a transações entre partes relacionadas, que não sejam transações que ocorreriam no âmbito de um relacionamento normal entre um fornecedor ou cliente, a entidade que relata deve divulgar:				
	(a)	A natureza do relacionamento entre partes relacionadas;				
	(b)	Os tipos de transações que ocorreram; e				
	(c)	Os elementos das transações necessários para clarificar o significado dessas transações para as suas operações, e suficientes para fazer com que as demonstrações financeiras proporcionem informação relevante e fiável para tomada de decisões e para responsabilização pela prestação de contas.				
	20.3	A informação acerca de transações entre partes relacionadas que deve ser divulgada para satisfazer os objetivos de relato financeiro de finalidade geral normalmente inclui:				
	(a)	Uma descrição da natureza do relacionamento com as partes relacionadas envolvidas nestas transações, como, por exemplo, se o relacionamento foi o de uma entidade que controla, de uma entidade controlada, de uma entidade sob controlo comum ou de pessoas chave da gestão;				
	(b)	Uma descrição das transações entre partes relacionadas por grandes classes de transações e uma indicação do volume das classes, quer como uma quantia monetária específica, quer como uma proporção dessa classe de transações e ou saldos;				
	(c)	Um resumo dos termos e condições gerais das transações com partes relacionadas, incluindo divulgação de como estes termos e condições diferem dos normalmente associados a transações semelhantes com partes não relacionadas; e				
	(d)	Quantias ou proporções de itens em saldo.				
	20.4	Itens de uma natureza semelhante podem ser divulgados de forma agregada, exceto quando seja necessária divulgação separada para proporcionar informação relevante e fiável para efeitos de tomada de decisões e responsabilização pela prestação de contas.				
	20.5	É desnecessária a divulgação de transações com partes relacionadas entre membros de um grupo público em demonstrações financeiras consolidadas, dado que estas apresentam informação acerca da entidade que controla e entidades controladas como se de uma única entidade se tratasse. As transações com partes relacionadas que ocorram entre entidades de um grupo público são eliminadas na consolidação de acordo com a NCP22— Demonstrações Financeiras Consolidadas.				

NCP/ IFRS	Nota Portaria		Lista de Verificação das divulgações requeridas pelo SNC-AP	Nota do Anexo	Não divulgado		
					N/A	Aplicável	Waived
			Pessoas chave da gestão				
		20.6	Uma entidade deve divulgar:				
		(a)	A remuneração agregada de pessoas chave da gestão e o número de indivíduos, determinados numa base de equivalência a tempo inteiro, que recebam remuneração dentro desta categoria, mostrando separadamente as classes principais das pessoas chave da gestão e incluindo uma descrição de cada classe;				
		(b)	A quantia total de todas as outras remunerações e compensações dadas a pessoas chave da gestão e membros próximos da sua família, pela entidade que relata durante o período de relato, mostrando separadamente as quantias agregadas relativas a:				
		(i)	Pessoas chave da gestão;				
		(ii)	Membros próximos da família das mesmas; e				
		(c)	Com respeito a empréstimos que não estejam disponíveis a pessoas que não sejam pessoas chave da gestão e empréstimos cuja disponibilidade não seja conhecida pelo público, e por cada uma das pessoas chave da gestão e cada membro próximo da sua família:				
		(i)	A quantia de empréstimos adiantados durante o período e respetivos termos e condições;				
		(ii)	A quantia de empréstimos reembolsados durante o período;				
		(iii)	A quantia dos saldos de fecho de todos os empréstimos e contas a receber; e				
		(iv)	Quando o indivíduo não for um dirigente ou membro do órgão de gestão ou grupo de gestores de topo, o relacionamento do indivíduo com esse órgão ou grupo.				
		20.7	A remuneração de pessoas chave da gestão pode incluir uma variedade de benefícios diretos e indiretos. Quando o custo destes benefícios é determinável, esse custo será incluído na remuneração agregada divulgada. Quando o custo destes benefícios não é determinável, deve ser feita a melhor estimativa do custo para a entidade ou entidades que relatam e incluída na remuneração agregada divulgada.				
		20.8	Esta Norma exige a divulgação de alguma informação acerca dos termos e condições de empréstimos feitos a pessoas chave da gestão e a membros próximos da sua família, quando estes empréstimos:				
		(a)	Não estejam disponíveis a pessoas fora do grupo de pessoas chave de gestão; e				
		(b)	Possam estar disponíveis fora do grupo de pessoas chave da gestão, mas a sua disponibilidade não é amplamente conhecida do público.				
NCP25	21.	**Relato por segmentos**					
		21.1	Uma entidade deve divulgar os rendimentos e os gastos para cada um dos segmentos. Os rendimentos do segmento relativos a cativações orçamentais ou alocações similares, os rendimentos do segmento de outras fontes externas e os rendimentos do segmento de transações com outros segmentos devem ser relatados separadamente.				

NCP/ IFRS	Nota Portaria	Lista de Verificação das divulgações requeridas pelo SNC-AP	Nota do Anexo	Não divulgado N/A	Não divulgado Aplicável	Não divulgado Waived
	21.2	Uma entidade deve divulgar a quantia escriturada total dos ativos e dos passivos do segmento para cada um dos segmentos.				
	21.3	Uma entidade deve divulgar o custo total suportado durante o período para adquirir ativos do segmento que se espera que sejam usados durante mais do que um período por cada um dos segmentos.				
	21.4	Uma entidade deve divulgar a natureza e quantia de quaisquer itens de rendimento e de gasto do segmento que sejam de tal dimensão, natureza, ou incidência que a sua divulgação é relevante para explicar o desempenho de cada segmento no período.				
	21.5	Uma entidade deve divulgar para cada segmento o agregado da quota-parte da entidade no lucro (prejuízo) líquido de associadas, empreendimentos conjuntos ou outros investimentos contabilizados segundo o método da equivalência patrimonial se todas as suas operações estiverem substancialmente dentro desse único segmento.				
	21.6	Embora uma quantia única agregada seja divulgada no seguimento dos requisitos da nota anterior, cada associada, empreendimento conjunto ou outro investimento contabilizado pelo método da equivalência patrimonial é individualmente avaliado para determinar se as suas operações estão todas substancialmente dentro de um segmento.				
	21.7	Se a participação agregada de uma entidade no lucro (prejuízo) líquido de associadas, empreendimentos conjuntos ou outros investimentos contabilizados segundo o método da equivalência patrimonial for divulgada por segmentos, os investimentos agregados nessas associadas e empreendimentos conjuntos devem também ser divulgados por segmentos.				
	21.8	Uma entidade deve apresentar uma reconciliação entre a informação divulgada por segmentos e a informação agregada nas demonstrações financeiras separadas ou consolidadas. Ao apresentar esta reconciliação, os rendimentos do segmento devem ser reconciliados com os rendimentos da entidade derivados de fontes externas (incluindo a quantia dos rendimentos da entidade derivados de fontes externas não incluídos em qualquer segmento), os gastos do segmento devem ser reconciliados com uma mensuração comparável dos gastos da entidade, os ativos do segmento devem ser reconciliados com os ativos da entidade e os passivos do segmento devem ser reconciliados com os passivos da entidade.				
	21.9	Ao mensurar e relatar rendimentos do segmento relativos a transações com outros segmentos, as transferências intersegmentos devem ser mensuradas na base em que ocorreram. A base de apreçamento de transferências intersegmentos e quaisquer alterações ao mesmo devem ser divulgadas.				

NCP/ IFRS	Nota Portaria	Lista de Verificação das divulgações requeridas pelo SNC-AP	Nota do Anexo	Não divulgado N/A	Aplicável	Waived
	21.10	Alterações em políticas contabilísticas adotadas no relato por segmentos que tenham um efeito material na informação de segmentos devem ser divulgadas, e a informação de segmentos de períodos anteriores apresentada para efeitos comparativas deve ser reexpressa a menos que seja impraticável fazê-lo. Tal divulgação deve incluir uma descrição da natureza da alteração, as razões da alteração, o facto de que a informação comparativa foi reexpressa ou que foi impraticável fazê-lo e o efeito financeiro da alteração se isso for razoavelmente determinável. Se uma entidade alterar a identificação dos seus segmentos e não reexpressar a informação dos segmentos de períodos anteriores na nova base porque foi impraticável fazê-lo, então para efeitos de comparação, deve relatar dados do segmento tanto na base antiga como na base nova de segmentação no ano em que altera a identificação dos seus segmentos.				
	21.11	Algumas alterações em políticas contabilísticas relacionam-se especificamente com o relato por segmentos. São exemplos, as alterações na identificação de segmentos e as alterações na base de alocação de rendimentos e gastos aos segmentos. Tais alterações podem ter um impacto significativo na informação relatada do segmento mas não alterarão a informação financeira agregada relatada pela entidade. Para fazer com que os utilizadores compreendam as alterações e determinem tendências, a informação por segmentos de períodos anteriores incluída nas demonstrações financeiras para efeitos comparativos é reexpressa, se praticável, para refletir a nova política contabilística.				
	21.12	A nota 21.10 exige que, para efeitos de relato por segmentos, as transferências intersegmentos devem ser mensuradas na base que a entidade usou realmente para apreçar essas transferências. Se uma entidade alterar o método que usa correntemente para apreçar transferências intersegmentos, isso não é uma alteração de política contabilística relativamente à qual os dados do segmento do período anterior devam ser reexpressos. Contudo, a nota 21.10 exige divulgação da alteração.				
	21.13	Se não for divulgado de outra forma nas demonstrações financeiras ou algum sítio do relatório anual, uma entidade deve indicar:				
	(a)	Os tipos de bens e serviços incluídos em cada segmento de serviço relatado;				
	(b)	A composição de cada segmento geográfico relatado; e				
	(c)	Se não for adotada uma segmentação por serviço ou geográfica, a natureza do segmento e as atividades englobadas pelo mesmo.				
NCP23	22.	**Interesses em outras entidades**				
	22.1	Para cumprir o seu objetivo de relato transparente, uma entidade deve divulgar:				
	(a)	Os julgamentos e pressupostos mais significativos que se fizeram para determinar:				
	(i)	A natureza dos interesses ou acordos noutra entidade;				
	(ii)	O tipo de acordo conjunto no qual tem interesse; e				
	(iii)	Que satisfaz a definição de entidade investidora.				
	(b)	Informação sobre os seus interesses em:				

NCP/ IFRS	Nota Portaria	Lista de Verificação das divulgações requeridas pelo SNC-AP	Nota do Anexo	Não divulgado		
				N/A	Aplicável	Waived
	(i)	Entidades controladas;				
	(ii)	Empreendimentos conjuntos e associadas;				
	(iii)	Interesses de propriedade não quantificáveis; e				
	(iv)	Interesses que controlam adquiridos com a intenção de vender.				
		Julgamentos e pressupostos significativos				
	22.2	Uma entidade deve divulgar informação sobre os julgamentos e pressupostos significativos nos quais se baseou (e sobre as alterações a esses juízos e pressupostos) para determinar:				
	(a)	Que exerce controlo sobre a outra entidade, isto é que a outra entidade é uma participada, como descrito na NCP22—Demonstrações Financeiras Consolidadas;				
	(b)	Que exerce o controlo conjunto sobre um acordo ou que tem uma influência significativa sobre outra entidade; e				
	(c)	O tipo de acordo conjunto (isto é, operação conjunta ou empreendimento conjunto), quando o acordo estiver estruturado através de um veículo separado.				
	22.3	Para dar cumprimento à nota anterior, uma entidade deve divulgar, por exemplo, os fatores em que se baseou para determinar que:				
	(a)	Controla uma entidade específica nos casos em que o interesse nessa outra entidade não está evidenciado pela detenção de instrumento de dívida e de capital próprio;				
	(b)	Não controla outra entidade ainda que detenha mais de metade dos direitos de voto nessa outra entidade;				
	(c)	Controla outra entidade ainda que detenha menos de metade dos direitos de voto nessa outra entidade;				
	(d)	É um agente ou um principal;				
	(e)	Não tem influência significativa ainda que detenha 20% ou mais dos direitos de voto noutra entidade;				
	(f)	Tem influência significativa ainda que detenha menos de 20% dos direitos de voto noutra entidade.				
		Qualificação como entidade de investimento				
	22.4	Quando uma entidade que controla determina que é uma entidade de investimento de acordo com a NCP23, deve divulgar informações sobre os julgamentos e pressupostos mais relevantes em que se baseou para determinar que é uma entidade de investimento.				
	22.5	Quando uma entidade se tornar ou deixar de ser uma entidade de investimento, deve divulgar a alteração dessa situação e as razões para essa alteração. Além disso, uma entidade que se torne uma entidade de investimento deve divulgar o efeito dessa alteração de situação nas demonstrações financeiras para o período apresentado, incluindo:				
	(a)	O justo valor total, a partir da data da alteração de situação, das entidades controladas que deixam de ser consolidadas;				
	(b)	O ganho ou perda total, se existir; e				
	(c)	As rubricas da demonstração dos resultados nas quais esses ganhos ou perdas foram reconhecidos (se não forem apresentados separadamente).				

NCP/ IFRS	Nota Portaria	Lista de Verificação das divulgações requeridas pelo SNC-AP	Nota do Anexo	Não divulgado		
				N/A	Aplicável	Waived
		Interesses em entidades controladas				
	22.6	Uma entidade deve divulgar informação que permita aos utilizadores das demonstrações financeiras consolidadas				
	(a)	Compreenderem:				
	(i)	A composição do grupo público; e				
	(ii)	O interesse que as entidades que não controlam detêm nas atividades e nos fluxos de caixa do grupo; e				
	(b)	Avaliarem:				
	(i)	A natureza e a extensão das restrições significativas à sua capacidade de aceder a ou de usar ativos e liquidar passivos do grupo público;				
	(ii)	As consequências das alterações nos seus interesses de propriedade numa entidade controlada que não resultam numa perda do controlo; e				
	(iii)	As consequências da perda de controlo de uma entidade controlada durante o período de relato.				
	22.7	Quando as demonstrações financeiras de uma entidade controlada usadas para preparar demonstrações financeiras consolidadas correspondam a uma data ou a um período diferente do das demonstrações financeiras consolidadas, uma entidade deve divulgar:				
	(a)	A data de fim do período de relato das demonstrações financeiras dessa entidade controlada; e				
	(b)	A razão pela qual usa uma data ou período diferente.				
		Interesse detido por entidades que não controlam nas atividades e nos fluxos de caixa de um grupo				
	22.8	Uma entidade deve divulgar, para cada uma das entidades controladas em que detenha interesses que não controlam significativos para a entidade que relata:				
	(a)	O nome da entidade controlada;				
	(b)	O domicílio e a forma legal da entidade controlada e o país em que opera;				
	(c)	A proporção dos interesses de propriedade detidos por interesses que não controlam;				
	(d)	A proporção dos direitos de voto detidos por interesses que não controlam, se diferente da proporção de interesses de propriedade detidos;				
	(e)	Os resultados imputados aos interesses que não controlam, da entidade controlada durante o período de relato;				
	(f)	Os interesses que não controlam acumulados da entidade controlada no final do período de relato;				
	(g)	Um resumo da informação financeira sobre a entidade controlada.				
		Natureza e âmbito das restrições significativas				
	22.9	Uma entidade deve divulgar:				
	(a)	As restrições significativas em acordos vinculativos (por exemplo, restrições legais, contratuais ou regulamentares) à sua capacidade para aceder a (ou usar) ativos e liquidar passivos do grupo público, como por exemplo:				

NCP/ IFRS	Nota Portaria	Lista de Verificação das divulgações requeridas pelo SNC-AP	Nota do Anexo	Não divulgado		
				N/A	Aplicável	Waived
	(i)	Restrições à capacidade da entidade que controla ou das suas entidades controladas para transferirem dinheiro ou outros ativos de (ou para) outras entidades do mesmo grupo;				
	(ii)	Garantias ou outros requisitos que possam restringir o pagamento de dividendos e outras distribuições de capital ou de empréstimos ou de adiantamentos a (ou por) outras entidades do mesmo grupo;				
	(b)	A natureza e o âmbito em que os direitos de proteção dos interesses que não controlam podem restringir significativamente a capacidade da entidade para aceder a (ou usar) ativos e liquidar passivos do grupo público (como, por exemplo, quando uma entidade que controla liquidar passivos de uma entidade controlada antes de liquidar os seus próprios passivos ou quando é exigida a aprovação dos interesses que não controlam para aceder aos ativos ou para liquidar passivos de uma entidade controlada);				
	(c)	As quantias escrituradas nas demonstrações financeiras consolidadas dos ativos e passivos abrangidos por essas restrições.				
		Consequências de alterações no interesse de propriedade de uma entidade que controla numa entidade controlada que não resultem numa perda de controlo				
	22.10	Uma entidade deve apresentar um calendário que mostre os efeitos na participação atribuível aos proprietários da entidade que controla de quaisquer alterações do seu interesse de propriedade numa entidade controlada que não resultem numa perda de controlo.				
		Consequências da perda de controlo sobre uma entidade controlada durante o período de relato				
	22.11	Uma entidade deve divulgar os ganhos ou perdas, caso existam, calculados em conformidade com o parágrafo25 da NCP22 e:				
	(a)	A parte desses ganhos ou perdas atribuível à mensuração de qualquer investimento retido na antiga entidade controlada pelo seu justo valor à data em que ocorreu a perda de controlo; e				
	(b)	A rubrica de ganhos ou perdas na qual os mesmos foram reconhecidos (se não forem apresentados separadamente).				
		Interesses em entidades controladas não consolidadas (entidades de investimento)				
	22.12	Uma entidade de investimento que, de acordo com a NCP23, seja obrigada a aplicar a exceção à consolidação e em vez de isso contabilizar o seu investimento numa entidade controlada pelo justo valor através dos resultados deve divulgar esse facto.				
	22.13	Para cada entidade controlada não consolidada, uma entidade de investimento deve divulgar:				
	(a)	O nome da entidade controlada;				
	(b)	O domicílio e a forma jurídica da entidade controlada e o país em que opera; e				
	(c)	A proporção dos interesses de propriedade detidos pela entidade investimento e, se for diferente, a proporção dos direitos de voto detidos.				

NCP/ IFRS	Nota Portaria	Lista de Verificação das divulgações requeridas pelo SNC-AP	Nota do Anexo	Não divulgado N/A	Não divulgado Aplicável	Não divulgado Waived
	22.14	Se uma entidade de investimento for a entidade que controla outra entidade de investimento deverá igualmente apresentar as divulgações previstas no parágrafo anterior relativamente aos investimentos controlados pela entidade de investimento sua entidade controlada. A divulgação pode ser apresentada pela inclusão, nas demonstrações financeiras da entidade que controla, das demonstrações financeiras da entidade controlada (ou entidade controladas) que contenham as informações acima.				
	22.15	Uma entidade de investimento deve divulgar:				
	(a)	A natureza e a extensão de quaisquer acordos vinculativos significativas (por exemplo, resultantes de acordos de empréstimo, requisitos regulamentares ou acordos contratuais) sobre a capacidade de uma entidade controlada não consolidada para transferir fundos para a entidade de investimento sob a forma de dividendos ou distribuições similares em dinheiro ou de reembolsar empréstimos ou adiantamentos feitos à entidade controlada não consolidada pela entidade de investimento; e				
	(b)	Quaisquer compromissos ou intenções correntes para prestar apoio financeiro ou outro a uma entidade controlada não consolidada, incluindo os compromissos ou intenções de ajudar a entidade controlada na obtenção de apoio financeiro.				
	22.16	Se, durante o período de relato, uma entidade de investimento ou qualquer das suas entidades controladas tiver, sem ter obrigação contratual de o fazer, prestado apoio financeiro ou outro a uma entidade controlada não consolidada (por exemplo, comprando ativos ou instrumentos financeiros emitidos pela entidade controlada ou ajudando a entidade controlada na obtenção de apoio financeiro), a entidade deverá divulgar:				
	(a)	O tipo e a quantia do apoio prestado a cada entidade controlada não consolidada; e				
	(b)	As razões para prestar esse apoio.				
		Interesses em acordos conjuntos e associadas				
	22.17	Uma entidade deve divulgar informação que permita aos utentes das suas demonstrações financeiras avaliar:				
	(a)	A natureza, extensão e efeitos financeiros dos seus interesses em acordos conjuntos e associadas, incluindo a natureza e os efeitos do seu relacionamento contratual com outros investidores com controlo conjunto ou com influência significativa sobre os acordos conjuntos e associadas; e				
	(b)	A natureza e as alterações nos riscos associados a interesses em empreendimentos conjuntos e associadas.				
		Natureza, extensão e efeitos financeiros dos interesses de uma entidade em acordos conjuntos e associadas				
	22.18	Uma entidade deve divulgar:				
	(a)	Para cada acordo conjunto e associada que seja material para a entidade que relata:				
	(i)	O nome do acordo conjunto ou associada;				
	(ii)	A natureza do relacionamento da entidade com o acordo conjunto ou associada (através, por exemplo, da descrição da natureza das atividades do acordo conjunto ou associada e uma indicação sobre se os mesmos são estratégicos para as atividades da entidade);				

NCP/ IFRS	Nota Portaria		Lista de Verificação das divulgações requeridas pelo SNC-AP	Nota do Anexo	Não divulgado N/A	Aplicável	Waived
		(iii)	O domicílio e a forma jurídica do acordo conjunto ou associada e o país em que opera;				
		(iv)	A proporção de interesses de propriedade ou a quota acionista detida pela entidade e, se diferente, a proporção de direitos de voto detidos (se aplicável);				
		(b)	Para cada empreendimento conjunto e associada que seja material para a entidade que relata:				
		(i)	Se o investimento no empreendimento conjunto ou associada é mensurado utilizando o método da equivalência patrimonial ou pelo justo valor;				
		(ii)	Se faz um resumo da informação financeira sobre o empreendimento conjunto ou associada;				
		(iii)	Se o empreendimento conjunto ou associado for contabilizado através do método da equivalência patrimonial, o justo valor do seu investimento no empreendimento conjunto ou associada, caso exista uma cotação de mercado para o mesmo.				
		(c)	A informação financeira sobre os investimentos em empreendimentos conjuntos e associadas que não sejam individualmente materiais:				
		(i)	Na forma agregada para todos os empreendimentos conjuntos individualmente imateriais;				
		(ii)	Na forma agregada para todas as associadas individualmente imateriais.				
		22.19	Uma entidade deve também divulgar:				
		(a)	A natureza e a extensão de quaisquer restrições significativas (por exemplo resultantes de acordos de empréstimo, requisitos regulamentares ou disposições contratuais entre investidores com controlo conjunto ou influência significativa sobre um empreendimento conjunto ou uma associada) à capacidade dos empreendimentos conjuntos ou associadas para transferirem fundos para a entidade sob a forma de dividendos em dinheiro ou distribuições similares ou para reembolsarem empréstimos ou adiantamentos feitos pela entidade;				
		(b)	Quando as demonstrações financeiras de um empreendimento conjunto ou associada usadas para a aplicação do método da equivalência patrimonial correspondam a uma data ou a um período que seja diferente do da entidade:				
		(i)	A data de fim do período de relato das demonstrações financeiras desse empreendimento conjunto ou associada; e				
		(ii)	A razão pela qual usa uma data ou período diferente.				
		(c)	A parte não reconhecida nas perdas de um empreendimento conjunto ou associada, tanto para o período de relato como cumulativa, se a entidade tiver deixado de reconhecer a sua parte nas perdas do empreendimento conjunto ou associada quando aplicou o método da equivalência patrimonial.				
			Riscos associados aos interesses de uma entidade em empreendimentos conjuntos e associadas				
		22.20	Uma entidade deve divulgar:				
		(a)	Os compromissos que tenha relativamente aos seus empreendimentos conjuntos, em separado da quantia de outros compromissos.				

NCP/ IFRS	Nota Portaria	Lista de Verificação das divulgações requeridas pelo SNC-AP	Nota do Anexo	Não divulgado N/A	Aplicável	Waived
	(b)	Em conformidade com a NCP15—Provisões, Passivos Contingentes e Ativos Contingentes, a menos que a probabilidade de perdas seja remota, os passivos contingentes assumidos relativamente aos seus interesses em empreendimentos conjuntos ou associadas (incluindo a sua parte nos passivos contingentes assumidos em conjunto com outros investidores com controlo conjunto ou com influência significativa sobre os empreendimentos conjuntos ou associadas), em separado da quantia correspondente a outros passivos contingentes.				
		Interesses de propriedade não-quantificáveis				
	22.21	Uma entidade deve divulgar informação financeira que permita aos utilizadores das demonstrações financeiras compreenderem a natureza e a extensão de quaisquer interesses de propriedade não quantificáveis.				
	22.22	Na medida em que esta informação não tenha sido já divulgada de acordo com outra Norma, uma entidade deve divulgar relativamente a cada interesse de propriedade não quantificável que seja material:				
	(a)	O nome da entidade na qual tem o interesse de propriedade; e				
	(b)	A natureza dos seus interesses de propriedade na entidade.				
		Interesses que controlam adquiridos com a intenção de venda				
	22.23	Uma entidade que não seja uma entidade de investimento deve divulgar informação acerca dos seus interesses numa entidade controlada quando no momento em que o controle surge a entidade tinha a intenção de vender esse interesse e na data de relato tem uma intenção ativa de o vender.				
	22.24	Uma entidade deve divulgar a seguinte informação com respeito a cada entidade controlada referida na nota anterior:				
	(a)	O nome da entidade controlada e descrição das suas atividades principais;				
	(b)	A razão para a aquisição do interesse que controla e os fatores considerados na determinação de que o controlo existe;				
	(c)	O impacto nas demonstrações financeiras consolidadas da consolidação das entidades controladas, incluindo o efeito sobre os ativos, passivos, rendimentos e gastos e património líquido; e				
	(d)	O estado corrente do processo de venda, incluindo o método e o momento esperado da venda.				
	22.25	As divulgações exigidas na nota anterior devem ser feitas em cada data de relato até que a entidade venda o interesse que controla ou deixe de ter a intenção de o vender. No período em que a entidade vender ou deixar de ter a intenção de o vender deve divulgar o facto de que houve uma venda ou uma alteração de intenção e o respetivo efeito nas demonstrações financeiras consolidadas.				

ÍNDICE DE FIGURAS E TABELAS

Figuras

Capítulo 1

Capítulo 2

Capítulo 3

Capítulo 4

Capítulo 5

Capítulo 6

Capítulo 7

Capítulo 8

Capítulo 18

Tabelas

Capítulo 1

Capítulo 2

Capítulo 7

Capítulo 8

Capítulo 10

Capítulo 11

Capítulo 12

Capítulo 13

Capítulo 14

Capítulo 15

Capítulo 16

Capítulo 17

Capítulo 18

SIGLAS E ACRÓNIMOS

BCE	Banco Central Europeu
CC	Contrato de concessão
CEE	Comunidade Económica Europeia
CIBE	Cadastro e Inventário dos Bens do Estado
CNC	Comissão de Normalização Contabilística
CNCP	Comissão de Normalização Contabilística Pública
DGO	Direção-Geral do Orçamento
DGTF	Direção Geral do Tesouro e Finanças
DLEO	Decreto Lei da Execução Orçamental
EC	Estrutura Concetual
EPR	Empresa Pública Reclassificada
ECE	Entidade Contabilística Estado
FMI	Fundo Monetário Internacional
SEC 2010/ESA 2010	Sistema Europeu de Contas 2010 / European System of Accounts 2010
IAS	International Accounting Standards
IASB	International Accounting Standards Board
IFRIC	International Financial Reporting Interpretations Committee
IFRS	International Financial Reporting Standards
IPSASB	International Public Sector Accounting Standards Board
IPSAS	International Public Sector Accounting Standards
LCPA	Lei dos Compromissos e Pagamentos em Atraso
LEO	Lei de Enquadramento Orçamental
MEP	Método da Equivalência Patrimonial
NCP	Normas de Contabilidade Pública
NCRF	Normas de Contabilidade e de Relato Financeiro
PAEF	Programa de Assistência Económica e Financeira
PCM	Plano de Contas Multifuncional
PFM	Public Finance Management
POC	Plano Oficial de Contabilidade
POCP	Plano Oficial de Contabilidade Pública
POCISSSS	Plano Oficial de Contabilidade das Instituições Públicas do Sistema de Solidariedade e de Segurança Social

POCMS	Plano Oficial de Contabilidade do Ministério da Saúde
POCE	Plano Oficial de Contabilidade Pública para o Sector da Educação
POCAL	Plano Oficial de Contabilidade das Autarquias Locais
PPP	Parcerias Público-Privadas
QREN	Quadro de Referência Estratégica Nacional
RAFE	Regime Administrativo e Financeiro do Estado
S3CP	Sistema Central de Contabilidade e Contas Públicas
SEE	Setor Empresarial do Estado
SFA	Serviço e Fundo Autónomo
SI	Serviços Integrados
SIC	Standard Interpretation Committee
SNC-AP	Sistema de Normalização Contabilística para as Administrações Públicas
UE	União Europeia
TdC	Tribunal de Contas
UniLEO	Unidade de Implementação da Lei de Enquadramento Orçamental

BIBLIOGRAFIA

Legislação:

Lei n.º 8/90, de 20 de fevereiro – Lei de Bases da Contabilidade Pública

Lei n.º 6/91, de 20 de fevereiro – Enquadramento do Orçamento do Estado

Decreto-Lei n.º 155/92, de 28 de julho – Regime da Administração Financeira do Estado

Decreto-Lei n.º 232/97, de 3 de setembro – Aprova o Plano Oficial de Contabilidade Pública

Decreto-Lei n.º 68/98, de 15 de março – Atribuições da Comissão de Normalização Contabilística da Administração Pública

Decreto-Lei n.º 191/99, de 5 de junho

Decreto-Lei n.º 160/2009, de 13 de julho – Regime jurídico de organização e funcionamento da Comissão de Normalização Contabilística

Decreto-Lei n.º 134/2012, de 9 de junho – Aprova o Regime jurídico da organização e funcionamento da Comissão de Normalização Contabilística

Regulamento n.º 549/2013, do Parlamento Europeu e do Conselho

Decreto-Lei n.º 192/2015, de 11 de setembro – Aprova o Sistema de Normalização Contabilística para as Administrações Públicas

Decreto-Lei n.º 151/2015, de 11 de setembro – Aprova a lei de Enquadramento Orçamental

Decreto Lei n.º 33/2018, de 15 de maio – Execução Orçamental de 2018

Decreto-Lei n.º 84/2019, de 28 de junho – Execução Orçamental de 2019

Outras referências:

Manual de Implementação do SNC-AP – Versão 2 de julho de 2017

Manual de Implementação da LCPA

Instrução do Tribunal de Contas

IFRS – versão em Português disponível no site https://eur-lex.europa.eu

IPSAS – versão em Inglês disponível no site https://www.ipsasb.org

FAQ's – versão disponível no site www.cnc.min-financas.pt/

Norma técnica da UniLEO

Nunes, A., L. Rodrigues e L. Viana (2016), O Sistema de Normalização Contabilística – Administrações Públicas: Teoria e Prática, Almedina.

Carvalho, J., Silveira, O., Caiado, P., Simões, V. (2017), Contabilidade Orçamental Pública de acordo com o SNC-AP, Áreas Editora.
Sarmento, J. (2016), A Nova Lei de Enquadramento Orçamental, Almedina.
Relatório Intercalar VI – Relatório n.º 13/2019, 2ª secção – Tribunal de Contas.